Dr. Bobbe Sommer
und Mark Falstein

Die neuen Techniken für ein
STARKES SELBST

Dr. BOBBE SOMMER ist von ihrem Studium her Psychotherapeutin und hat in klinischer Psychologie promoviert. Seit mehr als zwanzig Jahren arbeitet sie in ihrer psychotherapeutischen Praxis und als Dozentin auf der Grundlage von Dr. Maxwell Maltz' Prinzipien der Psychokybernetik. In ihrer Forschungstätigkeit befaßte sie sich mit Gehirnfunktionen, Kommunikations- und Denkmustern; in der Praxis wirkte sie lange erfolgreich als Eheberaterin und Familientherapeutin. Die amerikanische Wissenschaftlerin gilt international als Autorität auf dem Gebiet der psychischen Selbstentwicklung und hat umfangreiche Publikationsaktivitäten entfaltet.

Dr. Bobbe Sommer
und Mark Falstein

Die neuen Techniken
für ein
STARKES SELBST

Psychokybernetik 2000

Aus dem Amerikanischen von
Ditte König und Giovanni Bandini

Ariston Verlag · Genf / München

Die Deutsche Bibliothek – CIP-Einheitsaufnahme

SOMMER, BOBBE:
Die neuen Techniken für ein starkes Selbst :
Psychokybernetik 2000 / Bobbe Sommer und Mark Falstein.
Aus dem Amerikan. von Ditte König und Giovanni Bandini. –
Erstaufl. – Genf ; München : Ariston Verlag, 1995
Einheitssacht.: Psycho-cybernetics 2000 <dt.>
ISBN 3-7205-1845-0
NE: Falstein, Mark:

Das amerikanische Original erschien unter dem Titel
»Psycho-Cybernetics 2000«
1993 bei Prentice Hall, Englewood Cliffs, New Jersey

© 1993 by Maxwell Maltz Psycho-Cybernetics Foundation Inc.

Gestaltung des Einbandes:
Studio Höpfner-Thoma, GraphicDesign BDG, München
Einbandmotiv: Bildagentur ZEFA, Düsseldorf

Satz: Holdenried, Füssen
Druck und Bindung: Wiener Verlag, Himberg bei Wien

Erstauflage: März 1995
Printed in Austria 1995

ISBN 3-7205-1845-0

INHALT

Vorwort

Es ist mir eine Freude, *Die neuen Techniken für ein starkes Selbst – Psychokybernetik 2000* vorzustellen. Die Maltz Foundation ist für die Verwaltung des Vermächtnisses von Dr. Maxwell Maltz verantwortlich, und wir sind zuversichtlich, daß das vorliegende Buch zu diesem Vermächtnis beitragen wird. Auch wenn Dr. Maltz kein ausgebildeter Psychologe oder Psychotherapeut war, sondern Facharzt für plastische Chirurgie, nahm er großen Anteil an der seelischen Genesung seiner Patienten. Zu einer Zeit, da die Psychologen auf das Freudsche Modell eingeschworen waren, das die Selbstbestimmung des Menschen weitgehend in Abrede stellt, konzipierte Dr. Maltz einige der besten Formeln zur Selbstvervollkommnung überhaupt. In der Zwischenzeit haben auch die Fachleute die von Maltz gewiesene Richtung eingeschlagen: Selbstbild, Selbstverwirklichung, Biofeedback, positives Selbstgespräch und Imaginationsübungen sind mittlerweile zentrale Elemente unserer Vorstellung von psychischer Selbstentwicklung – ob sie nun auf eigene Faust oder mit Hilfe eines Therapeuten angestrebt wird. Als Fachmann auf dem Gebiet der experimentellen Psychologie kann ich Ihnen versichern, daß die Ideen und Techniken, die Sie im Folgenden kennenlernen werden, mit der gegenwärtig anerkannten Theorie und Praxis im Einklang stehen.

Für die Aktualisierung der Botschaft von Dr. Maltz sorgte Dr. Bobbe Sommer. Mit den verschiedenen Aspekten der Selbstentwicklung hat sie sich sowohl mit ihren Klienten als auch – in allgemeinerer Form – mit den Tausenden von Teilnehmern an ihren Workshops befaßt. Sie kennt die Probleme und Anliegen der Menschen, und sie beherrscht – wie seinerzeit Dr. Maltz – die Kunst, Ideen auf fesselnde Weise zu vermitteln. Die Fallgeschichten, die sie aus ihrer psychotherapeutischen Praxis vorstellt, dürften für ein breites Spektrum an möglichen persönlichen Problemen überzeugende Lösungen bieten. Die Übungen, die sie entwickelt hat, sollten sich für ihre Leser als ebenso hilfreich erweisen, wie sie es für ihre Klienten und Zuhörer gewesen sind.

Weitere wichtige Mitwirkende an diesem Projekt sind Mark Falstein, ein sehr begabter Schriftsteller mit stilsicherer Hand, die auf jeder Seite des Buches erkennbar ist; Ellen Schneid Coleman, Lektorin bei Simon & Schuster, der es zu verdanken ist, daß dieses Buch durch seine klare Sprache besticht.

Zuletzt möchte ich Anna Harabin Maltz meinen Dank abstatten, die durch die Abtretung der Rechte an den Werken ihres verstorbenen Mannes an die Maltz Foundation alles überhaupt erst ermöglichte. Sie

las das Manuskript von *Die neuen Techniken für ein starkes Selbst –
Psychokybernetik 2000* mit großer Freude und ließ es sich nicht nehmen, dem Buch selbst ein Vorwort beizusteuern.

Die eigentliche Vollendung des Projekts bleibt allerdings Ihnen, der
Leserin oder dem Leser, überlassen. Erst dadurch, daß Sie dieses Buch
lesen, sich uns, Dr. Maltz und dem allen Menschen gemeinsamen Projekt der Selbstverwirklichung, anschließen und die hier vorgestellten
Übungen und Lektionen durch Ihr eigenes Leben Wirklichkeit werden
lassen, wird unsere Aufgabe erfüllt sein. Mögen Sie einer der Millionen
Menschen einer neuen Generation sein, die sich bei ihrem Eintritt in
das nächste Jahrhundert von den Prinzipien der Psychokybernetik
leiten und inspirieren lassen. Und so wünsche ich Ihnen zum Abschluß
eine fruchtbringende Lektüre, die Bereitschaft zu gewissenhaftem
Üben und ein befriedigenderes, erfolgreicheres Leben!

DAVID BARONE, Ph. D.
*Außerordentlicher Professor für Psychologie, Nova University
Präsident der Maxwell Maltz Psycho-Cybernetics Foundation*

Vorwort

Im Jahre 1960 stellte Dr. Maltz sein großartiges Konzept der Psycho-kybernetik der Welt in Form eines Buches vor. Dieses haben seitdem über dreißig Millionen Menschen gekauft und vielleicht doppelt so viele gelesen.

Als Facharzt für plastische Chirurgie war er vor allem daran interessiert, den Menschen dabei zu helfen, sich selbst »emotional zu liften«. Seine mitreißende Botschaft berührte deren Leben wie ein magisches Skalpell. Er gab den Menschen eine Straßenkarte, die ihnen den Weg aus der Dunkelheit ins Licht zeigte, sie aus der Verzweiflung zum Glück, aus der Hoffnungslosigkeit zur Tatkraft führte.

Er träumte davon, daß ihn seine Botschaft überleben würde. Und das hat sie. Sie hat ihn überlebt, weil seine Ideen über Zielsetzung und persönliche Erfüllung zeitlos sind – was ja für jede Wahrheit gilt.

Um dieses Traumes willen ist es mir eine ganz besondere Freude, das vorliegende neue Werk, *Die neuen Techniken für ein starkes Selbst – Psychokybernetik 2000,* vorzustellen.

Ich hoffe aufrichtig, daß dieses Buch Ihnen helfen wird, mit neuem Mut, neuer Zuversicht und neuer Energie in die Zukunft zu blicken.

Anna Harabin Maltz

Einleitung

WIE DIESES BUCH IHR LEBEN VON GRUND AUF VERÄNDERN KANN

Die Psychokybernetik, Dr. MAXWELL MALTZ' berühmtes Programm zur persönlichen Erfüllung durch Verbesserung des eigenen Selbstbildes, bildet seit nunmehr zwanzig Jahren das Fundament meiner Arbeit als Psychotherapeutin und Rednerin. In meinen Kursen und Seminaren ebenso wie in meiner klinischen Praxis und auf internationalen Vortragsreisen zitiere ich häufig Dr. Maltz beziehungsweise stütze ich mich auf seine bahnbrechenden Theorien. Sagte ich *zitieren*? *Rühmen* wäre das richtige Wort, ja anpreisen! *Diese Ideen funktionieren.* Nichts anderes als unser Selbstbild steckt die Grenzen dessen ab, was wir erreichen oder nicht erreichen können – »den Bereich des Möglichen«, wie Dr. Maltz es nannte. Indem wir unser Selbstbild erweitern, dehnen wir das »Volumen« unserer Talente und Fähigkeiten aus. So einfach ist das. Bereits Millionen von Menschen haben sich des Programms bedient, das Maltz im Jahre 1960 in seinem Bestseller *Psycho-Cybernetics* (deutsch: *Erfolg kommt nicht von ungefähr*) vorstellte, um Enttäuschung und Mißerfolg in Glück und Erfolg zu verwandeln.

Am Werk einer Legende »herumzubasteln« ist eine beglückende Erfahrung. Nicht jeder Schüler erhält die Chance, auf der Arbeit seines Lehrers aufzubauen. Als die Maxwell Maltz Psycho-Cybernetics Foundation mich beauftragte, Maltz' Programm für die Bedürfnisse der heutigen Leser zu überarbeiten, war ich glücklich und fühlte mich äußerst geschmeichelt. Geschmeichelt deswegen, weil die Stiftung mir dadurch besondere Fähigkeiten und Kenntnisse auf dem Gebiet der Selbstbildpsychologie im allgemeinen und der Maltzschen Theorien im besonderen bescheinigte. Glücklich andererseits, weil mir dadurch die Gelegenheit geboten wurde, Maltz' Ideen für eine neue Generation neu zu interpretieren – also Ihnen zu zeigen, wie Sie Ihr Leben in die Hand nehmen können, ohne auf die Hilfe kostspieliger »Selbstverwirklichungs«-Seminare oder -Therapien zurückgreifen zu müssen.

Dieses Buch ist *Ihr* Seminar. *Sie* sind Ihr eigener Psychotherapeut. Durch Anwendung dieses einfachen, praxisorientierten Programms können Sie lernen, *aus eigener Kraft* die folgenden »schwierigen« oder gar »unmöglichen« Ziele zu erreichen:

o sich von Selbstzweifeln und negativer Selbstkritik zu befreien;
o sich höhere und weiter gefaßte persönliche und berufliche Ziele zu
  stecken;
o finanziell erfolgreicher zu werden;
o ein befriedigenderes und gesünderes Liebesleben zu verwirklichen;
o Unentschlossenheit, übertriebene Hemmungen und irrationale
  Ängste zu überwinden;
o in privaten und berufsbedingten zwischenmenschlichen Beziehungen selbstsicherer zu werden;
o diejenigen Elemente in Ihre Persönlichkeit zu integrieren, die Sie
  zu einem erfolgreichen Menschen machen;
o den für Sie idealen Beruf zu finden oder, wenn nötig, zu *er*-finden;
o Ihre Widerstände gegenüber jeder Art von Veränderung zu überwinden;
o den Streßpegel in Ihrem Leben zu senken;
o Ihre Träume in konkrete Pläne zur Selbstverwirklichung zu verwandeln;
o effektiv gegen Süchte wie Rauchen, Eßstörungen und aggressives
  Verhalten anzukämpfen;
o die Narben alter emotionaler Wunden zu heilen;

... mit einem Wort, zu einem Menschen zu werden, der *agiert*, statt
nur zu *re*agieren – zu einem Menschen, der sein Leben gemäß seinem
eigenen Plan führt.

Wie die Psychokybernetik mein Leben von Grund auf veränderte

Mit der Psychokybernetik kam ich erstmals auf der Universität in
Berührung. Eine Freundin bot mir eine Eintrittskarte für ein Seminar
an, das Dr. Maltz in Los Angeles halten würde. Anfangs zögerte ich.
Ich hatte schon von Maxwell Maltz gehört, wußte aber nur wenig über
seine Ideen. Ich dachte irgendwie, er sei wieder einer von diesen selbst-
ernannten Propheten, die behaupteten, die Probleme des Universums
gelöst zu haben, und ich hatte schon zu viele falsche Propheten kennengelernt, um auf einen weiteren neugierig zu sein. Andererseits – eine
Freikarte war eine Freikarte. Dieser Vortrag veränderte mein Leben
von Grund auf.
Das ist keine bloße Redensart und auch keine Übertreibung. Mein

Leben »änderte« sich nicht lediglich. Ich erlebte eine grundlegende *Transformation*, eine totale Neuausrichtung meiner ganzen Existenz. Während ich Dr. Maltz zuhörte, wurde mir erstmals bewußt, daß ich im Laufe meines bisherigen Lebens nur wenige echte Entscheidungen getroffen hatte. Das meiste von dem, was ich für »meine« Entscheidungen gehalten hatte, war in Wirklichkeit von anderen beschlossen worden – »zu meinem Besten« natürlich, aber über meinen Kopf hinweg, ohne aktive Beteiligung meinerseits. Ich erinnere mich, wie ich in diesem Hörsaal saß und mit einem Mal *wußte*, daß jetzt die Zeit gekommen war, mein Leben selbst in die Hand zu nehmen. Fast unwillkürlich begann ich, mir Fragen zu stellen: Was erwarte ich vom Leben? Was bin ich bereit dafür zu geben? Was sollte *nach meinen Vorstellungen* das Zentrum, der Schwerpunkt meines Lebens sein? In welcher Weise und in welchem Umfang wirkt sich meine Kindheit auf mein Leben als Erwachsene aus? Was sind meine Ziele? Wie sinnvoll und zweckmäßig setze ich meine Vorstellungskraft und Kreativität ein?

Ich kaufte mir ein Exemplar von *Psycho-Cybernetics*. Praktisch von der ersten Seite an machte Maxwell Maltz – und hinterließ das, was er schrieb – einen verblüffend *vernünftigen* Eindruck auf mich. Ich bereitete mich damals auf ein Examen in Psychologie vor und mußte mich durch eine Unmenge von Persönlichkeitstheorien hindurcharbeiten. Es waren die sechziger Jahre. Es gab die verschiedensten Gurus, und jeder von ihnen war darauf aus, uns beizubringen, wie wir unser »menschliches Potential« verwirklichen konnten. Wir hatten die Möglichkeit, im Esalen-Institut an einem Sensitivity-Training oder einer Encounter-Gruppe mit BILLY SCHULTZ teilzunehmen. Wir konnten unter der Leitung von FRITZ PERLS einen leeren Stuhl anschreien. Wir konnten LSD nehmen und uns mit TIMOTHY LEARY »auf die Reise« begeben. Von dem Gewirr dieser exotischen Wege zur Selbsterkenntnis hob sich Maxwell Maltz' Ansatz des gesunden Menschenverstandes durch wohltuende Schlichtheit ab.

Dr. Maltz wurde mein Mentor, und ich wurde seine begeisterte Jüngerin. Ich besitze noch heute mein altes, inzwischen arg zerlesenes Exemplar von *Psycho-Cybernetics*. Ich lernte ganze Passagen daraus auswendig. Ich weiß noch, wie ich in jenem Sommer auf der Veranda meines Hauses saß und mir Ziele aufschrieb, während meine Kinder um mich herum spielten. Meine innere Wandlung fiel allmählich auch anderen auf. Immer mehr Freunde versicherten mir, daß ich durch mein ganzes Verhalten nicht nur entschlossener wirkte, sondern auch zufriedener und entspannter. Mein Mann meinte, ich scheine auf einmal mehr Geduld mit unseren drei kleinen Söhnen zu haben: »Ich erkenne dich kaum wieder«, sagte er scherzhaft. »Du bist ja schon seit Wochen nicht mehr explodiert!« Dies waren Aspekte persönlicher Entwicklung, an denen ich früher monatelang gewissenhaft, aber ohne jeden Erfolg gearbeitet hatte. Ich hatte es immer wieder mit Willenskraft (»ich werde nicht die Nerven verlieren!«) und positivem Denken (»Ich bin ein ruhiger, geduldiger Mensch«) versucht, nur um mich bei passender Gelegenheit wie gewohnt von Frustration und Ärger überwältigen zu lassen. Und jetzt zeitigten die Maltzschen Übungen und Affirmationen Schrittchen für Schrittchen ihre Wirkung – fast ohne jede Anstrengung meinerseits. Wie durch Magie wuchs ich in meine eigenen Lebensziele hinein. Ich erfuhr keine »Explosionen von Bewußtseinserweiterung«, nur ein stetig anwachsendes Strömen positiver Gefühle gegenüber mir selbst und der Ausrichtung meines Daseins. Die Psychokybernetik führte mich zu einer Neustrukturierung meines Lebens – wie sie es seither bei Millionen anderer Menschen auch getan hat. Es war ein wunderbares Gefühl zu wissen, daß ich endlich mein Leben selbst in die Hand nahm.

Psychokybernetik 2000: Keine Revision, sondern eine Revitalisierung

Aber, höre ich meine Leser an diesem Punkt fragen, wenn die ursprüngliche Idee so gut war, wozu jetzt noch an ihr herumbasteln? Das ist ein berechtigter Einwand. Wie HENRY FORD so richtig sagte: »Wenn's nicht kaputt ist, warum reparierst du's dann?«

Das habe ich in der Tat auch gar nicht vor. Schon bevor ich meinen Computer einschaltete, war mir klar, daß wir keine Revision, keine Überarbeitung, sondern eine Revitalisierung, eine Neubelebung, von *Psycho-Cybernetics* brauchten. Ich würde Dr. Maltz' Theorien nicht modifizieren, sondern sie fortführen, sie *in die Zukunft* führen. Meine Auseinandersetzung mit dem von ihm eingeführten Programm würde nicht von einem historischen, sondern von einem *teleologischen* oder »finalistischen« Ansatz bestimmt sein.

Finalität ist ein zentraler Begriff in der Psychokybernetik. Er impliziert Absicht(lichkeit), Zweckbestimmtheit, Zielgerichtetheit. Dr. Maltz verwendete dieses Wort, um die Funktionsweise der menschlichen Psyche zu charakterisieren. Wenn wir uns auf ein bestimmtes Ziel konzentrieren und dieses klar im Auge behalten, empfangen wir ein Feedback, das uns gleichsam zwingt, fortwährend kleine »Kurskorrekturen« vorzunehmen, die uns immer wieder auf den richtigen Weg zu ebenjenem Ziel zurückbringen.

»Zielgerichtetheit« ist auch der dieser Revitalisierung der Maltzschen Theorien zugrundeliegende Begriff. Wir werden uns überlegen, welche spezifischen Fertigkeiten und Eigenschaften in den kommenden Jahren zu Glück und Erfolg führen werden, und Dr. Maltz' Ideen durch Zuführung neuen Inputs die nötige Effektivität verleihen, um die Herausforderungen des Lebens im und nach dem Jahr 2000 zu bewältigen. Mittels dieser Verfahrensweise versehen wir sein Originalprogramm mit neuer Leistungsfähigkeit, ohne andererseits auch nur eines der Konzepte abzuwandeln, die es seinerzeit zu einem so erfolgreichen Instrument der Selbstvervollkommnung gemacht haben.

Psycho-Cybernetics erschien im Jahre 1960. Die in dem Buch dargelegten Ideen hatte Dr. Maltz in den vierziger und fünfziger Jahren entwickelt. Auch wenn sie für sich genommen nichts von ihrer Gültigkeit verloren haben, gehört ihr Bezugsrahmen, ihr soziokultureller Kontext, doch einer ganz anderen Zeit an. Vergegenwärtigen Sie sich nur einige wenige Veränderungen, die seit damals stattgefunden haben.

Neue Informationen, neue Erkenntnisse: Zuerst einmal hat die Menschheit, wie RICHARD WURMAN in *Information Anxiety* ausführt, seit 1960 mehr neue Wissensdaten angesammelt als in den ganzen vorausgegangenen fünftausend Jahren. Diese zusätzlichen Informationen erlauben uns, die Wirkung des Maltzschen Programms weit besser nachzuvollziehen, als es 1960 möglich gewesen war. *Die neuen Techniken für ein starkes Selbst – Psychokybernetik 2000* berücksichtigt die jüngsten Forschungsergebnisse auf den Gebieten der Psychologie, der Informationstechnik, der Gehirnphysiologie und anderer wissenschaftlicher Disziplinen, die zu einem klareren und exakteren Verständnis des Prozesses der Transformation unseres Selbstbildes beitragen können.

Die Geschlechter: Oder denken Sie an die veränderte Situation der Frau. *Psycho-Cybernetics* ist angefüllt mit Zitaten von Geschäftsleuten, Sportlern und anderen Rollenmodellen der fünfziger Jahre, und bei praktisch allen von ihnen handelt es sich um Männer. Auch die Fallgeschichten, die Maltz zur Veranschaulichung seiner Ideen auswählte, betrafen fast ausschließlich das »starke Geschlecht«. Die wenigen Frauen, die das Buch erwähnt, werden beinahe ausnahmslos auf ihre »klassische« Rolle als Hausfrau und Mutter festgelegt. Damit soll Maxwell Maltz nicht der Vorwurf des »Sexismus« gemacht (geschweige denn der Hausarbeit ihre Würde und Bedeutung abgesprochen) wer-

den; wir brauchen aus diesem Umstand nichts weiter zu schließen, als
daß die Zeiten sich inzwischen geändert haben. Mehr als zwei Drittel
der in den letzten zwei Jahrzehnten allein in den Vereinigten Staaten
entstandenen neuen Arbeitsplätze sind mit Frauen besetzt worden. Im
Jahre 1960 galten Frauen in verantwortlichen Positionen eher als Ausnahme. Heute, gegen Ende des zweiten Jahrtausends, sind weibliche
Führungskräfte immer häufiger anzutreffen, und kaum jemand, der
nach 1960 geboren ist, findet daran etwas Außergewöhnliches. Viele
Frauen von heute müssen zwei unterschiedlichen Anforderungen
zugleich genügen: einerseits als Berufstätige, andererseits als Hausfrau
und Mutter möglichst effizient zu sein – eine doppelte Belastung, die
für das Selbstbild der Betroffenen eine schier unerträgliche Zerreiß-
probe darstellen kann. Diese und weitere Veränderungen machen für
die Psychokybernetik einen aktualisierten Ansatz erforderlich, einen
begrifflichen Rahmen, der die Ziele und Anliegen *beider* Geschlechter
in der heutigen Welt widerspiegelt.

Und die Familie? Auch wenn Maltz durchaus erkannte, daß das
Selbstbild in entscheidendem Maße während der ersten Lebensjahre
geprägt wird, hatte 1960 noch niemand etwas von »gestörten Familien«
oder dem »inneren Kind« gehört. Heutzutage wäre es aber unvertret-
bar, von jemandes Selbstbild zu sprechen, ohne dem frühen Einfluß
von Familie und Alterskameraden ein hohes Maß an Beachtung zu
schenken. Dies soll *nicht* bedeuten, daß »die Mutter« – oder der Vater,
der große Bruder – »an allem schuld ist«. In der Psychokybernetik
geht es nicht darum, in der Vergangenheit nach Schuldigen zu suchen,
sondern Pläne für die Zukunft zu entwerfen. Aber wie ich an mir
selbst erkennen mußte, sind Gefühle von Unzulänglichkeit und Unzufriedenheit häufig das Resultat unseres unbewußten Versuchs, einem
Lebensplan zu folgen, den jemand anderes irgendwann einmal für uns
»geschrieben hat«. *Die neuen Techniken für ein starkes Selbst – Psychokybernetik 2000* wird Ihnen helfen zu erkennen, auf welche Weise und
in welchem Umfang Ihr Elternhaus Ihr gegenwärtiges Selbstbild und
Ihre Ziele konditioniert hat, wodurch es Ihnen um so leichter fallen
wird, deren fremdbestimmte Grenzen in Frage zu stellen und Ihren
eigenen Erfolgsplan zu erstellen.

Der Arbeitsplatz: Weiterhin gilt es, das »ökonomische Milieu« zu
berücksichtigen. Neue Technologien, neue Formen der Unterneh-
mens- und Mitarbeiterführung, der Eintritt der geburtenstarken Jahr-
gänge in das Erwerbsleben, die Internationalisierung der Wirtschaft,
das Verschwinden bestimmter alter und die Entstehung neuer Berufe:
Solche Faktoren setzen das Selbstbild des Erwerbstätigen – ob in

Fabrik, Werkstatt, Büro oder Chefzimmer (ganz zu schweigen von dem immer größeren Heer der Arbeitslosen) – schwersten Belastungen aus. Auf der anderen Seite haben diese Veränderungen eine Fülle neuer Möglichkeiten geschaffen, die jedem offenstehen, dessen Selbstbild gesund genug ist, um sie als solche zu erkennen. In diesem Buch werde ich Ihnen zeigen, wie Sie Ihr Selbstbild in der Auseinandersetzung mit diesen Veränderungen schützen und verbessern können, und neue »Erfolgsmodelle« vorstellen, die dem Arbeitsplatz von heute und morgen gerecht werden.

Die neuen Techniken für ein starkes Selbst – Psychokybernetik 2000 zeigt Ihnen – unter Berücksichtigung dieser und vieler weiterer Faktoren –, wie Sie sich innerlich umgestalten und »erfolgstauglich« machen können. Sie werden erfahren, mit welch befriedigenden Ergebnissen »Menschen wie Sie und ich« die Ideen und Techniken der Psychokybernetik bereits angewandt haben. (Alle hier referierten Fallgeschichten betreffen wirkliche Personen oder zumindest »Verdichtungen« verschiedener realer Personen; Namen und andere Einzelheiten sind geändert worden.) Diese Beispiele veranschaulichen, wie Sie die verschiedensten Probleme lösen können – beispielsweise:

o wie Sie Ihre Schüchternheit und Gehemmtheit überwinden, die Sie daran hindern können, eine liebevolle Beziehung zu verwirklichen;
o wie Sie die Zuversicht in sich entwickeln können, daß Sie imstande sein werden, sich die für eine neue berufliche Aufgabe erforderlichen Kenntnisse und Fertigkeiten anzueignen;
o wie Sie einem aggressiven Familienmitglied oder Arbeitskollegen gegenüber selbstsicher auftreten können;
o wie Sie vermeiden können, in Situationen, die keine reale Bedrohung darstellen, Angst zu empfinden;
o wie Sie Ihr »Idealgewicht« beibehalten und den ewigen »Freß-und-Fasten«-Kreislauf durchbrechen können;
o wie Sie mit schweren emotionalen Erschütterungen am besten fertig werden können;
o wie Sie zu einer (einem) – in jeglichem Sinne – besseren Mutter (Vater) werden können;
o wie Sie entscheiden können, welche privaten und beruflichen Ziele für Sie richtig sind;
o wie Sie einen Aktionsplan zum Erreichen Ihrer Ziele entwickeln und konsequent befolgen können;
o wie Sie vermeiden können, daß Sie auf dem Weg zu Ihren verschiedenen Zielen den Mut verlieren;

o wie Sie Ihre Zeit effektiver einteilen und nutzen können;

o wie Sie berufliche Veränderungen voraussehen und sich auf sie vorbereiten können;

o wie Sie in Ihren zwischenmenschlichen Beziehungen ein höheres Maß an wechselseitigem Verständnis herbeiführen können;

o wie Sie den Mut zum Risiko in sich entwickeln können;

o wie Sie sich selbst vorbehaltlos akzeptieren können;

o wie Sie neue Pflichten bewältigen können, ohne sich überfordert zu fühlen;

o wie Sie aggressives Verhalten an sich erkennen und korrigieren können;

o wie Sie sich von selbstzerstörerischen Gefühlen wie Groll oder Rachsucht befreien können;

o wie Sie auf negative Kritik konstruktiv reagieren können;

o wie Sie negative Gedanken daran hindern können, Ihr Selbstwertgefühl zu untergraben.

Wie Sie dieses Buch *benutzen* können, anstatt es einfach nur zu lesen

Wie die Maltzschen Bücher, so ist auch *Die neuen Techniken für ein starkes Selbst – Psychokybernetik 2000* dafür konzipiert, nicht nur gelesen, sondern erlebt, erfahren zu werden. Während Sie lesen, aktivieren Sie bitte Ihre Vorstellungskraft. Lassen Sie sich am Ende jedes Kapitels die im Abschnitt »Gedanklich zum Ziel« hervorgehobenen zentralen Punkte noch einmal gründlich durch den Kopf gehen. Halten Sie unter »Stecken Sie sich Ihre eigenen Ziele« stichwortartig all das fest, was Ihnen in dem jeweiligen Kapitel für Sie besonders relevant erschien. Füllen Sie alle Checklisten und Fragebögen aus, auf die Sie im Buch stoßen, und benutzen Sie Ihre Antworten als persönliche Wegweiser durch das Psychokybernetik-Programm.

In sechs Wochen zu einem neuen Selbstbild

Vor allen Dingen führen Sie alle Übungen und Techniken gewissenhaft durch. Sie sind einfach, aber sie müssen regelmäßig praktiziert werden, um ihre Wirkung entfalten zu können. Verlieren Sie nicht den Mut, wenn anfangs überhaupt nichts passiert. Ein negatives Selbstbild ist nichts anderes als eine schlechte Angewohnheit, und die Erfahrung hat mich gelehrt, daß es ungefähr sechs Wochen dauert, eine Gewohnheit abzulegen. (Sechs Wochen ist nur ein Durchschnittswert – es kann sein, daß Sie sich manche Dinge schon in zehn Tagen oder sogar noch schneller abgewöhnen können, während andere möglicherweise bis zu mehreren Monaten erfordern werden.) Wundern Sie sich nicht, wenn Sie sich während dieser Entwöhnungszeit, sobald Sie anfangen, Ihr Selbstbild zu verändern, ein wenig »unnatürlich«, gehemmt fühlen. Versuchen Sie nicht, die Veränderungen zu messen, das, was Sie tun, zu rationalisieren, oder durch Nachdenken herauszufinden, »ob das wirklich funktioniert«. Folgen Sie einfach dem Ratschlag, den ich in meinen Seminaren immer wieder gebe: »Durch Schein zum Sein!« Anfangs werden Sie vielleicht nur »so tun, als ob« Sie sich wohl in Ihrer Haut fühlten. Warten Sie sechs Wochen ab, und Sie werden meinen, ein Wunder habe sich ereignet.

Probieren Sie jetzt direkt etwas aus. Falten Sie die Hände. Welcher Daumen liegt oben, der linke oder der rechte? Es spielt überhaupt keine Rolle. Worauf es ankommt, ist, daß es eine *unbewußte* Handlung war: eine Gewohnheit. Mit einiger Wahrscheinlichkeit liegt, wenn Sie die Hände falten, immer derselbe Daumen oben. Jetzt »sortieren« Sie Ihre Finger so um, daß der andere Daumen nach oben zu liegen kommt. Wie fühlt sich das an? Irgendwie »merkwürdig«, nicht? Und zwar ganz einfach deswegen, weil es ein *bewußter* Akt war. Sie haben nachgedacht, bevor Sie handelten. Aber wenn Sie ein paar Wochen lang übten, die Hände auf diese Weise zu falten, würde es sich ebenso natürlich anfühlen wie andersherum. Nichts anderes als das meine ich, wenn ich Sie bitte, sich sechs Wochen lang jeden Urteils zu enthalten.

Wer von Ihnen Maxwell Maltz' Bücher gelesen hat und bereits von den Prinzipien der Psychokybernetik beeinflußt worden ist, wird schon jetzt um die Wirksamkeit dieser Ideen und Methoden wissen. Für *Sie* wird dieses Buch etwas wie ein Doktorandenseminar darstellen, einen Aufbaukurs, eine Auffrischung Ihres Selbstbildes, durch die Sie sich auf das einundzwanzigste Jahrhundert vorbereiten. Die Verbesserung des eigenen Selbstbildes ist ein Prozeß, der das ganze Leben fortdauern kann.

Was die Millionen junger Menschen anbelangt, die unter Umständen noch nie etwas von Maxwell Maltz gehört haben, weil seine Bücher vor ihrer Geburt auf den Markt kamen, oder die seine Theorien vielleicht als »überholt« abgetan haben – für diese Generation könnte dieses Buch den Schlüssel zu einem erfüllten, wahrhaft befriedigenden Leben darstellen. Ihr möchte ich *Die neuen Techniken für ein starkes Selbst – Psychokybernetik 2000* widmen. Sie fordere ich auf, sich Ihrer

Vorstellungskraft, Ihren inneren Werten zu öffnen. Sie, meine jungen Leser, sind wirklich die Zukunft, und es ist mir eine große Freude, Ihnen diese Ihre Möglichkeiten bewußtzumachen.

BOBBE SOMMER, Ph. D.

Erstes Kapitel

IHR SELBSTBILD –
UND WIE ES SIE BEEINFLUSST

Die Bedeutung des Selbstbildes ist schon seit über einem Jahrzehnt bekannt. Trotzdem ist darüber bisher nur wenig geschrieben worden. Merkwürdigerweise liegt dies nicht etwa daran, daß die »Selbstbildpsychologie« nicht funktioniert hätte, sondern im Gegenteil, daß sie *so gut* funktioniert. Wie ein Kollege von mir es formulierte: »Ich scheue mich, meine Ergebnisse zu veröffentlichen ... Wenn ich manche meiner Fallgeschichten vorstellte und die wirklich verblüffenden, spektakulären Verbesserungen der Persönlichkeit schilderte, würde man mich der Übertreibung bezichtigen oder mir vorwerfen, ich versuchte einen neuen Kult ins Leben zu rufen, oder beides.«

MAXWELL MALTZ: *Psycho-Cybernetics* (1960)

Selbstachtung ist der aussichtsreichste Kandidat für die Rolle eines *sozialen Impfstoffes*: etwas, das uns die nötige Kraft verleiht, ein verantwortliches Leben zu führen, und uns gegen die Sogwirkung des Verbrechens, der Gewalt, der Kindesmißhandlung, der chronischen Abhängigkeit von der staatlichen Wohlfahrt und des schulischen Versagens immunisiert. Mangel an Selbstachtung ist der zentrale Faktor der meisten persönlichen und sozialen Übel, unter denen unser Staat und die ganze Nation im ausklingenden zwanzigsten Jahrhundert leiden.

California Task Force to Promote Self-Esteem and Personal and Social Responsibility: *Toward A State Of Esteem* (1990)

Nehmen Sie einmal den Fall eines Mannes, den ich John nennen werde: achtundzwanzig Jahre alt, ledig, einsam und unglücklich, vom Wunsch besessen, eine Frau kennenzulernen, mit der er eine befriedigende und dauerhafte Beziehung aufbauen könnte. John besuchte Single-Bars, nahm an »Bällen der einsamen Herzen«, organisierten Gruppenurlauben und ähnlichen Veranstaltungen teil in der Hoffnung, endlich einmal »die Richtige« zu finden. Aber sobald er sich bei einer dieser Gelegenheiten vornahm, eine Frau anzusprechen, verlor er sofort allen Mut. Er war davon überzeugt, jede Frau auf der Welt würde ihn zurückweisen. Jedesmal, wenn ihm der Gedanke kam, sich vorzustellen, lief in seinem Kopf mehr oder weniger dasselbe Band ab: »Mann, da hinten ist eine wirklich gutaussehende Frau! *Die* würde ich vielleicht gern kennenlernen! Aber sie ist so attraktiv, daß sie wahrscheinlich keine zwei Worte mit mir wechseln wird. Ich bin ganz sicher, daß ich überhaupt nicht ihr Typ bin. Wenn ich versuche, mit ihr ins Gespräch zu kommen, läßt sie mich garantiert abblitzen, und ich fühle mich dann nur *noch* mieser als vorher. Es wird das beste sein, wenn ich einfach hier sitzen bleibe, mein Bier trinke und die ganze Sache vergesse.«

John hatte in der Vergangenheit wiederholt solche schlechten Erfahrungen gemacht – und das schon in der Schule, wo er als »verklemmter Krüppel«, »Spasti« oder was es damals sonst für grausame Bezeichnungen für kontaktscheue Menschen gegeben hatte, tituliert worden war. Eine sechs Jahre zuvor in die Brüche gegangene Beziehung hatte sein negatives Selbstbild nur noch weiter verfestigt. Und wenn er ausnahmsweise einmal doch genügend Mut aufbrachte, um eine Frau anzusprechen, war der Mißerfolg schon vorprogrammiert.

Oder nehmen Sie Laura: zweiundvierzig Jahre alt, geschieden, zwei Kinder. Laura war davon überzeugt, sie sei dumm – und das, obwohl sie ein Hochschulstudium hinter sich hatte, fast konzertreif Violine spielte und vier Sprachen beherrschte. Als Kind war sie von ihren Eltern zugunsten ihrer älteren Schwester und ihres kleinen Bruders zurückgesetzt worden. *Deren* Talente wurden gefördert, während *ihre* übersehen oder als uninteressant abgetan wurden. Ihr Vater redete sie so oft mit »Laura, verdammt!« an, daß sie als kleines Kind glaubte, sie heiße wirklich so: Ihre beste Freundin war »Mary Ann« – sie war »Laura Verdammt«. Während der ganzen Schulzeit gelang es ihr, gute Noten mit der Begründung zu verharmlosen, sie »habe eben dafür gebüffelt«. Sie brach ihr Universitätsstudium ab, nachdem ein Professor sie dafür gerügt hatte, daß sie ihr Hauptfach – Soziologie – vernachlässigte, um mehr Sprachkurse besuchen zu können. Seitdem hatte sie eine Reihe schlechtbezahlter Bürojobs gehabt, bei denen sie vor allem, was mit etwas höheren Anforderungen an sie verbunden gewesen wäre, zurückschreckte oder kläglich versagte, wann immer ihr jeweiliger Chef ihr eine verantwortlichere Aufgabe zuwies. In letzter Zeit ist es für sie sogar zum Problem geworden, eine Anstellung als einfache Schreibkraft zu finden. Alle in Frage kommenden Bürojobs erfordern EDV-Kenntnisse, und Laura »weiß«, daß sie zu dumm ist, um einen Computer bedienen zu lernen.

Das Selbstbild:
Der Schlüssel zu Ihrer Persönlichkeit

Jeder von uns handelt, empfindet und verhält sich immer in Übereinstimmung mit seinem Selbstbild – ungeachtet des Wahrheitsgehalts dieses Bildes.
Es ist sehr wichtig, daß wir das begreifen. Weder Johns Gefühl, keine Frau könnte ihn je attraktiv finden, noch Lauras Überzeugung, sie sei dumm, entsprach der Wirklichkeit. Beides war das Produkt des Bildes, das diese zwei Menschen jeweils von sich hatten. Die meisten von uns haben schon von Leuten gehört, die an nervöser Magersucht (Anorexia nervosa) leiden – Personen, die sich so sehr in die Überzeugung hineinsteigern, sie seien übergewichtig, daß sie sich fast – und in zehn Prozent der Fälle sogar *buchstäblich* – zu Tode fasten. Ebenso verhielt es sich mit John beziehungsweise Laura.
Ebenso könnte es sich mit Ihnen verhalten.
»Ob wir es erkennen oder nicht«, schrieb Maltz, »tragen wir alle ... einen mentalen Bauplan, ein geistiges Bild von uns mit uns herum. Dieses Bild kann unserer bewußten Wahrnehmung verschwommen und unbestimmt erscheinen. Ja, möglicherweise ist es dem Bewußtsein überhaupt nicht zugänglich. Aber es ist da, vollständig bis zum kleinsten Detail. Dieses Selbstbild ist unsere persönliche Ansicht dessen, ›was für eine Art Mensch‹ wir sind. Es entsteht durch das, was wir von uns *glauben*. Aber die meisten dieser Glaubensinhalte ... sind durch die Beobachtung unserer vergangenen Erlebnisse, unserer Erfolge und Mißerfolge ... sowie durch die spezifische Weise, wie andere auf uns reagierten, zustande gekommen ... Sobald eine uns betreffende Vorstellung oder Überzeugung in dieses Bild eingeflossen ist, wird sie für uns ›wahr‹. Wir stellen ihre Gültigkeit nicht mehr in Frage, sondern beginnen, ihr entsprechend zu handeln, *ganz so, als sei sie wahr*.«
Wir alle wissen, wie leicht es ist, sich mit seinen Enttäuschungen und Mißerfolgen zu identifizieren. Maltz nannte dies den *Destruktionstrieb*. Anstatt uns zu sagen: »Ich habe es nicht geschafft, den Job, den ich wollte, zu bekommen«, ziehen wir den Schluß: »Ich bin ein Versager.« Anstatt zu denken: »Diese Beziehung hat einfach nicht funktioniert«, resignieren wir: »Wer könnte mich schon lieben?« Jedem von uns ist die innere Stimme nur zu vertraut, die uns einredet: »Ich bin nicht gut genug.« Das Resultat einer derart negativen Selbstbestätigung ist, daß wir von immer höheren Mauern aus Angst, Schuldgefühlen, Selbstvorwürfen und Selbsthaß eingeschlossen werden. Wir haben

keine Vorstellung (außer: »Ich tauge zu nichts«), wie wir da hineingeraten sind, und keine Ahnung, wie wir uns aus diesem Gefängnis je befreien könnten.

Für den Anfang nehmen Sie sich also bitte einen Moment Zeit, um diesen Gedanken zu verinnerlichen: *Es muß nicht so sein.* Es ist unser Selbstbild, das unsere Grenzen festlegt. Und ein positives Selbstbild – einen *Lebensinstinkt* anstelle des Destruktionstriebs – zu verwirklichen liegt für jeden Mann, jede Frau und jedes Kind im Bereich des Möglichen.

Psychokybernetik: Unser Geist und sein automatischer Steuerungsmechanismus

Maxwell Maltz war kein ausgebildeter Psychologe, sondern Arzt, spezialisiert auf plastische Chirurgie. Während seiner jahrelangen Tätigkeit war ihm aufgefallen, daß die meisten Patienten, die er wegen schwerer Entstellungen des Gesichts behandelt hatte, binnen weniger Wochen nach der Operation einschneidende Persönlichkeitsveränderungen an den Tag legten. Ihr wachsendes Selbstwertgefühl und Selbstvertrauen schien ihre neue äußere Erscheinung widerzuspiegeln. Es war so, als ob er durch Umgestaltung des Gesichts auch die Psyche rekonstruiert hätte. In manchen Fällen jedoch zeitigte der chirurgische Eingriff keine solchen Auswirkungen. Die Patienten fühlten sich weiterhin »mangelhaft«, »minderwertig« oder »häßlich«. Hin und wieder behaupteten sie sogar, wenn sie sich im Spiegel sahen, die Gesichtsplastik habe überhaupt nichts an ihrem Aussehen geändert.

Diese Beobachtung überzeugte Maltz davon, daß es nicht der plastische Eingriff als solcher war, der die Persönlichkeitsveränderung bewirkte. Es mußte sich eher so verhalten, daß die Rekonstruktion des Gesichts bisweilen auch die Erneuerung einer inneren Eigenschaft nach sich zog. Er gelangte zu dem Schluß, daß es sich bei dieser inneren »Eigenschaft« um das Selbstbild handeln mußte. Wenn der plastische Eingriff das mentale und geistige Selbstkonzept des Patienten veränderte, machte auch dessen Persönlichkeit eine Wandlung durch. Erfolgte keine Veränderung des Selbstbildes, so sah sich der Patient weiterhin als häßlich und minderwertig an.

Die These, daß das Selbstbild der Schlüssel zu Aufbau und Funktion unserer Psyche sei, war seit den dreißiger Jahren im Gespräch gewesen. Niemand hatte aber bis dahin die Frage beantwortet, auf welche Weise das Selbstbild die Persönlichkeit prägt. Maltz fand eine Antwort in der Kybernetik. Diese Wissenschaft wurde 1948 vom amerikanischen

Mathematiker NORBERT WIENER begründet, und ihr Name – vom griechischen *kybernétes*, »Steuermann«, abgeleitet – bedeutet soviel wie »Steuermannskunst«. Sie ist die Wissenschaft von den »kybernetischen Systemen«, das heißt von den sich selbst regulierenden oder selbst steuernden dynamischen Systemen. Maltz gelangte zu dem Schluß, daß das menschliche Nervensystem (einschließlich des Gehirns) die Funktion eines »Servomechanismus« für die Psyche erfüllt, also eine Art Zielsuchgerät darstellt, wie es zur automatischen Steuerung von Flugzeugen und Raketen dient. Das ist der Grund, weswegen er seine Theorie *Psychokybernetik* nannte: Sie ist die Anwendung der Gesetze der Kybernetik auf den menschlichen Geist. Das Selbstbild, behauptete Maltz, ist das Herzstück unseres inneren Selbstregulationsmechanismus und entscheidet als solches darüber, ob dieser uns in Richtung auf Erfolg oder Mißerfolg steuert. Es legt Entfernung, Umfang und Größe der Ziele fest, die unser Zielsuchgerät anpeilen soll – es definiert also den »Bereich des Möglichen«.

Sie haben die Macht, Veränderungen herbeizuführen

Der besondere Nutzen dieser Theorie beruht darauf, daß ihr zufolge *jeder von uns imstande ist, die Kontrolle über sein Selbstbild zu übernehmen und sein automatisches Steuersystem auf Erfolg zu programmieren.* Als Maltz seine revolutionäre These vorstellte, kannte die Schulpsychologie, das »psychologische Establishment«, zwei grundsätzliche, einander widersprechende Ansätze zur Beschreibung der Persönlichkeit. Auf der einen Seite gab es die Psychoanalytiker, nach deren Ansicht die Persönlichkeit im Unbewußten entsteht und daher jeder Einflußnahme durch das Bewußtsein entzogen ist. Auf der anderen Seite behaupteten die Behavioristen, das Unbewußte spiele überhaupt keine Rolle, und nur das objektiv beobachtbare und meßbare Verhalten könne Gegenstand einer wissenschaftlichen Untersuchung sein. Beide Forschungsansätze sprachen dem Individuum also jegliche Eigenmacht und Verantwortlichkeit ab, insofern als sie die Persönlichkeit für etwas »von außen« – daß heißt biologisch oder kulturell – Bestimmtes erklärten. Hier Ödipus und seine Mutter, dort Ratten in Labyrinthen.

Die Selbstbildpsychologie füllte einen großen Teil des von den zwei anderen Systemen ausgesparten Raumes aus. Auf die behavioristische Behauptung, nur das objektiv beobachtbare Verhalten sei relevant, antwortete Maltz, jegliches Verhalten – alles Handeln, Fühlen, jedwedes menschliche Vermögen – werde vom Selbstbild bestimmt. *Keine echten Verhaltensänderungen könnten jemals eintreten, solange nicht*

das Selbstbild verändert würde. Dem Analytiker, der fünf Jahre damit
zubrachte, die Neurosen eines Klienten von allen Seiten auszuleuchten,
hielt er entgegen, die *Ursachen* eines negativen Selbstbildes spielten
überhaupt keine Rolle. *Jeder könne ein neues, befriedigendes Leben
anfangen, indem er sein Selbstbild verändere.*
Maltz stellte diese Idee auf eine klare und überzeugende Weise vor.
Seine einfache »Bedienungsanleitung« zur Schaffung und Aufrechterhaltung eines neuen Selbstbildes sah ungefähr folgendermaßen aus:

o Machen Sie sich klar, welche Rolle die Vorstellungskraft bei der
   Selbstwahrnehmung spielt.
o Bedienen Sie sich der Vorstellungskraft, um mentale Bilder von
   Erfolgserlebnissen zu erzeugen.
o Identifizieren, bekämpfen und überwinden Sie falsche Überzeugungen, die Ihrem inneren Steuersystem negative Ziele liefern.
o »Ent-konditionieren« Sie sich von streßerzeugenden Reaktionen,
   die Ihr inneres Steuersystem hindern, effizient zu arbeiten.
o Legen Sie spezifische Erfolgsziele für Ihr inneres Steuersystem fest.
o Entwickeln und fördern Sie spezifische Persönlichkeitsmerkmale,
   die zum Erfolg führen.
o Nutzen Sie Ihre negativen Erfahrungen als Feedback oder *kompen-
   sierende Rückkopplungen*, um Ihren Kurs zu korrigieren und sich
   immer wieder nach dem Ziel auszurichten.
o Entfernen Sie alle emotionalen Narben, die Ihre Persönlichkeit
   beeinträchtigen.
o Wehren Sie Angriffe auf Ihr Selbstwertgefühl dadurch ab, daß Sie
   auf emotionalen Druck angemessen und kreativ reagieren.
o Bauen Sie Erfolgsgefühle in Ihre Persönlichkeit ein.

Das Selbstbild: Der Schlüssel zu einem besseren Leben

Die Idee, daß das Selbstbild der Schlüssel zu Persönlichkeit und Verhalten des Menschen ist, mag zu Maltz' Zeiten radikal gewesen sein;
inzwischen ist dies längst nicht mehr der Fall. Der Aufbau eines ad-
äquaten Selbstbildes gilt heutzutage als eine notwendige Strategie zur
seelischen und persönlichen Stärkung des einzelnen und als ein vielversprechender Schritt hin zur Behebung gesellschaftlicher Mißstände.
Regierungen und private Institutionen überall auf der Welt haben die
Rolle anerkannt, die das individuelle Selbstwertgefühl im Zusammenhang mit den größten Problemen unserer Zeit spielt. Im Jahre 1986
beauftragte der Staat Kalifornien ein Gremium von Psychologen, Ärz-

ten, Pädagogen, Kinder- und Entwicklungspsychologen und weiteren Spezialisten – die »California Task Force to Promote Self-Esteem and Personal and Social Responsibility« (»Kalifornische Arbeitsgruppe zur Förderung der Selbstachtung und der persönlichen und sozialen Verantwortung«) – damit, einen neuen Ansatz zur Problemlösung zu entwickeln, einen »Arbeitsplan sowie einen Aufruf zum Handeln«. Die Definition der Selbstachtung, die das Gremium seinem Bericht zugrunde legte – »Die Würdigung des eigenen Wertes und der eigenen Wichtigkeit sowie die im Charakter begründete Fähigkeit, die Verantwortung für das eigene Handeln zu übernehmen und anderen gegenüber verantwortlich zu handeln« –, war im wesentlichen die gleiche, die Maltz dreißig Jahre früher vorgeschlagen hatte.

In seiner Neujahrsansprache von 1990 setzte der Präsident der damaligen Tschechoslowakischen Republik, VÁCLAV HAVEL, nationale und persönliche Unsicherheit mit politischer Unterdrückung gleich. »Nur ein im besten Sinne des Wortes selbstsicherer Mensch oder Staat«, sagte er, »ist imstande, anderen zuzuhören und sie als ihm gleichberechtigt anzuerkennen. Lassen Sie uns versuchen, dem Leben unseres Gemeinwesens und dem Verhalten der Staaten untereinander Selbstvertrauen und Selbstsicherheit einzuflößen.«

Auch die Geschäftswelt hat diese Vorstellung akzeptiert. In den modernen Unternehmen ist ein entschiedenes Abrücken vom Ideal des »Managements der totalen Kontrolle« zu verzeichnen. An dessen Stelle tritt in zunehmendem Maße ein Führungsstil, der darauf abzielt, durch Stärkung des Selbstwertgefühls der Mitarbeiter das Beste aus ihnen herauszuholen. Immer mehr Manager gelangen zu der Erkenntnis, daß – so hoch der wirtschaftliche Stellenwert von Kapital und Technologie auch sei – *die Menschen* über Erfolg oder Mißerfolg eines Unternehmens entscheiden.

In *The One-Minute Manager* fordern KEN BLANCHARD und SPENCER JOHNSON Führungskräfte dazu auf, »Mitarbeiter dabei zu ertappen, wie sie etwas richtig tun«.

In *They Shoot Managers, Don't They?* weist TERRY PAULSON darauf hin, daß »derjenige ... ein Gewinner [ist], der schlechte Ergebnisse nicht persönlich nimmt. Solch ein Mensch kann eine Enttäuschung wegstecken, ohne sich als Versager zu fühlen.«

Selbst gesellschaftlich engagierte Aktivisten, die früher politische und wirtschaftliche Veränderungen als die einzigen Lösungen von Problemen wie Armut, Rassismus, Drogenmißbrauch und Gewalt innerhalb der Familie ansahen, haben eingesehen, daß individuelle Selbstachtung viel zur Beseitigung dieser Übel oder zumindest zur Neutralisierung von deren Auswirkungen beitragen kann. Der US-amerikanische Baptistenpfarrer und Bürgerrechtler Reverend JESSE JACKSON, der sich 1988 um die Kandidatur für die Präsidentschaftswahl bewarb, begann seine politische Laufbahn damit, daß er junge Schwarze aufforderte, das Mantra »Ich bin jemand« zu verinnerlichen. Wenn das keine Selbstbildpsychologie ist, was ist es dann?

Die Verlegerin und Frauenrechtlerin GLORIA STEINEM erklärt im Vorwort zu ihrem Bestseller *Revolution From Within: A Book Of Self-Esteem*: »Selbst ich, die ich mich ... jahrelang um den Abbau der äußeren Hindernisse für die Gleichstellung der Frau bemüht hatte, sah mich gezwungen anzuerkennen, daß es auch innere gab.«

JAIME ESCALANTE, der Lehrer aus Los Angeles, dessen inspirierende Geschichte im 1988 entstandenen Film *Stand and Deliver* erzählt wird, fand heraus, daß das niedrige Selbstwertgefühl seiner sozial benachteiligten mexikanisch-amerikanischen Schüler die Hauptursache ihrer mangelhaften schulischen Leistungen war. Sobald es ihm gelungen war, sie davon zu überzeugen, daß sie *das Zeug dazu hatten,* erzielten diese Ghetto-Jugendlichen spektakuläre Erfolge.

Eine Frau aus Michigan, die in ihrer Kindheit mißhandelt worden war, noch minderjährig Mutter wurde, jahrelang drogenabhängig war und eine unglückliche Ehe hinter sich hatte, sagte zu mir: »Es spielte nicht die geringste Rolle, daß meine Wut vollkommen gerechtfertigt war: Sie bewirkte nichts, bis ich endlich bereit war, mich mit dem Gefühl meiner Wertlosigkeit auseinanderzusetzen und es zu überwinden.« Diese Frau, die als Sechzehnjährige die Schule vorzeitig verlassen mußte, promovierte mit fünfundvierzig Jahren in Mikrobiologie.

Wir alle wissen, wie schwer es sein kann, ein Gefühl von Eigenwert und Wichtigkeit zu erlangen. Allzuhäufig konzentrieren wir uns auf unsere Mißerfolge und Enttäuschungen und neigen dazu, unsere Erfolge zu vergessen oder herunterzuspielen. Johns Erfahrungen mit Frauen hatten ihm »bewiesen«, daß sein Selbstbild als »verklemmter seelischer Krüppel« der Wahrheit entsprach. Stellen Sie ihn sich vor, wie er auf einem Ball der einsamen Herzen verlegen und ängstlich herumsitzt und gleichsam ein Schild mit der Aufschrift »Körbe bitte hier abgeben« in die Höhe hält! Laura wiederum hatte sich immer wieder »bestätigt«, daß sie für jeden Job, der mehr als fünfzehnhundert Dollar im Monat einbrachte, ganz einfach nicht über den nötigen Grips verfügte. Stellen Sie sich nur vor, wie sie reagieren würde, wenn ihr Chef ihr zumutete, einen Computerlehrgang zu absolvieren. Schließlich hat sie doch den »objektiven Beweis«, daß sie schlicht »zu doof« für so etwas ist!

Wir handeln immer in Übereinstimmung mit unserem Selbstbild. Wir können zwar versuchen, unser Verhalten durch »Willenskraft«, »positives Denken« oder »Affirmationen« zu ändern (»Ich werde auf diese Frau zugehen und sie locker und selbstbewußt ansprechen«, »Ich werde einen besseren Job bekommen«, »Ich bin Nichtraucher«), aber solche Bemühungen werden nur dann zum Erfolg führen, wenn wir vorher unser Selbstkonzept ändern. In späteren Kapiteln werden wir ergründen, warum »positives Denken« und »Willenskraft« eher Fallstricke als Rettungsseile darstellen. Für den Augenblick ist es wichtig zu begreifen, daß diese zwei Methoden garantiert versagen und uns lediglich weitere Enttäuschungen und Frustrationen bescheren, wenn nicht zuvor unser Selbstbild grundlegend umgekrempelt wird.

Aber Sie können Ihr Selbstbild verändern. Und indem Sie es tun, können Sie auch Ihr Verhalten und Ihre Gefühle verändern. Ja, es kann für Sie sogar den Anschein haben, als entwickelten Sie neue Talente und Fähigkeiten (die Sie natürlich in Wirklichkeit schon die ganze Zeit besaßen). Viele meiner Klienten haben das gleiche Bild verwendet, um den Augenblick zu beschreiben, da sie erkannten, daß der Schlüssel zu einem besseren Leben in ihrer eigenen Hand lag: »Es war so, als rissen die Wolken auf und die Sonne schiene dazwischen hervor.« Früher oder später werden auch Sie, wie Laura es tat, sich verwundert sagen: »Es braucht ja gar nicht so zu sein!«

Die Psychokybernetik ist ein Programm zur Entwicklung eines Selbstbildes, mit dem Sie leben können; eines Selbstbildes, mit dem Sie sich sicher und geborgen fühlen können; eines Selbstbildes, das Sie mit berechtigtem Stolz vor anderen zum Ausdruck bringen können; eines Selbstbildes, das Ihnen Selbstvertrauen und Erfolg schenkt.

Sie können ein Selbstbild entwickeln, das Ihnen ermöglichen wird, »mehr Leben in Ihr Dasein zu bringen« – wie alt Sie nach Jahren bemessen auch sein mögen.

Sie können ein realistisches Selbstbild entwickeln, das Ihnen die Kraft und die Fähigkeit verleihen wird, im kommenden Jahrhundert ein erfolgreiches Leben zu führen.

Sechs Schritte zum Erfolg:
Was Sie in diesem Buch finden werden

Maxwell Maltz konzipierte das System der Psychokybernetik weitgehend durch Beobachtung und Intuition. Von der Voraussetzung aus-
gehend, daß das Selbstbild der Schlüssel zu einem besseren Leben ist,
erforschte er eine Reihe miteinander zusammenhängender Konzepte
oder begrifflicher Modelle, die beschrieben, auf welche Weise unser
Selbstbild zustande kommt und wie es zu unserem Erfolg und Wohlbefinden beiträgt. Im Laufe der letzten dreißig Jahre sind seine damaligen
intuitiven Schlußfolgerungen durch hieb- und stichfestes wissenschaft-
liches Beweismaterial verifiziert und untermauert worden. In späteren
Kapiteln werden wir uns die Maltzschen Konzepte einzeln vornehmen
und feststellen, wie Sie sich ein neues, positives und realistisches Selbstbild schaffen können – eines, das dem Menschen gerecht wird, der Sie
sind, und dem, der Sie sein möchten.

1. Programmieren Sie sich auf Erfolg

Im Zentrum der Psychokybernetik steht Maltz' Vorstellung, daß das
menschliche Gehirn ein automatisches Steuersystem darstellt. Dieser
menschliche Servomechanismus kann entweder als »Erfolgs-« oder als
»Mißerfolgsmechanismus« funktionieren. Was von beiden der Fall ist,
hängt ganz von den Zielen ab, die unser Bewußtsein ihm zudenkt,
sowie davon, wie er auf seine eigenen Fehler reagiert. Wenn unser
Servomechanismus auf Erfolgsziele ausgerichtet ist und auf jedes Feedback mit Kurskorrekturen reagiert, dann ist das Ergebnis Erfolg. Wenn
er kein Ziel hat, nach dem er sich ausrichten könnte, oder wenn er
auf Feedback nicht selbstregulierend reagiert, dann ist das Ergebnis
Mißerfolg.
  Und genau an diesem Punkt kommt unser Selbstbild ins Spiel. Es
ist nämlich unser Selbstkonzept, das die Grenzen dessen festlegt,
wonach sich unser Servomechanismus ausrichten kann. Johns Selbstbild beispielsweise bot ein Ziel mit der »Aufschrift« ZURÜCKWEI-
SEN! Lauras Selbstbild bot ein Ziel mit der Aufschrift ICH BIN
DUMM. Ihr jeweiliges inneres Steuersystem hatte keinerlei Möglichkeit, sie zu irgendeinem anderen Ergebnis zu führen. Diese zwei Menschen waren auf Mißerfolg programmiert.
  Die neuen Techniken für ein starkes Selbst – Psychokybernetik 2000
wird die von Maltz verwendete Analogie im Einklang mit den neuesten

wissenschaftlichen Erkenntnissen aktualisieren. Im zweiten Kapitel werden Sie erfahren, wie Ihr Unterbewußtsein, das alle Ihre grundsätzlichen Annahmen über sich selbst enthält, von Ihrem bewußten Denken programmiert wird. Sie werden ein einfaches, aus fünf Schritten bestehendes Verfahren kennenlernen, durch das Sie die Weise, wie Sie über sich denken, umprogrammieren können, indem Sie negative Daten »hinauswerfen« und sie durch neue Informationen ersetzen, die Ihren Steuerungsmechanismus fest auf Erfolgskurs halten werden.

2. Stellen Sie sich Ihren Weg zum Erfolg vor

Der Mensch empfindet, handelt und verhält sich stets im Einklang mit dem, was er sich in bezug auf sich selbst und seine jeweilige Situation als wahr *vorstellt*. Dies liegt daran, daß das Unterbewußtsein zwischen einem realen Erlebnis und einem, das lediglich lebhaft vorgestellt wird, nicht unterscheiden kann. Mit Hilfe Ihrer schöpferischen Vorstellungskraft oder *kreativen Imagination* sind Sie fähig, mentale Bilder des Erfolgs zu erschaffen, die durch Integration in Ihr Selbstbild in *reale* Erfolge verwandelt werden können.

Mit dem Terminus »*kreative Imagination*« bezeichnete Maltz eine Fähigkeit, die wir alle besitzen, nämlich das psychische Vermögen, uns Nicht-Gegenwärtiges zu vergegenwärtigen, also uns etwas *vorzustellen* – Bilder in unserem Bewußtseinsraum zu erschaffen. Sobald wir erkannt haben, daß unsere Handlungen, unsere Gefühle oder Empfindungen und unsere Verhaltensweisen das Ergebnis dessen sind, was wir uns als wahr *vorstellen* (oder für wahr *halten*), können wir unsere Handlungen, Gefühle und Verhaltensweisen dadurch ändern, daß wir unsere mentalen Bilder, unsere Vorstellungen, entsprechend modifizieren.

Maltz behauptete, daß die falschen, negativen Überzeugungen (das heißt »Für-wahr-Haltungen«), die wir in bezug auf uns selbst hegen und die wir durch Ausübung unseres »Destruktionstriebes« verstärken, eine Form von Hypnose darstellen. Er erklärte, wir könnten uns des »kreativen Mechanismus« und des »Theaters der Imagination« bedienen, um uns »von unseren falschen Überzeugungen zu enthypnotisieren«. Dieses Konzept und die Übungen, die er zu dessen Realisierung entwickelte, vermögen wir heutzutage besser nachzuvollziehen, als es damals noch möglich war. Die Ergebnisse der sogenannten *Split-brain-Forschung* (der Erforschung der psychischen Auswirkungen der Trennung der beiden Großhirnhemisphären) haben uns stichhaltige physiologische Gründe geliefert, *warum* diese Übungen funktionieren.

Im dritten und im vierten Kapitel werden Sie einfache und doch äußerst
wirkungsvolle Techniken erlernen, mittels deren Sie auf Ihre rechte
Gehirnhälfte zugreifen und damit neue Selbstbilder erzeugen können,
die zu neuen Einstellungen und Verhaltensmustern führen werden. Sie
werden lernen, sich auf erwünschte Veränderungen zu konzentrieren,
anstatt an alten Fehlern festzuhalten. Sie werden Fragebögen finden,
die Ihnen dabei helfen werden, die falschen Überzeugungen, die bislang
Ihre Ziele einengten, zu identifizieren und sich deren Falschheit *einzugestehen*. Und Sie werden lernen, wie Sie sich Ihrer Imagination bedienen können, um diese Überzeugungen oder Vorstellungen durch »neue
Erinnerungen« zu ersetzen, die das Fundament zu einem positiven
Selbstbild abgeben werden.

3. Entspannen Sie sich
und verwandeln Sie Streß in Erfolg

Entspannung ist der Schlüssel zur Aktivierung unserer kreativen Imagination: Sie ist der einzige Zustand, in dem unser Servomechanismus
richtig funktionieren kann. Und doch wissen die meisten von uns
überhaupt nicht, wie man sich entspannt. Wir sind konditioniert, auf
jedes uns betreffende Ereignis in einer Weise zu reagieren, die lediglich
zu einer weiteren Erhöhung unseres Streßpegels führt. Im fünften
Kapitel werden Sie eine Vielzahl von Entspannungsübungen kennenlernen. Sie werden erfahren, inwiefern diese Techniken gesundheitsför-
dernd wirken und Ihre Fähigkeit zum kreativen Denken, zum schöpferischen Problemlösen und zum Erlernen neuer Fertigkeiten erhöhen
können – einschließlich der »Kunst«, Ihr Selbstbild zu verbessern.

Im Jahre 1960 hatte der Siegeszug der chemischen Beruhigungsmittel
oder *Tranquilizer* als Mittel zur Streßminderung gerade begonnen.
Maltz wies darauf hin, daß die spezifische Wirkung der Tranquilizer
in der Dämpfung oder vollständigen Unterdrückung unserer Reaktionen auf negatives Feedback besteht. Als Alternative zu solchen chemischen Mitteln stellte er eine Reihe streßmindernder mentaler Übungen
vor, die er als »Do-it-yourself-Tranquilizer« bezeichnete. Im sechsten
Kapitel werden Sie eine aus fünf Schritten bestehende Methode kennenlernen, auf streßauslösende Faktoren in einer Weise zu reagieren, die
den Streß entschärft, ohne Ihr Selbstwertgefühl zu beeinträchtigen.
Wir werden vom Maltzschen Begriff der »drogenfreien« oder »natürlichen Tranquilizer« ausgehen, um die wirklichen Streßfaktoren in
Ihrem Leben zu ermitteln. (Dasjenige, wovon Sie glauben, daß es »Sie
streßt«, braucht unter Umständen gar nicht die eigentliche Ursache

Ihres Problems zu sein!) Sie werden lernen, wie Sie die Visualisation als Mittel zur Streßminderung einsetzen und wie Sie vermeiden können, eingebildete Probleme mit realen zu verwechseln. Und Sie werden einfache Techniken erlernen, anhand derer Sie Ihren automatischen Mechanismus vor Überhitzung schützen können, indem Sie auf alle »schwierigen« Situationen, die in Ihrem Leben auftreten, mit Gelassenheit und Selbstvertrauen reagieren.

4. Sich Ziele setzen: *Die Grundvoraussetzung für den Erfolg*

Maltz verglich den Menschen mit einem Fahrrad: Wir können unser Gleichgewicht nur so lange aufrechterhalten, wie wir uns bewegen – uns auf etwas *zu*bewegen. Wenn wir versuchen, in der Balance zu bleiben, ohne uns von der Stelle zu rühren, fühlen wir uns rasch immer wackliger und kippen früher oder später um.

Die Verbesserung unseres Selbstbildes ist kein Selbstzweck. Sie ist die Grundbedingng dafür, daß wir uns Erfolgsziele setzen können. Ein dürftiges Selbstbild kann uns daran hindern, uns überhaupt Ziele zu stecken, oder aber uns den Mut rauben, sie bis zu Ende zu verfolgen. Wenn wir keine lohnenden persönlichen Ziele haben, können wir leicht dem Trugschluß aufsitzen, das Leben sei in sich keine »lohnende Angelegenheit«, sei überhaupt nicht lebenswert. Erst indem wir uns spezifische und erreichbare Ziele schaffen, verwandeln wir unseren Servomechanismus in einen *Erfolgs*mechanismus.

Im siebten Kapitel werden Sie erfahren, inwieweit Ihr persönliches Glaubensgebäude möglicherweise Ihre Ziele begrenzt oder einengt. Mit Hilfe einfacher Verfahren und Fragebögen werden Sie sich einzelne Ziele vergegenwärtigen, auf die Sie in Ihrer Vergangenheit bereits hingearbeitet haben, eine realistische Einschätzung Ihrer Fertigkeiten vornehmen und bestimmen, welche Ziele Ihren Wünschen und Fähigkeiten am ehesten entsprechen. Sie werden einen Fünf-Schritte-Plan finden, der Ihnen ermöglicht, sich realistische, erreichbare Ziele zu *setzen*, und einen Sieben-Punkte-Plan, der Ihnen aufzeigt, wie Sie effektiv auf diese Ziele *hinarbeiten* können. Im achten Kapitel werden Sie Techniken zur Maximierung Ihres Erfolgs beim Verfolgen Ihrer Ziele kennenlernen: Verfahren zur Überwindung der inneren Trägheit und der Neigung, Unbequemes »auf morgen zu verschieben«, zur Feststellung Ihrer Fortschritte, zur Selbstmotivation und -disziplinierung – sowie weitere Strategien, die Ihnen erlauben, Ihren automatischen Mechanismus auf Erfolgskurs zu halten.

5. Nutzen Sie negatives Feedback als Wegweiser zum Erfolg

Sobald Sie sich ein Ziel gesetzt haben, schaltet sich Ihr inneres Steuersystem ein. Aber ich wiederhole: Es ist Ihr *Selbstbild*, das darüber entscheidet, ob Sie auf dieses Ziel ausgerichtet bleiben oder nicht. Im neunten Kapitel werden wir die Komponenten des Psychokybernetik-Programms noch einmal im Überblick betrachten, anhand zweier Fallgeschichten sehen, wie sie miteinander zusammenwirken, und einige noch verbleibende Fragen zu diesem Thema beantworten.

Menschen mit einem positiven Selbstbild haben keine Schwierigkeiten damit, eine – wie Maltz sie nannte – *erfolgsorientierte Persönlichkeit* zu entwickeln und zu fördern. Wenn solche Menschen negatives Feedback empfangen – Signale, die ihnen anzeigen, daß sie vom Kurs abgekommen sind –, reagiert ihr Servomechanismus mit einer Kurskorrektur, die dazu beiträgt, sie »wieder auf den Weg zur kreativen Leistung zu bringen«. Aber bei Menschen mit schwachem Selbstbild haben solche negativen Rückkopplungen keine andere Wirkung, als ihre Minderwertigkeitsgefühle zu bestätigen.

Dr. Maltz deutete das englische Wort SUCCESS (»Erfolg«) als ein Akronym (das heißt als ein aus den Anfangsbuchstaben anderer Wörter zusammengesetztes Wort), dessen Bestandteile die Komponenten der Erfolgspersönlichkeit bezeichnen. Ebenso verfuhr er mit dem Wort FAILURE (»Mißerfolg«), um das zu beschreiben, was er den *Mißerfolgsmechanismus* nannte – das negative Feedback, das uns signalisiert, daß eine Kurskorrektur erforderlich geworden ist:

S-ense of direction
   (»Orientierungssinn«)
U-nderstanding (»Verständnis«)
C-ourage (»Mut«)
C-harity (»Barmherzigkeit«)
E-steem (»Achtung«)
S-elf-confidence
   (»Selbstvertrauen«)
S-elf-acceptance
   (»Selbstakzeptanz«)

F-rustration (»Frustration«)
A-ggressivenes (»Aggressivität«)
I-nsecurity (»Unsicherheit«)
L-oneliness (»Einsamkeit«)
U-ncertainty
   (»Unentschlossenheit«)
R-esentment (»Groll«)
E-mptiness (»Leere«)

Im zehnten Kapitel werden wir die sieben Maltzschen Elemente des Erfolgs (SUCCESS) nacheinander in einem aktuellen und zugleich zukunftsweisenden Kontext betrachten und uns dabei auf die Interpretation der »California Task Force« und anderer »Spezialisten für Selbstachtung« beziehen. Sie werden erfahren, welche Fertigkeiten zu einem »Orientierungssinn« im Hinblick auf Ihre berufliche Laufbahn und Ihr ganzes Leben beitragen, was »Barmherzigkeit« im Kontext des persönlichen Erfolgs bedeutet und dergleichen mehr. Dann werden wir eine Reihe miteinander zusammenhängender Prinzipien und Techniken erforschen, die Sie zum *Erwerb* jedes einzelnen dieser Elemente führen werden – Tips, wie Sie die zwischenmenschliche Achtung kultivieren können, die zu echtem Verständnis führt; wie Sie den Mut entwickeln, Risiken einzugehen; sowie Verfahren zur Stärkung und Intensivierung all derjenigen Faktoren in Ihrem Leben, die Ihre Persönlichkeit »auf Erfolg trimmen« werden.

Was die negativen Gefühle und Einstellungen anbelangt, die zum Mißerfolg (FAILURE) führen können – diese erlebt jeder von uns von Zeit zu Zeit. Entscheidend dabei ist jedoch, daß wir sie als *Warnsignale* auffassen und entsprechende korrigierende Maßnahmen ergreifen. Im elften Kapitel werden Sie erfahren, wie Sie die Elemente des Mißerfolgs als solche erkennen und in positiver und angemessener Weise darauf reagieren können. Sie werden einen Test finden, mit dessen Hilfe Sie Ihren individuellen Frustrationspegel bestimmen und Ihren Kurs korrigieren können; eine Tabelle, die es Ihnen erleichtern wird, festzustellen, ob Sie in zwischenmenschlichen Konflikten mit einer selbstsicheren (das heißt positiven) oder aggressiven (also negativen) Haltung reagieren; sowie weitere Strategien kennenlernen, die es Ihnen gestatten, Ihr inneres Steuersystem auf Erfolgskurs zu halten.

6. Ent-hemmen Sie Ihre Persönlichkeit und tanken Sie Erfolg

Maltz behauptete, daß das, was wir unsere »Persönlichkeit« nennen, die äußere Manifestation unseres Selbstbildes ist. Damit ist die wahre Persönlichkeit jeder Frau und jedes Mannes eine »gute Persönlichkeit« – ein Zeichen, daß der Mensch »das ihm innewohnende kreative Potential freigesetzt« hat. Umgekehrt setzte Maltz eine »schlechte Persönlichkeit« mit einer gehemmten Persönlichkeit gleich. Er war der Meinung, übertriebene Schüchternheit, Befangenheit, Feindseligkeit und andere ähnliche Symptome von Gehemmtheit seien das Resultat eines Übermaßes an negativem Feedback.

Denken Sie an John und seine Angst vor Zurückweisung. Wenn das negative Feedback eine zu große Intensität erreicht – oder wenn unser Servomechanismus anfängt, zu empfindlich auf solche Rückkopplungen zu reagieren –, ist das Resultat keine Kurskorrektur, sondern eine totale Reaktionshemmung. Unser Servomechanismus beginnt »überzukorrigieren«: Er vollführt eine Reihe extremer, zickzackförmiger Kursänderungen, bis überhaupt keinerlei Annäherung an das Ziel mehr erfolgt.

Maltz nannte die hemmenden Faktoren in unserem Leben »emotionales Narbengewebe« und die Techniken zu deren Überwindung »ein Facelifting für unsere Persönlichkeit«. Er skizzierte eine Serie von Übungen zur »Ent-hemmung«, welche die Freisetzung unserer wahren Persönlichkeit ermöglichen. Im zwölften Kapitel werden wir uns mit den emotionalen Wunden befassen, die unsere Persönlichkeit hemmen können. Wir werden die Maltzschen Techniken zur Beseitigung der »emotionalen Narben«, die negatives Feedback in der Vergangenheit in Ihnen hinterlassen hat, sowie zur Verhinderung der Entstehung neuer solcher Narben überdenken und ergänzen. Sie werden erfahren, auf welche Weise das Bild, das Sie von Ihrem Körper haben, Ihre Persönlichkeit beeinflußt und wie Sie ein negatives Körperbild als solches erkennen und anfechten können. Sie werden weiterhin erfahren, wie Sie positive Maßnahmen ergreifen können, um diejenigen Hindernisse, die es Ihnen möglicherweise erschweren, enge persönliche Beziehungen einzugehen, aus dem Weg zu räumen. Sie werden die wirkungsvollste Einzelstrategie zur Überwindung etwaiger persönlichkeitshemmender Ressentiments kennenlernen. Und Sie werden fünf Techniken erlernen, mittels derer Sie sich für die Zukunft gegen emotionale Wunden immunisieren können.

Die Aufrechterhaltung der Selbstachtung ist ein lebenslanger Prozeß, der ein gelegentliches »Zünden der Steuerungstriebwerke« erforderlich machen kann. Im dreizehnten Kapitel werden Sie erfahren, wie Sie sicherstellen können, daß die Veränderungen, die Sie mit Hilfe der Psychokybernetik einleiten, für den Rest Ihres Lebens fortdauern. Sie werden lernen, wie Sie auf Gefühle zugreifen, die zu einem positiven Selbstbild führen, und wie sie solche von sich abweisen, die Ihr Selbstwertgefühl untergraben könnten. Und Sie werden lernen, wie Sie die Gedanken und Vorstellungen aus diesem Buch in Ihrem Leben praktisch umsetzen können, um Ihre Aussichten auf Selbstverwirklichung und dauerhafte Zufriedenheit zu maximieren.

Werden Sie zum Menschen, der Sie sein möchten

Nehmen Sie sich etwas Zeit, um diese sechs Schritte zu rekapitulieren. Vergegenwärtigen Sie sich, was für Daten Sie mit Ihrem »Selbst-Programm« bislang verarbeitet haben.

o Haben Sie sich eher auf Mißerfolg als auf Erfolg programmiert?

o Beschreibt das mentale Bild, das Sie von sich selbst, Ihren Gedanken, Einstellungen und Reaktionen haben – der »Festspeicher« Ihres inneren Steuersystems –, Sie in negativen Kategorien?

o Halten Angst und Streß Sie davon ab, sich um eine positive Neuprogrammierung Ihrer selbst zu bemühen?

o Trifft es zu, daß Sie davor zurückschrecken, sich Ziele zu setzen, oder daß Ihre Ziele infolge der entmutigenden Einschätzung Ihrer Fähigkeiten auffällig niedrig oder »eng« gesteckt sind?

o Hält negatives Feedback Sie davon ab, weiter auf Ihre Ziele hinzuarbeiten, anstatt Sie zu einer Kurskorrektur anzuregen?

o Haben Sie das Gefühl, daß solch negatives Feedback zu einer Hemmung Ihrer Persönlichkeit geführt hat?

Wenn Sie auf eine (oder gar mehrere) dieser Fragen mit »ja« geantwortet haben, sollten Sie sich überlegen, inwieweit ein neues Selbstbild Ihnen dabei helfen könnte, zu dem Menschen zu werden, der Sie sein möchten.

Was bedeutet Erfolg für Sie?

Während der Arbeit mit diesem Buch ist es wichtig, im Gedächtnis zu behalten, daß »Erfolg« ein absolut subjektiver Begriff ist. Etliche Menschen setzen ihn mit Geld und materiellem Besitz gleich. Für andere bedeutet er ein erfülltes Familienleben und befriedigende persönliche Beziehungen. Wieder andere verstehen darunter die Verwirklichung bestimmter emotionaler, intellektueller, körperlicher oder spiritueller Ziele – Gedichte zu schreiben oder Schlagzeug zu spielen, eine Baumhütte zu bauen, sein Auto »aufzumotzen«, besser Skat zu spielen, einen Marathon zu laufen, Entwicklungshelfer zu werden oder *Krieg und Frieden* ins Niederbayrische zu übersetzen. Ebenso können sich Ihre langfristigen Erfolgsziele durchaus von Ihren kurzfristigen unterscheiden. So ist es beispielsweise möglich, daß Sie zwar den Wunsch

haben, in einigen Jahren einen ganz anderen, befriedigenderen Beruf
auszuüben, es Ihnen aber derzeit sinnvoller erscheint, Ihren jetzigen
Chef davon zu überzeugen, daß Sie eine Beförderung verdienen. Wenn
Sie dieses Buch benutzen, denken Sie bitte stets daran, daß Sie den
Erfolg nach Ihren eigenen Maßstäben messen sollten – nicht nach
denen Ihrer Nachbarn, Ihrer Mutter oder sonst eines anderen Menschen.

Sie haben das Recht, »ein gutes Gefühl bei sich zu haben«. Ja, Sie
sind es sich selbst schuldig, daß Sie sich ganz auf Ihre positiven Eigenschaften konzentrieren. Die – modernisierten und aktualisierten – Prinzipien der Psychokybernetik können Ihr Weg zu einem neuen Selbstbild werden, Ihr persönliches Programm, das Ihnen ermöglichen wird,
»dem Dasein mehr Leben abzuringen«. Sie können lernen, Ihr inneres
automatisches Steuersystem als einen *Erfolgs-* statt einen *Mißerfolgs-*
mechanismus zu gebrauchen.

Sie brauchen nichts anderes zu tun, als anzufangen.

Gedanklich zum Ziel

o Sie handeln, empfinden und verhalten sich stets im Einklang mit
   Ihrem Selbstbild – ungeachtet des Wirklichkeitsgehalts dieses Bildes.
o Sie können ein positives Selbstkonzept erlangen – ein Selbstbild,
   das Ihnen die Kraft geben wird, sich Ziele persönlichen und beruflichen Erfolgs zu setzen und diese zu erreichen –, indem Sie einige
   wenige einfache Techniken gewissenhaft durchführen.

Setzen Sie sich Ihre eigenen Ziele

Zweites Kapitel

WIE SIE IHREN ERFOLGS-
MECHANISMUS PROGRAMMIEREN

Der kreative Mechanismus in Ihrem Inneren ist unpersönlich. Er wird automatisch und völlig unbeteiligt Glück und Erfolg ansteuern oder Mißerfolg und Unzufriedenheit, je nachdem, welche Ziele Sie ihm setzen.

MAXWELL MALTZ: *Psycho-Cybernetics* (1960)

Wenn wir der Möglichkeit beraubt sind, unsere Grenzen und Fähigkeiten auszudehnen, können wir leicht in einen winterschlafähnlichen ... Zustand verfallen, in dem all unsere Fähigkeiten außer denen, die wir zum nackten Überleben benötigen, ausgeschaltet sind und wir uns kalt und einsam fühlen, von der Natur und dem Universum abgeschnitten. Aber wenn unsere Talente gebraucht und belohnt werden, können wir unsere Fähigkeiten ausdehnen, die Energie der Selbstachtung benutzen, um die einzigartige Mischung universaler menschlicher Merkmale, die jede(r) von uns besitzt, zu aktivieren, und ein Miniatur-Abbild des Universums in uns selbst entdecken.

GLORIA STEINEM: *Revolution From Within: A Book Of Self-Esteem* (1992)

Mein Sohn Rob war fünfzehn, als ich anfing, ihm das Autofahren beizubringen. Eines Tages machte ich mit ihm eine Spritztour durch unser Viertel, und ich merkte, daß er gefährlich nah am Straßenrand entlangfuhr. »Paß auf den Bordstein auf«, sagte ich ihm. »Du bist ziemlich nah dran.« Er zeigte keine Reaktion, und ich wiederholte meine Anweisung mit etwas mehr Nachdruck: »Rob, du mußt auf den Bordstein aufpassen: Du bist wirklich zu nah dran!« Er nickte, aber noch immer änderte sich nichts an seiner Fahrweise. »Rob«, sagte ich streng, »du *mußt* auf den Bordstein aufpassen!« Einen Augenblick später hörte ich das Knirschen einer Radkappe: Rob hatte das Auto gegen den Bordstein gesetzt. »Rob«, sagte ich (wie nur eine Mutter oder ein Vater es sagen kann), »was in aller Welt treibst du eigentlich?!«

Er sah mir in die Augen, runzelte die Stirn (wie nur ein Teenager die Stirn runzeln kann) und sagte: »Ich *pass' auf den Bordstein auf*, Mama!«

Die Pointe? Erfolg ist eine Frage des Instinkts – den wir aber manchmal blockieren. Wir alle besitzen ein eingebautes Steuersystem, das uns auf dasjenige zubewegt, woran wir gerade denken. Wenn wir die Augen auf Begrenzungen richten statt auf Ziele, knallen wir gegen diese Begrenzungen. Wenn unsere Selbstwahrnehmung so negativ ist, daß wir uns keinerlei Ziel *erlauben*, fahren wir im Zickzack über die ganze Straße. Früher oder später krachen wir gegen den Bordstein und fragen uns verzweifelt, warum wir nicht von der Stelle zu kommen scheinen.

Wenn wir aber spezifische, realistische Bilder oder Vorstellungen des Erfolgs als Orientierungspunkt haben und wenn wir diese Bilder klar im Bewußtsein behalten, dann brauchen wir uns keine Gedanken über Bordsteine zu machen. Es kann dann zwar passieren, daß wir gelegentlich von unserer Fahrspur abkommen, aber unser eingebauter Steuerungsmechanismus hält uns auf Kurs. Er korrigiert automatisch unsere Lenkbewegungen und sorgt dafür, daß wir uns immer weiter auf Glück und Erfolg zubewegen.

Dieses Kapitel handelt von Ihrem eingebauten Steuerungsmechanismus und davon, wie Sie lernen können, ihn zu kontrollieren. Wir werden uns namentlich überlegen,

o wie Ihr inneres Steuersystem funktioniert und welche Rolle Ihr Selbstbild bei dessen Programmierung spielt;
o wie Sie sich – mit Hilfe eines fünf Schritte umfassenden Verfahrens – von alten Gewohnheiten, die Sie fortwährend gegen Bordsteine krachen lassen, befreien und neue Gewohnheiten, die zu Glück und Erfolg führen werden, zulegen können;
o wie wirkliche, heute lebende Menschen ihr inneres Steuersystem »aufgerüstet« haben, um beruflich voranzukommen, sich neue Fertigkeiten anzueignen, Schüchternheit und Befangenheit zu überwinden und sich von chronischen Ängsten zu heilen.

Die Korrektur Ihres Betriebsprogramms: Nutzen Sie Ihren Erfolgsinstinkt

Nehmen wir als Ausgangspunkt unserer Überlegungen MAXWELL MALTZ' zentrale Idee: das Modell des menschlichen Gehirns als Servomechanismus. Dies läßt sich hervorragend am Beispiel des Autofahrens veranschaulichen. Während Sie fahren, vergleicht Ihr Gehirn ununterbrochen die aktuelle Position des Wagens mit der Position, in der er sich Ihren Wünschen entsprechend befinden sollte. Wenn Sie zu stark von Ihrer Fahrspur abweichen, senden Ihre Augen ein entsprechendes Signal an Ihr Gehirn. Das Gehirn vergleicht die erwünschte Position des Wagens mit dessen tatsächlicher Position. Dann signalisiert es Ihren Armen, durch Bewegung des Lenkrads den Wagen wieder auf den richtigen Kurs zu bringen.

Das ist im wesentlichen die Funktionsweise eines Autopiloten. Bei einer Selbstlenkrakete beispielsweise wird die *erwünschte* Position anhand einer computerisierten Landkarte, die *tatsächliche* Position mit Hilfe eines Radars ermittelt. Die Rakete hat kein Gehirn, aber sie besitzt eine elektronische Vorrichtung, die den Kurs fortwährend korrigiert, indem sie dafür sorgt, daß die Differenz der beiden Werte (erwünschte Position und tatsächliche Position) immer kleiner wird.

Kehren wir nun zu Ihrem Auto zurück. Denken Sie während des Fahrens auch nur an eines dieser Dinge? Natürlich nicht. Es handelt sich dabei durchweg um unterbewußte Vorgänge – außer vielleicht, wenn ein anderer Verkehrsteilnehmer Sie anhupt und Ihnen den Vogel zeigt. Aber versuchen Sie sich an Ihre ersten Stunden am Lenkrad eines Wagens zu erinnern. Damals dachten Sie an *alles*, was Sie taten. Auf Ihre Position achten, lenken, beschleunigen, bremsen – es waren sämtlich bewußte Handlungen. Manchmal haben Sie überkorrigiert. Ab und an haben Sie wahrscheinlich den Bordstein gestreift. Aber zuletzt hat Ihr bewußtes Denken ihr Unterbewußtsein dazu programmiert, am Lenkrad eines Autos automatisch zu funktionieren.

Maltz behauptete, alle Lebewesen besäßen solch einen eingebauten Zielsuchmechanismus, einen *Erfolgsinstinkt*, der sie auf Nahrungserwerbs-, Verteidigungs- und Fortpflanzungsziele zubewegt. Uns Menschen jedoch hilft der Erfolgsinstinkt nicht nur, unser physisches Überleben zu sichern, sondern darüber hinaus auch emotionale und geistige Befriedigung zu erzielen. Er funktioniert als ein *kreativer Mechanismus*, der uns in Richtung auf die Verwirklichung all jener Ziele führt, die uns erst zu Menschen machen und die zu einem ausgefüllten und befriedigenden Leben beitragen.

Aber eben weil wir Menschen und somit fehlbar sind, haben wir auch die Möglichkeit, unseren kreativen Mechanismus mit falschen Daten zu programmieren, die unsere Erfolgsaussichten zunichte machen. Und der wichtigste Faktor, der über unsere Programmierung und die Daten, die das fertige Programm akzeptieren kann, entscheidet, ist – um es noch einmal zu wiederholen – unser Selbstbild.

Bei der begrifflichen Ausgestaltung der Psychokybernetik stützte sich Maltz in hohem Maße auf die Erklärungsmodelle und Fachtermini der damals noch jungen Computertechnik. Wenn Sie zu den etwas reiferen Jahrgängen gehören, werden Sie sich noch an die Zeiten erinnern, als es gang und gäbe war, Computer als »Elektronengehirne« zu bezeichnen. In der heutigen Computerwissenschaft ist es eher üblich, die *Unterschiede* zwischen der menschlichen und der maschinellen »Intelligenz« hervorzuheben als deren Ähnlichkeiten, aber Begriffe wie »Programmierung«, »Input« und »Daten« sind noch immer hilfreich, wenn es darum geht, die Funktionsweise unseres Servomechanismus zu erklären. Ja, dank unserer Vertrautheit mit PCs und Spielcomputern fällt es uns heutzutage sogar viel leichter, das Maltzsche Modell nachzuvollziehen. Wenn Ihnen eine Telefonrechnung über 23 155 DM statt 231,55 DM ins Haus flattert, rufen Sie vielleicht die Telekom an und sagen entrüstet: »Ihr Computer versucht mich zu berauben!« Aber eigentlich wissen Sie, daß der Fehler nicht bei der Maschine liegt, sondern bei den Daten, die man in sie eingegeben hat. Und wenn die Programmierung des Computers – seine Software – Fehler enthält, dann können selbst für sich genommen richtige Inputs zu Fehlfunktionen und falschen Ergebnissen führen.

Ebenso verhält es sich mit unserem kreativen Mechanismus. Er funktioniert stets entsprechend dem Programm, das unser Selbstbild ihm eingegeben hat. Programmieren Sie ihn mit Bildern des Erfolgs, und er arbeitet als *Erfolgs*mechanismus. Programmieren Sie ihn mit negativen Bildern und Einschränkungen, und er arbeitet als *Mißerfolgs*mechanismus. Aber wie jeder Servomechanismus kann auch er jederzeit umprogrammiert werden.

Wie Sie Mißerfolgsgewohnheiten in Erfolgsgewohnheiten verwandeln können

Unser Selbstbild entsteht aus den Ansichten, die andere von uns haben. Unser Bewußtsein dieser Ansichten bildet unser allererstes, rudimentäres Selbstgefühl – gleichsam das Grundprogramm unseres Servomechanismus. Dann »bestätigen« wir dieses Programm, indem wir ihm entsprechend handeln. Schauen wir uns einmal vier Menschen an und sehen wir, wie ihr Selbstbild »bugs« oder Programmfehler in ihren kreativen Mechanismus eingegeben hat, die diesen seitdem daran hindern, als Erfolgsmechanismus zu arbeiten.

Brad war ein kräftiges, athletisches Kind, dessen »Lernkurve« nicht mit seiner körperlichen Entwicklung und Koordination Schritt hielt. Man sagte ihm wiederholt, er sei »nicht allzu intelligent«, und es kam schließlich dazu, daß er diese Beurteilung als eine Tatsache akzeptierte. Später, als er versuchte, in der Geschäftswelt Fuß zu fassen, machte sich ein merkwürdiges Muster bemerkbar: Jedesmal, wenn er für eine Beförderung vorgeschlagen wurde, wurde er krank. Es gelang ihm nie, einen Termin für einen Leistungstest einzuhalten. Es war so, als könnte er *es einfach nicht hören*, daß er Aussichten auf Erfolg, eine »Zukunft«, hatte. Was Brads Selbstbild anbelangte, war seine Zukunft auf dem Sportplatz zurückgeblieben.

Tina hatte nie irgendwelche Probleme damit gehabt, an ihre Intelligenz zu glauben. Sie hatte einen Intelligenzquotienten von hundertfünfzig und arbeitete als erfolgreiche Anwältin. Als kleines Kind war sie etwas tolpatschig gewesen, war oft gestolpert und fortwährend gegen Möbel gerannt. Ihre Eltern hatten sie deswegen aufgezogen und gesagt, Tina habe »zwei linke Füße«. Sie wurde dieses Image nicht wieder los, und als Teenager war sie bereits selbst felsenfest davon überzeugt, daß sie nie imstande sein würde, tanzen zu lernen. Als sie Jahre später dem Mann ihrer Träume begegnete, erfuhr sie zu ihrem Entsetzen, daß er ein begeisterter Tänzer war. Sie dachte sich ständig neue Ausreden aus, um nicht mit ihm tanzen zu gehen. Sie zog sogar die Möglichkeit in Betracht, ihre Beziehung zu beenden, nur um ihrem Freund nicht die beschämende »Tatsache« gestehen zu müssen, daß sie zwei linke Füße hatte.

Greg, ein Systemanalytiker, hatte als Kind oft Schwierigkeiten im Umgang mit Altersgenossen und war zu einem kontaktscheuen, gehemmten Menschen herangewachsen. Er hatte den Satz »Halt den Mund, Greg« so oft gehört, daß er sich kaum noch traute, irgend etwas zu sagen. Solange er allein am Computer arbeitete, war er ganz in seinem Element. Aber kaum bekam er es mit Menschen zu tun, wurde er nervös und befangen. Wegen seiner mangelnden »Sozialkompetenz« war er außerstande, seine Erfolge als Systemanalytiker zu würdigen. Nach Feierabend saß er meist allein zu Hause und grämte sich über seine Unfähigkeit, eine Unterhaltung zu führen, ohne zu erröten und ins Stottern zu geraten. Er stellte fest, daß Alkohol ihm vorübergehend Trost verschaffte, und ehe er sich's versah, war er zum Trinker geworden.

Emily hatte schon immer ausgezeichnet mit Menschen umgehen können. Sie war ein munterer, kontaktfreudiger Typ und dachte, als Immobilienmaklerin würde sie bestimmt eine Naturbegabung sein. Sie absolvierte einen Fernlehrgang und bestand die Zulassungsprüfung gleich beim ersten Anlauf. Aber jedesmal, wenn ein potentieller Käufer sie nach Darlehenszinsen oder anderen Finanzierungsdetails fragte, erstarrte sie förmlich und verlor all ihre Unbefangenheit. Emily war zusammen mit vier Brüdern aufgewachsen. Ihr Vater war konzessionierter Wirtschaftsprüfer, und ihre Brüder hatten sich durchweg zu wahren »Mathe-Assen« entwickelt. Trotz befriedigender Noten in Mathematik fühlte sich Emily im Vergleich zu ihrer Familie ganz einfach dumm. Ihr Vater hatte sie stets damit getröstet, von Mädchen würde gar nicht erwartet, daß sie »einen Kopf für Zahlen« hätten. »Und außerdem«, hatten ihre Brüder freundlich hinzugefügt, »bist du immer so vergnügt und kommst so gut mit Leuten aus. Wozu brauchen wir denn noch ein Mathe-Genie in der Familie?«

Sie können wirklich etwas ändern

In jedem dieser vier Fälle führte ein mangelhaftes Selbstbild dazu, daß der Servomechanismus des betreffenden Menschen sich als Mißerfolgsmechanismus auswirkte. Brads und Tinas jeweiliges Selbstkonzept hatte ihnen so konsequent eingeredet, sie seien »Versager«, daß sie völlig außerstande waren, sich als erfolgreiche Menschen zu »sehen«. Greg und Emily hatten sich zwar realistische Erfolgsziele gesetzt, sie stießen jedoch immer wieder gegen die »Bordsteine«, die ihnen ihr Selbstbild vorsetzte.

Doch in keinem dieser Fälle hatte das Selbstbild etwas mit der Wirklichkeit zu tun. Es war etwas *Erlerntes*. Alles Erlernte läßt sich überprüfen und in Frage stellen. Alles In-Frage-Gestellte kann »neu gelernt« werden, und zwar in der Weise, daß die alten Daten durch neue ersetzt werden.

Bitte lernen Sie die letzten zwei Sätze auswendig. Ein negatives Selbstbild kann wie eine Bandaufzeichnung oder eine Datei gelöscht und durch ein neues, positives Selbstbild ersetzt werden. Ihr gegenwärtiges Selbstkonzept haben Sie durch unterbewußte Gewöhnung erworben. *Leicht* ist es nicht, eine solche Gewohnheit zu ändern … aber es ist *einfach*. Es erfordert nichts anderes als Übung und Fleiß. Erinnern Sie sich, wie ich Sie in der Einleitung gebeten habe, die Hände zu verschränken und anschließend die Finger so »umzusortieren«, daß der andere Daumen nach oben zu liegen kam? Auf die eine Weise fühlte es sich »richtig« und »natürlich« an, weil es eine Gewohnheit war: ein unbewußter Akt. Auf die andere Weise fühlte es sich »unnatürlich« an, weil es ungewohnt war: Es erforderte bewußte Aufmerksamkeit. Aber glauben Sie wirklich, daß es Ihnen unmöglich wäre, sich daran zu gewöhnen? Wenn Sie eine Zeitlang bewußt übten, die Hände auf die Ihnen ungewohnte Weise zu falten, würde Ihnen dies bald »in

Fleisch und Blut übergehen«, also ebenso zu einer unbewußten Angewohnheit werden, wie es Ihre gegenwärtige »Verschränk-Weise« jetzt für Sie ist.

Die Programmierung Ihres inneren Steuersystems zu ändern, ist um keinen Deut komplizierter als das.

Die Kunst der Umprogrammierung: In fünf Schritten zu einem neuen Selbstbild

Wie können wir die Kontrolle über unseren kreativen Mechanismus übernehmen und ihn zu einem Erfolgsmechanismus umprogrammieren? Veränderung kommt zustande durch *Sichbewußtsein* eines negativen Selbstbildes, durch *Infragestellen* der schlechten Angewohnheiten, die dieses Bild unterstützen, und durch *Schaffung* eines neuen, positiven Selbstbildes, das uns erlaubt, uns erstrebenswerte Ziele zu setzen und zu erreichen. Nehmen wir Emily als konkretes Beispiel, und schauen wir uns die fünf Schritte an, die sie zu ihrem Ziel – einem neuen, positiven Selbstbild – geführt haben. Sie können sich diese Schritte leichter einprägen, wenn Sie sich die Umprogrammierung Ihres automatischen Mechanismus als eine »Kunst« – englisch CRAFT – vorstellen. (Wenn Sie eine Eselsbrücke benötigen, um sich dieses Wort zu merken, so stellen Sie sich einfach vor, Ihr gegenwärtiges Programm sei eine »fehlerhafte Kraft«, eine Kraft, an der etwas geändert werden muß, damit sie das von Ihnen Erwünschte leisten kann: eben eine *CRAFT*.)

1. C-ancel (»löschen«)
2. R-eplace (»ersetzen«)
3. A-ffirm (»bestätigen«, »bekräftigen«, »affirmieren«)
4. F-ocus (die Aufmerksamkeit »fokussieren«, »sich konzentrieren«)
5. T-rain (»trainieren«, »üben«)

Später werden wir uns darüber unterhalten, wie und warum diese fünf »Schritte« oder Maßnahmen funktionieren. Bis es soweit ist, versuchen Sie bitte, kein Urteil darüber zu fällen. Sehen Sie sich einfach an, wie Emily sie angewandt hat, und überlegen Sie sich, inwieweit sie auch für Sie anwendbar wären.

1. Cancel – Löschen Sie alte, negative Daten. Emily ging ihrer Arbeit wie gewohnt nach. Aber jedesmal, wenn sie sich beim Gedanken ertappte: »Ich habe ganz einfach keinen Kopf für Zahlen«, sprach sie laut das Wort »Löschen!« aus. Damit machte sie sich ihre negativen Überzeugungen bewußt und gewöhnte sich daran, solche Überzeugungen in Frage zu stellen. Natürlich empfand sie es als ein wenig peinlich, wenn andere Leute sie dabei hören konnten – etwa beim Einkaufen. Aber es war wichtig, daß *sie das wirklich jedesmal tat,* wenn sie sich solch negativer Selbstbeurteilungen bewußt wurde.

Gleichermaßen wichtig war es für Emily (und wird es für Sie sein), das Wort »löschen« (oder »stopp«) wirklich *auszusprechen,* anstatt es nur zu denken. Indem Sie sich selbst den Gedanken aussprechen hören, vollenden Sie das, was in der Psycholinguistik als *Sprachschleife* (language loop) bezeichnet wird. Es ist eine »doppelte Wiederverstärkung«: *Ihre* Ohren hören *Ihre* Stimme, die den Befehl erteilt. Dies bringt Ihnen das anstehende Problem deutlicher zu Bewußtsein. Vielleicht kennen Sie diese Situation auch: Sie suchen etwas – sagen wir, Ihre Autoschlüssel – und können sich partout nicht daran erinnern, wo Sie es hingelegt haben. Unwillkürlich murmeln Sie vor sich hin: »Also gut, *wo* habe ich die Dinger gelassen?« – und mit einem Mal fällt es Ihnen tatsächlich wieder ein. Das gleiche Prinzip ist auch hier wirksam. Dadurch, daß sie immer wieder hörte, wie ihre eigene Stimme ihr negatives Programm LÖSCHTE, näherte sich Emily mehr und mehr der tatsächlichen LÖSCHUNG ihres alten Selbstbildes.

2. Replace – Ersetzen Sie sie durch neue, positive Daten. Sobald sich Emily ihrer negativen Gewohnheit bewußt geworden war, ersetzte sie das alte Programm »In Mathe bin ich eine Null« durch ein neues: »Ich bin sehr gut in meinem Job, und dazu gehören nun mal auch ›Zahlen‹.« Sie wiederholte sich diese neuen Daten täglich mehrmals. Jedesmal, wenn das alte Programm wieder losging, sprach sie das Wort »löschen« aus und bestätigte sich anschließend das neue Programm.

3. Affirm – Bestätigen Sie sich Ihr neues Bild. Emily fertigte sich »Affirmationskarten« an – Pappschildchen mit der Beschreibung ihres neuen, positiven Selbstbildes. Eine solche Karte stellte sie auf ihren Schreibtisch, und die andere befestigte sie am Spiegel in ihrem Badezimmer, um sie jeden Tag im Blick zu haben. Dadurch erinnerte sie sich immer wieder daran, ihr neues Selbstbild regelmäßig zu bekräftigen.

In diesem Zusammenhang ist es wichtig, sich gegenwärtig zu halten, was MALTZ über Affirmationen sagte: *Nur wenn das Selbstbild in einem Veränderungsprozeß begriffen ist, werden sie anfangen, eine Wirkung zu zeitigen.* Affirmationen helfen Ihnen dabei, wieder »nach vorn zu schauen«, wenn Ihr altes, negatives Selbstbild Sie wieder einmal dazu gebracht hat, sich auf den Bordstein statt auf Ihr Ziel zu konzentrieren. Aber wenn Sie *kein* Ziel haben, wird die *Affirm*-ation sehr rasch zur *Frustr*-ation werden.

4. Focus – Konzentrieren Sie sich auf das Bild eines »erfolgreichen Ichs«. Jeden Tag nahm sich Emily zehn Minuten Zeit, um sich irgendwo in Ruhe hinzusetzen, sich zu entspannen und sich vorzustellen, wie sie Kunden Fragen über Darlehenszinsen und andere »mathematische« Gegenstände beantwortete. Dies ist der Prozeß, den Maltz als »mentale Bilder« oder »Theater der Imagination« bezeichnete. Ich nenne ihn »Ausrichten unserer Tagträume« oder »reflexives Umlernen«. Indem sie sich – möglichst lebhaft – Erfolgssituationen vorstellte, brachte Emily ihr Unterbewußtsein dazu, so zu reagieren, als ob sie tatsächlich einen Erfolg errungen hätte.

Daran ist nichts Metaphysisches oder sonstwie »Geheimnisvolles«. Das Gehirn arbeitet mit Bildern. Ohne Visualisation ist eine Neuprogrammierung Ihres Servomechanismus nicht möglich, und ohne Entspannung läßt sich keine Visualisation herbeiführen. Mehrere Kapitel dieses Buches sind der Imagination und der Entspannung gewidmet: Sie werden darin nicht nur erfahren, auf welche Weise diese beiden Maßnahmen eine Veränderung Ihres Selbstbildes bewirken, sondern auch geeignete Übungen und Techniken zu ihrer Aneignung und Durchführung kennenlernen. Machen Sie sich einstweilen bitte nicht allzu viele Gedanken über das »Wie«; merken Sie sich einstweilen lediglich, daß diese zwei Techniken von entscheidender Bedeutung sind.

5. Train – Üben Sie, um eine bleibende Veränderung zu erzielen. Gleichzeitig »tat« Emily »so, als ob« sie bereits von ihrem neuen Programm gesteuert würde: Sie eignete sich jene Mathematikkenntnisse an (beziehungsweise frischte sie wieder auf), die sie benötigte, um die Fragen potentieller Käufer zu beantworten, und übte bei jeder sich bietenden Gelegenheit, das theoretische Wissen praktisch anzuwenden. Das neue Selbstbild konnte ihr die nötigen Informationen natürlich nicht »in den Kopf zaubern«. *Doch es gestattete ihr, sich als »imstande, sie sich anzueignen«, zu sehen.* Unter ihrem alten »Betriebssystem« hatte sie sich das nicht einmal theoretisch vorstellen können. Inzwischen nutzte sie jede sich bietende Gelegenheit, sich selbst einzuprägen: »Ich bin dabei, jenes mathematische Wissen zu erwerben, das ich als Immobilienmaklerin benötige.« Im Rahmen ihres Berufs mußte sie täglich viele Telefonate führen. Sie nahm sich vor, ehe sie den

Hörer abnahm, sich jedesmal diese Aussage zu wiederholen. Solche Wiederverstärkungen erfüllten die Funktion einer »Lebensversicherung« für ihre neue Einstellung und ihr neues Verhalten: Sie erinnerten sie immer wieder daran, daß sie in einem Veränderungsprozeß begriffen war.

Die zwei Hälften Ihrer Psyche – und wie Sie sie verändern können

Vielleicht erscheint Ihnen der CRAFT-Prozeß zu simpel, um funktionieren zu können. Alles, was ich Ihnen dazu sagen kann, ist: Geben Sie ihm eine Chance. Er kann auch Sie zum Erfolg führen, wenn Sie ihn – in Verbindung mit anderen einfachen Techniken, die Sie in diesem Buch kennenlernen werden – sechs Wochen lang täglich üben. Um zu verstehen, wie und warum diese fünf Schritte funktionieren, wollen wir uns nun unseren Servomechanismus näher ansehen und uns überlegen, wie er funktioniert. Am zweckmäßigsten wird es sein, sich unser »Zielsuchgerät« als je eine Funktion sowohl unseres Unterbewußtseins als auch Bewußtseins vorzustellen, die auf der Basis zweier »Grundregeln« zusammenarbeiten:

Die zwei Grundgesetze des Unterbewußtseins

Das Zustimmungsprinzip: Das Unterbewußtsein sagt immer »ja« zu allem, was das Bewußtsein ihm erzählt.

Das Willfährigkeitsprinzip: Das Unterbewußtsein bewegt sich immer in die Richtung, die ihm das Bewußtsein weist.

Das Zustimmungsprinzip erklärt, wie unser Selbstbild entstanden ist. Unser Unterbewußtsein ist ein hoffnungsloser »Jasager«. Es akzeptiert jeden unserer bewußten Gedanken als hundertprozentige, »göttlich geoffenbarte« Wahrheit. Jedesmal, wenn wir bewußt den Gedanken formulieren: »Mir fehlt es entscheidend an Intelligenz (Attraktivität, Schlagfertigkeit, Koordination, Sinn für Gelddinge, Musikalität – *was auch immer*)«, antwortet unser Unterbewußtsein: »So ist es.« Wenn Emilys Bewußtsein sagte: »Ich kann nicht rechnen«, antwortete ihr Unterbewußtsein: »Du hast recht.« Wenn Brads Bewußtsein sagte: »Du bist nur ein dummer Sportler; du wirst es in keinem Beruf, der Grips verlangt, je zu etwas bringen«, entgegnete sein Unterbewußtes:

»Natürlich, du mußt es ja wissen.« Wenn Tinas Bewußtsein erklärte: »Du hast zwei linke Füße«, erwiderte ihr Unterbewußtsein: »Hoppla, Verzeihung!«

Wird Ihnen allmählich klar, wie negative Inputs uns auf Mißerfolg programmieren?

Das **Willfährigkeitsprinzip** zeigt sich sehr deutlich an meinem Sohn Rob und seinem Erlebnis als Fahrschüler. Hat unser Unterbewußtsein erst einmal die Richtung akzeptiert, in die unser Bewußtsein es zu lenken versucht, schlägt es sie beim ersten Gedanken daran bereitwillig ein. Wenn wir den Bordstein anschauen, bewegen wir uns darauf zu. Emily hätte sich völlig wahrheitsgetreu sagen können: »Ich *hatte* es schon geschafft: Das Haus gefiel diesen Leuten; *meine Art* gefiel ihnen. Ich bin bloß nervös geworden, als sie angefangen haben, Fragen über Darlehenszinsen und Finanzierungsmöglichkeiten zu stellen.« Statt dessen lenkte sie ihre Programmierung, wann immer die Rede auf Zahlen kam, vom Erfolg ab. »In Mathe bin ich eine Null«, suggerierte ihr ihr Selbstbild. »Ich werde es in diesem Beruf nie zu etwas bringen, weil ich diese Dinge einfach nicht kapiere ...« *Knirsch!* (macht der Bordstein.) Greg hätte durchaus denken können: »Dieses Gespräch mit dem Chef habe ich vermasselt, weil ich befangen war, aber meine Arbeit mache ich wirklich gut.« Statt dessen drängten seine Gedanken sein Unterbewußtsein auf die Begrenzung zu, die sein Selbstbild aufgestellt hatte: »Das Problem ist meine Unfähigkeit, mit Menschen umzugehen; ich werde in jedem Beruf, in dem ich mit Menschen zu tun habe, versagen ...« *Knirsch!*

Das Bewußtsein legt die Richtung fest. Das Unterbewußtsein liefert die nötige Energie, um die Entscheidungen des Bewußtseins in die Tat umzusetzen. Das Unterbewußtsein ist außerstande, Entscheidungen zu treffen. Es versteht keinen Spaß. Es vermag zwischen einer realen Erfahrung und einer bloß vorgestellten nicht zu unterscheiden. Es kann nicht erkennen, ob die Daten, die das Bewußtsein ihm einfüttert, wahr oder unsinnig sind. Es sagt lediglich ja und amen und bewegt sich auf dasjenige Bild zu, das mit diesen Daten übereinstimmt. Es macht jedes Ziel ausfindig, das wir ihm setzen, oder irrt ziellos umher. Es kann *für* uns oder *gegen* uns arbeiten, je nachdem, wie wir es programmieren.

Oder, wie die Computerfreaks sagen: *garbage in, garbage out* (»Müll rein, Müll raus«).

Wie Sie Ihr neues Programm schreiben können

Um Ihnen verständlich zu machen, wie Sie die alten Daten »verlernen« und durch neue, positive Informationen ersetzen können, wollen wir uns jetzt einmal ansehen, nach welchen Prinzipien das *Bewußtsein* arbeitet.

Die zwei Grundgesetze des Bewußtseins

Das Selektionsprinzip: Das Bewußtsein zieht verschiedene Möglichkeiten in Betracht und wählt gezielt zwischen ihnen aus.

Das Eliminationsprinzip: Sobald das Bewußtsein seine Wahl getroffen hat, werden alle anderen Möglichkeiten für den jeweiligen Augenblick ausgeschlossen.

Wenn Sie in einem Restaurant die Speisekarte durchlesen, fällen Sie bewußte Entscheidungen: Sie entscheiden sich beispielsweise für Steak und gegen Kalbsragout, für Pommes frites und gegen Spätzle, für Rotwein und gegen Weißwein. Sobald Sie gewählt haben, »eliminieren« Sie den Rest der Speisekarte, schließen ihn vollkommen aus Ihren Essensplänen aus. Falls Ihnen dies trivial und willkürlich erscheint, so seien Sie beruhigt: Ihre Selbstbild-Entscheidungen sind es nicht minder. Hat das Bewußtsein sich auf ein Ziel festgelegt, kommen Alternativen nicht mehr in Frage. Nachdem Brads Bewußtsein sich für die Option »Ich bin dumm« entschieden hatte, wurde die Alternative »Ich verdiene diese Beförderung« nicht mehr in Erwägung gezogen. Nachdem Tinas Bewußtsein sich auf »Ich habe zwei linke Füße« festgelegt hatte, war »Ich kann tanzen lernen« als Möglichkeit einfach nicht mehr existent. Da Gregs Bewußtsein sich für »Ich bin kontaktscheu« entschieden hatte, kam »Ich kann es in diesem Job zu etwas bringen« nicht mehr in Betracht.

Aber das Bewußtsein hat auch die Möglichkeit zu sagen: »Herr Ober, ich habe es mir anders überlegt. Ich kann Steak nicht *ausstehen*.«

Indem Sie »es sich anders überlegen«, lassen Sie das Selektions- und das Eliminationsprinzip abermals wirksam werden. Indem er sich dafür entschied, seinem Unterbewußtsein zu sagen: »Ich kann es in diesem Job zu etwas bringen«, schloß Brad für den Augenblick die Option aus, die da lautete: »Ich bin ein Dummkopf.« Indem er *jedesmal, wenn er vor die Wahl gestellt wurde,* die positive Option wählte, eliminierte er durch die verstärkende Kraft der Wiederholung zuletzt die negative

Option vollständig. Er änderte sein Selbstbild. Er fütterte seinem Servomechanismus ein neues Programm ein.

Indem sie ein Selbstbild auswählte, das ihr sagte: »Ich kann durchaus tanzen lernen«, beseitigte Tina das andere, das ihr einredete: »Ich bin ein Tolpatsch.« Natürlich brauchte sie auch einen Lehrer und viel Übung auf dem Tanzparkett (das »T« in CRAFT). Aber alle Tanzkurse der Welt hätten nichts genützt, wenn sie sich nicht für ein neues Selbstbild entschieden und es sich »zur Gewohnheit gemacht« hätte.

In seinem Buch *The Unfair Advantage* vergleicht der Psychologe TOM MILLER die zwei Hälften unserer Psyche mit einem Pferd und seinem Reiter. Jeder, der Erfahrungen mit Pferden gemacht hat, wird die Analogie sofort nachvollziehen können. Und wenn Sie zu denen gehören sollten, für die »alles Glück dieser Erde« überall liegt, nur nicht »auf dem Rücken« dieser furchterregenden Vierbeiner, so bitte ich Sie um Nachsicht und einen Augenblick Geduld.

Es ist leicht, einem Pferd beizubringen, einen bestimmten Weg zu gehen. Wenn Sie täglich ausreiten, stets dieselbe Strecke wählen und bei jeder Kreuzung oder Weggabelung gleich abbiegen, hat es das liebe Tier nach einer Weile kapiert. Und *wie* kapiert! Hat ein Pferd sich erst einmal angewöhnt, einen bestimmten Weg zu nehmen, kann man es nur mit größter Mühe dazu bringen, einen anderen einzuschlagen. Wenn es gewöhnt ist, an einer bestimmten Stelle rechts abzubiegen, dann dürfte es fast unmöglich sein, geradeaus weiterzureiten – und drohte man ihm selbst mit dem Abdecker. Und spielt es da noch eine Rolle, ob der Reiter JOHN WAYNE, HUGO SIMON, PAUL SCHOCKE-MÖHLE oder PRINZESSIN ANNE ist? Nein. Das Pferd wird *jeden* Reiter Tag für Tag denselben Weg »spazierentragen«.

Das Unterbewußtsein ist das Pferd; das Bewußtsein ist der Reiter. Das Pferd folgt dem Zustimmungs- und dem Willfährigkeitsprinzip. Die Aufgabe des Reiters besteht nun darin, dem Tier durch Anwendung des Selektions- und des Eliminationsprinzips einen neuen Weg zu weisen und anzutrainieren.

Natürlich ist es für den Reiter einfach, dem Pferd einen neuen Weg beizubringen. Ich wiederhole: Es ist *einfach* – aber es ist nicht *leicht*. Es erfordert Entschlossenheit, Fleiß und Ausdauer. Wenn das Pferd daran gewöhnt ist, an einem bestimmten Punkt nach links abzubiegen, wird es sich nicht nach rechts wenden, außer Sie ziehen im richtigen Augenblick *fest* am Zügel und wiederholen diese Prozedur Tag für Tag. Alles, was von seinem gewohnten Trott abweicht, behandelt das Pferd als falsch. Der Reiter (unser Bewußtsein) ist dem Pferd (unserem

Unterbewußtsein) hilflos ausgeliefert, bis er ihm einen neuen Weg eingetrichtert hat.

Und das bringt uns wieder zum CRAFT-Prozeß. Er besteht, wie Sie sich erinnern werden, aus den folgenden Schritten:

1. **Cancel:** Löschen Sie die alten, negativen Daten.
2. **Replace:** Ersetzen Sie sie durch neue, positive Daten.
3. **Affirm:** Affirmieren Sie und bestätigen Sie sich Ihr neues Selbstbild.
4. **Focus:** Konzentrieren Sie sich auf Bilder des Erfolgs.
5. **Train:** Trainieren Sie Ihre neuen Haltungen und Verhaltensweisen ein.

Jedesmal, wenn Sie »löschen« sagen und Ihre alten, negativen Daten durch neue, positive ersetzen, zieht Ihr Reiter fest am Zügel Ihres Pferdes: »Nicht da entlang, *hier* entlang!« Ihr Bewußtsein trifft eine *Wahl* (»Ich bin sehr gut in meinem Job, und dazu gehören nun mal auch ›Zahlen‹«). Indem es das tut, *eliminiert* es die alte, negative Option (»In Mathe bin ich eine Null«), für die Sie sich sonst immer entschieden hatten. Ihr Unterbewußtsein – das Pferd – *stimmt* automatisch dem *zu*, was Ihr Bewußtsein ihm sagt. Durch wiederholte Affirmation gewöhnt sich das Pferd den neuen Weg an und demonstriert *Willfährigkeit*: Es bewegt sich in die von Ihrem neuen Programm vorgegebene Richtung. Indem Sie sich als erfolgreich visualisieren, lenken Sie Ihr Pferd auf etwas Positives und Lohnendes hin. Indem Sie »so tun, als ob« die bestimmte Fertigkeit bereits in Ihr Selbstkonzept integriert sei, trainieren Sie das Pferd und gewöhnen es daran, den neuen Weg als den einzig gangbaren zu akzeptieren.

Welchen Weg möchten Sie nun *Ihrem* Pferd andressieren? Vielleicht bereitet es Ihnen schon jetzt keinerlei Probleme, sich als intelligent, als guten Tänzer, als kontaktfreudig oder als fähig, sich neue Fertigkeiten und Kenntnisse anzueignen, zu akzeptieren. Aber der CRAFT-Prozeß hilft Ihnen, *jede beliebige* schlechte Angewohnheit in Frage zu stellen und durch eine neue, positive zu ersetzen.

Haben Sie sich selbst zu einem Leben knapp über dem Existenzminimum verdammt, weil Sie davon überzeugt sind, daß Sie »mit Geld einfach nicht umgehen können«? Sie können Ihrem Pferd antrainieren, dem Weg zum finanziellen Erfolg zu folgen, indem Sie dieses Selbstbild verändern.

Halten Sie sich aufgrund sexueller Hemmungen für außerstande, eine beglückende Liebesbeziehung zu verwirklichen? Sie können sich bewußt ein neues Selbstbild einprogrammieren, das Ihnen gestattet, selbstsicher und zärtlich gegenüber Ihrem Partner zu sein und ein gesundes und befriedigendes Sexualleben zu führen.

Bestrafen Sie sich selbst dafür, daß Sie nur »die Krümel nehmen, die Ihnen angeboten werden«, anstatt »sich zu holen, was Ihnen zusteht«? CRAFT kann Ihnen helfen, dieses passive Selbstbild mit einem neuen Programm zu »überschreiben«, das zu positivem Durchsetzungsverhalten führen wird.

Ich wiederhole: Der Prozeß erfordert Fleiß und Zeit – bei den meisten Menschen rund sechs Wochen. Aber wenn Sie die fünf Schritte regelmäßig Tag für Tag befolgen, *wird es Ihnen gelingen, Ihren Servomechanismus auf Erfolg umzuprogrammieren*. Es geht dabei um nichts anderes, als bewußt ein neues Bild Ihrer selbst zu definieren und Ihr Unterbewußtsein durch Übung daran zu gewöhnen, sich auf dieses Bild zuzubewegen. Und ist Ihre Umprogrammierung erst einmal abgeschlossen, haben Sie die Fähigkeit erworben, *jedes* positive realistische Ziel zu erreichen, das sich im Einklang mit Ihrem neuen Programm befindet.

Lassen Sie sich vom Feedback weiterbringen

Wie Sie sich erinnern werden, mußte sich Emily die Mathematikkenntnisse, die ihr Beruf als Immobilienmaklerin erforderte, tatsächlich aneignen. Ebenso mußte Brad sich den Leistungsprüfungen unterziehen, Tina tanzen lernen und Greg unter Leute gehen, um sich seine Befangenheit abzutrainieren. Ihr neues Selbstbild befähigte sie dazu, die Vorstellung zu akzeptieren, daß sie zu diesen bislang als »unmöglich« empfundenen Leistungen eben *doch* imstande waren. Nachdem sie damit angefangen hatten, lieferte ihnen das positive Feedback ihrer Umgebung zusätzliche Bestätigung, die ihnen dabei half, auf dem richtigen Kurs zu bleiben.

Als Maltz behauptete, daß das menschliche Gehirn auf diese Weise funktioniert, vermochte er seine Theorie auf nichts anderes zu stützen als auf seine Beobachtungen und seine Intuition. Die Vorstellung, der Mensch könne bewußt auf unbewußte Prozesse einwirken und diese gezielt verändern, wurde seinerzeit von der Fachwelt als absurd verworfen. In den sechziger und siebziger Jahren aber erbrachten die therapeutische Anwendung und die wissenschaftliche Erforschung des sogenannten Biofeedbacks den Beweis für die Richtigkeit der Maltzschen These. Mit Hilfe des Biofeedbacks kann der Mensch lernen, normalerweise als »autonom« oder unwillkürlich geltende physiologische Vorgänge und Zustände, wie Körpertemperatur, Hirnströme,

Herzfrequenz und Blutdruck, bewußt zu steuern. Zu dem Zweck wird die Versuchsperson an eine Apparatur angeschlossen und aufgefordert, sich (beispielsweise) vorzustellen, ihre Hände würden von einem sanften Feuer gewärmt. Sobald sich die Temperatur der Hände tatsächlich geringfügig erhöht, gibt der Apparat ein akustisches oder optisches Signal. Ohne solches Feedback wäre die Versuchsperson außerstande, den Temperaturanstieg festzustellen (oder würde ihn, falls doch, als bloße Einbildung abtun). Der Beweis ihres Erfolgs dient als Bestätigung dafür, daß der Prozeß funktioniert – also daß eine willkürliche Beeinflussung der eigenen Körpertemperatur tatsächlich möglich ist –, und bewirkt dadurch, daß er von Mal zu Mal schneller und intensiver abläuft.

Ihre Fortschritte bei der Umprogrammierung Ihres Servomechanismus kann Ihnen kein noch so ausgefeiltes Meßgerät bestätigen. Aber das haben Sie auch gar nicht nötig. Das erforderliche »Biofeedback« können Sie nämlich von den Menschen in Ihrer Umgebung und von innen her empfangen – also durch die Veränderungen, die Sie in Ihrem Inneren feststellen.

Spüren Sie, wie Ihr Selbstvertrauen wächst

Erinnern Sie sich an John, den schüchternen, gehemmten jungen Mann, den Sie im letzten Kapitel kennengelernt haben? Den Burschen, der felsenfest davon überzeugt war, keine Frau der Welt würde ihn je attraktiv oder interessant finden? Durch die bewußte Neuprogrammierung seines inneren Steuersystems, die er mit Hilfe des CRAFT-Prozesses bewerkstelligte, war er imstande, dieses Bild, das er von sich hatte, zu ändern und den Weg zum erwünschten Erfolg einzuschlagen.

John erkannte, daß er sich mit »Sinn und Unsinn« programmiert hatte. Ja, es stimmte schon, daß eine hübsche Frau auf einer Veranstaltung für Singles mit Sicherheit mehrere Verehrer zur Auswahl haben würde und ihn zurückweisen könnte. Aber von vornherein davon überzeugt sein, daß sie ihm einen Korb geben würde, war Unsinn – fehlerhafte Daten, die ihm sein Selbstbild eingegeben hatte.

John fing mit dem ersten Schritt an. Jedesmal, wenn ihm der Gedanke »Sie verpaßt mir bestimmt einen Korb« durch den Kopf ging, sagte er: »Löschen!« Daran schloß er sofort den zweiten Schritt an. Er ersetzte die negative Behauptung durch die realistische Aussage: »Kann sein, kann auch nicht sein, daß sie mir einen Korb gibt. Ich werde es niemals wissen, solange ich es nicht ausprobiere. Jeder bekommt gelegentlich einen Korb.« In den ersten paar Wochen sprach John bei solchen Veranstaltungen *niemanden* an. Er saß einfach nur an seinem Tisch, achtete auf das, was ihm durch den Kopf ging, und übte derweil Schritt eins und zwei. Er sagte zu sich selbst: »Vielleicht gefalle ich ihr, vielleicht auch nicht. Ich kann es wirklich nicht wissen, bevor ich es nicht versucht habe, aber heute brauche ich es noch nicht auszuprobieren.« Gleichzeitig hatte John inzwischen auch den dritten und den vierten Schritt in Angriff genommen: Er bestätigte sich täglich mit Hilfe von schriftlichen Affirmationen, daß er nicht automatisch zurückgewiesen werden würde, und er stellte sich erfolgreiche Begegnungen mit gutaussehenden Frauen vor.

An den fünften Schritt wagte John sich erst, nachdem er die ersten vier Schritte mehrere Wochen lang geübt hatte. Er trat an eine Frau heran, stellte sich vor, sagte: »Ich wollte Ihnen nur sagen, daß ich Sie sehr attraktiv finde«, und ging wieder zu seinem Tisch zurück. Auf diese Weise fing er an, sich die Fähigkeit anzutrainieren, sich bewußt in eine Situation zu begeben, vor der er sich fürchtete, und gleichzeitig seinen Servomechanismus umzuprogrammieren. Die vier ersten Schritte übte er dabei mit unvermindertem Fleiß Tag für Tag weiter. Erst nachdem er diese Prozedur vier- bis fünfmal erfolgreich hinter sich gebracht hatte, wagte er sich an den »großen fünften Schritt« – einen Kontakt herzustellen: eine Frau zum Tanzen aufzufordern, sie zu einem Getränk einzuladen, ein Gespräch mit ihr anzufangen. Das positive Feedback, das er bei diesen Interaktionen empfing, zeigte John an, daß der Prozeß wirklich funktionierte. Schon bald darauf begann er, nach sechs Jahren Einsamkeit, wieder mit Frauen auszugehen.

Durch die Wahl eines Selbstbildes, das behauptete: »Keine Frau könnte mich je interessant finden«, hatte Johns Bewußtsein die Möglichkeit ausgeschlossen, daß irgendeine Frau ihn tatsächlich interessant fand. Sein Unterbewußtsein konnte sich nur in die Richtung bewegen, die sein Bewußtsein ihm diktierte: in Richtung Zurückweisung. Aber kaum hatte er sich entschlossen, jedesmal, wenn er mit dieser Situation konfrontiert wurde, bewußt ein neues Selbstbild zu wählen, begann sein Unterbewußtsein die Marschrichtung zu ändern und sich auf dieses neue Bild zuzubewegen. Sein Reiter trainierte seinem Pferd einen neuen Weg an. Er programmierte seinen Servomechanismus um.

Vielleicht glauben *Sie nur, deprimiert zu sein*

Eine Frau, die ich Sandra nennen werde, bediente sich des CRAFT-Prozesses, um sich von einer schweren Depression zu befreien. Sandra war fünfunddreißig, verheiratet und hatte zwei Kinder. Sie war eine

hoffnungslose Schwarzseherin. Davon überzeugt, keinerlei Einfluß auf
den Gang der Ereignisse zu haben, erwartete sie stets das Schlimmste.
Dieses Leben am »Rande des Weltuntergangs« – des Zusammenbruchs
ihrer eigenen Welt – wirkte sich natürlich auf ihr Gemüt aus, und sie
litt fast ständig unter Depressionen. Sandra verabscheute ihren Beruf –
sie war Werbezeichnerin – und bemühte sich tatkräftig um einen neuen.
Mit ihren Referenzen und ihrer Erfahrung hätte sie gute Aussichten
auf eine einträgliche Stellung gehabt. Aber jedesmal, wenn sie sich auf
den Weg zu einem Vorstellungsgespräch machte, sagte sie zu sich selbst:
»Ich schaffe es bestimmt nicht. Beim Persönlichkeitstest schneide ich
garantiert erbärmlich ab.« Ihre Depression zog mittlerweile auch den
Rest der Familie in Mitleidenschaft und beeinträchtigte ihre Leistungen
am Arbeitsplatz. Und was das Schlimmste war: Sie »wußte«, daß sie
eine Realistin war – alles war *wirklich* so trostlos, wie sie es sah; wie
hätte sie also *nicht* deprimiert sein können?

Wie Sie sich vielleicht schon gedacht haben werden, waren es keine
etwaigen äußeren Ereignisse, die Sandras Depression verursachten,
sondern ihr wirklichkeitsfremdes »realistisches Selbstbild«. Als sie
anfing, sich ernsthaft zu überlegen, wie sie wohl zu solch einer negativen Weltsicht gekommen sein mochte, erinnerte sie sich an ihre Großmutter, bei der sie aufgewachsen war. Diese Frau war eine überzeugte
Pessimistin gewesen. Sie hatte felsenfest an das geglaubt, was wir in
Amerika »Murphys Gesetz« nennen. Dieses »Gesetz« lautet: »Was
immer schiefgehen *kann*, wird schiefgehen.« Und so wurde Sandra
das Opfer der zwei Prinzipien des Unterbewußtseins. Jedesmal, wenn
ihre Großmutter eine ihrer Lebensregeln zum besten gab – »Du sollst
den Tag nicht vor dem Abend loben«, »Erstens kommt es anders,
zweitens als man denkt«, und was es sonst für Weisheiten gibt –, sagte
Sandras Unterbewußtsein: »Das stimmt.« Und infolge der ständigen
Wiederholung hatte sie es schließlich gelernt, immer das Schlimmste
zu erwarten.

Um ihre Depression mit Hilfe ihres Servomechanismus überwinden
zu können, brauchte Sandra eine neue »Vision«, ein neues Ziel für ihr
Unterbewußtsein. Sie nahm sich vor, von nun an aufmerksam ihrem
inneren Dialog zu lauschen. Wann immer sie sich dabei ertappte, daß
sie etwas Negatives erwartete, würde sie – Sie haben es erraten! –
»löschen« sagen. Sie würde die alten, negativen Daten mit neuen,
positiven »überschreiben«. Sie setzte sich jeden Tag für zehn Minuten
in eine ruhige Ecke, entspannte sich und »sah« sich als einen positiven
Menschen. Wohlgemerkt – sie versuchte nicht, zu einem zweiten
»Schulmeisterlein Maria Wuz« zu werden, also »Murphys Gesetz«

durch dessen Gegenteil zu ersetzen. Sie visualisierte sich einzig zu dem Zweck als einen Menschen, der ausschließlich positive, lebensbestätigende Ereignisse um sich herum sieht und erfährt, um ihrem Unterbewußten neues Arbeitsmaterial zu liefern.

Gleichzeitig, also während sie diese Schritte täglich mehrmals wiederholte, »tat« Sandra »so, als sei« sie ein positiver Mensch – als sei sie wirklich ständig »gut drauf«. Jeden Morgen sagte sie sich als erstes, sobald sie aufgewacht war: »Also gut, heute mache ich mir einen SCHÖNEN Tag!« Anfangs nahm ihr Unterbewußtsein ihr das natürlich nicht ab, aber ihr Bewußtsein ließ ihm genügend Zeit und gab ihm immer neue Gelegenheiten, die neuen Informationen zu speichern. Ihr Reiter bemühte sich, das Pferd eine neue Richtung einschlagen zu lassen.

Binnen eines Monats begann sich Sandra merklich besser zu fühlen. Ihre Arbeitskollegen fragten sie, ob sie »einen intus hätte«. Und sie hatte tatsächlich etwas »intus« – nämlich ein neues Selbstkonzept – ein Bild von sich als einem fröhlichen, optimistischen Menschen. Und natürlich stimmte ihr Unterbewußtsein dem schon bald zu und befolgte von nun an ihre bewußten Anweisungen. Ein paar Monate später fand sie eine neue, interessante Stelle bei einem Verlag.

Vergessen Sie nicht – Sie brauchen keinen Therapeuten, um solche Veränderungen bei sich zu erzielen. Vielleicht gehören Sie nicht zu den Menschen, die jeden Augenblick mit einer Katastrophe rechnen, aber aller Wahrscheinlichkeit nach steckt auch in Ihnen die eine oder andere falsche Annahme, die Ihr Selbstbild negativ beeinflußt. Mit Hilfe der aufgezeigten fünf Schritte können Sie bewußt alle negativen Daten aus Ihrem Unterbewußtsein löschen und durch neue, positive Informationen ersetzen, die Ihnen die Kraft geben werden, sich ihres Könnens und Ihres wahren Wertes bewußt zu werden. Sie werden Fähigkeiten und Talente in sich entdecken, von deren Existenz Sie bisher nichts geahnt hatten. Sie brauchen dazu wirklich nichts anderes zu tun, als Ihr Programm zu modifizieren.

Seien Sie sich des Bordsteins bewußt – konzentrieren Sie sich auf das Ziel

Ihr neues Selbstbild wird nur durch wiederholte Übung zustande kommen. Vielleicht sind Sie jetzt versucht, noch heute mit dem CRAFT-Prozeß anzufangen – aber warten Sie lieber noch ein wenig. Die Neuprogrammierung des Servomechanismus sollte man nicht unüberlegt in Angriff nehmen. Es hat keinen Sinn, einem Pferd seinen gewohnten Weg abdressieren zu wollen, solange man nicht genau weiß, wohin es statt dessen gehen soll. In den folgenden Kapiteln werden Sie Techniken erlernen, die Ihnen helfen werden,

o sich selbst als den Menschen zu visualisieren, der Sie gern sein möchten;
o positives neues Datenmaterial für Ihre Neuprogrammierung auszuwählen;
o Ihre negative Programmierung zu identifizieren und sich ihre Fehlerhaftigkeit bewußtzumachen;
o sich bewußt zu entspannen, um die Leistungsfähigkeit Ihres kreativen Mechanismus zu optimieren;
o ein Gespür für positives Feedback zu entwickeln, das Ihnen bestätigt, daß Sie sich auf dem richtigen Weg, dem Weg zum Erfolg befinden;
o mit negativem Feedback sinnvoll umzugehen, das heißt, es zur Korrektur aller Abweichungen von Ihrem Erfolgskurs zu benutzen.

Für den Augenblick bereiten Sie sich bitte auf Ihre Transformation vor, indem Sie sich *gedanklich* mit dem Prozeß vertraut machen. Lesen Sie dieses Kapitel, während Sie mit der Lektüre des Buches voranschreiten, von Zeit zu Zeit immer wieder durch. Überdenken Sie die fünf Schritte des CRAFT-Prozesses. Beobachten Sie das Wirken der zwei Prinzipien Ihres Bewußtseins und der zwei Prinzipien Ihres Unterbewußtseins sowie die Weise, wie diese Prinzipien miteinander zusammenwirken und gemeinsam Ihr automatisches Steuersystem bilden. Halten Sie Ausschau nach Beispielen dafür, wie der innere Servomechanismus Ihre eigenen Erfahrungen und jene Ihnen nahestehender Menschen beeinflußt. Sobald Sie anfangen, sich Ihres automatischen kreativen Mechanismus bewußt zu werden, versuchen Sie die folgenden Übungen:

1. Erstellen Sie eine zweispaltige Liste. Notieren Sie auf der einen Seite diejenigen Aspekte Ihrer Persönlichkeit, die Sie als positiv ansehen, und auf der anderen all das, was Ihnen negativ erscheint. Machen Sie sich Ihre negative Programmierung bewußt, die Sie dazu bringt, fortwährend »auf den Bordstein zu starren«, statt sich auf ein bestimmtes Ziel zu konzentrieren. Werden Sie sich der schon jetzt vorhandenen positiven Aspekte Ihres Selbstbildes bewußt, die

als Basis für die Neuprogrammierung Ihres Servomechanismus dienen könnten.

2. Jedesmal, wenn Sie sich dabei ertappen, daß Sie etwas Negatives über sich denken, schreiben Sie den Gedanken nieder. Werden Sie sich der »falschen Daten« bewußt, die Sie gern aus Ihrem Gedächtnisspeicher löschen würden. Für jede solche Information, die Ihnen einfällt, schreiben Sie eine positive Information auf, durch die Sie sie ersetzen möchten.

3. Visualisieren Sie Ihr Pferd und Ihren Reiter. Machen Sie sich bewußt, welchem Weg Ihr Pferd folgt und wie es sich diesen Weg angewöhnt hat. Überlegen Sie sich, wie der neue Weg aussieht, den Sie Ihrem Pferd antrainieren möchten.

4. Anstatt jeden Fehler oder Mißerfolg als Beweis Ihrer Unzulänglichkeit oder Unfähigkeit zu werten, betrachten Sie ihn als ein *Ereignis* – eines von vielen, positiven und negativen Ereignissen, die insgesamt Ihr Leben ausmachen. Werden Sie sich der positiven Ereignisse ebenso bewußt, wie Sie sich der negativen bewußt sind. Jedesmal, wenn Sie sich dabei überraschen, daß Sie bei einem negativen Ereignis verweilen, visualisieren Sie sich als ruhig, gefaßt und Herrn der Lage – als jemanden, der auf das Ereignis *aktiv einwirkt*, anstatt darauf mechanisch zu *reagieren*. Verlieren Sie nicht die realen Verhältnisse aus den Augen. Machen Sie sich bewußt, wie unbedeutend das Ereignis, im »größeren Zusammenhang« betrachtet, ist. Lassen Sie nicht zu, daß Ihre Betroffenheit über das Ereignis zur ängstlichen Sorge um Ihr Leben wird. Bemühen Sie sich, das Beste daraus zu machen, ohne dabei zu vergessen, daß nicht jedes Ereignis in Ihrem Leben positiv sein wird.

Vergessen Sie nicht: Ein Servomechanismus arbeitet gerade dadurch, daß er Fehler begeht und auf diese korrigierend reagiert. Jeder Weg zum Erfolg wird durch Abweichungen und Kurskorrekturen definiert. Halten Sie sich nicht bei Ihren Irrtümern auf – aber laufen Sie auch nicht vor ihnen davon! Vertrauen Sie Ihrem Servomechanismus. Mit der Zeit wird Ihr Unterbewußtsein die Irrtümer der Vergangenheit vergessen und lernen, dem neuen Weg zu folgen, den Sie für es abgesteckt haben.

Gedanklich zum Ziel

o Ihr eingebautes Steuersystem lenkt Sie zu den Dingen hin, an die Sie jeweils denken. Wenn Sie sich auf Begrenzungen statt auf Ziele konzentrieren, stoßen Sie unweigerlich gegen diese Begrenzungen.

o Der wichtigste Faktor, der über die Programmierung Ihres inneren Steuersystems entscheidet, ist Ihr Selbstbild.

o Bedienen Sie sich des CRAFT-Prozesses, um alte Einstellungs- und Verhaltensgewohnheiten zu überdenken, in Frage zu stellen und durch neue zu ersetzen.

Setzen Sie sich Ihre eigenen Ziele

Drittes Kapitel

Durch Schein zum Sein:
Wie man sich den Weg zum
Erfolg einbildet

Die Erkenntnis, daß unsere Handlungen, Gefühle und Verhaltensweisen das Resultat unserer Vorstellungen und Überzeugungen sind, liefert uns das Instrument, das die Psychologie von jeher benötigt hat, um die Persönlichkeit zu verändern.

Maxwell Maltz: *Psycho-Cybernetics* (1960)

Sie sind jederzeit für die Gedanken verantwortlich, die Ihnen durch den Kopf gehen. Sie haben die Möglichkeit zu denken, was immer Sie wollen, und praktisch alle Ihre selbst-beeinträchtigenden Einstellungen und Verhaltensweisen haben ihren Ursprung in der bestimmten Art zu denken, für die Sie sich jeweils entscheiden.

Wayne Dyer, Ph. D.: *The Sky's The Limit* (1980)

Geoff war ein kräftiger, gutaussehender junger Mann, der dem Schauspieler und Dramatiker Sam Shepherd ähnelte. Einen Meter achtundachtzig groß, sechsundzwanzig Jahre alt, stellte er für viele Frauen die Verkörperung des Ideals männlicher Schönheit dar. Dennoch hatte Geoff noch nie eine befriedigende sexuelle Beziehung zu einer Frau gehabt. Nicht, daß er homosexuell gewesen wäre. Er hatte sich schon immer zu Frauen hingezogen gefühlt und sie sich zu ihm. Geoffs Problem war sein Selbstbild: Er hielt sich für »sexuell minderwertig« oder impotent.

Geoffs Mutter war mit siebzehn schwanger geworden und hatte überstürzt geheiratet. Ihr Mann war ein gewalttätiger Alkoholiker, und nachdem sie sich vier Jahre später von ihm hatte scheiden lassen, war sie mit Geoff und dessen kleiner Schwester in eine andere Stadt gezogen. Sie vermochte nicht, über ihren Ex-Ehemann zu reden, ohne sich voller Haß und Ekel über die männliche Sexualität als »die Ursache all ihrer Probleme« auszulassen. Als Geoff in die Pubertät kam, begann sie, ihren Abscheu auf seine aufkeimende Geschlechtlichkeit zu konzentrieren. Sie machte sich über seine sexuellen Nöte lustig und beschämte ihn, als sie ein *Playboy*-Magazin unter seiner Matratze versteckt fand. Als sie ihn zu einer späteren Gelegenheit beim Onanieren erwischte, hängte sie kurzerhand die Tür seines Schlafzimmers aus.

Im Alter von achtzehn Jahren lernte Geoff auf dem College eine junge Frau kennen, und es kam zu einer ersten erotischen Begegnung. Er war so ängstlich und befangen, daß er es nicht schaffte, eine Erektion aufrechtzuerhalten, und obwohl seine Partnerin verständnisvoll und geduldig war, gelang es ihm nicht, den Penis in die Scheide einzuführen. Einige weitere Erfahrungen dieser Art (mit Frauen, die weniger Verständnis bewiesen) verstärkten seine Erwartungsangst und sein Gefühl, »kein Mann zu sein«, nur noch weiter. Jetzt hatte er eine Frau kennengelernt, die ein ernsthaftes Interesse an ihm zu haben schien, aber er war sicher, daß sie ihn verlassen würde, sobald sie merkte, daß sein »Problem« chronisch war. Geoff war davon überzeugt, er sei impotent. Sein sexuelles Selbstbild war mittlerweile so untrennbar mit Scham und Demütigung verbunden, daß er sich nicht einmal mehr *vorstellen* konnte, ein »normal funktionierender« Mann zu sein.

Das Wort *Imagination* (»Vorstellungs-« oder »Einbildungskraft«) ist vom lateinischen *imago*, »Bild«, abgeleitet. Unser Selbstbild hängt aufs engste mit unserer Imagination oder Vorstellungskraft zusammen. Es beruht ausschließlich auf dem, was wir uns »ein-bilden«, als wahr vorstellen. »Wir handeln und fühlen«, schrieb Maltz, »nicht in Übereinstimmung damit, wie die Dinge in Wirklichkeit sind, sondern gemäß dem geistigen Bild, das wir von ihnen haben. Wir haben ein bestimmtes Bild von uns selbst, von unserer Welt und von den Menschen in unserer Umgebung, und wir verhalten uns so, als ob die *Bilder* die Wahrheit oder die Wirklichkeit wären und nicht vielmehr die Dinge, für die sie stehen.«

Allzuleicht unterschätzen wir die Rolle, welche die Imagination bei der Bildung unserer Wahrnehmungen spielt. Auch wenn wir uns normalerweise dessen gar nicht bewußt sind, ist unsere Vorstellungskraft ununterbrochen aktiv. Denken Sie nur an das letzte Mal zurück, als Sie aus einem Traum erwacht sind, der so real wirkte, daß es eine ganze Weile dauerte, bis Sie erkannten, daß es »nur ein Traum« war. Erinnern Sie sich, wie Sie einmal (oder vielleicht sogar mehrmals) auf der Autobahn so in Tagträume versunken waren, daß sie die richtige Ausfahrt verpaßt haben. Jedesmal, wenn wir »zerstreut«, »abwesend«, »gedankenverloren« sind, arbeitet unsere Vorstellungskraft auf Hochtouren.

Welche der zwei Hälften unseres Geistes ist nun aktiv, wenn wir schlafen oder tagträumen? Unser Unterbewußtsein natürlich. Wann immer es seine Tätigkeit aufnimmt, »ereignen sich« diese Traumzustände einfach. Geoffs Impotenz war nicht realer als ein Traum. Sie beruhte ausschließlich auf mentalen Bildern, denen er zustimmte und denen er folgte. Um TOM MILLERS anschauliche Metapher noch einmal zu verwenden: Geoffs Pferd war dazu abgerichtet worden, sich als *Wallach* zu sehen.

Wenn Geoff nun aber imstande wäre, seine Vorstellungskraft *bewußt* dazu zu bringen, ein neues Bild seiner selbst zu erschaffen? Inwiefern könnte sich solch »aktives Tagträumen« zu seinen Gunsten auswirken? Inwiefern könnte es *Ihnen* zum Erfolg verhelfen?

Dieses Kapitel handelt von der kreativen Imagination und insbesondere davon, wie Sie sie benutzen können, um ein positiveres Bild Ihrer selbst zu erschaffen. Sie werden erfahren,

o wie Ihr Verhalten durch das konditioniert wird, was Sie sich als wahr *vorstellen*, und wie Sie Ihr Verhalten ändern können, indem Sie Ihre Vorstellungskraft oder Imagination »fokussieren« und gezielt ausrichten;

o wie erfolgreiche Menschen die aktive Imagination benutzen, um positive Bedingungen für ihre – wirtschaftlichen, sportlichen oder künstlerischen – Erfolge zu schaffen;

o wie Sie mit Hilfe des *reflexiven Umlernens* negative Erwartungen, Minderwertigkeitsgefühle und beeinträchtigende Ängste durch geeignete Bilder des Erfolgs ersetzen können.

»Glauben heißt sehen«: Wie Ihre Imagination Sie zum Erfolg führen kann

Das Unterbewußtsein kann zwischen einer realen und einer anschaulich vorgestellten Erfahrung nicht unterscheiden. Es stimmt kritiklos allem zu, was das Bewußtsein ihm vorschlägt. Es akzeptiert alle unsere Vorstellungen als hundertprozentige Wahrheit und macht sich sofort daran, sie zu aktualisieren – seien diese mentalen Bilder nun kreativen oder destruktiven Inhalts. Sie kennen vielleicht die Redensart »Sehen heißt glauben«. Nun, für das Unterbewußtsein verhält es sich genau umgekehrt: »Glauben heißt sehen«!

Unsere Vorstellungs- oder Einbildungskraft läßt unser Unterbewußtsein *sehen*, was unser Bewußtsein *glaubt*. Stellen Sie sich vor, ein Freund, der erst vor kurzem in ein Ihnen unbekanntes Stadtviertel gezogen ist, hätte Sie zum Abendessen eingeladen. Als Sie ankamen, war der nächste freie Parkplatz, den Sie finden konnten, vier Häuserblocks entfernt, in einer schlecht beleuchteten Gasse. Jetzt ist es spät in der Nacht, und Sie machen sich auf den Weg zu Ihrem Auto. Plötzlich meinen Sie, Schritte hinter sich zu hören. Sie drehen sich rasch um. Es ist niemand zu sehen. Ich hab's mir wohl nur eingebildet, sagen Sie sich. Sie gehen weiter. Und da sind sie wieder – Schritte im Dunkeln hinter Ihnen.

Was passiert mit Ihrem Körper – Ihrem Herzschlag, Ihren Händen, Ihrem Blutdruck, Ihrer Atmung? Spielt es irgendeine Rolle, ob Ihnen wirklich jemand folgt? Natürlich nicht; diese physiologischen Vorbereitungen auf die Kampf-oder-Flucht-Reaktion sind ausschließlich das Produkt Ihres Unterbewußtseins. Sie wurden unserer Art schon vor vielen Jahrmillionen einprogrammiert. Sie ereignen sich, ob wir nun von einem Säbelzahntiger, einer Horde Skinheads oder lediglich dem Echo unserer eigenen Schritte verfolgt werden.

Sie laufen los. Die Schritte werden gleichfalls schneller, sie lassen sich nicht abhängen. Adrenalin durchflutet Ihren Organismus. Sie rennen, als ob es um Ihr Leben ginge – und vielleicht tut es das auch! Nur noch ein Häuserblock bis zum rettenden Auto: Sie können es schaffen!

»He! Bleibst du vielleicht endlich mal stehen?« ruft da eine vertraute Stimme. Erleichtert drehen Sie sich um und sehen Ihren Freund, der, Ihren Lieblingshut in der Hand, keuchend auf Sie zukommt. »Den hast du vergessen. Ich hatte keine Ahnung, daß du in einer solchen Topform bist. Was hast du eigentlich geglaubt, wer ich bin – der einsame Würger?«

Was geschieht da mit Ihrem hämmernden Herzschlag, Ihren schweißfeuchten Handflächen und Ihrer olympiareifen Kondition? Alles pendelt sich rasch wieder in den Normalzustand ein. Bis Sie Ihr Auto erreichen, haben Ihre Verfassung und Ihr Verhalten eine totale Kehrtwendung vollzogen. Was Ihre körperlichen Reaktionen auslöste, waren Ihre Einbildungen – nicht die Wirklichkeit. Ihre Gefühle, Handlungen und Verhaltensweisen waren Reaktionen auf das, was Sie für wahr oder wirklich hielten.

Was glauben Sie nun, wie sich dieser Sachverhalt auf Ihren Erfolgsmechanismus auswirkt? Richtig: Wenn Ihr Selbstbild Ihren Reiter glauben läßt, Sie seien zum Erfolg nicht fähig, dann kann Ihr Pferd nur so reagieren, als sei dieses Bild (diese *Ein-Bildung*) wahr – gleichgültig, wie die Wirklichkeit tatsächlich aussieht. Aber wenn Ihr Selbstbild Ihnen sagt, daß Sie *sehr wohl* zum Erfolg fähig sind – wenn Ihr Reiter sich lebhaft vorstellt, Sie hätten Ihr Ziel bereits erreicht –, dann wird Ihr Pferd mit dem Selbstvertrauen reagieren, das *wirklichem* Erfolg entspringt.

Ihre Vorstellungskraft kann Ihre Überzeugungen ändern

Ein anderes Beispiel: Sie wollen sich einen neuen Wagen kaufen und schwanken noch zwischen zwei Modellen. Nennen wir sie »Auto A« und »Auto B«. Weder was ihre technischen Merkmale und ihre Ausstattung noch was ihren Preis anbelangt, unterscheiden sie sich nennenswert voneinander. Nach langem Hin- und Herüberlegen entscheiden Sie sich für Auto A. Sie gehen zum Händler, unterschreiben den Vertrag und fahren in Ihrem neuen Wagen los.

Erinnern Sie sich an das Selektions- und das Eliminationsprinzip? Nun, kaum sind Sie auf der Straße, fangen Sie an, sich zu Ihrer klugen Entscheidung zu beglückwünschen. Dieser Gedanke (»Es war richtig, Auto A zu wählen und Auto B auszuschließen«) hält jetzt Ihr Bewußtsein besetzt. Also fahren Sie die Straße entlang und malen sich schon aus, wie Sie Ihren neuen Wagen Ihren Freunden und Bekannten vorführen werden. Sie achten jetzt mehr als sonst auf andere Autos, und was sehen Sie? Richtig – viele Autos wie das Ihre. Und was sagen Sie sich? »Junge, Junge, war das klug von mir, diesen Wagen zu kaufen! Schau dir nur die vielen anderen klugen Leute an! Kein Wunder, daß so viele A-Autos herumfahren: Sind eben wirklich die besten!«

Merken Sie, wie Ihre Wahrnehmung sich geändert – sich nach Ihrem *Glauben* ausgerichtet hat? Sie rechtfertigen Ihre Entscheidung, indem Sie sich sagen, was für eine kluge Entscheidung Sie getroffen haben. Sie führen die Spannung des Entscheidungsprozesses ab, indem Sie sich zu Ihrer Entscheidung beglückwünschen und die Alternative als völlig indiskutabel abtun. Was sagen Sie sich, wenn Sie Auto B auf der Straße sehen? »Mann, bin ich froh, daß ich die Karre nicht gekauft habe! Wirklich komisch, mir war überhaupt noch nie aufgefallen, wie *billig* das Auto aussieht. Und diese Zierleiste? Geradezu lächerlich! Ich kann nur froh sein, daß ich nicht die Blödheit begangen habe, Auto B zu kaufen!« Und das geht nur ein paar Tage lang so. Danach *bemerken* Sie Auto B nicht einmal mehr. Was sich von der Umgebung abhebt, ist, was Sie sich *entscheiden* zu sehen. Auf einmal scheint es nur noch A-Autos auf der Straße zu geben.

Aber stellen Sie sich vor, ein schwächliches Selbstbild veranlaßt Sie, die Richtigkeit Ihrer Entscheidung anzuzweifeln. Stellen Sie sich vor, in dem Augenblick, in dem Sie den Kaufvertrag unterschreiben, widerruft Ihr Unterbewußtsein den Selektionsprozeß. Sie sitzen noch nicht am Steuer Ihres neuen Wagens, und schon sagen Sie sich: »Verdammt, vielleicht hätte ich doch besser Auto B nehmen sollen!« Plötzlich scheinen die Straßen voll von glücklichen, erfolgreichen, von den Frauen begehrten Auto-B-Fahrern zu sein. Was Sie sehen, bestärkt Sie in Ihrer Überzeugung, die falsche Entscheidung getroffen zu haben. Und wieder zeigt sich: Ihre Wahrnehmung der Wirklichkeit ist ausschließlich eine Funktion dessen, was Sie sich als die Wirklichkeit *vorstellen*.

Reflexives Umlernen: Vier Schlüssel zur Schaffung neuer Einstellungen und Verhaltensweisen

Nehmen Sie sich einen Augenblick Zeit, um die vier Tatsachen zu überdenken, die sich aus den soeben besprochenen Beispielen ergeben:

o Was immer Sie sich als wahr vorstellen, wird von unserem Unterbewußtsein als wahr akzeptiert.

o Eine *vorgestellte* Erfahrung wirkt auf unser Unterbewußtsein in jeder Hinsicht genauso wie eine *reale* Erfahrung.

o Unser Verhalten richtet sich nach dem, was wir für wahr *halten*.

o Unser Verhalten *ändert sich* gemäß dem, was wir glauben (das heißt »für wahr halten«).

Überzeugungen (»Fürwahrhaltungen«) haben eine große Macht. Sie lassen religiöse und politische Glaubensgemeinschaften entstehen, regeln unser Leben und stecken die Grenzen unserer Fähigkeiten und Möglichkeiten ab. Aber unsere Vorstellungskraft ist sogar noch mächtiger: Sie kann nämlich unsere Überzeugungen ändern.

MALTZ führte zahlreiche Fallstudien an, aus denen eindeutig hervorging, daß der Geist vorgestellte und reale Erfahrungen als vollkommen gleichwertig behandelt. Das eindrucksvollste der von ihm referierten Beispiele war ein Experiment, bei dem zwei Gruppen von technisch einander ebenbürtigen Basketballspielern zwanzig Tage lang Freiwürfe übten – die eine Gruppe in der Halle, die andere nur im Kopf. Wie sich anschließend zeigte, hatte die »mentale Übung« die Treffsicherheit der Spieler in genau dem gleichen Maße erhöht wie das reale Wurftraining bei der Vergleichsgruppe.

Was Maltz »mentale Übung« nannte, ist das, was ich als *reflexives Umlernen* bezeichne. Es bedeutet nichts anderes, als uns mit Hilfe unserer kreativen Imagination positive Bilder auszusuchen und die falschen, destruktiven Bilder, auf die unser Unterbewußtsein so reagiert, *als seien sie wahr*, zu eliminieren.

Vergessen Sie nicht: Jede Vorstellung, die Sie irgendwann erlernt haben, können Sie neu überdenken und in Frage stellen. Jede Vorstellung, die Sie neu überdacht haben, können Sie »umlernen«, das heißt, *neu lernen*, indem Sie die alten Daten durch neue ersetzen. Wenn Sie Ihre Vorstellungskraft darauf konzentrieren, wie Sie sein möchten, weist Ihr Bewußtsein Ihr Unterbewußtsein an, diese neuen Bilder oder Vorstellungen zu akzeptieren. Und da Ihr Unterbewußtsein die Bilder, die Ihr Bewußtsein erzeugt, akzeptieren und realisieren wird, führt »so tun, als ob« es wahr sei, über kurz oder lang dazu, daß es wahr *wird*.

Wie erfolgreiche Menschen die Imagination benutzen, um sich auf Erfolg zu programmieren

Barbara und Ruth besitzen eine erfolgreiche Babybekleidungsfirma. Als Kleinunternehmerinnen müssen sie sich um alles kümmern, was ihr Geschäft betrifft – Design, Herstellung, Marketing, Vertrieb, Buchhaltung –, und so ist ihr Arbeitstag ziemlich ausgefüllt. Aber jeden Morgen zwischen Viertel nach zehn und Viertel vor elf tun die zwei Geschäftspartnerinnen etwas ganz anderes – etwas, was sie bereits seit der Gründung ihres Unternehmens tagtäglich praktizieren.

Während der ersten zehn Minuten dieser »besonderen« halben Stunde unterhalten sich Barbara und Ruth über ihre geschäftlichen Pläne und Wünsche für die Zukunft. Das konkrete Thema solcher Gespräche kann sich dabei von Tag zu Tag ändern. Wenn sie sich am Montag auf Strategien zur Absatzsteigerung konzentrieren, kann es am Dienstag um die Optimierung der Kosten-Nutzen-Relation, um Ideen für neue Produkte oder um das Betriebsklima gehen.

Die nächsten zehn Minuten gehören der kreativen Imagination. Barbara und Ruth lassen die Jalousien herunter, stellen alle Telefone ab, setzen sich bequem hin, schließen die Augen und entspannen sich – und dabei *visualisieren* sie die erfolgreiche Verwirklichung ihres jeweiligen Zieles. Damit das mentale Erfolgserlebnis Realitätscharakter erhält, bemühen sie sich darum, ihre Visualisationen so detailliert wie möglich zu gestalten. Sie »sehen« das fertige Produkt bis hin zur kleinsten Naht. Sie »fühlen« die Beschaffenheit des Materials. Sie malen sich aus, wie alle einschlägigen Geschäfte der Stadt ihre Artikel führen, ihr Firmenzeichen in allen Kaufhäusern prangt und begeisterte Kunden sich um ihre Strampelhöschen förmlich reißen. Während der letzten zehn Minuten schließlich werden die jeweiligen Erfahrungen, die die zwei Frauen in ihrem – wie Maltz es nannte – »Theater der Imagination« gemacht haben, in aller Ausführlichkeit erörtert.

Es ist gerade dieser Visualisationsprozeß, worin Barbara und Ruth die Ursache ihres Erfolgs sehen. Dadurch, daß sie sich Tag für Tag zehn Minuten lang als erfolgreiche Geschäftsfrauen *visualisierten*, brachten sie ihr Unterbewußtsein dazu, ein derartiges *Selbstbild* zu akzeptieren. Und das wiederum gab ihnen die Kraft, die sie benötigten, um das Selbstbild Wirklichkeit werden zu lassen. Bei ihren täglichen Sitzungen befolgten Barbara und Ruth drei »Regeln«:

o Sie führten ihre Visualisierungsübungen immer um die gleiche Uhrzeit durch.
o Sie sorgten dafür, daß sie nicht unterbrochen oder gestört wurden.
o Sie akzeptierten jedes positive Bild als berechtigt und nützlich.

Gegen Ende dieses Kapitels werden wir uns mit diesen drei »Regeln« näher befassen. Einstweilen prägen Sie sich bitte ein, daß die Visualisation – das »F« des CRAFT-Prozesses, also die »Fokussierung« Ihrer Aufmerksamkeit – dasjenige ist, was es Ihrem Unterbewußtsein ermöglicht, eine Verbindung zu Ihrem Bewußtsein herzustellen. Vergessen Sie nicht: Wenn das Bewußtsein ein lebhaft vorgestelltes Bild auswählt und alle ihm widersprechenden Bilder oder Vorstellungen eliminiert, wird das Unterbewußtsein dieses Bild akzeptieren und dafür sorgen, daß Sie sich darauf zubewegen.

In einem Interview nach dem Sieg der Alliierten im Golfkrieg erklärte US-General NORMAN SCHWARZKOPF, er habe alle seine Schlachtpläne erst im Kopf durchgespielt, bevor er die Soldaten in den Kampf schickte.

Die erfolgreiche Kunstturnerin MARY LOU RETTON probt nach eigenen Angaben ihre Bewegungsabläufe – jeden Sprung, jede Rolle, jeden Salto – zuerst in der Vorstellung, ehe sie die Matte betritt.

Der Bodybuilder und Filmstar ARNOLD SCHWARZENEGGER sagt, das Hanteltraining sei lediglich die physische Fortsetzung der Visualisation: »Solange der Geist sich etwas als *für dich machbar* vorstellen kann, ist es das auch ... Ich habe mir immer wieder vorgestellt, ich sei schon ›da‹ – ich hätte das Ziel schon erreicht.«

Natürlich hat keiner dieser erfolgreichen Menschen seine Ziele *ausschließlich* durch die Imagination erreicht. Das Sichausmalen eines angestrebten Endergebnisses erweitert und vertieft lediglich das Spektrum der Ziele, nach denen unser Steuerungsmechanismus sich ausrichten kann. Die Arbeit müssen wir dann allerdings selbst erledigen.

Wie Sie die Kraft Ihrer Imagination mobilisieren können

Die Visualisation positiver Ergebnisse kann unser Unterbewußtsein darauf ansetzen, diese Resultate herbeizuführen. Doch das gilt für *negative* Ergebnisse genauso. Vergessen Sie nicht – unser Unterbewußtsein macht diesbezüglich keine Unterschiede. Für unseren automatischen Mechanismus kann eine destruktive Vorstellung ein ebenso »erstrebenswertes« Ziel sein wie eine kreative. Natürlich betrachten wir solche negativen Bilder *bewußt* nicht als »Ziele« – *aber sie sind es*. Sie können ein mangelhaftes Selbstbild bestärken und uns in selbstzerstörerischen Denk- und Verhaltensmustern gefangenhalten. Was wir sein *möchten*, steht oft in krassem Widerspruch zu dem, was wir zu sein *glauben*, zum Bild, das wir von uns haben – was uns wieder zu Geoff und seiner »Leistungsangst« zurückbringt.

Geoffs Bewußtsein war unfähig gewesen, ein beliebiges positives Bild der männlichen Sexualität für sich auszuwählen. Sein Unterbewußtsein, der vollkommene Jasager, pflichtete der Vorstellung bei, ein sexuell aktiver Mann zu sein, sei »schändlich und ekelhaft«, und handelte dementsprechend. Es strebte als die einzige mögliche Alternative die Impotenz an. Aufgrund seiner ersten negativen Erfahrungen hatte Geoffs Reiter dann ein zweites negatives Bild ausgewählt: »Ich bin außerstande, den Geschlechtsakt auszuführen.« Jedesmal, wenn ihm dieses Bild zu Bewußtsein kam – das heißt praktisch jedesmal, wenn er sich mit einer Frau in einer potentiell intimen Situation befand –, waren alle anderen Möglichkeiten ausgeschlossen. Und so hatte sein Pferd dieses Bild mit der Zeit als die letztgültige Wahrheit akzeptiert.

Geoff sah durchaus ein, daß es überhaupt nichts nützte, seine Mutter, seinen Vater oder sonst jemanden für die negativen Bilder, die seinen automatischen Mechanismus lenkten, verantwortlich zu machen. Die einzige Möglichkeit, ein gesundes, normales Sexualleben zu verwirklichen, bestand darin, diese Bilder zu *ändern*. Geoff beschloß, seinem Pferd mit Hilfe des CRAFT-Prozesses einen neuen Weg anzutrainieren. Jedesmal, wenn ihm ein negativer Gedanke über seine Sexualität durch den Kopf ging, sagte er: »*Löschen!*« Dann ersetzte er seine alten Daten durch den Gedanken: »Sex ist ein natürlicher, normaler Aspekt des Lebens, und ich bin ein natürlicher, normaler Mensch.« Mittels Affirmationen *bestätigte* er sich diese Vorstellung mehrmals am Tag, um deren kontinuierliche »Wiederverstärkung« sicherzustellen.

Sein Selbstbild dazu zu bringen, diese neuen Daten zu akzeptieren, war die Aufgabe von Geoffs kreativer Imagination. Jeden Tag nahm er sich fünfzehn Minuten Zeit, um sich auf das Bild jenes Menschen zu *konzentrieren*, der er gern gewesen wäre. Er zog sich zu dem Zweck an einen ruhigen Ort zurück, wo er für die Dauer seiner Visualisation allein und ungestört sein würde, und betrat das »Theater seiner Imagination«. Es war für Geoff von überragender Wichtigkeit, *seine eigenen* positiven Bilder von männlicher Sexualität zu entwickeln – also nicht etwa diejenigen seiner Mutter, des *Playboy*-Magazins, Frau Dr. RUTH WESTHEIMERS oder sonst jemandes zu übernehmen. Er schloß die Augen und »sah« sich möglichst plastisch und realistisch als selbstsicheren, sexuell aktiven Mann, der zusammen mit der Frau seines Herzens eine Vielzahl erotischer Situationen ohne Scham und Angst erlebte.

Indem er neue »mentale Bilder« erzeugte und sich weigerte, sein altes Selbstbild als gültig zu akzeptieren, brachte Geoff seine Vorstellungskraft unter die Kontrolle seines Bewußtseins. Er *trainierte* sich dieses neue Selbstbild *an*, indem er sich mehrmals am Tag ins Gedächtnis zurückrief, daß er daran arbeitete, seine alte Programmierung zu überschreiben. Er »tat so, als ob« er bereits aufgehört habe, negativ über seine Sexualität zu denken und sich mit seiner Leistungsangst verrückt zu machen.

Indem er »so tat, als ob«, während er in sein neues Selbstbild hineinwuchs, *veränderte* Geoff *seine Psyche* auf der unterbewußten Ebene – er *dachte um*. Er bediente sich des reflexiven Umlernens, um ein neues Bild seiner selbst zu erschaffen, und programmierte dadurch seinen automatischen kreativen Mechanismus dazu um, das Ziel eines gesunden Sexuallebens anzusteuern. Natürlich half es Geoff beträchtlich, eine liebende, verständnisvolle Partnerin zu haben (die später übrigens seine Frau wurde). Aber was sein Ziel überhaupt erst *erreichbar* machte, waren die Bilder, die seine Vorstellungskraft oder Imagination erzeugte.

Ihre kreative Imagination ist genauso leistungsfähig wie Geoffs. Indem Sie sie unter die Kontrolle Ihres Bewußtseins bringen, können Sie jedes alte, negative Programm löschen und durch ein neues, positives ersetzen – mag Ihr Programm nun etwas mit Sexualität zu tun haben, mit Ihren beruflichen oder erzieherischen Fähigkeiten, mit Ihrer mehr oder weniger großen Selbstbeherrschung, Ihrer künstlerischen Begabung oder was auch immer. Wenn Sie »sich den Anschein geben, bis Sie das Sein erreichen«, wird Ihr Unterbewußtsein früher oder später im Bilde sein. Und eines Tages werden Sie mit einem brandneuen, maßgeschneiderten Selbstbild aufwachen!

Warum das reflexive Umlernen funktioniert: Lassen Sie Ihre rechte Hemisphäre nie wissen, was Ihre linke denkt

»Die ›kreative Imagination‹ ist nichts, was nur den Dichtern, den Philosophen, den Erfindern vorbehalten wäre«, erklärte uns Maltz. »Die Imagination erzeugt nämlich das Ziel-›Bild‹, nach dem unser automatischer Mechanismus arbeitet. Unser Handeln – beziehungsweise Nichthandeln – ist nicht, wie allgemein angenommen wird, eine Frage des ›Willens‹, sondern der Imagination.«

Können Sie sich Geoff vorstellen, wie er versucht, seine Impotenz »wegzuwollen«? Warum vermag es die Imagination, Einstellungen und Verhaltensweisen zu ändern, die »Willenskraft« aber nicht? Was geht »in unserem Kopf« tatsächlich vor sich, wenn wir mit reflexivem Umlernen befaßt sind? Die Antworten auf diese Fragen liegen in der funktionellen Unterschiedlichkeit der zwei Hirnhälften des Menschen begründet.

Daß die linke und die rechte Gehirnhemisphäre jeweils spezifische psychische und physische Funktionen steuern (die sogenannte »Hemisphärenspezialisierung«), wurde erstmals im Jahre 1836 vermutet. Ärzte stellten fest, daß Patienten, die an Aphasie (Sprachverlust infolge einer Kopfverletzung) litten, durchweg Schäden an derselben Gehirnhemisphäre davongetragen hatten – nämlich der linken. Solche Beobachtungen führten zu der Schlußfolgerung, die Fähigkeit zum sprachlichen Ausdruck werde von der linken Hirnhälfte kontrolliert, sowie zu der Vermutung, die nichtsprachliche Wahrnehmung könnte eine Funktion der rechten sein. Diese Theorie konnte später durch umfangreiche neuropsychologische Untersuchungen bestätigt werden. Zusätzliche Beobachtungen an Menschen, die einen Schlaganfall erlitten hatten, ergaben außerdem, daß jede Gehirnhälfte offensichtlich die Bewegungen und Sinneswahrnehmungen der jeweils entgegengesetzten Körperhälfte kontrolliert.

Erst in den sechziger Jahren dieses Jahrhunderts aber, als der Neuropsychologe ROGER W. SPERRY jene Experimente mit sogenannten *Split-brain*-Patienten durchführte, die ihm den Nobelpreis einbrachten, begann man eine systematische Einsicht in die »funktionelle Asymmetrie« unseres Gehirns und deren Konsequenzen für unser Seelenleben zu gewinnen. Die Kommunikation zwischen den zwei Hälften des Gehirns erfolgt in erster Linie über ein Bündel von Nervenfasern, das als *Corpus callosum* oder »Balken« bezeichnet wird. Sperry

und seine Studenten untersuchten Epileptiker, bei denen als letzte
Möglichkeit, die Anfälle unter Kontrolle zu bekommen, ebendieses
Nervenbündel chirurgisch durchtrennt worden war. Bei diesen Menschen arbeiteten die zwei Hirnhemisphären also unabhängig voneinander (daher »split brain«, »gespaltenes Gehirn«). Sperry fand heraus,
daß *jede Gehirnhälfte ihre eigenen bewußten Denkprozesse und ihre
eigenen Erinnerungen hat.* Bei siebenundneunzig Prozent der Menschen kontrolliert die linke Gehirnhälfte die Fähigkeit, Sprachäuße-
rungen zu erzeugen und zu verstehen; die rechte wiederum ist für
die Erfassung, Speicherung und gezielte Wiederabrufung von Sinnes-
daten zuständig und ermöglicht uns dadurch beispielsweise, Gesichter
und Gegenstände wiederzuerkennen, den Weg zu einem uns bekannten Ort zu finden und andere solche alltäglichen, »unüberlegten«
Handlungen durchzuführen wie etwa uns anzuziehen. Wenn der rechten Gehirnhälfte eines *split-brain*-Patienten (über dessen linkes Auge)
das graphische Bild eines Wortes übermittelt wurde, so war die Versuchsperson außerstande, dieses Wort auszusprechen. Die »sprach-
begabte« linke Hemisphäre hatte es nicht gesehen; die »sinnliche«
rechte Hemisphäre nahm es wahr, konnte es aber nicht aussprechen.
Wenn umgekehrt der rechten Hemisphäre des Patienten das Bild eines
Apfels vorgeführt wurde, wußte dieser zwar, was es war, konnte es
aber nicht benennen; wurden aber seiner linken (also von der rechten
Gehirnhälfte kontrollierten) Hand nacheinander mehrere verdeckte
Gegenstände gereicht, so konnte er den Apfel problemlos identifizieren – das heißt, das Objekt mit dem wahrgenommenen Bild in Verbindung bringen.

Die *Split-brain*-Forschung ist in den Medien trivialisiert und,
namentlich was ihre Ergebnisse anbelangt, verfälscht oder ungebühr-
lich simplifiziert worden, aber einige Verallgemeinerungen sind durchaus statthaft und nützlich. Wenn wir »linear«, kritisch oder urteilend
denken (etwa wenn wir einen Zeitungsartikel lesen oder unsere Ein-
kommensteuerschuld ausrechnen), benutzen wir unsere linke Gehirnhälfte. Wenn wir intuitiv-ganzheitlich, räumlich oder bildhaft denken
(etwa wenn wir sexuell erregt sind oder auf einer dunklen Straße
plötzlich Schritte hören), ist unsere rechte Hemisphäre aktiv. Das linkshemisphärische Denken ist logisch, sequentiell und analytisch; das
rechtshemisphärische Denken ist intuitiv, simultan und synthetisch.
Die linke Hirnhälfte begreift einen Gegenstand durch seinen Namen;
die rechte durch sein Aussehen oder seine sonstigen sinnlichen Merkmale. Es ist noch nicht ausreichend geklärt, was diese funktionellen
Unterschiede eigentlich bedingt, aber soviel scheint klar zu sein, daß

erst die spezifischen Fähigkeiten *beider* Hirnhälften eine vollständige menschliche Selbst- und Welterfahrung ermöglichen.

Die »Willenskraft« – eine Falle

Was hat das alles nun mit unserem Selbstbild zu tun? Die Antwort liegt, wie Sie sich vielleicht schon gedacht haben, im Wort oder Wortteil -*bild*. Wenn wir uns selbst in Bildern wahrnehmen, welche Hälfte unseres Gehirns ist dann aktiv? Lautet Ihre Antwort: »Die rechte«, dann dürfen Sie sich jetzt auf die Schulter klopfen. Versuchen wir nun, über die verbale, logische linke Gehirnhälfte auf unser Selbstbild einzuwirken, so wird das nicht funktionieren. *Dafür ist die linke Hemisphäre einfach nicht zuständig.* Wenn wir das »Theater der Imagination« betreten, übergeben wir unserem »rechten Gehirn« die Regie und fordern unser linkes auf, sich ganz bescheiden in den Zuschauerraum zu setzen. Wir »bremsen« den sprachlich denkenden, besserwisserischen Teil unseres Gehirns und lassen denjenigen, der in Bildern denkt, die Kontrolle übernehmen.

Es ist bislang noch niemandem gelungen, irgendeinen bestimmten Teil des Gehirns mit »dem Geist« oder »der Psyche« in Verbindung zu bringen. Es erscheint jedoch zweckmäßig, sich vorzustellen, daß die linke Hemisphäre normalerweise mit dem Bewußtsein zusammenarbeitet, während die rechte dazu tendiert, sich mit dem Unterbewußtsein zu verbinden. Das eben ist der Grund, warum die »Willenskraft« so oft zu einer »Willnicht-Kraft« wird. Willenskraft und »positives Denken« haben noch nie irgend jemandes Verhalten geändert. Da unser Verhalten aufs engste mit unserem Selbst-Bild zusammenhängt, werden wir es niemals ändern, indem wir das Problem mit demjenigen Teil unseres Gehirns in Angriff nehmen, das mit Worten arbeitet. Der Versuch, unser Verhalten durch unsere linke Hirnhälfte zu ändern, führt uns unweigerlich in einen Teufelskreis von Frustration und Entmutigung.

Verwandeln Sie Hindernisse in Sprungbretter zum Erfolg

Haben wir erst einmal begriffen, wie die zwei Hälften unseres Gehirns miteinander zusammenarbeiten, wird auch verständlich, wie reflexives Umlernen funktioniert. Wenn wir unsere Imagination oder Einbil-

dungskraft betätigen, lassen wir zu, daß unsere unterbewußten rechtshemisphärischen Gedanken (Bilder) in das linkshemisphärische Bewußtsein treten. Indem wir ein mentales Wunsch-Bild unserer selbst
erzeugen, beseitigen wir die Hindernisse, die unser altes, destruktives
Selbstbild in unser Bewußtsein gelegt hatte. Bei ausreichender Übung
stimmt unser Unterbewußtsein den neuen Bildern zu und liefert den
Antrieb in Richtung auf deren Verwirklichung. Nach ungefähr sechs
Wochen sind diese rechtshemisphärischen Gedanken vollkommen
bewußt geworden, und unsere linke Gehirnhälfte fängt an, im Einklang
mit ihnen zu handeln. Unsere Gefühle und Handlungen haben sich
bis dahin auch insoweit verändert, daß sie mit unserem neuen Selbstbild
harmonieren.

Ich möchte Ihnen jetzt vorführen, auf welch kreative Weise einige
Menschen diesen Prozeß gehandhabt und dadurch ihre Gefühle, Fähig-
keiten und Handlungsweisen verändert haben. Überlegen Sie sich, wie
Sie sich seiner bedienen könnten, um eine selbstverleugnende Bezie-
hung zu einem Lebenspartner, einem Freund, Verwandten oder
Arbeitskollegen in eine zu verwandeln, die von Selbstsicherheit und
wechselseitigem Respekt gekennzeichnet ist; um Ängste zu überwin-
den, die Sie an ein selbstbegrenzendes Verhalten gefesselt halten; um
Minderwertigkeitsgefühle abzustreifen, die Sie daran hindern, den
Beruf Ihrer Träume zu ergreifen; sowie um verborgene Talente und
Fähigkeiten zu entdecken, die Ihnen helfen werden, jedes dieser Ziele
zu erreichen.

Wie die Bildkraft des Geistes eine entwürdigende Beziehung heilte

Für Stephanie nahm der ununterbrochene Strom negativer Kritik kurz
nach ihrer Heirat mit Bill seinen Anfang. Sie war damals zweiund-
zwanzig. Er war ein sehr anspruchsvoller Mensch, der sich viel darauf
einbildete, ein »Perfektionist« und ein »Problemlöser« zu sein. Was
er tatsächlich bis zur Perfektion beherrschte, war, seine Frau schlecht-
zumachen. Sie war »langsam«: Für alles, was sie tat, brauchte sie eine
Ewigkeit. Sie war ein »kontaktfeindlicher Tölpel«: Bills Beruf erforderte häufige Treffen mit Kollegen und deren Ehepartnern, und nach
jedem solchen geselligen Beisammensein mäkelte Bill an Stephanies
Verhalten herum. Wenn man ihn hörte, dann machte sie kaum den
Mund auf, und wenn sie es einmal tat, dann kam unweigerlich etwas
Peinliches oder Dummes dabei heraus. Sie war leicht übergewichtig,

was für Bill »fett« bedeutete. Häufig ließ er Bemerkungen fallen wie: »Du ißt wie ein Vögelchen, wie eine Meise, würde ich sagen. Die verschlingt auch jeden Tag das Dreifache ihres Körpergewichts.« Als ob diese privaten Strafpredigten nicht ausgereicht hätten, begann er nach einer Weile auch noch, vor anderen an Stephanie herumzukritisieren.

Schon vor ihrer Hochzeit hatten sich zwei von Stephanies Freundinnen etwas befremdet über Bills beleidigende Bemerkungen geäußert. Sie hatte deren Bedenken in den Wind geschlagen und ihnen versichert, das sei einfach »seine Art von Humor«. Nach einigen Monaten ehelichen Zusammenlebens dämmerte es ihr allerdings, daß Bills Humor so witzig nun wirklich nicht war. Wenn sie protestierte, lachte er sie aus: Sie sei »die reinste Mimose«, sie »verstünde überhaupt keinen Spaß«. Da sie Angst vor Konfrontationen hatte, gewöhnte sie sich an, »die Dinge«, wie sie es später formulierte, »laufen zu lassen«.

Erst als ihre Freundinnen ein langes, ernstes Gespräch mit ihr führten, fing Stephanie an, Bills Urteile in Frage zu stellen. Die zwei Frauen führten mehrere Beispiele dafür an, wie sehr sie sich verändert hatte. Auf dem College war sie zwar ein ruhiger und eher zurückhaltender Typ gewesen, hatte aber ohne Zweifel ein reges gesellschaftliches Leben geführt und eine Menge Freunde und Freundinnen gehabt. Jeder erinnerte sich noch an die Beiträge, die sie für die Schulzeitung und das Jahrbuch geschrieben hatte. Nach dem High-School-Abschluß hatte sie eifrig an ihrem Stil gearbeitet und gehofft, mit der Zeit auch für »richtige« Zeitschriften schreiben zu können. Jetzt wurde ihr bewußt, daß sie seit zwei Jahren nicht eine Zeile mehr verfaßt hatte. Sie begriff auch gleich, warum. Bill hatte an ihren Manuskripten immer etwas auszusetzen gehabt und sich über ihre Bemühungen lustig gemacht.

Stephanie holte das Jahrbuch hervor und machte sich wieder mit ihren früheren Leistungen vertraut. Sie erinnerte sich an viele konkrete Situationen, in denen sie in der Vergangenheit erfolgreich und selbstsicher gewesen war. An ihren Fähigkeiten, begriff Stephanie, hatte sich nichts geändert – nur an ihrem Selbstbild. »Langsam und unbeholfen« war ein Verhaltensmuster, das sie anhand von Bildern in ihrer rechten Hemisphäre *erlernt*, sich unbewußt *angeeignet* hatte. Es konnte in Frage gestellt, kritisch überdacht und durch ein positiveres und realistischeres Bild ihrer selbst ersetzt werden.

Sechs Wochen lang sagte Stephanie jedesmal: »Löschen!«, wenn sie sich dabei ertappte, daß sie Bills negative Daten über sie bestätigte, und ersetzte diese augenblicklich durch die Feststellung: »Das ist *seine* Ansicht über mich – *nicht meine!*« Sie sprach so oft wie möglich die

Affirmation aus: »Ich bin mit meiner Persönlichkeit und meinem Körper völlig zufrieden.« Sie verbrachte jeden Tag fünfzehn Minuten im Theater ihrer Imagination, wo sie sich auf ihre vergangenen und künftigen Erfolge konzentrierte. Sie führte ihrer rechten Hemisphäre bewußt vor, wie unproblematisch und befriedigend ihre zwischenmenschlichen Beziehungen gewesen waren, ehe sie Bill kennenlernte. Sie ließ ihre rechte Hemisphäre *sehen*, wie sie am Schuljahrbuch arbeitete, ließ sie ihre Befriedigung *spüren* und sich in allen Einzelheiten die Artikel *vorstellen*, die sie noch zu schreiben beabsichtigte.

Parallel dazu »trainierte« sie, um ihr alt-neues Selbstbild wiederzuerlangen. Wenn sie unter Menschen war, »tat sie so, als ob« sie bereits vom neuen Selbstbild geleitet würde, gleichgültig, wie fremdartig oder »nicht-ich« sich das anfühlte. Wenn Bill eine sarkastische Bemerkung fallen ließ, verwandelte sie diese in eine neutrale Aussage. Spielte er auf ihr Gewicht an, so erwiderte sie: »Ich weiß, daß mein Gewicht dir zu schaffen macht, mir aber nicht. Ich bin mit meinem Körper völlig zufrieden.« (Dies ist eine erprobte psychologische Technik, die als *broken record* bezeichnet wird. Sie formulieren die negative Bemerkung »nicht-negativ« – also wertfrei – um, wobei Sie Ihre Äußerung mit der spezifischen Botschaft verknüpfen, die Sie der anderen Person vermitteln wollen, und wiederholen diese Aussage jedesmal in gleicher Form.) Sie fing wieder an zu schreiben. Wenn Bill den Wunsch äußerte, ihre Manuskripte zu lesen, lehnte sie höflich, aber bestimmt mit den Worten ab: »Ich werde meine Sachen nur Leuten zeigen, die meine Ideen akzeptieren.«

Langsam, aber sicher richtete sich ihr automatischer Mechanismus – ihr als Team zusammenarbeitendes Bewußtsein und Unterbewußtsein – nach diesem neuen, zuversichtlichen Selbstbild aus. Jeder Erfolg zeitigte einen weiteren Erfolg, und schon bald merkte Stephanie, daß sie jetzt imstande war, für sich selbst einzustehen. Als ihr Mann einmal auf einer Party meinte: »Du solltest diese Schokoladentorte einfach nehmen und dir auf die Hüften klatschen – da endet sie früher oder später sowieso«, drehte sich Stephanie zu ihm hin und sagte: »Bill, ich habe es noch nie gemocht, wenn du solche Bemerkungen vor unseren Freunden machst. Ich weiß, daß du mich für übergewichtig hältst, aber es ist mir wirklich unangenehm, wenn du vor anderen Leuten darüber redest.«

Bill blieb sein selbstzufriedenes Grinsen im Halse stecken. Zu Stephanies Verblüffung entschuldigte er sich auf dem Heimweg sogar bei ihr. Dadurch, daß sie *ihr* Verhalten änderte, hatte sie angefangen, auch das seinige zu verändern.

Wie die Bildkraft des Geistes
unsere Ängste zerstreuen kann

Jahrelang hatte Helen unter der immer stärker werdenden Angst gelitten, ihr Haus würde abbrennen, wenn sie es verließ. In den letzten sechs Monaten war sie insgesamt nur viermal auf der Straße gewesen: jedesmal nur, weil ihr Mann darauf bestanden hatte, und stets zu Fuß. Aufgrund ihrer Agoraphobie – der Angst vor großen, offenen Räumen – war sie mittlerweile zu nervös, um Auto fahren zu können. Ich lernte Helen kennen, als ihr Mann sie in meine Praxis brachte. Als ich mich mit ihr unterhielt, fand ich heraus, daß sie insgeheim schon während ihrer ganzen sechsundzwanzigjährigen Ehe mit diesen irrationalen Ängsten gekämpft hatte. Akut war ihre Phobie allerdings erst sechs Monate zuvor geworden, als die jüngere ihrer zwei Töchter von zu Hause ausgezogen war. Es war offensichtlich, daß die Überzeugung, ihr Haus würde niederbrennen, nur die Spitze des Eisbergs darstellte. Dahinter steckten schwerwiegendere, verborgene Probleme, die sich wahrscheinlich nur durch psychotherapeutische Behandlung würden lösen lassen. Aber um ihre Angst, das Haus zu verlassen und ein Auto zu lenken, zu überwinden, benötigte Helen keine Therapie. Sie brauchte dazu nichts anderes zu tun, als das Problem psychokybernetisch anzugehen.

Helen suchte sich dazu ein ganz konkretes Ziel aus: in ihr Auto zu steigen und die fünf Minuten bis zum Supermarkt zu fahren, dann zu wenden und wieder nach Hause zu fahren. Sie wußte, wann immer ihr der Gedanke käme, ihr Haus könnte in Flammen aufgehen, würde sie »löschen!« sagen und unmittelbar darauf die Affirmation aussprechen: »Zu Hause ist alles in Ordnung, ich fahre nur zum Supermarkt und bin gleich wieder zurück.«

Mehrere Wochen lang verbrachte Helen täglich zwanzig Minuten im Theater ihrer Imagination: Sie setzte sich ruhig hin und führte eine Entspannungsübung durch, um ihre rechte Gehirnhemisphäre vorzubereiten. Im Zustand der Relaxation stellte sie sich vor, wie sie sich zum Ausgehen anzog, in die Garage ging und ins Auto stieg, wobei sie sich die ganze Zeit als ruhig und selbstsicher visualisierte. Dann »sah« sie, wie sie den Motor anließ und langsam auf die Auffahrt zurücksetzte. Sie visualisierte jedes Detail der kurzen Fahrt zum Supermarkt – das Stoppschild vor der Schule, die Tankstelle, den Park mit dem Spielplatz und dem Fußballstadion. Sie sah sich in den Parkplatz am Supermarkt einbiegen, den Motor abstellen und einige Augenblicke ruhig im Wagen sitzen. Dann visualisierte sie ebenso detailliert die

Fahrt zurück zu ihrem Haus. Diese zwanzigminütige Übung führte
Helen sieben Tage die Woche durch. Jedesmal, wenn sich ihr dabei
wieder ihre Zwangsvorstellung vom abbrennenden Haus aufdrängte,
sagte sie:»Löschen!« und bestätigte sich, daß alles in bester Ordnung
sei.

Nach sechs Wochen reflexiven Umlernens fuhr Helen real zum
Supermarkt – als Passagier. Eine Freundin saß am Lenkrad, während
sie sich auf dem Beifahrersitz mit geschlossenen Augen die Fahrt im
Geist vorstellte. Sie wiederholte diese Übung an drei aufeinanderfol-
genden Tagen.

Am dritten Tag stieg die Freundin nach ihrer Rückkehr vom Supermarkt aus dem Auto, und Helen rutschte hinüber auf den Fahrersitz.
Während die Freundin auf der Veranda auf sie wartete, fuhr Helen
zum Supermarkt und kehrte zehn Minuten später mit einem triumphie-
renden Lächeln im Gesicht zurück. Als sie mich an dem Abend anrief,
sagte sie:»Würden Sie mir glauben, daß ich für die Hin- und Rückfahrt
siebzehn ›LÖSCHEN‹ gebraucht habe?«

Schon binnen weniger Wochen konnte Helen fahren, wo immer sie
hinwollte. Sicher, sie benutzte noch immer den LÖSCH-Befehl und
die anschließende Affirmation, die sie daran erinnerte, *so zu tun, als
ob*, bis ihr automatischer Mechanismus imstande sein würde, ihre Ängste *tatsächlich* vollständig zu überwinden. Mittlerweile benötigte Helen
keine weiteren Beweise dafür, daß die Veränderung ihrer mentalen
Bilder zu Veränderungen ihrer Gefühle und Verhaltensweisen führen
konnte. Diese Einsicht machte es ihr leichter, sich den tiefer liegenden,
seit langem bestehenden Ängsten, die ihre Phobie ausgelöst hatten, zu
stellen und sie mit der Zeit erfolgreich aufzuarbeiten.

Wie die Bildkraft des Geistes uns helfen kann, *neuen beruflichen Anforderungen gerecht zu werden*

Während einer Pause in meinem Seminar»Mit Hilfe der kreativen
Imagination das Beste aus sich machen« kam Carlos zu mir und stellte
sich vor. Er nahm an diesem Seminar teil, so erklärte er mir, weil er
befürchtete, in allernächster Zeit seinen Job zu verlieren. Carlos war
Gerichtsschreiber und hatte sich die für seine Arbeit erforderliche
Fähigkeit, eine Stenographiermaschine zu bedienen, schon vor langer
Zeit angeeignet. Jetzt hatte er erfahren, daß diese Maschinen auf ein
neues EDV-System umgestellt werden sollten, das die Stadtverwaltung
einzuführen plante. Alle Gerichtsschreiber würden also lernen müssen,
mit diesem neuen System umzugehen. »Als ich davon hörte, bin ich

schier in Panik ausgebrochen«, sagte Carlos. »Ich konnte mir einfach nicht vorstellen, daß ich es je fertigbringen würde, einen Computer zu bedienen.« Carlos war vor Jahren aus Mittelamerika in die Vereinigten Staaten eingewandert und hatte noch immer gewisse Schwierigkeiten mit der englischen Sprache. Er hielt sich für »langsam« und »nicht so gut wie die meisten Leute«, wenn es darum ging, sich neue Fähigkeiten oder Kenntnisse anzueignen.

Aber im Laufe des Seminars, erklärte mir Carlos nun, hatte er begriffen, daß diese Ansicht lediglich der Ausdruck eines falschen Selbstbildes war. Seine ersten Erfahrungen in den USA – die eines Ausländers in einer noch fremden kulturellen Umgebung – hatten seiner rechten Gehirnhälfte dieses falsche »Image« eingegeben, und seine Unsicherheit, die aus dem Bewußtsein erwuchs, ein Autodidakt mit unzureichender Schulbildung zu sein, hatte dieses Bild immer wieder verstärkt. Seine logische linke Hemisphäre wußte allerdings, daß er *durchaus* schon viele neue Dinge gelernt hatte: die englische Sprache, die unzähligen ungeschriebenen Gesetze, die das Leben in seiner neuen Heimat regelten, die Bedienung der Stenographiermaschine. Was er nur tun mußte, so erkannte er jetzt, war, aus seinem Unterbewußtsein die alten Daten zu löschen, die ihm vormachten, er sei ein »langsamer Lerner«. Er mußte sich immer wieder durch Affirmationen versichern, *daß* er imstande sei, das neue Computerprogramm zu erlernen. Er mußte sich jeden Tag etwas Zeit nehmen, um auf die rechte Gehirnhälfte »umzuschalten« und sich möglichst plastisch vorzustellen, er habe sich die für seinen Beruf erforderlichen neuen Kenntnisse bereits angeeignet.

Drei Monate später erhielt ich einen kurzen Brief von Carlos. Er hatte den Fortbildungskurs erfolgreich abgeschlossen und arbeitete bereits mit dem neuen EDV-System. Er hatte den CRAFT-Prozeß benutzt, um seine alten Minderwertigkeitsgefühle durch ein neues Selbstbild zu ersetzen – das Bild eines zuversichtlichen und sich seiner Fähigkeiten bewußten Menschen.

Die Entwicklung einer »Durch-Schein-zum-Sein-Haltung«

Für die meisten Menschen besteht der schwierigste Aspekt des reflexiven Umlernens darin, die linke Hirnhemisphäre davon zu überzeugen, daß »die Sache funktioniert«. Die linke Hemisphäre ist zu logisch, um auf Treu und Glauben die Vorstellung akzeptieren zu können, das bloße Imaginieren eines Erfolgs reiche bereits aus, um uns auf diesen Erfolg zuzubewegen. Ihr fehlt oft die Geduld, abzuwarten, bis die kumulativen Auswirkungen der »mentalen Übung« und des »So-Tuns-als-ob« ihre Gesamtwirkung zeitigen. Manche Leute werfen gleich die Flinte ins Korn, weil sie ihre linke Hemisphäre nicht davon abhalten können, sich fortwährend einzumischen und – logische, aber nichtsdestoweniger unzutreffende – Einwände zu erheben.

Genau aus diesem Grund lege ich Ihnen immer und immer wieder ans Herz: Tun Sie so, als ob, bis es Wirklichkeit wird! Ein neues Selbstbild kommt nicht über Nacht zustande. Sie können es nur nach und nach, »Pinselstrich um Pinselstrich«, erschaffen. Dieser kumulative Prozeß erfordert tägliche Übung – und das für die Dauer von ungefähr sechs Wochen. Denken Sie daran, daß nichts Wertvolles über Nacht passiert. Selbst geboren zu werden hat für uns alle neun Monate gedauert. Halten Sie einfach Ihre bewußte Aufmerksamkeit fest auf Ihr neues Selbstbild gerichtet, und verhalten Sie sich unbeirrt so, als hätten Sie es bereits verwirklicht: »Durch Schein zum Sein!«

Drei Tips für die Erschaffung neuer Bilder

Bis es soweit ist, beherzigen Sie bitte die folgenden drei »Regeln für einen erfolgreichen Umlern-Prozeß«:

1. **Führen Sie Ihre tägliche Visualisationsübung immer um die gleiche Uhrzeit durch.** *Wann* Sie Ihre Übungen absolvieren, spielt keine Rolle. Wählen Sie eine Zeit aus, zu der Sie am ehesten damit rechnen können, weder durch äußere noch durch innere Störungen abgelenkt zu werden. Manche ziehen den frühen Morgen oder den Vormittag vor, weil sie dann frisch und ausgeruht sind, andere den Abend, weil dann keinerlei Pflichten mehr auf sie warten. Die Hauptsache ist, daß Sie Ihrer kreativen Vorstellungskraft *jeden* Tag fünfzehn Minuten einräumen – an sieben Tagen die Woche, sechs Wochen lang. Dadurch, daß Sie Ihre Übungen stets um die gleiche Uhrzeit durchführen, werden sie Ihnen um so leichter und schneller zur festen Gewohnheit. Und nur die tägliche Wiederholung dieser mentalen Übung bringt Ihre rechte Gehirnhälfte dazu, die neuen Bilder zu akzeptieren.

2. **Tragen Sie dafür Sorge, daß Sie durch nichts gestört werden.** Für die meisten Menschen von heute ist es erheblich schwieriger, ein ruhiges Eckchen zu finden, wo sie ihre Visualisationsübungen

ungestört durchführen können, als die fünfzehn Minuten Zeit zu
erübrigen, die sie dafür benötigen. Es ist wichtig, daß diese Viertelstunde ausschließlich *Ihnen* gehört. Wenn es keine Zeit des Tages
gibt, zu der Sie regelmäßig allein zu Hause sind, hängen Sie ein
Schild mit der Aufschrift »Bitte nicht stören« an Ihre Tür und
sorgen Sie dafür, daß sich Ihre Familie daran hält. Erklären Sie
unmißverständlich, daß Sie für die Dauer Ihrer Übung weder für
Besucher noch für Anrufer zu Hause sind. Oder noch besser: Ziehen
Sie den Telefonstecker aus der Steckdose.
Manche Leute führen ihre tägliche Visualisationsübung im (natürlich geparkten!) Auto durch. Andere fahren ins Grüne und setzen
sich unter einen Baum. Als ich nach meiner ersten Begegnung mit
Dr. Maltz den psychokybernetischen Prozeß begann, benutzte ich
einen großen Wandschrank als »Übungsraum«. Dort war es dunkel
und gemütlich, und die aufgehängten Kleidungsstücke dämpften
den Lärm, den meine drei kleinen Kinder veranstalteten, in ausrei-
chendem Maße ab.

3. **Akzeptieren Sie jedes positive Bild als berechtigt und nützlich.**
Während Ihre rechte Hemisphäre all diese schönen Bilder heraufbe-
schwört, wird Ihre prosaische linke Gehirnhälfte unweigerlich versuchen, Sie wieder auf den »Boden der Tatsachen« zurückzuholen.
Da sitzen Sie und malen sich beispielsweise aus, Sie seien in Paris
und schlenderten am Ufer der Seine entlang. Links von Ihnen erhebt
sich Notre-Dame in den strahlendblauen Himmel. Sie wollen gerade
genüßlich in ein duftendes, frischgebackenes Croissant beißen –
und prompt meldet sich Ihre linke Gehirnhälfte zu Wort: »Na
komm schon, wem willst du eigentlich was vormachen? Paris? Du
kannst doch nicht mal Französisch!« Das Theater der Imagination
spielt sich in der rechten Hemisphäre ab, und es ist von wesentlicher
Bedeutung, daß wir der linken Hemisphäre jede Einmischung unter-
sagen. Sonst endet das Ganze unweigerlich damit, daß wir »gegen
den Bordstein knallen«.

Statt »*Was, wenn?*«: »*Was* macht's schon, *wenn?*«

Lassen Sie sich nicht durch Mißerfolge oder Rückschläge entmutigen.
Oft genug sind solche »Rückschläge« in Wirklichkeit nichts anderes
als die Angst vor dem, was passieren *könnte*: »Was, wenn mein Mann
auf der Grillparty etwas sagt, wodurch ich mich so bloßgestellt fühle,
daß ich kein Wort mehr herausbringe?« – »Was, wenn beim Vorstel-

lungsgespräch all meine Unsicherheit und meine Selbstzweifel wieder aufbrechen?« – »Was, wenn mein Entwurf dem Chef nicht gefällt?« Was, wenn ...? Was, wenn ...? Was, wenn ...? Das einzige, was Sie zu tun brauchen, wenn Sie sich wieder einmal beim guten alten Was-wenn-Spiel ertappen, ist, zweieinhalb Wörtchen in die furchterregende Formel einzuschieben: »macht's schon«. Fragen Sie sich also: »Was *macht's schon*, wenn ...?«

Das klingt auf einmal ganz anders, stimmt's? Durch diese kleine Ergänzung entschärfen Sie die Situation und sind mit einem Mal Herr der Lage. Sagen Sie laut: »Was macht's schon, wenn er mich auslacht?« – »Was macht's schon, wenn sie mich verläßt?« Dann fügen Sie dem noch einen Satz hinzu, beginnend mit den zwei Worten »Nächstes Mal ...«. Sagen Sie zu sich selbst: »Na gut, was macht's schon, wenn ich die Sache vermaßle? Nächstes Mal werde ich ...«

Wenn Sie mit dieser Technik anfangen, wird Ihr Unterbewußtsein zunächst wahrscheinlich weiterhin glauben, die Welt ginge *wirklich* unter, »wenn«. Mittlerweile müßten Ihnen die Prinzipien der Psychokybernetik aber insoweit vertraut sein, daß Sie wissen, daß dies überhaupt keine Rolle spielt. Das Unterbewußtsein pflichtet allem bei, was das Bewußtsein ihm erzählt. Anfangs mag Ihnen vielleicht eher nach »Gott o Gott!« zumute sein als nach »Was macht's schon!«, aber stetige Wiederholung wird auf die Dauer Ihren Glauben ändern und Sie zuletzt dazu bringen, daß Sie sich im Einklang mit Ihrem neuen Glauben verhalten. Indem Sie »Was, wenn« *jedesmal* zu »Was macht's schon, wenn« erweitern und dann »Nächstes Mal ...« hinzufügen, ziehen Sie Ihr Unterbewußtsein nach und nach von seiner Angst ab und führen es zu Selbstsicherheit und realistischem Optimismus.

Verwandeln Sie Ihre Fehler in Schritte auf dem Weg zum Erfolg

Dann gibt es die Fälle, in denen Sie tatsächlich Fehler machen – und geben Sie sich keinen falschen Vorstellungen hin: Sie *werden* welche begehen. Die Hauptsache ist, Sie betrachten Ihre Fehler nicht als Beweise Ihres Scheiterns oder Ihrer Unfähigkeit, sondern als Schritte auf dem Weg zum Erfolg.

Stellen Sie sich für einen Augenblick vor, Sie seien ein gerade auf der Erde gelandeter Außerirdischer. Auf Ihrem Heimatplaneten gibt es keine Mauern. Sie machen sich zu Ihrem ersten Spaziergang auf der Erde auf und knallen – rumms! – gegen eine Wand. Bekommen Sie deswegen Minderwertigkeitskomplexe? Sehen Sie in diesem Erlebnis einen Beweis Ihrer Dummheit? Natürlich nicht. Sie hatten ja noch nie im Leben eine Mauer gesehen. »Aha«, sagen Sie sich vielmehr und reiben sich behutsam Ihre drei Nasen, »*deswegen* haben die Leute hier diese Dinger, die sie ›Türen‹ nennen. Das nächste Mal weiß ich Bescheid.«

Die meisten von uns Erdlingen reagieren allerdings leider nicht so. Anstatt aus unseren Fehlern zu lernen, neigen wir leicht dazu, uns von ihnen einschüchtern zu lassen. Anstatt nach der Tür zu suchen, rufen wir uns ins Gedächtnis zurück, wie oft wir schon mit der Nase gegen die Wand gelaufen sind. Ja, wir spielen uns unablässig die alten »mentalen Videobänder« vor, die uns bei all unseren Zusammenstößen mit wie auch immer beschaffenen Wänden zeigen. In der Psychologie bezeichnen wir solche dauernd wiederkehrenden Gedanken als *psychische Ruminationen.* »Das war dumm«, sagen wir zu uns selbst. »Ich kann nicht glauben, daß ich das getan habe. Jedesmal knalle ich wieder gegen dieselbe Wand. Mein Gott, *bin ich ein Idiot!*«

Wenn nun unser Unterbewußtsein uns fortwährend sagt: »Letztes Mal bist du gegen die WAND geknallt; paß auf die WAND auf; sei kein Idiot und lauf nicht wieder gegen die WAND« – was glauben Sie wohl, wohin unser innerer Steuerungsmechanismus uns manövriert? Genau – schnurstracks gegen die Wand. Vergessen Sie nicht, ein automatisches Lenksystem funktioniert dadurch, daß es auf Feedback reagiert und entsprechende Kurskorrekturen vornimmt. Anstatt sich Ihre Fehler vorzuwerfen, verwenden Sie sie als Wegweiser zu Wachstum und Veränderung. Gehen Sie dabei folgendermaßen vor:

o Achten Sie auf etwaige »psychische Ruminationen«.

o Jedesmal, wenn Sie sich dabei ertappen, daß Sie sich früher begangene Fehler »vorspielen«, sagen Sie laut: »LÖSCHEN!« und halten Sie das Band an.

o Sagen Sie sich dann: »Na gut, ich habe einen Fehler gemacht. Es ist keine Tragödie. Jeder macht mal Fehler.«

o Überlegen Sie sich, wie Sie die Sache anders angehen könnten, wenn Sie wieder in die gleiche Situation geraten.

o Stellen Sie sich bildlich vor, Sie befänden sich in dieser Situation und verhielten sich genau so, wie Sie es jetzt richtig fänden.

o Vergessen Sie nicht, jedes »Was, wenn … ?« in ein »Was macht's schon, wenn … ?« zu verwandeln, und fügen sie »Nächstes Mal …« hinzu.

Die rechte Hemisphäre in Aktion:
Sechs Tips, um Ihre kreative Imagination
in Gang zu bringen

1. *Nehmen Sie sich Zeit für sich.* Schlagen Sie Ihren Terminkalender auf und entscheiden Sie, was die beste Zeit für Ihre täglichen fünfzehn Minuten im Theater der Imagination ist. Merken Sie sich dafür vor. Halten Sie diese Verabredung mit sich selbst so pünktlich und gewissenhaft ein, als sei es ein Treffen mit ihrem Chef, einem wichtigen Geschäftspartner oder einem Freund.

2. *Sorgen Sie dafür, daß Sie während dieser Zeit durch nichts gestört werden.* Entfernen Sie alles, was Sie ablenken könnte. Ziehen Sie das Telefonkabel aus der Steckdose; schalten Sie Radio oder sonstige Geräuschquellen ab. Teilen Sie Ihren Familienangehörigen, Mitbewohnern oder Arbeitskollegen mit, daß Sie fünfzehn Minuten lang unbedingt allein und ungestört bleiben möchten. Hängen Sie ein Schild mit der Aufschrift »Bitte nicht stören!« an Ihre Tür.

3. *Machen Sie es sich bequem und entspannen Sie sich soweit wie möglich.* (Im weiteren Verlauf dieses Buches werden wir uns mit verschiedenen Techniken zur Entspannung und Zentrierung des Bewußtseins beschäftigen.) Meiden Sie beengende Kleidung. Setzen Sie sich an einen möglichst kühlen Ort (im Winter etwa ans offene Fenster), um zu verhindern, daß Sie während der Übung einnicken.

4. *Bemühen Sie sich um möglichst detaillierte Visualisationen.* Ihr gegenwärtiges Selbstbild haben Sie sich durch Interpretation und Bewertung persönlicher Erfahrungen erschaffen. Versuchen Sie nun, Ihre *vorgestellten* Erfahrungen so »echt« wie Ihre *realen* erscheinen zu lassen. Vergessen Sie nicht: Ihr Unterbewußtsein wird keinen Unterschied feststellen. Verleihen Sie Ihren mentalen Bildern außer der optischen Dimension auch weitere sinnliche Merkmale wie Klänge und Gerüche, um Ihre eingebildete Umgebung so real wie möglich zu gestalten. Wenn Sie sich beispielsweise eine Begegnung mit einem aggressiven Arbeitskollegen vorstellen, visualisieren Sie Ihren Arbeitsplatz so, als sähen Sie ihn auf einer Kinoleinwand. Fühlen Sie die Konsistenz Ihres Stuhles, die Beschaffenheit seiner Oberfläche. Nehmen Sie charakteristische Gerüche wahr: nach Kaffee, Leder, Kunststoff ... Sehen Sie das Gesicht Ihres Widersachers; dann dessen ganze Gestalt, in einer für ihn typischen Kleidung und Aufmachung. Hören Sie den Klang seiner Stimme. Je näher Ihre Vorstellungskraft Sie an eine reale Erfahrung heranbringen kann,

desto überzeugender werden die Bilder, die Sie erschaffen, auf Ihr Unterbewußtsein wirken.
5. *Stellen Sie sich vor, Sie hätten Erfolg.* Es spielt gar keine Rolle, wie Sie in der Vergangenheit mit der fraglichen Situation umgegangen sind. Im Theater der Imagination werden Sie sich genau so handeln und reagieren sehen, wie Sie »es schon immer gern getan hätten« – genau so, wie Sie es sich ausmalen, wenn Sie »Nächstes Mal ...« sagen. Sie brauchen gar nicht daran zu glauben, daß Sie, wenn diese Situation wieder eintritt, *wirklich* so handeln und reagieren werden. Sehen Sie sich einfach *jetzt* sich so verhalten, *jetzt* so *sein.* Sehen Sie sich in Ihrer Umgebung so auftreten, »als ob« Sie Ihr ideales Selbstbild bereits verwirklicht hätten: selbstsicher, gelassen, zufrieden, aufrecht und hocherhobenen Kopfes.
6. *Lassen Sie Ihre rechte Hemisphäre für Sie arbeiten.* Ihre linke Gehirnhälfte wird sich von Zeit zu Zeit mit »typisch linkshemisphärischen« Gedanken einmischen: »Habe ich den Herd auch wirklich ausgeschaltet?« – »Habe ich dem Hund sein Fressen hingestellt?« – »Hoffentlich wird der Kopierer früh genug repariert, daß ich die Unterlagen für die morgige Konferenz noch vervielfältigen kann!« Die linke Hemisphäre weist eine starke Ähnlichkeit mit HAL auf, dem Computer in *2001. Odyssee im Weltraum.* Sie bildet sich ein, wenn sie die Zügel aus der Hand läßt, wird alles zusammenbrechen. Sagen Sie ihr einfach, sie solle den Mund halten; mit *ihren* Problemen werden Sie sich später befassen. Dann wenden Sie sich durch einen bewußten Willensakt wieder dem Theater Ihrer Imagination zu.

Es liegt ganz in Ihrer Macht, durch gezielte Anwendung Ihrer kreativen Vorstellungskraft Ihr eigenes »bestes Selbst« zu finden. Der Trick besteht wirklich nur darin, die alten, negativen Bilder, die Sie in Ihrem Unterbewußtsein mit sich herumtragen, durch neue, positive zu ersetzen. Ihr gegenwärtiges Selbstbild beruht nicht auf »der Wirklichkeit«, sondern darauf, was Sie sich als die Wirklichkeit *vorstellen.* Es beruht lediglich auf Bildern, die Ihr automatischer Steuerungsmechanismus sich als Bezugspunkte aussuchen durfte – und die können ebensogut kreativ wie destruktiv sein. Durch reflexives Umlernen wird Ihr ideales Selbstbild früher, als Sie vielleicht denken, Wirklichkeit werden.

Gedanklich zum Ziel

o Unsere Einstellungen, Gefühle und Verhaltensweisen ändern sich entsprechend dem, was wir für wahr *halten.*

o Mit Hilfe unserer Vorstellungskraft können wir positive Bilder unserer selbst erschaffen, die – bei ausreichend häufiger Wiederholung –
   mit der Zeit zu unserem tatsächlichen Selbstbild werden.

o »Durch Schein zum Sein!« – Tun Sie so, als ob Sie bereits am Ziel
   Ihrer Wünsche angelangt seien, und Ihre Gefühle, Einstellungen
   und Verhaltensweisen werden sich entsprechend ändern und Sie
   zum realen Erfolg führen.

Setzen Sie sich Ihre eigenen Ziele

Viertes Kapitel

Befreien Sie sich
von falschen Überzeugungen

Wenn wir eine beliebige Vorstellung … von welcher Quelle auch immer übernommen haben – und wenn wir fest davon überzeugt sind, daß diese Vorstellung der Wahrheit entspricht, dann übt sie eine ebenso starke Macht auf uns aus wie die Anweisungen eines Hypnotiseurs auf den Hypnotisierten.

Maxwell Maltz: *Psycho-Cybernetics* (1960)

Seien Sie vorsichtig, was Sie Ihren Kindern sagen. Sie könnten Ihnen recht geben. Bevor man ein Kind als »dumm«, »böse« oder »eine Enttäuschung« tituliert, sollte man sich die Frage stellen: »Möchte ich wirklich, daß mein Kind sich selbst so erlebt?«

Nathaniel Branden: *Honoring the Self* (1983)

Wenn Sie glauben, Sie seien auf eine bestimmte Lebensweise festgelegt, dann sind Sie es auch. Das kann Ihnen jeder Elefantendompteur bestätigen.

Falls der Zirkus gerade nicht in Ihrer Stadt sein sollte und Sie auch nicht vorhaben, in nächster Zeit nach Indien zu reisen, stellen Sie sich einmal folgende Szene vor: Sie sehen einen Elefanten. Eines seiner Hinterbeine ist von einem fünf Zentimeter breiten Stahlreif umschlossen, an dem eine knapp zwei Meter lange Kette hängt. Das andere Ende der Kette wiederum ist an einem in den Boden gerammten Pfahl befestigt. Sie können auf den ersten Blick erkennen, daß der Elefant den Pfahl mühlos herauszureißen imstande wäre. Doch er tut's nicht. Als er zum erstenmal dort angekettet wurde, war er noch ein Kälbchen und hatte nicht die Kraft, sich zu befreien. Schon bald begriff er, daß alle Anstrengungen in dieser Richtung vergeblich waren, und gewöhnte sich an den Pfahl als an eine unveränderliche Gegebenheit in seinem Leben. Als er schließlich stark genug gewesen wäre, um sich zu befreien, hatte er schon längst aufgegeben, es zu versuchen. Solange er sein Heu, Wasser und gelegentlich eine Erdnuß bekam, war er bereit, den Rest seines Lebens in einer »Welt« von vier Meter Durchmesser zu verbringen. Es sind Fälle von Elefanten bekannt, die bei Bränden ums Leben kamen, obwohl sie nur an Pfähle gekettet

waren, die sie ohne jede Schwierigkeit aus dem Boden hätten ziehen
können.

Viele von uns lassen sich von Überzeugungen in ihrer Bewegungsfreiheit hemmen, die ebenso falsch sind wie die des armen Elefanten.
Wir akzeptieren es, daß unsere Möglichkeiten von Ketten, die wir
sprengen, und Pfählen, die wir aus dem Boden reißen könnten, einge-
schränkt werden. Unser automatischer Mechanismus braucht ein Ziel,
nach dem er sich ausrichten kann. Wenn falsche Überzeugungen uns
daran hindern, uns Ziele zu setzen, wird es für uns unmöglich, irgend
etwas zu erreichen. Wir sagen uns: »Mir fehlt jede Qualifikation für
einen gutbezahlten Job« – »Ich bin es gar nicht wert, daß mich jemand
liebt« – »Ich habe Angst vor Veränderungen.« Doch oft ist das einzige,
was uns davon abhält, aus dem engen Käfig unseres Lebensmusters
auszubrechen, der *Glaube*, eine »Kette« halte uns fest. Dabei spielt es
überhaupt keine Rolle, wo dieser Glaube herkommt. Wenn er sich
erst einmal in unserem Unterbewußtsein festgesetzt hat, *akzeptieren*
wir ihn als wahr und verhalten uns im Einklang mit ihm.

»Ein Elefant«, sagt man, »vergißt nie.« Wir aber haben zwei wichtige
Hilfsmittel, die dem Elefanten fehlen: einen rationalen Verstand und
eine kreative Vorstellungskraft. Unser Unterbewußtsein vergißt von
sich aus auch nichts; aber wir können es dazu *bringen* zu vergessen –
wir brauchen uns nur bewußt dazu zu entscheiden.

Dieses Kapitel handelt von unserem privaten Glaubensgebäude:
davon, wie es entstanden ist, wie es uns eingesperrt hält und wie wir
es gezielt dahingehend verändern können, daß wir die Kraft in uns
finden, unsere Ketten zu zerbrechen. Sie werden namentlich erfahren,

o wie Sie das rationale Denken einsetzen können, um die falschen
   Überzeugungen *in Frage zu stellen,* die Sie daran hindern, glücklich
   und erfolgreich zu werden;
o wie Sie das reflexive Umlernen verwenden können, um diese selbst-
   beschränkenden Vorstellungen durch »neue Erinnerungen« *zu ersetzen,* die zugleich realistisch und positiv sind;
o wie Sie Ihren automatischen Mechanismus benutzen können, um
   die Kontrolle über Ihre neuen Erinnerungen *zu übernehmen* und
   sie in Ihr grundsätzliches Selbstkonzept zu integrieren.

Was wir glauben, bedingt, was wir leisten können

Wir alle haben bestimmte Vorstellungen von uns selbst und unserer Umgebung, von denen wir »wissen«, daß sie wahr sind, selbst wenn das in Wirklichkeit gar nicht zutrifft. Diese Überzeugungen können schon seit so langer Zeit ein Teil unserer Persönlichkeit sein, daß sie uns nicht einmal bewußt sind, aber unser Unterbewußtsein fährt dennoch fort, zu ihnen ja und amen zu sagen. Meist bleiben sie unserer Aufmerksamkeit verborgen, und alles, was wir von ihnen mitbekommen, sind ihre negativen Auswirkungen.

Ein fünfjähriges Mädchen sitzt am Tisch und zeichnet. Seine Großmutter kommentiert: »Das Auge für Farben und Harmonie, das deine Mutter hat, fehlt dir wirklich hundertprozentig.« Zwanzig Jahre später können ihre Freunde einfach nicht verstehen, warum die Wohnung und die Kleidung der jungen Frau – trotz ihres lebhaften und fröhlichen Naturells – so trist und farblos sind.

Ein Junge wird jedesmal, wenn er etwas haben möchte, als »selbstsüchtig« tituliert. »Was glaubst du eigentlich, wer du bist – der Kaiser von China?« sagt seine Mutter. »Sei dankbar für das, was du hast!« Als Erwachsener hat er sich längst damit abgefunden, ein ärmliches und freudloses Leben zu führen, weil er unterbewußt glaubt, weder Geld noch Achtung noch Liebe zu verdienen.

Ein Junge wächst in einer Familie mit einem gewalttätigen Vater auf. Bereits als Teenager hat er unterbewußt die »Lebensweisheit« akzeptiert und verinnerlicht: »Die einzige Art, mit Frustrationen umzugehen, ist, einen Schwächeren zu verprügeln.«

Eine junge Indianerin aus New Mexico zieht nach dem Tod ihrer Eltern zu ihrer Halbschwester nach Ohio. Obwohl sie in der Reservation nur Einsen im Zeugnis hatte, gehen ihre Leistungen während des ersten Halbjahres in der neuen Schule rapide zurück. Ein Schülerberater nimmt die schüchterne und unsichere Dreizehnjährige unter seine Fittiche und entdeckt, daß die wiederholte Konfrontation mit einer rassistischen Umgebung in ihr die Überzeugung hat aufkeimen lassen, sie sei »weniger begabt« als ihre neuen Klassenkameraden.

Im letzten Kapitel haben wir gesehen, in welchem Maße Überzeugungen unsere Einstellungen und unser Verhalten konditionieren können. Wenn Überzeugungen zu einem Teil unserer grundsätzlichen Selbst- und Weltsicht werden, nimmt ihre Macht über uns noch um ein Vielfaches zu. Unsere Glaubensgebäude beginnen sich in unserer frühen Kindheit herauszubilden, und das Material dazu liefern uns die »Reflexionen«, die wir von unseren Eltern empfangen. Diese sprachlichen Abbildungen dienen uns als erste Anzeiger unseres Eigenwertes. Mit der Zeit werden uns – erst von anderen Familienmitgliedern, dann von Altersgenossen und Lehrern – immer mehr solche Spiegel vorgehalten. All diese Reflexionen bilden die Grundlage unseres späteren Selbstkonzeptes, des Bildes, das wir als Heranwachsende und Erwachsene von uns haben. Wenn wir diese »geglaubten Einzelbilder« oder Überzeugungen aber ins Bewußtsein heben und kritisch betrachten, so halten sie nur selten einer Überprüfung stand. Indem wir unsere falschen Überzeugungen in Frage stellen und uns unserer Vorstellungskraft bedienen, um neue – neue *Erinnerungen* – zu erschaffen, können wir unsere Einstellungen und unser Verhalten ändern und neue Fähigkeiten in uns entdecken.

Die hypnotische Wirkung falscher Überzeugungen

Maxwell Maltz betrachtete Glaubensgebäude als eine Form der Selbsthypnose. »Man kann ohne Übertreibung sagen«, schrieb er, »daß jeder Mensch bis zu einem gewissen Grad hypnotisiert ist, und zwar entweder durch Ideen und Vorstellungen, die er unkritisch von anderen übernommen hat, oder durch solche, die er sich selbst eingeredet oder sonstwie ›als wahr erkannt‹ hat. Diese negativen Vorstellungen haben exakt die gleiche Wirkung auf unser Verhalten wie diejenigen, die einem Hypnotisierten suggeriert werden.«

Hypnose ist ein Zustand erhöhter Bewußtheit bei stark eingeengtem Umfang der Aufmerksamkeit. Sie verstärkt die Fähigkeit der rechten Gehirnhälfte, lebhafte Vorstellungen zu erzeugen und linkshemisphärische Störungen auszublenden. Wenn Hypnotisierte mit einem Mal besondere Fähigkeiten an den Tag legen, so bedeutet dies, wie Sie sicherlich wissen, daß sie sie in Wirklichkeit schon die ganze Zeit besessen hatten. Sie waren bis dahin nicht imstande gewesen, sich ihrer Kraft zu bedienen, weil sie, so Maltz, »gar nicht gewußt hatten, daß sie da war. Sie hatten sie verdrängt und unterdrückt, *weil sie im Widerspruch zu ihren eigenen negativen Überzeugungen stand* ... Es wäre also eigentlich richtiger zu sagen, daß der Hypnotiseur sie ›*ent*hypnotisiert‹ hat.« Menschen, die im Einklang mit einem selbst-begrenzenden Glaubensgebäude handeln, *»ohne sich dessen bewußt zu sein ... arbeiten gegen sich selbst ... Sie sind außerstande, ihre tatsächlich vorhandene Kraft zu äußern oder zur Wirkung zu bringen.«*

Selbst unsere körperliche Gesundheit kann von solcher Selbsthyp-

nose beeinflußt werden. In ihrem Buch *Wieder gesund werden* zeigen
Dr. O. CARL SIMONTON und STEPHANIE MATTHEWS-SIMONTON auf,
daß die Überzeugungen, die ein Patient bezüglich seiner Krankheit
hat, sich auf deren Verlauf auswirkt. In *Mit der Seele heilen* weist Dr.
BERNIE SIEGEL nach, daß die spezifische Einstellung, die Krebspatienten zur Gesundheit haben, einen Einfluß auf ihre Heilungsaussichten
ausübt. Wenn nun sogar völlig unbewußte, auf zellularer Ebene ablau-
fende Vorgänge durch eine Veränderung unserer Überzeugungen positiv beeinflußt werden können, warum dann nicht auch unsere Fähigkeit, erfolgreich zu sein?

Wie Sie Ihre falschen Überzeugungen identifizieren können

Um einen ersten Eindruck davon zu gewinnen, welcher Art Ihre falschen Überzeugungen sein könnten, legen Sie sich jetzt bitte Papier
und Bleistift zurecht. Lesen Sie dann die folgenden Fragen und schreiben Sie Ihre Antworten nieder.

1. *Kommt es vor, daß Sie in Situationen, die keine reale Bedrohung*
   für Sie darstellen, in Streß geraten oder Angst verspüren? Was sind
   das für Situationen? Ihnen unbekannte Personen anzurufen? Einen
   Automechaniker, der Ihnen eine unverschämt überhöhte Rechnung
   vorgelegt hat, zur Rede zu stellen? *Warum* haben Sie das Gefühl,
   daß solche Situationen Ihnen physisch oder emotional schaden
   könnten?

2. *Haben Sie das Gefühl, daß »Dinge einfach passieren« und Sie daran*
   hindern, Erfolg zu haben? Was war es, wonach Sie gestrebt hatten?
   Was waren die spezifischen Umstände, die Ihr Vorhaben vereitelt
   haben? Formulieren Sie Ihre Antworten nach dem folgenden
   Muster: »Ich hätte/wäre ..., wenn ... mich nicht daran gehindert
   hätte.«

3. *Wenn Sie ein bestimmtes Ziel anstreben, kommt es manchmal vor,*
   daß Sie durch Gedanken wie »Ich kann nicht ...« – »Ich tauge nicht
   zu ...« oder »Ich verdiene es nicht ...« blockiert werden? Unter
   welchen Umständen ist es schon vorgekommen? Was für Ziele
   verfolgten Sie dabei? Was haben Sie sich ganz konkret gesagt? For-

mulieren Sie Ihre Antworten nach dem folgenden Muster: »Ich
hatte das Gefühl, daß ich nicht ... konnte, weil ...«

4. *Haben Sie manchmal das Gefühl, daß Sie sich auf ein erhofftes
   Ergebnis zubewegen, nur um dann feststellen zu müssen, daß Sie
   den Erfolg durch zu langes Zögern vereiteln, was zu Selbstvorwürfen und einem Gefühl von Hoffnungslosigkeit führt?* Um was für
   ein erhofftes Ergebnis – eine Beförderung, eine Liebesbeziehung,
   ein persönliches Projekt – handelte es sich dabei konkret? Was
   genau waren die Gefühle, die Sie dazu brachten, die Sache aufzugeben? Was waren die Umstände? Antworten Sie möglichst konkret.

Fertig? Sehen Sie sich jetzt einmal die Gründe an, die Sie für Ihre
Mißerfolge angegeben haben. Die Ängste, Zweifel und Schuldgefühle,
die Sie zum Ausdruck gebracht haben, sind die Folgen Ihrer Selbsthypnose. Sie gleichen alten Bandaufzeichnungen, die vor langer Zeit
aufgenommen wurden und immer und immer wieder in Ihrem Unterbewußtsein abgespielt werden. Sie sind Indizien Ihrer falschen Überzeugungen – die Wege ins Nichts, die Ihrem Pferd antrainiert worden
sind und denen es unerschütterlich folgt.

Noch nicht überzeugt? Vielleicht sagen Sie sich jetzt: »Aber sie *sind*
nicht falsch! Karl-Egon *ist* mir meilenweit überlegen – wenn ich's auf
einen Streit ankommen lasse, ziehe ich garantiert den kürzeren« – »Mir
fehlt das Zeug zum Abteilungsleiter« – »Ich *bin* zu langweilig, um auf
eine interessante Frau anziehend zu wirken.«

Nun – legen Sie den Stift bitte noch nicht weg. Sie werden bald
lernen, wie Sie die Falschheit Ihrer Überzeugungen *erkennen* können,
damit Ihr Reiter die Möglichkeit hat, einen neuen Weg einzuschlagen.
Der folgende Fragebogen wird Ihnen dabei helfen, den Ursprung Ihres
Glaubensgebäudes zu ermitteln und zu durchschauen. Denken Sie
bitte gut nach und beantworten Sie die Fragen so ehrlich wie möglich.

Wo Ihre Überzeugungen herkommen: Ein Fragebogen

1. Was ist Ihre früheste Erinnerung?
   Was war das Ereignis?
   _____
   _____

   Wie alt waren Sie? _____
   Wer war außer Ihnen noch da? _____

Wie haben Sie sich gefühlt? _____
_____

2. Wie waren Sie als kleines Kind?
   Was für Geschichten hat man sich in der Familie über Sie erzählt?
_____
_____

Fühlten Sie sich als »Wunschkind«?   ☐ ja ☐ nein
Welche Erinnerungen bestätigen Ihren damaligen Eindruck?
_____
_____
_____

Welche Spitznamen hatten Sie in der Familie?
_____

Haben Sie in Ihre Familie »gepaßt«? (Beispiele für »Nichtpasser«:
einzige Schwester von fünf Brüdern; »Träumer« in einer Familie
von »praktischen« Menschen)   ☐ ja ☐ nein
Falls »nein«, welche Erinnerungen bestätigen dieses Gefühl?
_____
_____

Wie würden Sie insgesamt Ihren »Erfolg« bis zu Ihrer Einschulung
bewerten?
_____
_____

3. Wie waren Ihre Vor- und Grundschuljahre?
   Was für Erinnerungen haben Sie an den Kindergarten?
_____
_____
_____

Woran erinnern Sie sich, was Ihre Erzieher/Lehrer über Sie sagten?
_____
_____
_____

Was war die allgemeine »Botschaft« Ihrer Grundschulzeugnisse?
_____
_____
_____

Wie leicht schlossen Sie Freundschaften?
☐ sehr leicht   ☐ hatte ein paar Freunde   ☐ hatte kaum Freunde
Erklären Sie:

_____

_____

_____

Wie schnitten Sie im Vergleich mit Ihren Altersgenossen ab?
☐ sehr gut   ☐ mittelmäßig   ☐ schlecht
Erklären Sie:

_____

_____

_____

Vergleichen Sie jetzt diese Antworten mit denen, die Sie auf die vier
Fragen auf den Seiten 93 und 94 niedergeschrieben haben. Erkennen
Sie irgendwelche Zusammenhänge? Haben Ihre Antworten Erinnerungen an andere Erlebnisse wachgerufen, die mit Ihren selbstbezüg-
lichen Überzeugungen im Zusammenhang stehen könnten?

»Spieglein, Spieglein an der Wand«: Erkennen Sie, wie Ihre Überzeugungen geformt wurden

»Während der ersten fünf bis sechs Lebensjahre«, schreibt die Familientherapeutin VIRGINIA SATIR in ihrem Buch *Peoplemaking* (deutsch:
Mein Weg zu dir), »wird das Selbstwertgefühl des Kindes nahezu
ausschließlich durch das Elternhaus geformt. Nach dem Schuleintritt
kommen auch weitere Einflüsse ins Spiel, aber diese äußeren Kräfte
neigen in der Regel nur dazu, die Gefühle von Wert oder Wertlosigkeit,
die das Kind zu Hause erworben hat, zu verstärken.«
    Ihre Erinnerungen an Ihre frühe Kindheit sind oft Schlüssel zu
Ihrem Glaubensgebäude. Ihre allerfrüheste Erinnerung verrät oftmals,
wie Sie sich selbst sehen. Ein Kind, dessen erste Erinnerung mit einem
Gefühl der Geborgenheit und Freude verbunden ist, wird in der Regel
ein positiveres Selbstbild haben als eines, das sich an Ungewißheit und
Angst erinnert.
    Spitznamen aus der Kindheit können oft der Schlüssel zu späteren
Selbstwahrnehmungen sein. Als eine Klientin mir erzählte, sie geniere
sich wegen ihres Körpers, überraschte es mich nicht zu erfahren, daß
sie als Kind von ihren älteren Brüdern »Plattfuß« genannt worden

war. Und erinnern Sie sich an die Frau im ersten Kapitel, die als kleines Mädchen »Laura Verdammt« genannt worden war? Wie haben *Sie* in Ihre Familie »gepaßt«? Joel, ein erfolgreicher Architekt, war ein »Workaholic«. Er sah sich als jemanden an, der stundenlang arbeiten mußte, selbst um die einfachste Aufgabe zu bewältigen. Diese Überzeugung zwang ihn zu einer Lebensweise, unter der sowohl seine Gesundheit als auch seine Ehe zu leiden begann. Es stellte sich heraus, daß seine Mutter ein zweitesmal geheiratet hatte, als er noch ein kleines Kind gewesen war. Sie und sein Stiefvater hatten zusammen drei Kinder, denen durchweg eine »überdurchschnittliche Auffassungsgabe« nachgesagt wurde. Joel war zwar durchaus ein guter Schüler, galt aber im Vergleich mit seinen Stiefgeschwistern als jemand, der »für seine Noten arbeiten« mußte. Im Alter von zweiundvierzig Jahren war er noch immer davon überzeugt, er könne mit anderen nur mithalten, wenn er länger und härter als sie arbeitete.

Unsere Erinnerungen an unsere Schulzeit können uns unter Umständen auch eine ganze Menge darüber verraten, wie unser Glaubensgebäude entstanden ist. Erinnern Sie sich an Greg, den kontaktscheuen Alkoholiker, dem seine Klassenkameraden so oft »Halt den Mund« gesagt hatten, daß er sich überhaupt nicht mehr traute, ein Wort zu sagen?

Es spielt nur eine geringe Rolle, ob Sie sich einer Übereinstimmung zwischen Ihren Kindheitserinnerungen und Ihrem persönlichen Glaubensgebäude bewußt sind oder nicht. Worauf es für Sie ankommt, ist, sich gegenwärtig zu halten, daß Ihre Selbsthypnose in Ihrer Kindheit erfolgt ist. Die Dinge, die Ihre Eltern, Lehrer, Altersgenossen und ersten Erfahrungen Sie über Sie »lehrten«, wurden zu den Bordsteinen für Ihren automatischen Mechanismus. Sie wurden Ihrem Unterbewußtsein als »definitorische Grenzen« einprogrammiert. »Unsere Fehler, Irrtümer, Mißerfolge und bisweilen sogar unsere beschämendsten Erlebnisse waren notwendige Schritte in unserem Lernprozeß«, schrieb Maltz. »Allerdings waren sie als Mittel zum Zweck ›gedacht‹ – und nicht als Selbstzweck. Sobald sie ihre Aufgabe erfüllt haben, *sollten wir sie vergessen.*« – Und sollte dies nicht erst recht gelten, wenn unsere angeblichen »Fehler, Irrtümer, Mißerfolge und beschämenden Erlebnisse« ebenso illusorisch sind wie der Glaube des Elefanten, er könne sich nicht von seinem Pfahl befreien?

Es ist Zeit, daß wir lernen zu vergessen.

Wie Sie sich von falschen Überzeugungen befreien können

Der erste Schritt hin zur Beseitigung Ihrer falschen, einschränkenden Glaubensgebäude besteht darin, zu erkennen, daß Sie ein Mensch sind, der etwas Besseres verdient, als von unsinnigen Ängsten, Mißerfolgserwartungen und Minderwertigkeitsgefühlen geknechtet zu werden. Der zweite Schritt besteht darin, sich ins Gedächtnis zurückzurufen, daß falsche Überzeugungen nichts anderes als Gewohnheiten sind, die Sie sich – aktiv oder passiv – in der Vergangenheit zugelegt haben. Wie jede andere Angewohnheit auch, kann eine falsche Überzeugung, ein Irrglaube, einfach dadurch verändert werden, daß Sie Ihren Reiter dazu bringen, »neue Erinnerungen anzulegen«, nach denen sich Ihr Pferd richten kann. Vergessen Sie nicht – das Unterbewußtsein ist nicht imstande, den Wahrheits- oder Realitätsgehalt der empfangenen Informationen zu beurteilen. Es vermag nur, allem, was das Bewußtsein ihm sagt, zuzustimmen und zu willfahren. Indem Sie sich Bilder von Unzulänglichkeit und Mißerfolg vorspielen, programmieren Sie sich auf Mißerfolg. Indem Sie solche Daten bewußt in Frage stellen und sie durch Bilder von Kompetenz und Erfolg ersetzen, können Sie Ihre negativen Überzeugungen löschen und durch positive ersetzen. Diese neuen Erinnerungen definieren dann den Umfang der Ziele, die Ihr innerer Steuerungsmechanismus von nun an anpeilen kann.

Eine Geschichte, die eine Frau in einem meiner Seminare erzählte, veranschaulicht auf hervorragende Weise, wie wir uns von falschen, einschränkenden Überzeugungen »enthypnotisieren« können. Während ihrer Flitterwochen im Yosemite-Nationalpark unternahmen Andrea und ihr Ehemann zahlreiche Wanderungen durch die herrliche Gebirgslandschaft. Zu einer solchen Gelegenheit schlugen sie einen anfangs harmlos aussehenden Weg ein, der sich aber bald gefährlich verengte und entlang der fast senkrecht abfallenden Wand immer steiler hinaufführte. Da sie nicht mit einer solchen Kletterpartie gerechnet hatte, war Andrea an dem Tag mit Tennisschuhen losgezogen und hatte ihre Bergstiefel im Lager zurückgelassen. Jetzt fühlten sich ihre Fußgelenke wie Gummi an, und sie rutschte auf dem felsigen Pfad immer häufiger aus. Schließlich begann Andrea, ihre Ängste und Befürchtungen zu verbalisieren: »Ich hätte meine Bergschuhe anziehen sollen. Ich merke, daß meine Knöchel immer schwächer werden. Diese Schuhe geben nicht genug Halt ... *Ich stürze bestimmt ab!*«

An diesem Punkt blieb ihr Mann stehen und drehte sich zu ihr um.

Er legte ihr die Hände auf die Schultern und sagte: »Sieh mir in die Augen und sag: ›Ich bin trittsicher und leichtfüßig … ich bin trittsicher und leichtfüßig.‹« Er ließ sie diese Affirmation ein paar Minuten lang wiederholen. Dann sagte er: »Gehen wir, meine trittsichere, leichtfüßige, frischgebackene Gattin!«

Um solche alten Bänder zu löschen, die uns unsere wahren Fähigkeiten absprechen, brauchen wir oft nichts anderes zu tun, als sie direkt mit neuen Informationen zu überspielen – also beispielsweise unser Pferd davon zu überzeugen, daß es trittsicher und leichtfüßig ist. Sehen wir uns jetzt einmal an, wie verschiedenartig falsche Überzeugungen uns hypnotisieren können – und was wir konkret tun können, um uns zu *ent*hypnotisieren.

Irrationale Ängste können falschen Überzeugungen entspringen

Sid, ein intelligenter, fähiger Kaufmann, war Ende Dreißig, als er in eine Zivilklage verwickelt wurde. Als Eigentümer eines Naturkostladens besaß er einen gemeinsamen Parkplatz mit einer Pizzeria. Der Inhaber der Pizzeria hatte ihn mit der Begründung verklagt, Sids Kunden »belegten den Parkplatz mit Beschlag« und vertrieben ihm *seine* Gäste, indem sie sich abfällig über den geringen Nährwert von Pizza äußerten. In Kalifornien, wo sich diese Geschichte abspielte, werden bei Bagatellklagen keine Anwälte zur Verhandlung zugelassen; die Parteien müssen ihre Sache selbst vor Gericht vertreten. Sid hatte sich gut vorbereitet; er betrat den Gerichtssaal entspannt und zuversichtlich. Seine seelische Verfassung änderte sich jedoch schlagartig, als die Richterin erschien. Plötzlich fühlte sich Sid äußerst unwohl. Seine Handflächen wurden feucht, und er hatte Atembeklemmungen. Er wurde immer ängstlicher und verwirrter. Als der Augenblick gekommen war, seinen Standpunkt vorzutragen, schaffte er es nicht, einen Gedanken an den anderen zu reihen, und redete nur zusammenhanglos daher. Alle Bemühungen der Richterin, ihn zu beruhigen, schlugen fehl, ja, sie vertieften nur noch sein Unbehagen. Schließlich vertagte sie die Verhandlung, um ihm eine zweite Chance zu geben.

Dieses Erlebnis erschütterte Sids Selbstbewußtsein zutiefst. Er hatte noch nie unter Angstzuständen oder gar Anfällen von Panik gelitten und konnte sich beim besten Willen nicht erklären, warum es ihm ausgerechnet jetzt passieren mußte. Als er sich das Bild der Richterin ins Gedächtnis zurückrief, wurde er zunehmend nervöser, und die Panik drohte ihn wieder zu überwältigen. Um seine Angst zu lindern, führte er eine zwanzigminütige Entspannungsübung durch und begann sich dann zu fragen, was ihn wohl an der Richterin so erschreckt hatte. Eine Frau mittleren Alters in einem schwarzen Talar, die vor ihm an einem Tisch auf einem Podest sitzt – was bedeutete dieses Bild für ihn? Er sagte laut: »Schwarzer Talar erinnert mich an ...« und vollendete dann den Satz: »Nichts.« Er versuchte es noch mal: »Schwarzer Talar erinnert mich an ... na ja, sicher – Richter.« Er wiederholte die Formel wieder und wieder, wobei er dem Bild, das er jeweils beschrieb, erlaubte, vor seinem geistigen Auge sichtbar zu werden. »Schwarzer Talar erinnert mich an ...« Kaiser, Herrscher, Justiz, Gericht, Professor ... Lehrerin!

Plötzlich ergoß sich eine wahre Flut von Erinnerungen in Sids Bewußtsein. »Mein Gott, das ist es!« rief er aus. »Ich hatte seit Jahren nicht mehr an Schwester Margaret gedacht!«

Sid war in einem katholischen Elternhaus aufgewachsen und hatte eine Konfessionsschule besucht. Seine Lehrerinnen und Lehrer gehörten einem religiösen Orden an, der von ihnen verlangte, daß sie sich schwarz kleideten. Auf einmal konnte sich Sid in aller Deutlichkeit an ein schreckliches Erlebnis erinnern, das er in der dritten Klasse gehabt hatte. Er war an die Tafel gerufen worden, um eine Rechenaufgabe zu lösen. Er wurde nervös und schaffte es in seiner Verlegenheit nicht, einen klaren Gedanken zu fassen. Die Lehrerin verlor die Geduld und machte sich vor der ganzen Klasse über ihn lustig. Gedemütigt, mit einem roten Kopf, kehrte er an seinen Platz zurück. Schon die bloße Erinnerung an diesen Zwischenfall erfüllte ihn aufs neue mit Scham und Angst.

Wie sich negative Überzeugungen mit Hilfe des rationalen Denkens »ausblenden« lassen

Lesen Sie nun Ihre Antwort auf Frage 1 von Seite 93 bitte noch einmal durch. Hilft Ihnen Sids Erfahrung, die Situationen, die Sie mit irrationaler Furcht oder Angst erfüllen, auf irgendeine Weise besser zu verstehen? Vielleicht fürchten Sie sich davor, auf die Verwirklichung Ihrer Träume hinzuarbeiten, weil Sie einmal als Kind von Ihrem Vater, Ihrer Mutter oder einem anderen Rollenmodell ausgelacht wurden. Vielleicht ist der Grund dafür, daß Sie in Gegenwart von Personen, die irgendeine Form von Autorität verkörpern, ängstlich werden, in einem längst vergessenen beschämenden oder erniedrigenden Erlebnis zu suchen. Es ist nicht unbedingt nötig, die Quelle Ihrer falschen Überzeugungen zu identifizieren, um diese anfechten und beseitigen zu können. Aber, wie in Sids Fall, kann eine solche Identifikation Ihnen helfen zu erkennen, *wie* falsch diese Überzeugungen sind. Sid war außerstande gewesen, sich logisch zu erklären, was im Gerichtssaal geschehen war. Doch als er sich hinlänglich entspannt und beruhigt hatte, konnte er sich an ein »altes Band« aus seiner Kindheit erinnern, das der Verwirklichung eines »erwachsenen« Ziels im Weg stand. Unterbewußt hatte Sid geglaubt, die Richterin würde sich über ihn lustig machen und ihn beschämen, und er reagierte auf diese Überzeugung so, als stände er noch immer als achtjähriger Knirps an der Tafel.

MALTZ empfahl uns, solche Überzeugungen mit Hilfe rationalen Denkens anzufechten. »Um die Überzeugung, die für Ihr Gefühl und Ihr Verhalten verantwortlich ist, aus Ihrem Unterbewußtsein auszureißen«, schrieb er, »fragen Sie sich: ›Warum?‹ Gibt es eine Leistung, die Sie gern erbringen, ein Medium, durch das Sie sich gern ausdrücken würden, aber Sie versagen es sich, weil Sie das Gefühl haben: ›Ich kann's nicht‹? Fragen Sie sich: ›Warum glaube ich, es nicht zu können? ... Beruht dieser Glaube auf einer Tatsache ... oder einem Trugschluß?‹«

Maltz betrachtete das rationale Denken als den »Bedienungsknopf«, durch den wir negative und unzutreffende Überzeugungen »ausblenden« können. Er empfahl, uns jedesmal, wenn wir uns beim Gedanken »Ich kann's nicht«, »Ich verdiene es nicht« oder »Ich habe Angst« ertappen, die folgenden Fragen zu stellen:

1. Besteht irgendein rationaler Grund für diese Annahme?
2. Könnte es sein, daß ich mich in diesem Glauben täusche?
3. Wenn ich jemanden in einer vergleichbaren Situation sähe, käme ich dann in bezug auf *ihn* zu dem gleichen Schluß?
4. Warum sollte ich mich weiter so verhalten und so fühlen, als ob es stimmte, wenn es keinen vernünftigen Grund dafür gibt, das zu glauben?

Stellen Sie sich jedesmal, wenn Sie sich bei einem negativen Gedanken über sich selbst ertappen, diese vier Fragen und beantworten Sie sie – und zwar beides *laut*. Dadurch, daß Ihr rationales Denken Ihre Antworten aktiv hervorbringt, gelangt Ihr Unterbewußtsein über kurz oder lang dazu, ihnen beizupflichten. Indem Sie das rationale Denken einsetzen, um Ihre falschen Überzeugungen anzufechten, bringen Sie Ihren automatischen Mechanismus wieder auf den richtigen Kurs.

Das bewußte Vergegenwärtigen des Erlebnisses, das er verdrängt hatte, half Sid dabei, den Glauben, eine Frau in einem schwarzen Talar sei an *sich* angsteinflößend, rational in Frage zu stellen. Bestand irgendein vernünftiger Grund für diese Angst? Nein. Konnte es sein, daß er sich in seinem Glauben, eine schwarzgekleidete weibliche Autoritätsperson würde ihn demütigen, irrte? Natürlich. Wenn XY vor der Richterin stünde – würde Sid von ihm erwarten, daß er sich gedemütigt fühlte? Ganz bestimmt nicht. Bestand irgendein Grund dafür, sich weiterhin so zu verhalten, als ob die Frau eine Bedrohung für ihn darstellte? Nicht der allergeringste. Von seinem Irrglauben kuriert, ging Sid wieder vor Gericht und verfocht seinen Fall mit hundertprozentigem Erfolg.

Nehmen Sie sich die irrationalen Ängste vor, die Sie in Ihrer Antwort auf die Frage Nr. 1 auf Seite 93 identifiziert haben. Stellen Sie sich dann die auf den Seiten 93 und 94 genannten vier Fragen in bezug auf diese Ängste – *jetzt*.

Sie wirken auf einmal gar nicht mehr so schrecklich, oder?

Das Gefühl, daß Sie »nichts daran ändern können«, kann falschen Überzeugungen entspringen

Carol sah keinen Ausweg aus ihrem sogenannten Gewichtsproblem. Sie war einundzwanzig und hatte eine sechsjährige Berg-und-Talfahrt von »Fressen und Fasten« hinter sich. Mit fünfzehn hatte sie fünfundfünfzig Kilo gewogen. Ein Jahr später waren es fünfundsiebzig. An ihrem siebzehnten Geburtstag wog sie wieder fünfundfünfzig Kilo. Ihr High-School-Abschlußzeugnis nahm sie als »Hunderfünfzigpfünderin« entgegen. Und so weiter und so fort, immer rauf und runter.

Ich bat Carol zu schildern, wie sie sich fühlte, wenn sie in der »Fünfundfünfzig-Kilo-Phase« ihres Zyklus war. »In Hochstimmung«, antwortete sie. »Ganz vernarrt das Leben. Und *hungrig* – andauernd unvorstellbar hungrig. Es ist so, als ob mein *Körper* unbedingt wollte, daß ich so schnell wie möglich wieder die hundertfünfzig Pfund erreiche.« Carol beschrieb ein Muster, das sich sehr häufig bei Menschen beobachten läßt, die eine strenge Diät einhalten. Wenn sie entschlossen war abzunehmen, legte sie bezüglich der Art und Menge ihrer Speisen eine wahrhaft eiserne Selbstdisziplin an den Tag. Kaum hatte sie aber ihr Gewichtsziel erreicht, schien sie von der zwanghaften Gier gepackt zu werden, alles in sich hineinzustopfen, was sie nur irgendwie »füllen« würde – Pizzareste, labbrige Pommes frites, altbackene Krapfen.

Wie bei vielen »übergewichtigen« Menschen war Carols Problem teils soziopsychologischer, teils physiologischer Natur. Wegen der in unserer Kultur gegenwärtig vorherrschenden Ansicht, »schlank« sei »schön«, fühlte sie sich bemüßigt, ein Gewicht beizubehalten, das unter demjenigen lag, das für ihren Körper normal gewesen wäre. Wenn sie auf Diät war, kompensierte ihr Körper die verminderte Nahrungsaufnahme durch Herabsetzung der Stoffwechselrate, wodurch weniger Kalorien verbraucht wurden. Gleichzeitig steigerte ihr Körper ihren Appetit, um eine ausreichende Kalorienzufuhr zu gewährleisten.

Doch als Carol begann, einige ihrer alten »Kindheitsbänder« abzuspielen, kam noch ein weiterer Grund für ihr extremes Eßverhalten zum Vorschein. Carol stammte aus einer Farmerfamilie aus Arkansas, für die das Leben fast buchstäblich »schlemmen oder hungern« bedeutete. Nach jeder Ernte aßen sie gut und reichlich. Doch es gab auch Zeiten, da sie nichts anderes als Konserven und getrocknete Nahrungsmittel hatten – und zusehen mußten, daß diese lange genug vorhielten. Carol erinnerte sich mit Grausen an die Winter ihrer Kindheit, in denen es oft genug nur eine Mahlzeit am Tag gab. Zu einem großen Teil war ihr »Gewichtsproblem« eine Folge ihrer frühen Konditionierung. Ihre alten Bänder wiederholten ihr: »Iß, solange du was hast. Leb heute, denn es könnte sein, daß es nie ein Morgen geben wird.«

Zwei widerstreitende unbewußte Überzeugungen hatten Carol zu dem irrigen Schluß verleitet, ihr Gewicht sei etwas, worüber sie keinerlei Kontrolle habe:

o »Ich muß auf fünfundfünfzig Kilo herunter, denn ›dünn ist schön‹.«
o »Ich muß heute soviel wie möglich essen, denn es könnte sein, daß ich morgen hungern muß.«

Aufgrund der ersten Überzeugung fastete sie, bis ihr Organismus förmlich nach Kalorien schrie. Infolge der zweiten stopfte sie sich mit den ungesündesten Dingen voll. Carol wurde sich ihrer falschen Überzeugungen im Rahmen einer Psychotherapie bewußt, aber Sie brauchen keine solche Unterstützung, um Ihre eigenen erkennen und anfechten zu können. Lesen Sie Ihre Antwort auf Frage Nr. 2 auf Seite 93 noch einmal durch – die Dinge, die scheinbar »einfach passieren« und Sie daran hindern, Erfolg zu haben. Versuchen Sie dann, mit Hilfe des ausgefüllten Fragebogens die alten Bänder zu identifizieren, die für Ihr Gefühl, bestimmte Ereignisse entzögen sich Ihrer Einflußnahme, verantwortlich sein könnten. Scheint »immer etwas dazwischenzukommen«, wenn Sie sich um einen besseren Posten bewerben wollen? Höchstwahrscheinlich hört sich Ihr Pferd gerade ein altes Band an, das ihm sagt: »Du wirst diesen Job ohnehin nicht bekommen (oder verdienst es nicht, ihn zu bekommen, oder müßtest, wenn du ihn bekämest, mehr Verantwortung übernehmen, als dir lieb ist), also versuch es besser gar nicht erst.« Haben Sie das Gefühl, daß Sie »ein ziemlicher Pechvogel sind«? Möglicherweise schmieden Sie sich Ihr eigenes »Unglück«, indem Sie unbewußt einem alten Band aus Ihrer Kindheit gehorchen.

Als Carol ihre falschen Überzeugungen rational überdachte, gelangte sie zu folgenden Schlüssen:

o »Es gibt keinen Grund, warum ich fünfundfünfzig Kilo wiegen ›sollte‹.«
o »Es gibt keinen Grund anzunehmen, daß in nächster Zeit eine Hungersnot ausbrechen könnte.«
o »Ich hatte unrecht, als ich glaubte, keinerlei Einfluß auf mein zyklisches Ab- und Zunehmen zu haben. Wenn ich das Problem rational betrachte, erkenne ich, daß ich *unterbewußt* schon immer einen erheblichen Einfluß darauf hatte. Jetzt kann ich das Problem auch *bewußt* angehen.«

Carol steckte sich als neues, realistischeres Gewichtsziel dreiundsechzig Kilo. Sobald sie sich wieder dabei ertappte, daß sie ängstlich zu fasten oder zwanghaft zu essen beginnen wollte, stellte sie ihre falschen Überzeugungen bewußt in Frage und überwand sie zuletzt ganz.

Welches sind die »unbeeinflußbaren Ereignisse«, die Sie daran hindern, Ihre Ziele zu erreichen? Setzen Sie das rationale Denken ein, um diese Überzeugung *jetzt* in Frage zu stellen. Jedesmal, wenn Sie sich bei dem Gedanken ertappen: »Ich *könnte* abnehmen (einen besseren Posten bekommen, diesen Fortbildungskurs absolvieren, den Mann meines Lebens finden), wenn meine Freunde (meine Mutter, meine Allergie, mein Pech, von mir nicht beeinflußbare Umstände) nicht wäre(n)«, stellen Sie sich die vier Fragen auf den Seiten 93 und 94. Machen Sie es sich zur Gewohnheit, Ihren Irrglauben zu hinterfragen, wann immer er Ihnen bewußt wird.

Minderwertigkeitskomplexe und Schuldgefühle können falschen Überzeugungen entspringen

Es ist wieder passiert, dachte Georgia unglücklich. Jeder Mann, mit dem ich mich einlasse, entpuppt sich über kurz oder lang als ein mieser Kerl. Wenn sie nicht gleich von vornherein nur auf ein kurzes Abenteuer aus sind, verdrücken sie sich, wenn ich sie am nötigsten brauche. Meine Schwester stirbt an Krebs, und wo ist Rick? Ausgerechnet diese Woche sucht er sich aus, um mit seinen Kumpels zelten zu gehen. Ich war immer da, wenn er *mich* brauchte. Ich weiß wirklich nicht, was ich tun soll. Ich bin achtunddreißig. Ich will endlich einen Mann, auf den ich mich verlassen kann, und ich will ein Baby ... aber wahrscheinlich verdiene ich das einfach nicht ...

Georgia hielt plötzlich inne. Moment mal, dachte sie. Wieso ist es *meine* Schuld? Was meine ich damit, ich »*verdiene* es nicht«? Wo habe ich diese blödsinnige Idee eigentlich her?

Georgia war in einer Kleinstadt in Pennsylvania aufgewachsen. Sie war das jüngste von fünf Geschwistern, mit einem Abstand von mehreren Jahren zum nächstälteren. Obwohl sie ihre Familie immer als eine intakte, liebevolle Gemeinschaft betrachtet hatte, wurde Georgia mit einem Mal bewußt, daß sie sich jetzt an anderslautende, ja entgegengesetzte Botschaften erinnerte. Sie rief sich die Gereiztheit und die Zornausbrüche ihrer Mutter ins Gedächtnis, die regelmäßig dann auftraten, wenn ihre Geschwister in der Schule waren. Ihr fiel ein, daß ihr Vater sie einmal scherzhaft als einen »Unfall« bezeichnet und ihre Mutter mit einem Seufzer zu einer Freundin gesagt hatte: »Ich hatte immer vorgehabt, wieder aufs College zu gehen und mein Examen zu machen, aber als dann Georgia kam, mußte ich die Hoffnung endgültig begraben.« Im Alter von fünfzehn Jahren wurde Georgia schwanger und beschloß, ihr Kind zur Adoption freizugeben. Ihre Familie hatte zwar zu ihr gestanden, aber jetzt erinnerte sich Georgia auch an die grausame Reaktion ihrer kleinstädtischen Umgebung, erinnerte sie sich daran, wie sehr es sie verletzt hatte, aus dem Kirchenchor ausgeschlossen zu werden und nicht an der Theateraufführung in der Schule teilnehmen zu dürfen.

»Ist *das* der Grund, warum ich das Gefühl habe, einen liebevollen Mann und ein Baby ›nicht zu verdienen‹?« fragte sich Georgia. »Weil ich ein ›Unfall‹ war? Weil ich eine ›ledige Mutter‹ war? Würde ich in bezug auf eine andere Frau etwa auch so urteilen? Warum bestrafe ich mich dann selbst? Wessen Stimme höre ich, wenn ich mir sage: ›Du verdienst es nicht, glücklich zu sein‹? Die meiner Mutter? Die vom Pfarrer? Und warum muß ich ihnen recht geben?«

Richtig, warum eigentlich? Wessen Stimmen hören *Sie* auf Ihren alten Bändern? Die Botschaften könnten etwa lauten: »Er ist schließlich nicht sein älterer Bruder; wir sollten wirklich nicht zuviel von ihm erwarten!« – »Na, wo ist denn Papis kleiner Kinderfreibetrag?« – »Du Idiot! Es ist einzig und allein deine Schuld!« – »Also von mir hast du das ganz bestimmt nicht!« – »Was für ein Schleimi (fauler Sack, egoistisches Schwein, nutzloses Stück Nichts)!«

Lesen Sie jetzt nach, wie Sie Frage Nr. 3 auf Seite 93/94 beantwortet

haben. Können Sie die alten Bänder identifizieren, die Sie in dem
Irrglauben »Ich kann nicht ...«, »Ich tauge nicht zu ...« oder »Ich
verdiene es nicht ...« gefangenhalten?

Wie Sie durch reflexives Umlernen neue Erinnerungen erschaffen

Sobald Sie mit Hilfe Ihrer linken Gehirnhälfte Ihre falschen Überzeugungen angefochten haben, bringen Sie Ihre rechte Hemisphäre ins
Spiel, um neue zu erschaffen. Vergessen Sie nicht, daß Ihr Unterbewußtsein anschauliche, möglichst »lebensechte« Bilder braucht, denen
es zustimmen und gehorchen kann – »neue Erinnerungen«, wie Maxwell Maltz sie bezeichnete. Es wird Ihnen nur dann gelingen, Ihrem
Pferd einen alten »Weg ins Nichts« abzutrainieren, wenn Sie ihm einen
neuen, positiven Weg bieten, dem es statt dessen folgen kann. Wenn
falsche Überzeugungen zu tiefsitzenden Minderwertigkeitsgefühlen
geführt haben, kann es durchaus vorkommen, daß Ihre linke Hemisphäre sich gegen die Vorstellung sträubt, Sie könnten je zu einer
anderen Auffassung von sich selbst gelangen. Aber wenn Sie bereit
sind, sechs Wochen lang täglich an der Einübung neuer Überzeugungen
und der Beseitigung Ihrer alten zu arbeiten, und wenn Sie während
dieser sechs Wochen »so tun, als ob« Sie diese neuen Überzeugungen
bereits hätten, *dann werden Sie es schaffen.*

Wenden Sie während dieser sechs Wochen jeden Tag den CRAFT-
Prozeß an:

1. **Cancel – Löschen** Sie die Erinnerungen an Ihre alten, negativen
   Überzeugungen.
2. **Replace – Ersetzen** Sie sie durch neue, positive Überzeugungen.
3. **Affirm – Bestätigen** Sie sich Ihr neues Selbstkonzept.
4. **Focus – Konzentrieren** Sie sich auf spezifische Bilder des Erfolgs.
5. **Train – Üben** Sie, Ihre neuen Überzeugungen zu akzeptieren.

Es fiel Georgia leicht, bewußt den Glauben anzufechten, sie verdiene
keine liebevolle Familie. Sich von den unterbewußten Bildern eigener
Unwürdigkeit zu befreien, die sie hypnotisiert hielten, war schon
schwerer. »Ich fühle mich zu Männern hingezogen, die diese Bilder
immer wieder verstärken«, erkannte sie. »Ich muß diese Bilder von
mir selbst als ungewolltem Kind ausradieren, wenn ich je imstande
sein will, ›erwachsene‹ Entscheidungen zu treffen.«

Jedesmal, wenn sie sich bei negativen Grübeleien über ihre Stellung in ihrer Familie oder ihre ungewollte Schwangerschaft ertappte – jedesmal, wenn sie sich beim Gedanken erwischte: »Ich verdiene es nicht, glücklich zu sein«, sagte sie laut: »Löschen!« Sie ersetzte diese negativen Gedanken dann sofort durch die Aussage: »Ich bin ein wertvoller Mensch. Es ist nicht meine Schuld, daß meine Eltern kein fünftes Kind haben wollten. Ich bin kein schlechter Mensch, weil ich damals mein Kind zur Adoption freigegeben habe. Ich war fünfzehn. Ich habe die *richtige* Entscheidung getroffen. Ich verdiene eine liebevolle, beglückende Beziehung.«

Sie brachte Karten mit ihren Affirmationen an verschiedenen Stellen ihrer Wohnung an, wo sie die Möglichkeit hatte, sich liebevoll daran zu erinnern, daß sie sich in einem Prozeß der Veränderung befand. Jeden Abend verbrachte sie fünfzehn Minuten im Theater ihrer Vorstellungskraft, wo sie Bilder einer auf wechselseitiger Zuneigung und Achtung basierenden Beziehung visualisierte – und dadurch Ihrem Pferd zeigte, daß *dies* der Weg war, dem es folgen sollte. Sie hatte nie Schwierigkeiten damit gehabt, potentielle neue Partner kennenzulernen; ihr Pferd hatte sie lediglich immer zu den falschen geführt.

Während sie sich darin übte, ihre neue Einstellung gegenüber sich selbst zu akzeptieren, »tat« Georgia, »so, als ob« sie sich bereits von ihren Minderwertigkeitsgefühlen befreit hätte. Sie verbrachte einen Großteil ihrer Arbeitszeit im Auto, um Kunden zu besuchen, und sie machte es sich zur Gewohnheit, jedesmal, wenn sie den Zündschlüssel herumdrehte, ihr neues Selbstbild zu affirmieren. Sie sagte zu sich: »Ich bin eine erwachsene Frau, und als solche bin ich nicht an negative Botschaften gebunden, die ich als Kind und als Teenager empfangen habe. Ich bin frei, mich als Erwachsene zu entscheiden und mich dabei nach dem zu richten, was ich will und *verdiene*.«

Den Irrglauben verlieren: Ein Arbeitsblatt

Überlegen Sie, welche falschen Überzeugungen Ihr Selbstbild beeinträchtigt haben und wie Sie sie auf dem Wege des reflexiven Umlernens durch neue, positive Erinnerungen ersetzen könnten. Entwerfen Sie Ihr eigenes Übungsprogramm, indem Sie den folgenden Vordruck ausfüllen:

Ein hypnotisierender Irrglaube, von dem ich mich befreien möchte:

_____

_____

Eine positive Erinnerung, durch die ich ihn ersetzen möchte:

Welche negativen Selbstbeurteilungen werde ich LÖSCHEN?

Durch welche positiven Aussagen werde ich sie ERSETZEN?

Wie werden meine AFFIRMATIONEN lauten?

Auf welche Bilder werde ich mich KONZENTRIEREN, um meine neue Erinnerung anzulegen?

Welche Einstellungen und Verhaltensweisen werde ich an den Tag legen, während ich TRAINIERE?

Falsche Überzeugungen können unsichtbare Mauern errichten

Wade fühlte sich älter als seine vierunddreißig Jahre. Er ging gebeugt und mit niedergeschlagenen Augen. Er schien außerstande zu sein, einen Job zu behalten. Jeder Versuch, beruflich voranzukommen, war vermeintlich von vornherein zum Scheitern verurteilt. »Was hat das alles für einen Sinn?« sagte er verbittert. »Kaum setzt du einen Fuß auf die nächste Stufe, fällt dich einer hinterrücks an und zerrt dich wieder hinunter.«

Wade war in einer Kleinstadt im Staate New York aufgewachsen. Er hatte seine College-Freundin geheiratet und nach seinem Abschluß angefangen, im familieneigenen Geschäft für Elektrobedarf zu arbeiten. Sein Vater, Onkel und Großvater wurden nicht müde, über das Geschäft und »die gute alte Zeit« zu reden. Diese Gespräche waren bei Wade ein wunder Punkt. Jedesmal, wenn er vorschlug, im Geschäft irgendwelche Neuerungen einzuführen – zum Beispiel EDV-gestützte

Buchführung oder ein Faxgerät –, lachten ihn die drei Männer aus und machten sich über ihn lustig. Wades Frau Kathy waren solche Auseinandersetzungen sogar ein noch größerer Dorn im Auge. Sie hatte es schon immer peinlich gefunden, wie wenig ihr Mann in seiner eigenen Familie offensichtlich galt, und die Herablassung, mit der sie behandelt wurde, brachte sie schier zum Wahnsinn. Auf ihre beharrlichen Bitten hin machte Wade endlich Schluß mit dieser untragbaren Situation. Trotz aller Bemühungen seitens seiner Familie, ihm Schuldgefühle einzureden, packten er und Kathy ihre Siebensachen und zogen nach Südkalifornien. Er fand einen Job als Handelsvertreter und schien anfangs durchaus voranzukommen. Aber etwa um die Zeit, als sein erstes Kind geboren wurde, begannen seine Schwierigkeiten mit dem Chef, der, wie Wade es formulierte, ihn »nie ernst nahm«. Als zwei Jahre später sein zweites Kind auf die Welt kam, war Wade bereits aus nicht weniger als sechs Posten entlassen worden. Jedesmal ließ sich der Kündigungsgrund auf seine Unfähigkeit zurückführen, mit seinem jeweiligen Chef auszukommen. »Kaum habe ich mich ein bißchen nach oben gearbeitet«, sagte er sich, »fangen sie an, mich wie einen Putzlumpen zu behandeln.«

Vier Jahre nachdem er seine Heimatstadt verlassen hatte, kehrte Wade anläßlich des vierzigsten Hochzeitstags seiner Eltern zu einem Besuch zurück. Das Erlebnis stürzte ihn in abgrundtiefe Depressionen. Die Zimmer der elterlichen Wohnung wirkten eng, fast erdrückend. Spezifische und unspezifische Bilder der Beklemmung, der Angst und der ohnmächtigen Wut tauchten in seinem Bewußtsein auf. Und er erinnerte sich an einen Zwischenfall, der sich ereignet hatte, als er sechs Jahre alt gewesen war.

Er hatte auf dem Küchenfußboden mit einem Auto gespielt und dabei Motorgeräusche gemacht. Seine Mutter stand über das Bügelbrett gebeugt und sagte ihm ärgerlich, er solle den Mund halten. Er konnte das weiße Hemd sehen, das sie gerade bügelte, den Dampf, der daraus aufstieg. Wie viele Kinder das tun, wenn sie verlegen oder verunsichert sind, antwortete er auf ihre Schelte mit einem Lächeln. Da hob sie das Bügeleisen, stieß es in seine Richtung und schrie: »Soll ich dir das dämliche Grinsen aus dem Gesicht bügeln?« Wade rannte in den Keller und versteckte sich hinter einem Stapel Konservendosen. Es vergingen Stunden, oder jedenfalls schien es ihm so, bis sein Vater ihn dort schluchzend vorfand und ihn nach oben ins Bett trug.

Wade hatte diese Erinnerung jahrelang verdrängt, aber das ihr innewohnende Entsetzen war in seinem Unterbewußtsein haftengeblieben. Jetzt erinnerte er sich auch an weitere Fälle, in denen seine Mutter ihn bedroht und sein Vater ihn »gerettet« hatte. Zuletzt erkannte Wade den Zusammenhang zwischen diesen Kindheitserlebnissen – seines Vaters Spott und seiner Mutter Bedürfnis, ihn zu beherrschen und einzuschüchtern – und seiner Unfähigkeit, einen Job zu behalten. Sein Unterbewußtsein spielte immer und immer wieder dieselben zwei Bänder ab. Das eine sagte ihm: »Wer interessiert sich schon für deine Ideen? Sie sind nichts wert, und sie werden nur Konflikte auslösen.« Das andere erklärte ihm: »Wenn du dich in den Vordergrund stellst, bekommst du früher oder später eins über den Schädel.«

Wie Wade könnten auch wir die Erfahrung machen, daß wir immer wieder gegen dieselbe unsichtbare Mauer rennen – Konflikte am Arbeitsplatz, das Geld, das uns nur so durch die Finger rinnt, Projekte, die wir nie zu Ende bringen, diese Schurken, die uns ständig Steine in den Weg legen ... Wir geben vielleicht dem Chef die Schuld, unserem Ehepartner, der Konfession, in der wir aufgewachsen sind, dem »System« oder auch uns selbst – aber wir fahren fort, gegen dasselbe Hindernis zu rennen. Über kurz oder lang macht sich eine immer größere Resignation und Hoffnungslosigkeit bemerkbar. Und doch bräuchten wir, um weitere Zusammenstöße mit der Mauer zu vermeiden, unter Umständen nichts anderes zu tun, als eine *Tür* zu öffnen, indem wir unsere falschen Überzeugungen über Bord werfen.

Sehen Sie sich doch noch einmal an, wie sie Frage Nr. 4 auf Seite 94 beantwortet haben. Es ist Ihr Pferd, das da spricht. Stellen Sie sich jetzt die vier Fragen auf Seite 101. Leuchten Ihre rationalen Einwände Ihrem Reiter ein? Oder hören Sie noch alte Bänder plappern?

Verwandeln Sie neue Erinnerungen in positives Verhalten

Ebenso wie Georgia imstande war, sich durch reflexives Umlernen von ihren falschen Überzeugungen zu befreien, legte sich Wade neue Erinnerungen zu:

o Er LÖSCHTE alte Überzeugungen, wann immer er sich bei Gedanken ertappte wie: »Ich mache nur Ärger«, »Ich bin ein Phantast«, »Ich verdiene es überhaupt nicht, Erfolg zu haben«, oder »Ich kriege sowieso über kurz oder lang eins auf den Schädel.«

o Er ERSETZTE diese alten Überzeugungen durch positive, konstruktive Selbstbewertungen: »Ich bin ein wertvoller, pragmatischer, kompetenter Mensch. Ich komme gut mit meinen Vorgesetzten aus, und ich verdiene es, erfolgreich und glücklich zu sein.«

o Er BESTÄTIGTE seine neuen Überzeugungen, indem er sich selbst Botschaften schrieb und sie so plazierte, daß er sie täglich mehrmals lesen würde.

o Er KONZENTRIERTE sich auf Interaktionen mit den ehemaligen Vorgesetzten, die ihn entlassen hatten, wobei er sich vorstellte, daß er konstruktiv mit ihnen zusammenarbeitete. Im Theater seiner Vorstellungskraft erschuf er sich neue Erinnerungen, in denen er seinen Vorgesetzten gegenüber *nicht* herausfordernd auftrat und sie ihm *nicht* »eins über den Schädel gaben«.

o Nach mehreren Wochen fing er an zu ÜBEN. Er trat eine neue Stelle in dem Bewußtsein an, daß er durch Heraufbeschwören von Konflikten nicht weit kommen würde. Sein Reiter brachte seinem Pferd einen neuen Weg bei, indem er bewußt »so tat, als ob« seine neuen Erinnerungen wahr wären, und indem er sie mehrmals am Tag durch Affirmationen bestätigte.

Indem Sie sich von falschen Überzeugungen befreien, erweitern Sie das Spektrum potentieller Ziele für Ihren automatischen Mechanismus. Es ist dann an Ihnen, Ihr neues, positives Selbstkonzept nach Ihren eigenen Vorstellungen in konkrete Erfolge umzusetzen. In späteren Kapiteln werden wir uns anschauen, wie ein erweitertes Bewußtsein der eigenen Fähigkeiten direkt in die Verwirklichung spezifischer Ziele verwandelt werden kann. Aber haben Sie erst die Kette zerbrochen, von der sie glaubten zurückgehalten zu werden, bestehen gute Aussichten, daß Sie spontan eine Vielzahl neuer Möglichkeiten entdecken, zu handeln und sich weiterzuentwickeln.

Wie Ihre positiven Überzeugungen die Selbstachtung Ihrer Kinder fördern können

Neue, positive Überzeugungen können aus uns bessere Mütter und Väter machen. Wenn wir uns unserer negativen Überzeugungen bewußt sind und erkennen, wie sie entstanden sind, laufen wir weit weniger Gefahr, die Fehler zu wiederholen, die unseren Eltern einst bei unserer Erziehung unterliefen. Achten Sie darauf, was Sie *zu* Ihren Kindern, *über* Ihre Kinder und *in Anwesenheit* Ihrer Kinder sagen! »Du hast einen Fehler gemacht« ist eine korrektive Aussage, die Ihrem Kind dabei helfen kann, auf dem »richtigen Kurs« zu bleiben. »Du machst immer alles falsch« ist eine beleidigende Botschaft, die allzu

viele Menschen – mit oder ohne Absicht – ihren Kindern senden. Solch
eine Botschaft kann (wie in Wades Fall) durch physische oder psychische Gewaltanwendung vermittelt werden, sie kann aber auch (wie in
Georgias Fall) aus scheinbar harmlosen Äußerungen hervorgehen –
etwa: »Nun schau dir doch nur an, was Mami deinetwegen angestellt
hat!« oder: »Wir sollten nicht zuviel von ihm erwarten; schließlich
schlägt er ganz nach seinem Onkel Kurt«, oder: »Warum kannst du
nicht etwas mehr wie deine Schwester sein?«

Wenn Sie ein Vater oder eine Mutter mit einem negativen Selbstbild
sind, ist es nur eine Frage der Zeit, bis Ihre Kinder anfangen, *Sie* wie
ein Kind zu behandeln. Eltern mit einem unzulänglichen Selbstkonzept
versuchen unbewußt, ihre Unsicherheit dadurch zu kompensieren, daß
sie sich auf ihre Kinder stützen. Sie tun dies, indem sie ihnen Entscheidungen aufbürden, zu denen sie sich selbst nicht in der Lage fühlen:
»Was meinst du, was wir heute abend essen sollten?« Sie tun dies,
indem sie versuchen, sie bei ehelichen Auseinandersetzungen auf ihre
Seite zu ziehen: »Das ist alles Papas Schuld!« Sie tun dies, indem sie
ihre Kinder emotional manipulieren: »Ich rackere mich von früh bis
spät ab, und *niemand weiß das zu schätzen!*« Das sind schwere Belastungen für die Seele eines Kindes. Halten Sie sich also bitte gegenwärtig, daß Sie, indem Sie sich von Ihren falschen Überzeugungen befreien,
ebensosehr zum Erfolg Ihres Kindes beitragen könnten wie zu Ihrem
eigenen.

Wie Sie Ihren eingebauten Widerstand gegen Veränderungen überwinden können

Das größte Hindernis, auf das Sie bei der Erschaffung neuer Erinnerungen stoßen werden, sind Ihre Selbstzweifel. Erinnern Sie sich bitte,
daß es nicht *leicht* ist, alte Gewohnheiten abzulegen und sie durch
neue zu ersetzen ... aber es ist *einfach*. Wenn Sie merken, daß Ihre
linke Gehirnhemisphäre sich mit Gedanken wie »Das funktioniert nie
und nimmer!« einzumischen versucht, visualisieren Sie das Bild vom
Pferd und Reiter. Jedesmal, wenn Sie einen Widerstand gegen eine
Änderung Ihrer Überzeugungen oder Ihres Verhaltens in sich verspüren, ziehen Sie fest an den Zügeln. Es kommt nicht darauf an, was Sie
über Ihren Widerstand *wissen*, sondern darauf, was Sie aus Ihrem
Wissen *machen*. Wenn Sie Ihre falschen Überzeugungen konsequent
mit Hilfe des rationalen Denkens in Frage stellen, wenn Sie sich täglich

in reflexivem Umlernen üben und wenn Sie ein positives und realistisches Ziel haben, das im Einklang mit Ihren neuen Erinnerungen steht, dann werden Sie mit der Zeit merken, daß Ihre neuen Überzeugungen Ihre Einstellungen, Handlungen und Fähigkeiten neu definieren. Noch einmal: Verlieren Sie nicht den Mut, wenn Sie nicht sofort irgendwelche Ergebnisse feststellen können. Geben Sie sich sechs Wochen Zeit, um durch tägliche Übung Ihren neuen Überzeugungen zu ermöglichen, in Ihnen Wurzeln zu schlagen. Hier ein paar Techniken, die Ihnen dabei helfen werden, einen erfolgreichen Kurs für sich abzustecken:

In vier Schritten zu neuen Erinnerungen

1. Betrachten Sie alte Überzeugungen und negative Erinnerungen als etwas, das einer anderen Zeit und einem anderen Ort, ja einem ganz anderen Leben angehört. Visualisieren Sie mit Hilfe Ihrer rechten Gehirnhälfte die alte Erinnerung so, als befände sie sich weit hinten in einem langen Tunnel und verschwände allmählich im Dunkeln. *Sehen* Sie, wie sie immer kleiner und kleiner wird.
2. Während der fünfzehn Minuten, die Sie sich täglich für Ihre Visualisationen freihalten, stellen Sie sich vor, wie Sie die alte Erinnerung modifizieren. Erzeugen Sie eine mentale Videoaufzeichnung Ihrer neuen Erinnerung. Sehen Sie sich eine Aufgabe erfolgreich bewältigen; sehen Sie, wie jemand Ihnen zu Ihrer Leistung gratuliert; sehen Sie sich das Lob ohne falsche Bescheidenheit und ohne Überheblichkeit, aber froh und stolz entgegennehmen.
3. Akzeptieren Sie diese neue Erinnerung bewußt als die wahre, wirklichkeitsgetreue. Bestätigen Sie sich wiederholt, daß Sie diese »künftige Erinnerung« als eine Tatsache akzeptieren. Vergessen Sie nicht: Über kurz oder lang wird Ihr Unterbewußtsein das vorgestellte Ereignis so betrachten, als habe es sich tatsächlich – und tatsächlich so – zugetragen.
4. Schreiben Sie Affirmationskarten, auf denen Ihre neuen Erinnerungen als Ziele festgehalten werden: »Ich bin ein wertvoller Mensch, der einem bestimmten Mann (einer bestimmten Frau, einem Arbeitgeber, der Welt) durch seine Intelligenz (Hilfsbereitschaft, Schönheit, was auch immer) etwas zu bieten hat.« »Ich bringe welche Aufgabe auch immer ich mir vorgenommen habe erfolgreich zu Ende.« Betrachten Sie diese Karten als den schriftlichen Beweis für Ihre Fähigkeit, Erinnerungen aus der Vergangenheit anders zu sehen. Plazieren Sie Ihre Affirmationen an strategisch günstigen

Stellen, so daß Sie in Ihrem Unterbewußtsein eine kontinuierliche Wiederverstärkung erfahren.

Drei Methoden, Ihre Erinnerungen dauerhaft zu machen

Sobald Sie merken, wie Ihre neuen Überzeugungen allmählich in Ihnen Fuß fassen, kann es sein, daß Sie in sich die Neigung verspüren, die Zügel ein wenig schleifen zu lassen. Hüten Sie sich vor diesem Fehler! Überlassen Sie Ihrem Pferd unter keinen Umständen die Wahl des Weges: Es könnte sich durchaus wieder für den alten entscheiden. Motivieren Sie es dazu, auf dem neuen Weg zu bleiben, indem Sie ihm diese »Mohrrüben« vor die Nase halten:

1. »Programmieren« Sie Ihre Träume, indem Sie sich unmittelbar vor dem Einschlafen auf Ihre neuen Überzeugungen konzentrieren. Sie wissen ja, wie hilfreich es meistens ist, ein Problem zu überschlafen. Solch »absichtliches Träumen« spricht Ihr Unterbewußtsein unmittelbar an und hilft dadurch, die neuen Bilder sicher in Ihrer rechten Hemisphäre abzuspeichern.
2. Programmieren Sie Ihre Tagträume, wann immer Sie sich dabei ertappen, daß Sie bei einer negativen Erinnerung oder einem früher begangenen Fehler verweilen. Sagen Sie laut: »Löschen!«, und lenken Sie die spontane Tätigkeit Ihrer Vorstellungskraft zu positiven Bildern, die Ihre neuen Überzeugungen bestätigen.
3. Bemühen Sie sich bei allem, was Sie tun, darum, Ihrem neuen Glaubensgebäude eine »Das-sehe-ich-sobald-ich's-glaube«-Haltung entgegenzubringen. Vergessen Sie nicht: Was das Unterbewußtsein glaubt, das »sieht« es auch. Ihre »Erfolgs-Einstellung« wird die Funktion Ihres Servomechanismus positiv beeinflussen und Sie damit schneller und sicherer ans Ziel führen.

Rückschläge werden nicht zu vermeiden sein. Vergessen Sie nicht – ein automatischer Steuerungsmechanismus funktioniert gerade dadurch, daß ihm Fehler unterlaufen, er auf das negative Feedback reagiert und entsprechende Kurskorrekturen vornimmt. Es wird mit Sicherheit Zeiten geben, wo Sie merken, daß Sie Fehler machen und nach Ihrem alten Programm reagieren. Die Hauptsache ist, daß Sie nicht bei Ihren Fehlern *verweilen*. Lassen Sie nicht zu, daß sie Sie von Ihrem Ziel ablenken. Benutzen Sie Ihr Bewußtsein als einen Bedienungsknopf, um sich selbst wieder daran zu erinnern, daß Sie weder durch Ihre – einstigen oder jetzigen – Fehler noch durch irgendwelche Überzeugungen, die Ihnen alte Bänder aus Ihrer Kindheit eingeredet haben, definiert werden. Diese Überzeugungen sind der Pfahl und die Kette, die Ihr Leben einschränken. Wäre es nicht an der Zeit, sich loszureißen?

Gedanklich zum Ziel

o Ihr Selbstbild und – damit zusammenhängend – Ihre Möglichkeiten könnten durch falsche, negative selbstbezügliche Überzeugungen konditioniert sein, die auf unterbewußten Erinnerungen an frühkindliche Erlebnisse beruhen.

o Bedienen Sie sich des rationalen Denkens, um Ihre falschen Überzeugungen in Frage zu stellen und anzufechten. Bedienen Sie sich Ihrer Vorstellungskraft, um neue Erinnerungen zu erschaffen, die zu positiven Überzeugungen führen werden. »Festigen« Sie diese neuen Erinnerungen, indem Sie positive Maßnahmen ergreifen, die im Einklang mit Ihrem neuen »Betriebsprogramm« stehen.

Setzen Sie sich Ihre eigenen Ziele

Fünftes Kapitel

GEBEN SIE IHREM ERFOLGS-
MECHANISMUS ETWAS MEHR SPIEL:
LERNEN SIE, SICH ZU ENTSPANNEN

Kreative Lösungen werden nicht bewußt ausgedacht ..., sondern stellen sich automatisch ein, spontan, wie ein Blitz aus heiterem Himmel, wenn das Bewußtsein
vollständig aufgehört hat, sich mit dem Problem zu befassen ... Wenn man das
Problem definiert, das erwünschte Endergebnis visualisiert und alle erreichbaren
relevanten Informationen und Fakten zusammengetragen hat, nützt es nicht nur
nichts, sich noch weiter den Kopf darüber zu zerbrechen, sondern es scheint sogar
das Auffinden der Lösung zu erschweren.
MAXWELL MALTZ: *Psycho-Cybernetics* (1960)

Dr. GEORGI LOZANOW machte während seiner jahrelangen Beschäftigung mit überdurchschnittlich Begabten immer wieder dieselbe Beobachtung ... In dem Augenblick, da diese Menschen erstaunliche geistige Leistungen erbrachten, befand sich
ihr Körper in einem Zustand völliger Ruhe ... Sie strengten ihren Geist nicht an, sie
zwangen ihn nicht, seine Arbeit zu tun. Es geschah mühelos. Tatsächlich schien es
zu geschehen, gerade *weil* keine körperliche oder mentale Bemühung im Spiel war.
SHEILA OSTRANDER, LYNN SCHROEDER, NANCY OSTRANDER: *Superlearning* (1979)

Die meisten Menschen verstehen unter *Entspannung* mehr oder weniger das, was MARK TWAIN als *Spiel* definierte – nämlich:»Alles, wozu
man nicht gezwungen ist.« Wir können uns »entspannt« – oder neu-
deutsch »relaxt« – fühlen, wenn wir im Garten arbeiten, den neuesten
Schocker von STEPHEN KING lesen, mit Freunden plaudern, mit unserem Partner schlafen oder fernsehen. Aber die Art von Entspannung,
von der hier die Rede sein soll, ist eine ganz andere Angelegenheit.
Sie ist der Zustand, in dem die linke Hirnhemisphäre ihre Aktivität
verlangsamt und die rechte frei schalten und walten kann. Dies ist der
einzige Zustand, in dem wir auf unsere kreative Imagination zugreifen
und die Umprogrammierung unseres automatischen Mechanismus
vornehmen können.

Wie Sie sich erinnern werden, ist die »kreative Imagination« oder
»Vorstellungskraft« ein geistiges Vermögen, das jeder von uns besitzt –

nicht nur Künstler, Unternehmer und Weltraumforscher. Aber es ist
außerordentlich wichtig zu begreifen, daß Sie Ihre kreative Vorstellungskraft *nur dann* arbeiten lassen können, wenn Sie entspannt sind.
Für Sie ist zu lernen, sich zu entspannen, eine entscheidende Voraussetzung dafür, daß Sie der Mensch werden können, der Sie sein möchten.
»Körperliche Entspannung«, schrieb Maltz, »ist beim Enthypnoti-
sierungsprozeß von entscheidender Bedeutung. Unsere gegenwärtig
gültigen Überzeugungen ... haben sich *mühelos*, ohne Anstrengung
herausgebildet ... Unsere – guten wie schlechten – Angewohnheiten
sind auf dieselbe Weise entstanden. Daraus folgt, daß wir für die Schaffung neuer Überzeugungen oder Gewohnheiten dieselben Bedingungen benötigen, das heißt, wir müssen uns in einem Zustand der Entspannung befinden.«
Dieses Kapitel handelt von der Entspannung und ihren positiven
Auswirkungen. Sie werden im Folgenden erfahren,

o inwiefern die Unfähigkeit, sich zu entspannen, das einzige sein
   könnte, was zwischen Ihnen und Ihrem erwünschten Erfolg steht;
o wie sich die Entspannung auf Ihre Gesundheit, Lernfähigkeit, Kreativität, Leistung und Selbstachtung auswirkt;
o mittels welcher einfachen Übungen und Techniken Sie sich körperlich und geistig entspannen können.

Der Streß, unser ärgster Feind

»›Streß‹ ist zu einem Modewort geworden«, schrieb Maltz. »Wir
bezeichnen unsere Epoche als das ›Streß-Zeitalter‹. Sorgen, Ängste,
Schlafstörungen und Magengeschwüre gelten mittlerweile als notwendige Bestandteile der Welt, in der wir leben.«
Wenn Maltz glaubte, er lebe im Zeitalter des Stresses, stellen Sie sich
nur einmal vor, als was er *unsere* Zeit bezeichnet hätte! Wie aus einer
Statistik des US-Arbeitsministeriums hervorgeht, ist die Wochen-
arbeitszeit des Durchschnittsamerikaners zwischen 1959 und 1988 um
fast zwanzig Prozent gestiegen. Im Jahre 1960 pflegten Wall-Street-
Börsenmakler mit sechsstelligen Einkommen die Frage, wer das einzige
freie Taxi nehmen würde, noch nicht mit Boxkämpfen auf offener
Straße zu entscheiden. Auf den kalifornischen Autobahnen schossen
die Leute noch nicht aufeinander. Die Frauen versuchten noch nicht
mit der Aufgabe fertig zu werden, zugleich beruflich erfolgreich zu
sein und sich mustergültig um Kinder, Haushalt und Ehemann zu

kümmern. Büroangestellte versuchten noch nicht, Computer, Modem und Faxgerät gleichzeitig im Auge zu behalten. Arbeiter und Angestellte lagen nicht nachts wach in ihren Betten und fragten sich, ob ihr Arbeitsplatz bei der nächsten Rationalisierungswelle »eingespart« werden würde. Manager und Freiberufler kauten sich nicht die Fingernägel ab beim Gedanken, daß eine achtlos hingeworfene Bemerkung ihnen eine Zivilklage einbringen könnte.

Die uralte »Kampf-oder-Flucht«-Reaktion, die uns genetisch und kulturell als Überlebensmechanismus einprogrammiert wurde, ist mittlerweile zu unserer Achillesferse geworden. Viele von uns leben heutzutage in einem chronischen Zustand der angstvollen Kampf-oder-Flucht-Bereitschaft. Hormone wie Adrenalin und Cortisol, die eigentlich von der Natur »dazu gedacht waren«, nur in extremen, lebensbedrohlichen Situationen ausgeschieden zu werden und uns zu Kampf oder Flucht zu befähigen, rauschen inzwischen ununterbrochen durch unseren Organismus. Diese »Streß-Hormone« üben einen starken hemmenden Einfluß auf unser Immunsystem aus und machen uns dadurch zu einer leichten Beute für virale und bakterielle Erkrankungen aller Art.

Streß kann auch die Heilungsaussichten bei Krebs verschlechtern und den Krankheitsverlauf von Aids beschleunigen.

Streß ist nachgewiesenermaßen einer der wichtigsten Faktoren, die zur Entstehung von Herzleiden beitragen.

Streß bedingt eine meßbare Beeinträchtigung der Lern- und Gedächtnisleistung, indem er die Alterung der Gehirnzellen beschleunigt.

Und Streß kann, wie Maltz erkannte, unseren automatischen Mechanismus blockieren und ihn daran hindern, als Erfolgsmechanismus zu arbeiten.

Wie Streß unseren kreativen Mechanismus blockiert

Wenn wir angespannt, besorgt, ängstlich oder sonstwie »gestreßt« sind, gehen wir mit der linken Hirnhemisphäre an die Lösung von Problemen heran. Ich korrigiere: versuchen wir, mit der linken Gehirnhälfte die Lösung des jeweiligen Problems zu *erzwingen*. Die linke Hemisphäre ist unschlagbar, wenn es darum geht, Probleme zu analysieren. Problem*lösen* hingegen, wenn es sich nicht gerade um Fragen verfahrenstechnischer, mathematisch-logischer oder sprachlicher Natur handelt, ist alles andere als ihre Stärke. Die linke Hemisphäre kann nicht erschaffen, intuieren oder erfinden. *Das* ist die Spezialität der rechten Gehirnhälfte. Wenn wir mit einem linkshemisphärischen Lösungsansatz an ein Problem herangehen, intensiviert die vorprogrammierte Frustration unseren Streß nur noch weiter. Wenn Ihre linke Hirnhemisphäre sich nicht davon abhalten läßt, an einem Problem herumzudoktern, das eigentlich eine unterbewußte, rechtshemisphärische Lösung verlangt – dann haben Sie *wirklich* ein ernstes Problem!

Praktisch jeder, der beruflich mit Schreiben (im Sinne von »Produzieren von Texten«) zu tun hat, dürfte schon mindestens einmal in seinem Leben in jenen entsetzlichen Teufelskreis von mentaler Lähmung, Frustration und Angst geraten sein, der als *writer's block* – etwa: »Schreibhemmung« – bezeichnet wird. »Das geht so weit«, berichtet ein Betroffener, »daß ich nicht einmal den Mut aufbringe, mich an den Schreibtisch zu setzen. Ich fühle mich wie ein Kind in einer neuen Umgebung, das sich nicht aus dem Haus traut, weil es befürchtet, auf dem Spielplatz noch einmal verprügelt zu werden.« Ein anderer, ein Journalist, bezeichnet diese Blockierung als »Impoetenz« und stellt sie gleichsam mit sexueller Impotenz auf eine Stufe. »Tatsächlich wäre es mir sogar lieber, impotent zu sein«, behauptet er nur halb im Scherz. »Meine Frau wüßte ja, daß das nur eine vorübergehende Erscheinung ist. Aber versuchen Sie so was mal einem Redakteur klarzumachen, der auf Ihren Artikel für die morgige Ausgabe wartet!«

Tatsächlich ist eine solche Schreibhemmung (wie übrigens auch viele Sexualstörungen) im Grunde nichts anderes als die Unfähigkeit, sich zu entspannen. Die linke Hirnhemisphäre weigert sich, die rechte ihren Job erledigen zu lassen. »Ich betrachte [die zwei Hälften meines Gehirns] fast als meine kleinen Kinder«, sagt die erfolgreiche Kriminalschriftstellerin SUE GRAFTON. »Meine linke Hemisphäre ist meine ›Innenlektorin‹ ... Sie bildet sich ein, sie könnte schreiben, und so redet sie immer dazwischen: ›Das kannst du doch nicht machen, so geht das doch nicht, laß *mich* jetzt endlich ran.‹ Rechts-Hemi ist viel kindlicher. Wenn man Rechts-Hemi zu sehr kritisiert, hört sie einfach auf zu spielen.«

Entspannung, das Schmieröl für Ihren Erfolgsmechanismus

Wie im Falle eines verkrampften, weil zu »körperbewußten« Athleten oder eines blockierten, weil zu selbstkritischen Schriftstellers oder Journalisten könnte das einzige sein, was Sie daran hindert, Ihr Pferd umzuerziehen, Ihre Unfähigkeit, sich zu entspannen. Nur wenn Sie den bohrenden, fordernden Aspekt Ihres Denkens entspannen, kann Ihr schöpferisches, intuitives Selbst zum Vorschein kommen. Nur wenn Ihr Bewußtsein sich von allen Sorgen, Ängsten, Grübeleien und »Dramatisierungen« befreit, ist Ihr Unterbewußtsein für eine Neuprogrammierung zugänglich. Wenn Sie in einem Zustand der Entspannung an das reflexive Umlernen herangehen, wird Sie Ihr automatischer Mechanismus auf Erfolgskurs halten – und Sie werden staunen, wie wenig Mühe Ihnen der Lernprozeß bereiten wird. Die folgenden Beispiele zeigen, welch entscheidende Rolle die Entspannung spielen kann, wenn es darum geht, unsere kreative Vorstellungskraft zu aktivieren, Probleme zu lösen und persönliches Wachstum zu erzielen.

Entspannung als Auslöser schöpferischer Einfälle

Ein Bekannter von mir erzählte mir kürzlich von einem unternehmerischen Geniestreich, zu dem ihm die Idee während seines Urlaubs auf Hawaii kam, als er am Swimmingpool seines Hotels »relaxte«. Dion war Eigentümer einer Kette von Kindertagesstätten. Er hatte sich in letzter Zeit gefragt, wie er das Unternehmenskonzept erweitern könnte, um mehr anzubieten als die übliche Baby- und Kinderbetreuung für berufstätige Eltern. In seinem Hotel fand gerade eine geschäftliche Tagung statt, und Dion hatte während des Mittagessens zufällig mitgehört, wie sich einige Teilnehmerinnen darüber unterhielten.»Ich wollte eigentlich gar nicht kommen«, sagte eine von ihnen.»Ich habe ein kleines Kind zu Hause, und der Gedanke, es für eine Woche allein mit einem Babysitter zu lassen, behagte mir überhaupt nicht, aber was hatte ich schon für eine andere Wahl?« Als Dion kurze Zeit später entspannt am Pool lag, leuchtete plötzlich die metaphorische Glühbirne über seinem Kopf auf. Kaum war er nach Beendigung des Urlaubs wieder nach Hause zurückgekehrt, machte er sich an die Verwirklichung seiner Idee: Er bot Organisatoren von geschäftlichen Tagungen und Konferenzen einen Kinderbetreuungsdienst für Teilnehmer(innen) an, die ihre Kinder mitnehmen wollten.

Damit Sie nicht denken, solche Intuitionen seien ein Privileg reicher Geschäftsleute auf der Suche nach neuen Investitionsmöglichkeiten, jetzt ein ganz anderer Fall. Karen war eine Hausfrau mit vier noch sehr kleinen Kindern. Ihr Mann arbeitete als Fernfahrer, weswegen sie oft tagelang allein mit den Kindern zu Hause saß. Die Situation zehrte an ihren Nerven; sie war angespannt, reizbar und frustriert. Wenn die eine oder andere Freundin ihr riet, »doch ein bißchen mehr unter

Menschen zu gehen«, erwiderte Karen aggressiv:»Und wer bitte soll sich dann um die Kinder kümmern?«

Eines Nachmittags hatte sie gerade ihr Jüngstes zu einem Nickerchen ins Bett gelegt, als sie – zum erstenmal seit Wochen – ein tiefes Gefühl der Entspannung in sich verspürte. Sie hatte den Kindern gerade eine Geschichte aus *Pu der Bär* vorgelesen. Wie sie nun allmählich in einen traumähnlichen, friedlichen Dämmerzustand zu versinken begann, meinte sie plötzlich die Stimme des Esels I-Aah zu hören, die zu ihr sagte:»Finde eine Möglichkeit, häufiger aus dem Haus zu kommen, Karen. Gründe eine Kindergruppe.«

Plötzlich hellwach, setzte sich Karen auf. Noch am selben Abend rief sie zwei Freundinnen an, die wie sie die Woche über allein mit ihren kleinen Kindern waren.»Laß uns doch eine Babysitting-Gemeinschaft gründen«, schlug sie vor.»Du, ich und Vivian. Wir könnten uns an drei Tagen die Woche abwechselnd um die ganze Kinderschar kümmern. So kannst du diesen Zeichenkurs besuchen, *ich* kann zum Schlittschuhlaufen gehen, und *Viv* kann endlich die Gitarrenstunden nehmen, von denen sie ständig redet.«

»Das ist eine tolle Idee!« sagte ihre Freundin.»Wer hat dich darauf gebracht?«

»I-Aah, der Esel!«

Wie Entspannung eine Freundschaft rettete

Entspannung kann oft die Lösung zu vielen unserer »unlösbaren« persönlichen Probleme liefern. Lydia wurde von ihrer Freundin Jean, einer einsamen, unglücklichen Frau, die sie »adoptiert« hatte, an den Rand der Verzweiflung getrieben. Lydia war eine selbständige Innenarchitektin, die ihr Geschäft von ihrer Wohnung aus betrieb, und Jean rief sie oft tagsüber an, um sich bei ihr einzuladen.»Wann würde es dir am besten passen?« fragte Jean dann.»Wollen wir zusammen zu Mittag essen, oder sollen wir uns lieber etwas später sehen, zum Kaffee etwa?« *Weder noch*, dachte Lydia zwar zähneknirschend, wollte ihre Freundin aber nicht verletzen und fand sich deshalb immer wieder mit dem »Unvermeidlichen« ab. Nach einiger Zeit begann Jean, da Lydia tagsüber oft keine Zeit für sie erübrigen konnte, fadenscheinige Gründe zu erfinden, um abends bei ihr vorbeizuschauen.

Lydia mochte Jean sehr gern, aber sie konnte es nicht ausstehen, von ihr so vereinnahmt zu werden und praktisch nicht mehr Herrin ihrer eigenen Zeit zu sein. Sie überlegte hin und her, wie sie Jean bitten könnte, etwas weniger besitzergreifend zu sein, ohne ihr ohnehin angeschlagenes Selbstbewußtsein noch weiter zu beeinträchtigen, aber es wollte ihr partout nichts einfallen.

Eines Nachmittags fuhr Lydia auf ihrem Rad durch den Park. Es war ihr bewußt, daß sie ihr Büro nur deswegen verlassen – und den Anrufbeantworter ausgeschaltet – hatte, weil sie nichts von Jean hören wollte. Sie war wütend auf sich selbst dafür, daß sie ihrer Freundin erlaubte, derart über ihr Leben zu bestimmen.

Aber das Radfahren tat ihr gut: Schon bald merkte sie, daß sie tief und ruhig atmete, die Muster betrachtete, die die Schatten der Baumkronen auf dem Pflaster zeichneten, und nicht mehr an Jean dachte – ja, an überhaupt nichts mehr dachte. In diesem Augenblick kam ihr die Erleuchtung.

»Es war so, als sähe ich die Szene auf einem Bildschirm«, erzählte sie später verwundert. »Jean und ich saßen zusammen beim Kaffee, und ich sagte ihr ruhig und taktvoll, was ich zu sagen hatte. Ich konnte meinen Text regelrecht im Geiste hören. Bevor ich mich dann, ein paar Tage später, tatsächlich zu einer Aussprache mit Jean zusammensetzte, fuhr ich noch einmal genauso durch den Park, um die Erfahrung zu wiederholen und meinen ›Vortrag‹ zu proben. Jean und ich sind noch immer Freundinnen – ja, eigentlich bessere Freundinnen als jemals zuvor.«

Wie Entspannung Krankheiten verhüten kann

Der zweiundfünfzigjährige Brett arbeitete bei einer Zeitung. Seine Aufgabe war die Wartung und Instandhaltung der Offsetmaschinen, und es konnte zu jeder Tages- und Nachtzeit passieren, daß er gerufen wurde, um eine Reparatur vorzunehmen oder eine Funktionsstörung zu beheben. Bei einer routinemäßigen Untersuchung stellte der Betriebsarzt fest, daß sein Herz unregelmäßig schlug. Als ein Elektrokardiogramm bestätigte, daß er tatsächlich ein Herzleiden hatte, geriet Brett so sehr in Panik, daß er anfing zu hyperventilieren und um ein Haar im Sprechzimmer ohnmächtig geworden wäre. Der Arzt empfahl ihm dringend, einen Psychologen aufzusuchen, der ihm helfen könnte, seinen Streß zu vermindern. Brett selbst hatte zwar noch nie Probleme mit dem Herzen gehabt, aber sein Vater war im Alter von fünfundfünfzig Jahren an einem plötzlichen Herzinfarkt gestorben, und er wußte, daß er durch seine aufreibende Arbeit doppelt gefährdet war. Er hatte schon seit langem davon geträumt, seinen Posten aufzugeben und Forstwirt zu werden. Trotzdem meinte er, er sei »zu beschäftigt, um seine Zeit bei einem Klapsmühlendoktor zu vergeuden«. Mit zwei

Kindern auf dem College sei es außerdem »Irrsinn, einen gutbezahlten Job aufzugeben, um einem Traum nachzulaufen«.

Vier Monate später erlitt Brett einen Herzinfarkt – glücklicherweise keinen schweren. Während er im Krankenhaus wieder allmählich zu Kräften kam, gestand er sich ein, daß es doch klüger wäre, den ärztlichen Ratschlag zu befolgen. Gleich nach seiner Entlassung begab er sich zu einem Psychologen in Behandlung. Im Rahmen der Sitzungen erörterten er und der Spezialist einerseits die praktischen Aspekte eines Berufswechsels, verbrachten andererseits aber auch viel Zeit mit sogenannter progressiver Relaxation (»fortschreitender Entspannung«). Dabei handelt es sich um eine Technik zum Abbau von Spannungen, die Ende der dreißiger Jahre vom amerikanischen Psychiater Dr. EDMUND JACOBSON entwickelt wurde und mittlerweile von vielen Ärzten und Therapeuten zur Behandlung verschiedenster psychischer und psychosomatischer Probleme angewendet wird. Ein wesentlicher Vorzug der Relaxation ist, daß der Patient praktisch von der ersten Behandlung an eine spürbare Besserung seines Zustands feststellt. Binnen einiger Wochen fühlte sich Brett – psychisch wie physisch – besser. Und nach wenigen Monaten war sein EKG wieder völlig normal.

Die progressive Relaxation war noch immer Teil seines normalen Tagesablaufs, als er sich mit der finanziellen Unterstützung einiger Leute, die er durch seinen Kardiologen kennengelernt hatte, in ein forstwirtschaftliches Unternehmen einkaufte.

Entspannung, der Schlüssel zum reflexiven Umlernen

Sobald Sie den für Sie effektivsten Weg zur Entspannung gefunden haben, können auch Sie die unterbewußten rechtshemisphärischen Prozesse auslösen und beeinflussen, die den Schlüssel zur Psychokybernetik darstellen.

Die »progressive Relaxation«, deren sich Brett bediente, ist eine der einfachen Techniken, die Sie im weiteren Verlauf dieses Kapitels kennenlernen werden. Falls Sie schon versucht haben sollten, Ihr »Umlernprogramm« in Gang zu bringen, aber daran gescheitert sind, daß es Ihnen einfach nicht gelingen wollte, sich ausreichend zu entspannen, um sich auf das Theater Ihrer Imagination konzentrieren zu können, werden diese Techniken Ihr Problem vielleicht schon bald lösen. Die Ergebnisse des reflexiven Umlernens zeigen sich, wie Sie ja wissen,

erst nach rund sechs Wochen, aber die positiven Auswirkungen der Entspannung sollten sich bereits am ersten Tag bemerkbar machen. Mit ziemlicher Wahrscheinlichkeit haben auch Sie in der Schule Gedichte auswendig lernen und aufsagen müssen. Erinnern Sie sich, wie Sie schwitzten, um sich diese endlosen Balladen von SCHILLER, GOETHE oder STORM einzuprägen? Bringen Sie heute noch zwei Verse davon zusammen? Hätte mich auch gewundert. Probieren Sie dagegen einmal, ob Sie die folgenden »literarischen Produkte« aus dem Gedächtnis vollenden können:
»Wer wird denn gleich in die Luft gehen? ...«
»Dash wäscht so rein ...«
»Mach mal Pause ...«
»Nichts geht über ...«
Es könnte durchaus sein, daß ebensoviel Zeit vergangen ist, seitdem Sie diese Werbesprüche zum letztenmal gehört haben, wie seitdem Sie in der Klasse aufgerufen wurden, um den »Zauberlehrling« oder »John Maynard« vorzutragen. Dennoch könnten Sie sehr wahrscheinlich die Werbesprüche noch heute fehlerlos aufsagen – die Gedichte hingegen nicht. Der Grund ist ganz einfach der, daß Sie sich die Gedichte seinerzeit durch Willenskraft aneignen mußten, während Sie die Werbeslogans durch unterbewußte Wiederholung wie von selbst lernten. Es ist schon erstaunlich, wieviel wir »nebenher« aufschnappen, wenn wir nicht einmal bei der Sache sind, finden Sie nicht?

Entspannung, das Tor zum Lernen

Wenn wir entspannt sind, ist unser Geist zu gesteigerten Lern- und Gedächtnisleistungen imstande. Dieses Prinzip wirkt sich glücklicherweise nicht nur im Zusammenhang mit Werbesprüchen aus, sondern kann auch gezielt zur Aneignung von sinnvollem und nützlichem Wissen angewandt werden. Ein bulgarischer Psychiater, Dr. GEORGI LOZANOW, entwickelte eine Methode der Wissensvermittlung, die Tiefenentspannung und Atemübungen mit Musik kombiniert, um einen Zustand erhöhter Konzentration herbeizuführen. Dieses schon vieltausendfach erprobte »Superlearning« erweitert die Lern- und Merkfähigkeit, indem es »linke Hirnhemisphäre, Körper und rechte Hirnhemisphäre davon abhält, gegeneinander zu arbeiten und unsere eigentlichen Fähigkeiten zu blockieren«. Wenn Menschen, die sich in solch einem Zustand entspannter Konzentration befinden, mit Informationen »gefüttert« werden, können sie diese erheblich schneller als unter normalen Umständen aufnehmen und ihrem Langzeitgedächtnis einverleiben.

Ganz besonders nützlich sind solche Techniken, wenn es darum geht, die zur Veränderung unseres Selbstbildes benötigten neuen Gewohnheiten zu erlernen. Tatsächlich stützte sich Lozanow bei der Entwicklung des Superlearning nach eigener Aussage auf Forschungsergebnisse der Selbstbildpsychologie. Um schneller lernen und unser inneres Potential freisetzen zu können, erklärte er, müssen wir zuerst die Einschränkungen oder Grenzen in unserem Denken überwinden. »Wir sind dazu konditioniert«, sagte er, »zu glauben, wir könnten nur soundsoviel in einer soundso langen Zeitspanne lernen, ... es gäbe bestimmte starre Grenzen hinsichtlich dessen, was wir tun und erreichen können. Wir alle werden vom Tag unserer Geburt an konstant mit beschränkenden Suggestionen bombardiert.« Wie Maltz stellte Lozanow einen Bezug zur Kybernetik her, indem er aufzeigte, wie Feedback sich auf das Ergebnis auswirkt: »Wenn der Lehrer niedergeschlagen ist oder glaubt, die Schüler seien dumm oder die Lehrmethode werde nicht funktionieren, so könnten das die Schüler merken, und dies würde deren Leistung beeinträchtigen.«

Mit anderen Worten: Entspannung oder Relaxation ist der Schlüssel, der den Geist von seinen Fesseln befreit, wodurch ein kreatives, ganzheitliches, rechtshemisphärisches Problemlösen möglich wird. Wenn wir physisch angespannt oder mental abgelenkt sind, kann unser automatischer Mechanismus nicht funktionieren. *Er kann nur dann effektiv arbeiten, wenn wir uns in einem Zustand der Entspannung befinden.*

Wie Entspannung Ihr Selbstbild verändern kann

Thanarat, ein vielversprechender junger Computercrack, war im Alter von fünfzehn Jahren aus Thailand in die Vereinigten Staaten umgesiedelt. Nach seinem College-Abschluß bekam er einen Job bei einer der Firmen in Silicon Valley und stieg rasch die Karriereleiter hinauf. Knapp vierundzwanzigjährig erhielt er einen leitenden Posten im Unternehmen. Damit fing die Katastrophe an. Thanarat erkannte schon bald, daß es ihm erhebliche Schwierigkeiten bereitete, Verfahrensfragen mit seinen Vorgesetzten zu besprechen, und daß die Notwendigkeit, seine Untergebenen gelegentlich – und sei es auch noch so sanft – zur Ordnung zu rufen, regelrechte Angstzustände bei ihm auslöste.

Thanarat lebte damals bereits seit neun Jahren in den Vereinigten Staaten und hatte den größten Teil seiner Ausbildung in amerikanischen Schulen genossen, aber er stammte aus einer Großfamilie, die fest in der traditionellen thailändischen Kultur verwurzelt war. Dort gilt Aufdringlichkeit – im allerweitesten Sinne des Wortes – als eine

»soziale Todsünde«. Dementsprechend war eines der wesentlichen
Merkmale von Thanarats Persönlichkeit zurückhaltende Ehrerbietung.
Seine Erziehung hätte ihm nie erlaubt, sich selbst und seiner Familie
Schande zu machen, indem er sich ein aufdringliches Verhalten
zuschulden kommen ließ – wozu für sein Empfinden auch das Belästi-
gen von Autoritätspersonen durch Fragen oder das Herumkomman-
dieren von Untergebenen gehört hätte. Vor solchem Verhalten war er
schon immer zurückgeschreckt und hatte es beispielsweise stets vorge-
zogen, statt durch Fragen durch Nachahmung zu lernen. Seit seiner
Beförderung jedoch standen die mit seinem Posten verbundenen Pflichten in direktem Widerspruch zu seinem Empfinden.
      Thanarat hatte, mit einem Wort, ein »Selbstbild-Problem«. Selbst-
verständlich war sein Selbstkonzept nach keinem vernünftigen Maßstab als »negativ« zu bezeichnen, doch es erwies sich als *ungeeignet*
für einen Manager in einer Kultur, die einen energischen Führungsstil
als unerläßlich betrachtet. Er bediente sich der progressiven Relaxation
in Verbindung mit dem reflexiven Umlernen, um ein neues Selbstbild
zu entwickeln, das ihm erlauben würde, sich in zwei verschiedenen
Rollen wohl zu fühlen. Sobald er vollkommen entspannt war, visualisierte er sich zunächst in seiner traditionellen Rolle als passiver »Empfänger«. Dann, noch in demselben entspannten Zustand, visualisierte
er eine neue Version seiner selbst, die gleichsam aus dem Ei schlüpfte.
Er sah sich in spezifischen *berufsbezogenen* Situationen selbstsicher,
aber ohne jede Aggressivität Fragen stellen und Untergebenen entschlossen, aber nicht autoritär begegnen. Er wiederholte diese Übung
täglich, bis es ihm schließlich gelang, ohne seelische Konflikte eine
arbeitsbezogene Rolle zu spielen, die seiner verantwortlichen Stellung
gerecht wurde, und gleichzeitig, im Privatleben, eine Rolle aufrechtzuerhalten, die im Einklang mit den traditionellen Werten der thailändischen Kultur stand. Die Entspannung gestattete es Thanarats Reiter,
seinem Pferd zwei verschiedene Wege anzugewöhnen.

Wie Sie Ihren Erfolgsmechanismus
wieder in Gang bringen können:
Ein paar Entspannungstechniken

Viele Wege führen zur Relaxation, und möglicherweise werden Sie
einige Zeit brauchen, um herauszufinden, welcher von ihnen Ihre
kreative Imagination am besten mobilisiert. Jede Form mentaler Kon-

zentration, die Sie in einen Zustand tiefer Ruhe versetzt, ist »richtig«.
Dr. HERBERT BENSON bezeichnet diesen Zustand als *Entspannungs-*
reaktion: »Wenn diese Reaktion ausgelöst wird, fallen Herzfrequenz
und Blutdruck. Atmungsfrequenz und Sauerstoffverbrauch gehen
infolge des stark verminderten Energiebedarfs gleichfalls zurück ...
Die Blutzufuhr zu den Muskeln wird reduziert, wodurch ein Wärme-
gefühl und ein Zustand ausgeruhter mentaler Wachsamkeit entstehen.«
Wenn die Entspannungsreaktion ausgelöst worden ist, ist die Kampf-
oder-Flucht-Reaktion »abgeschaltet«. Probieren Sie aus, welche der
folgenden Techniken Sie am effektivsten in diesen Zustand versetzt:

Zen-Atmung

»Zen-Atmung« mag wie eine esoterische Praktik klingen, die eher in
ein japanisches Kloster als in unsere moderne Welt paßt, aber das
täuscht. Diese Atmung basiert zwar in der Tat auf alten asiatischen
Meditationstechniken, doch sie hat für sich genommen nichts mit
Religion zu tun. »Langsames, rhythmisches Atmen«, schreibt Dr. KEN-
NETH R. PELLETIER, »kann einen Zustand ängstlicher Erregung in einen
relativer Ruhe und Gelassenheit verwandeln und den Körper von vielen
der anderen negativen Auswirkungen der Angst befreien.« Ich mache
deswegen mit dieser bestimmten Technik den Anfang, weil sie die
einfachste Methode zur Relaxation überhaupt sein dürfte und so natürlich und einfach zu erlernen ist wie ... na ja, eben wie das Atmen.
Gehen Sie folgendermaßen vor:

1. Setzen Sie sich an einen ruhigen, behaglichen Ort.
2. Atmen Sie *tief, langsam und durch die Nase ein und aus.*
3. Konzentrieren Sie sich bei jedem Atemzug auf die Empfindungen,
   Sinneseindrücke und Veränderungen, die Ihnen im Zusammenhang
   mit Ihrer Atemtätigkeit zu Bewußtsein kommen. Lauschen Sie auf
   Ihren Atem. Hören Sie die »lebenspendenden« Geräusche des Ein-
   und des Ausatmens. Dieser Prozeß erleichtert es Ihnen, andere
   Geräusche auszublenden und ablenkende linkshemisphärische
   Gedanken zu vergessen.
4. Nach ungefähr fünfzehn Minuten tun Sie einen letzten tiefen Atemzug und beenden die Sitzung. Sie sollten sich jetzt körperlich und
   geistig vollkommen entspannt und erfrischt fühlen.

Noch ein wichtiger Hinweis: Bei dieser wie bei jeder anderen Ent-
spannungstechnik spielen individuelle Vorlieben eine wichtige Rolle,

ja sie sind ein wesentlicher Bestandteil des Prozesses. Experimentieren Sie mit verschiedenen Variationen zu diesem »Atem-Thema« und finden Sie heraus, welche Methode Ihnen am meisten zusagt. Beispielsweise könnten Sie feststellen, daß es Ihnen angenehmer ist, sich statt auf das Geräusch ihrer Atmung auf einen äußeren akustischen Eindruck zu konzentrieren – wie das Zirpen der Grillen an einem Sommerabend oder das Rauschen der Wellen am Strand.

Eine Alternative zum bloßen Eigengeräusch des Atems wäre, den Aushauch mit einer einzelnen Silbe zu unterlegen – etwa dem Wort »eins«.

Sie könnten feststellen, daß es Ihre Konzentration fördert, wenn Sie sich beim Einatmen das eine und beim Ausatmen das andere Nasenloch zuhalten. Falls Sie sich dazu entschließen, diese Technik anzuwenden, wechseln Sie bitte alle paar Minuten die Seiten. Wenn Sie also durch das rechte Nasenloch ein- und durch das linke ausgeatmet haben, versuchen Sie jetzt umgekehrt, durch das linke ein- und durch das rechte auszuatmen. Manche Forscher haben die Vermutung geäußert, daß durch das linke Nasenloch zu atmen die rechte Hirnhemisphäre aktiviert und umgekehrt. Um die Atmung durch das linke Nasenloch zu erleichtern, legen Sie sich während Ihrer Atemübungen auf die rechte Seite.

Vielleicht fällt es Ihnen leichter, sich zu entspannen, wenn Sie von zwanzig rückwärts zählen (bei jedem Atemzug eine Zahl). Sind Sie bei »eins« angelangt, so blenden Sie einen oder mehrere zentrale Begriffe aus Ihren Affirmationen ein – etwa »ruhig und selbstsicher«. Wiederholen Sie dieses Wort oder diese Worte mehrere Atemzüge lang. Nach einer Weile hat Ihr Unterbewußtsein den Prozeß mit den entsprechenden Schlüsselbegriffen (»ruhig und selbstsicher«) assoziiert, und Sie beginnen, jedesmal wenn Sie die Prozedur durchführen, den durch sie ausgedrückten seelischen Zustand tatsächlich zu erleben.

Sich während des Atmens auf ein Mandala zu konzentrieren, kann Ihnen bei der Einstimmung auf Ihre rechtshemisphärischen Gedanken behilflich sein. Ein Mandala, wie das auf Seite 130 abgebildete, ist ein symmetrisches, um einen Mittelpunkt angeordnetes Muster. In der Natur kommen solche Muster etwa in Schneekristallen, Blüten, Edelsteinen und dem menschlichen Auge vor. Darüber hinaus ist das Mandala ein weitverbreitetes Motiv in der Kunst, der Architektur und der Symbolik vieler Religionen. Die sogenannten »Rosen«, die reichverzierten Rundfenster gotischer Kirchen, sind beispielsweise Mandalas.

Die Konzentration auf ein Mandala hilft uns deswegen, uns zu entspannen, weil die linke Hirnhemisphäre nicht vermag, das dargebotene optische Input rational zu begreifen. Insofern ist sie besonders wertvoll als Mittel zur Stillung der verbalen Ablenkungen – des »inneren Monologs« –, die der Entspannung entgegenwirken. Vergessen Sie nicht: Die linke Hemisphäre erträgt es nicht, ausgeschlossen zu werden. Sie möchte ständig die Zügel in der Hand behalten. Vielleicht stellen Sie fest, daß Ihre linke Gehirnhälfte versucht, das Muster des Mandalas zu analysieren, indem sie es in Kreise, Linien und Dreiecke aufspaltet. »Sie können dies vermeiden«, empfiehlt MARILEE ZDENEK in *Die Entdeckung des rechten Gehirns*, »indem Sie sich auf den Mittelpunkt des Musters konzentrieren und gleichzeitig versuchen, soviel wie möglich vom umgebenden Mandala zu sehen, *ohne es zu analysieren*. Schon bald wird sich die linke Hirnhemisphäre der rechten fügen. Tatsächlich wird das Mandala verwendet, um die linke Hemisphäre zu überlisten, wodurch es möglich wird, in den rechtshemisphärischen Modus umzuschalten.«

Progressive Relaxation

Diese Entspannungsmethode impliziert die zunehmende (progressive) »Ruhigstellung« ihres ganzen Körpers in Verbindung mit einigen Techniken, die auch bei der Zen-Atmung Verwendung finden. Gehen Sie folgendermaßen vor:

1. Setzen Sie sich an einen ruhigen, behaglichen Ort. Ziehen Sie die Schuhe aus.
2. Sitzen Sie bequem, mit beiden Füßen auf dem Boden und den Händen im Schoß. Achten Sie darauf, daß sich Ihre Hände und Füße nicht gegenseitig berühren. Schließen Sie die Augen.
3. Fordern Sie jetzt mental die folgenden Teile Ihres Körpers auf, sich zu entspannen. Sobald Sie spüren, daß der jeweils angesprochene Körperteil sich entspannt, gehen Sie zum nächsten über.

Zehen des linken Fußes	entspannen
Zehen des rechten Fußes	entspannen
Linker Fuß	entspannen
Rechter Fuß	entspannen
Linker Knöchel	entspannen
Rechter Knöchel	entspannen
Linke Wade	entspannen
Rechte Wade	entspannen
Linker Oberschenkel	entspannen
Rechter Oberschenkel	entspannen
Leistengegend	entspannen
Gesäßbacken	entspannen
Unterleib	entspannen
Brust	entspannen
Linke Schulter	entspannen
Rechte Schulter	entspannen
Rechter Arm	entspannen
Rechte Hand	entspannen
Finger der rechten Hand	entspannen
Linker Arm	entspannen
Linke Hand	entspannen
Finger der linken Hand	entspannen
Hals	entspannen
Gesicht	entspannen

Jetzt sind Sie vollkommen entspannt.

4. Lauschen Sie auf Ihre Atmung. Wiederholen Sie das Wort oder den Laut Ihrer Wahl. Versuchen Sie, Ihren Geist daran zu hindern, vom gewählten Wort abzuschweifen.
5. Nach ungefähr fünfzehn Minuten atmen Sie tief durch und »holen« sich allmählich wieder aus der Entspannung heraus. Stehen Sie auf und strecken Sie sich wie eine Katze. Jetzt sollten Sie sich wie neugeboren fühlen.

Vielleicht möchten Sie die progressive Relaxation auch lieber auf dem Rücken liegend durchführen; wählen Sie in dem Fall eine nicht ganz harte, aber feste Unterlage, um zu vermeiden, daß Sie während der Übung einschlafen. Sie werden wahrscheinlich feststellen, daß Sie sich tiefer entspannen können, wenn Sie vor Beginn der Relaxation Ihren Körper bewußt *an*spannen:

1. Legen Sie sich auf den Rücken und heben Sie Ihr linkes Bein ungefähr zehn Zentimeter vom Boden. Winkeln Sie Ihren Fuß so an, daß die Spitze nach oben weist. Bleiben Sie ungefähr fünfzehn Sekunden in dieser Position, dann entspannen Sie sich.
2. Wiederholen Sie die Prozedur mit dem rechten Bein.
3. Heben Sie Ihren linken Arm ungefähr fünf Zentimeter vom Boden. Strecken Sie ihn aus und spannen Sie die Muskeln an. Ballen Sie die Faust, so fest Sie nur können. Bleiben Sie für ungefähr fünfzehn Sekunden in dieser Position, dann entspannen Sie sich.
4. Wiederholen Sie die Prozedur mit dem rechten Arm.
5. Öffnen Sie Mund und Augen, so weit Sie nur können. Strecken Sie die Zunge heraus. Bleiben Sie für ungefähr fünfzehn Sekunden in dieser Position, dann entspannen Sie sich.
6. Führen Sie jetzt die progressive Relaxation wie oben beschrieben durch.

Das strahlende Licht

Diese Abwandlung der progressiven Relaxation wird gern bei Schwangerengymnastikkursen zur Geburtsvorbereitung geübt, aber sie kann von beiden Geschlechtern jederzeit angewandt werden.

1. Setzen oder legen Sie sich ohne Schuhe bequem hin. Schließen Sie die Augen. Atmen Sie für eine bis zwei Minuten langsam und tief ein und aus.
2. Visualisieren Sie den einströmenden Atem als ein strahlendes Licht,

das Ihren ganzen Körper ausfüllt. Beim Ausatmen fühlen Sie, wie Ihr Körper sich entspannt. Fahren Sie so einige Atemzüge lang fort.

3. Führen Sie jetzt während des Einatmens das strahlende Licht bis hinunter in Ihren linken Fuß. Wenn Sie ausatmen, stellen Sie sich vor, daß das Licht Ihren Körper durch die Fußsohle verläßt und dabei alle Anspannung mit sich fortträgt.

4. Wiederholen Sie den dritten Schritt so oft wie nötig, wobei Sie das Licht nacheinander in alle Teile des Körpers führen, die in der Beschreibung der progressiven Relaxation genannt werden.

5. Kosten Sie ein paar Minuten lang das Gefühl vollkommener Entspannung aus.

6. Atmen Sie noch einmal tief durch, öffnen Sie die Augen und strecken Sie sich.

Dr. Lozanows Hitparade

Musik ist ein wesentlicher Bestandteil von Dr. GEORGI LOZANOWS weiter oben skizzierten Entspannungsmethoden. Eine detaillierte Beschreibung dieser Verfahren würde zwar den Rahmen dieses Buches sprengen, aber vielleicht möchten Sie einmal ausprobieren, inwieweit sich Musikbegleitung positiv auf Ihre eigenen Entspannungsübungen auswirkt.

Wohlgemerkt, ich spreche nicht von Musik*untermalung* oder einem beliebigen »Hindergrundgedudel«. Lozanow machte die Beobachtung, daß eine ganz bestimmte Art von Musik mit einem spezifischen Rhythmus (Takt und Tempo) hilft, durch Synchronisierung verschiedener körperlicher Prozesse einen Zustand entspannter Konzentration zu erzielen. Zu diesem Zweck verwendete er Musik aus der Barockzeit – und zwar namentlich den langsamen Satz von Konzerten solcher Komponisten wie GEORG FRIEDRICH HÄNDEL, ANTONIO VIVALDI, GEORG PHILIPP TELEMANN, ARCANGELO CORELLI und JOHANN SEBASTIAN BACH. Solche Musik hat einen langsamen, feierlichen Rhythmus mit einem Tempo von ungefähr sechzig Schlägen pro Minute. Wenn Sie mit Barockmusik vertraut sind, können sie sich ein etwa zwanzigminütiges Band mit geeigneten Stücken Ihrer Wahl zusammenstellen. Wenn nicht, können Sie sich bei der Auswahl »Ihrer« Entspannungsmusik von einem Freund oder von einem Angestellten der Klassikabteilung eines guten Schallplattengeschäfts beraten lassen.

Fünf Regeln zur »Enthemmung«
Ihres kreativen Mechanismus

Regelmäßige Entspannungsübungen tragen mit dazu bei, daß unser automatischer Mechanismus reibungslos funktionieren kann. Aber was ist mit den alltäglichen Situationen am Arbeitsplatz oder in unseren zwischenmenschlichen Beziehungen, die ein Gefühl der Anspannung und Befangenheit in uns zurücklassen? Wie können wir uns von der chronischen Besorgtheit und Selbstüberwachung befreien, die solche Situationen grundsätzlich zu begleiten scheinen?

»Bewußte Anstrengung oder Bemühung hemmt und ›verklemmt‹ den automatischen kreativen Mechanismus«, schrieb MAXWELL MALTZ. »Manche Menschen sind sich jeder ihrer Bewegungen peinlich bewußt ... Wir bezeichnen solche Menschen zu Recht als ›gehemmt‹. Aber treffender wäre es zu sagen, daß nicht der ›Mensch‹ gehemmt ist, sondern daß der Mensch seinen eigenen kreativen Mechanismus ›gehemmt‹ hat. Wenn solche Menschen imstande wären, ›loszulassen‹, sich nicht mehr zu bemühen, sich nicht zu sorgen und keinen Gedanken an ihr Verhalten zu vergeuden, dann könnten sie kreativ und spontan handeln und ›sie selbst‹ sein.«

Maltz stellte die folgenden »fünf Regeln zur Enthemmung des kreativen Mechanismus« auf:

1. **Sorgen Sie sich,** *bevor* **Sie Ihren Einsatz machen, und nicht, wenn das Rad sich schon dreht.** Maltz leitete dieses Bild aus dem Roulettespiel ab, aber es ist trotzdem ein Gedanke, den ich persönlich unmittelbar nachvollziehen kann. Vor Jahren, als mein Mann gerade anfing, in seiner Firma Karriere zu machen, spielte ich die Rolle der hilfreich ihm zur Seite stehenden Ehefrau und nahm zu diesem Zweck an einer Menge Partys und Empfänge teil, die ich mir weit lieber erspart hätte. Einmal, während eines langweiligen Mittagessens, saß ich da und wünschte mir, die Zeit würde schneller vergehen; ich dachte gerade an all die Dinge, die ich lieber getan hätte, als meine Platznachbarin die Hand auf meine Armbanduhr legte und mich fragte, wie spät es sei. Ich fühlte mich peinlich berührt und bloßgestellt – meine linke Hirnhemisphäre schimpfte schon vor sich hin: »Kann die ihre Finger nicht bei sich behalten?!« –, aber ich lächelte und sagte, daß ich das gern tun würde, aber dazu müßte sie erst ihre Hand wegnehmen. »Bobbe«, sagte sie da, »weißt du nicht, wie oft du während der letzten halben Stunde auf die Uhr gesehen hast?«

Diese Frau war eine ausgezeichnete Lehrerin. Eine der Lektionen, die sie mir erteilte, lautete: »Die Zeit, dir über eine Entscheidung Gedanken zu machen, ist, *bevor* du sie fällst.« Dadurch, daß ich mich dafür entschieden hatte, an dem Essen teilzunehmen, um meinem Mann den Rücken zu stärken, waren die Würfel bereits gefallen. Ich war *da* – es hatte überhaupt keinen Sinn, jetzt noch etwas daran ändern zu wollen. Es mag gelegentlich angebracht sein, sich beim Gedanken an die möglichen Folgen einer bestimmten Handlungsweise, für die man sich *noch nicht* entschieden hat, zu ängstigen und zu sorgen. *Haben* Sie sich aber erst einmal entschieden, dann gehen Sie energisch an die Sache heran, und akzeptieren Sie die Verantwortung für Ihre Entscheidung.

2. Gewöhnen Sie sich an, bewußt auf den gegenwärtigen Augenblick zu reagieren. Dies ist das Prinzip, das hinter der berühmten Losung der Anonymen Alkoholiker steht: »Ein Tag auf einmal.« Unser automatischer Mechanismus kann nur in der Gegenwart reagieren. Wir können mit einer Situation, die sich *jetzt* ereignet, nicht dadurch fertig werden, daß wir uns darüber Gedanken machen, wie wir uns morgen fühlen werden, oder uns voll Angst und Beschämung daran erinnern, wie ungeschickt wir uns in der Vergangenheit in einer ähnlichen Situation verhalten haben. Wenn Sie Skilaufen lernen und sich nach etlichen Übungsstunden auf dem Idiotenhügel zum erstenmal an den »Halbidiotenhang« wagen, grämen Sie sich dann während der Abfahrt darüber, wie oft Sie schon auf die Nase gefallen sind? Fragen Sie sich besorgt, wie Sie den Buckel, der zweihundert Meter weiter unten kommt, bewältigen werden? Natürlich nicht – und tun Sie es doch, so können Sie sicher sein, daß Sie die zweite Hälfte der Abfahrt auf Ihrem Allerwertesten zurücklegen werden. Wenn Sie sich über frühere Mißerfolge grämen, konzentrieren Sie sich auf – den Mißerfolg. Sie starren auf den Bordstein. Sollten Sie über das besorgt sein, was Sie weiter unten am Hang erwartet, so konzentrieren Sie sich auf etwas, was sich völlig Ihrer Kontrolle entzieht – *noch*. Und derweil übersehen Sie möglicherweise ein entscheidendes Detail Ihrer gegenwärtigen Situation, das Sie *sehr wohl* beeinflussen könnten.

3. Versuchen Sie immer nur eine Sache auf einmal zu machen. In unserer hektischen Welt hat es oft den Anschein, als verlangten ein Dutzend oder mehr Dinge auf einmal unsere Aufmerksamkeit. Wir konzentrieren uns so sehr auf die erdrückende Aussicht, sie alle erledigen zu müssen – oder zu wollen –, daß wir uns von unserer Angst lähmen lassen und zu guter Letzt überhaupt nichts erreichen.

Unser automatischer Mechanismus kann immer nur ein Ziel auf einmal anvisieren. Gleichgültig, wieviel wir zu tun haben – mehr als sechzig Minuten pro Stunde stehen uns nicht zur Verfügung. Selbst ein Computer, der in einer Sekunde Millionen von Berechnungen anstellen kann, ist nicht imstande, zwei Programme genau gleichzeitig abzuspulen. Konzentrieren Sie Ihre Aufmerksamkeit auf *ein* Projekt, und verschwenden Sie keinen Gedanken an diejenigen, an denen Sie gerade *nicht* arbeiten. Bei *einem* Projekt Fortschritte zu verzeichnen, wird Ihr Selbstwertgefühl erheblich mehr steigern, als sich über sechs Sorgen zu machen.

4. Überschlafen Sie die Sache. Denken Sie immer daran, daß die rechte Hemisphäre dann am besten arbeitet, wenn die linke sich am wenigsten einmischt. Zu keiner Zeit ist die linke Hirnhälfte weniger aktiv als während des Schlafes. Genau darin liegt auch die keineswegs leere Redensart begründet, die besagt, man müßte ein Problem erst überschlafen, bevor man zu einer Entscheidung kommt.

5. Entspannen Sie sich während der Arbeit. »Sie können etwas von ›diesem relaxten Gefühl‹ und der entspannten Haltung herbeiführen«, erklärte Maltz, »wenn Sie es sich zur Gewohnheit machen, sich das angenehme Gefühl der Entspannung, das Sie selbst [durch Ihre Übungen] bereits herbeigeführt haben, ins Gedächtnis zurückzurufen.« Wenn Anspannung und Angst die Funktion Ihres kreativen Mechanismus blockieren, halten Sie inne und konzentrieren Sie sich auf eine Erinnerung an ein Erlebnis von Entspanntsein. Erzeugen Sie ein detailliertes mentales Bild von einer Situation, in der Ihr Körper und Ihr Geist vollkommen friedlich und gelassen waren.

Wenn Sie sich vor einer bestimmten bevorstehenden Situation fürchten, rufen Sie sich eine ähnliche Situation ins Gedächtnis zurück, die für Sie erfolgreich ausgegangen ist. Konzentrieren Sie sich auf das Gefühl von Entspannung und Wohlbefinden, das Ihren damaligen Erfolg begleitete. Das Erinnern eines vergangenen Erfolgserlebnisses und des mit ihm einhergehenden Gefühls von Wohlbefinden verstärkt Ihr Bewußtsein der Tatsache, daß Entspannung und Erfolg miteinander Hand in Hand gehen. Sobald Sie es sich zur Gewohnheit gemacht haben, solche Erinnerungen zueinander in Beziehung zu setzen, wird die Erinnerung an das Gefühl des Entspanntseins Ihr Unterbewußtsein dazu veranlassen, sich gleichzeitig an gehabte Erfolgserlebnisse zu erinnern.

Achten Sie auf Ihre »Pausenzeichen«

Dr. ERNEST L. ROSSI hat eine detaillierte Studie des »infradianen Rhythmus« durchgeführt – des körperlich-geistigen Zyklus biochemischer Aktivität, den wir mehrmals im Laufe des Tages erleben. In seinem Buch *Die zwanzig Minuten Pause* erklärt Rossi, daß die meisten von uns »in den wichtigsten physischen und psychischen Prozessen« einen hundertzehn- bis hundertzwanzigminütigen Grundzyklus von Ruhe und Aktivität durchmachen, »bestehend aus Aufwärmphase, Hochleistungsphase, [›objektiver‹] Streßphase und Ruhephase«. Zu (subjektivem) Streßerleben, Erregung und Leistungsabfall kommt es dann, wenn wir versuchen, die Aktivität auch während der in der Regel zwanzigminütigen »Tief-Phase« dieses Zyklus aufrechtzuerhalten – der Periode also, während der »unser Bewußtsein anscheinend das Bedürfnis hat, seine äußeren Betätigungen für eine Weile einzustellen, so daß die tieferen Schichten unserer Psyche aufholen und alles zusammenfassen können«. Rossi empfiehlt uns zu versuchen, unsere Pausen, Meditationen und Aktivitäten zur »inneren Verjüngung« – soweit wie möglich – mit diesen zwanzigminütigen »physiologischen Flauten« zu synchronisieren. Er listet die folgenden Symptome auf, anhand deren wir erkennen können, daß unsere Psyche und unser Körper eine Erholungspause benötigen:

o das Bedürfnis, sich zu strecken, sich Bewegung zu verschaffen oder eine Pause einzulegen;
o Gähnen oder Seufzen;
o zunehmendes Zögern, In-die-Länge-Ziehen, Unfähigkeit, weiterzuarbeiten;
o zunehmende Anspannung, Verspannung und Ermüdung des Körpers;
o Hungergefühle;
o das Bedürfnis, Wasser zu lassen;
o Zerstreutheit, mangelnde Konzentrationsfähigkeit;
o Niedergeschlagenheit oder das Gefühl emotionaler Verwundbarkeit;
o zunehmendes Abgelenktsein durch Tagträume und Phantasien – möglicherweise sexueller Natur;
o leichte Gedächtnisschwäche (einzelne Wörter, an sich bekannte Telefonnummern und so weiter fallen einem nicht mehr ein);
o sich häufende Flüchtigkeitsfehler (Rechtschreib-, Tipp- oder Rechenfehler);
o deutlicher Leistungsabfall.

Sechs Streßminderer am Arbeitsplatz

In ihrem Buch *Whole-Brain Thinking* empfehlen JACQUELYN WONDER und PRISCILLA DONOVAN die folgenden Übungen für die »Instant-Entspannung« am Arbeitsplatz:

1. *Auszeit für Augen.* Drehen Sie das Gesicht zur Wand oder zum Fenster (was weniger auffällt). Schließen Sie die Augen und rollen Sie die Augäpfel nach oben. Atmen Sie zweimal tief durch.

2. *Miniliegestütze.* Halten Sie die Oberarme am Körper und die Unterarme und Hände rechtwinklig nach vorn ausgestreckt. Beugen Sie jetzt die Hände so weit wie möglich zurück, so daß die Handflächen nach vorn weisen, und bleiben Sie in dieser angespannten Haltung. Zählen Sie bis zwanzig (wenn Sie genug Zeit haben), und lassen Sie dann los. Legen Sie die Hände für ein paar Sekunden in den Schoß und kosten Sie das Gefühl der Befreiung aus.

3. *Karussell.* Rollen Sie den Kopf mehrmals im Kreis herum und anschließend in der entgegengesetzten Richtung. Wiederholen Sie dies so lange, wie Sie es ohne unangenehme Nebenwirkungen tun können, und rollen Sie jedesmal langsamer und ausholender.

4. *Seitenbeugen.* Beugen Sie, auf Ihrem Stuhl sitzend, Ihren Oberkörper seitwärts hin und her, bis Sie mit der jeweiligen Hand den Fußboden berühren können. Falls Sie jemand dabei sieht, können Sie so tun, als sei Ihnen etwas heruntergefallen.

5. *Ein Miniurlaub.* Schließen Sie die Augen und »sehen« Sie sich an Ihrem Lieblingsort – in den Bergen, im Bett, wo auch immer. Bleiben Sie im Geiste, wo Sie sind, bis auch Ihr Körper das Gefühl hat, dort zu sein. Wenn Sie kalte Hände oder Füße haben, visualisieren Sie sich an einem warmen, freundlichen Ort und wärmen Sie Ihre Extremitäten.

6. *Nur noch Stehplätze.* Wenn Sie gezwungen sind, für längere Zeit zu stehen, treten Sie von einem Fuß auf den anderen und übertreiben Sie die Bewegung, indem Sie Knie und Knöchel beugen.

Sieben Tips, wie Sie die Entspannung zu einer Lebensweise machen können

Eines dürfen Sie auf keinen Fall vergessen: Jedes Relaxationsprogramm entfaltet seine volle Wirkung erst dann, wenn es regelmäßig Tag für Tag geübt wird. Sie werden merken, daß es Ihnen viel leichter fällt, für Ihre Visualisationen und Ihr reflexives Umlernen in einen entspann-

ten Zustand zu gleiten, wenn Sie die Entspannung zu einem festen
Teil Ihres Tagesablaufs gemacht haben. Hier folgen ein paar Tips, die
Ihnen helfen werden, dies zu erreichen:

1. Wenn Sie am Morgen aufwachen, achten Sie auf Ihre Gedankenmuster. Ertappen Sie sich bei negativen Gedanken (»O Gott, es ist
Montag!« – »Ich wollte, es wäre schon Abend!« – »Keine fünf
Sekunden wach, und ich weiß schon, daß das ein fürchterlicher Tag
wird!«), so sagen Sie: »LÖSCHEN!« *Formulieren Sie um:* Gestatten
Sie sich bewußt, ein anderes mentales Bild zu sehen.
2. Besorgen Sie sich ein paar Entspannungskassetten, die Sie morgens
beim Aufwachen, im Auto und abends vor dem Einschlafen abspielen können, wenn Sie ängstlich oder nervös sind. Solche Aufnahmen
können entweder eine geführte Relaxationsübung mit Musikbegleitung enthalten oder aber einfach Naturgeräusche, wie Meeresbrandung oder Vogelgezwitscher. Entspannungskassetten finden Sie in
der Esoterikabteilung größerer Buchläden, in Schallplattengeschäften oder bei einschlägigen Versandhäusern.
3. Nehmen Sie an einem Hatha-Yoga-Kurs teil (fast jede Volkshochschule bietet heutzutage solche Kurse an). Hatha-Yoga ist eine
»körperliche« Form von Yoga, die durch bestimmte Sitzhaltungen,
Bewegungsabläufe und Atemübungen zu tiefer Entspannung verhilft. Er hat keinerlei religiöse Implikationen und kann somit bedenkenlos von jedem praktiziert werden.
4. Betrachten Sie Entspannungsübungen nicht als etwas »Esoterisches«, sondern als einen natürlichen Teil Ihres Lebens und als eine
»Problemlösungshilfe«.
5. Planen Sie eine feste Zeit für Ihre täglichen Entspannungsübungen
ein. Halten Sie diese Zeit von allen sonstigen beruflichen oder privaten Verpflichtungen frei.
6. Wenn Ihre Arbeitssituation es zuläßt, nehmen Sie sich täglich –
anstelle einer Kaffeepause – zehn bis fünfzehn Minuten zum Entspannen frei. Tun Sie alles Nötige, um sicherzustellen, daß Sie für
die Dauer Ihrer Übung ungestört bleiben.
7. Vereinbaren Sie mit einem Arbeitskollegen, daß er für eine bestimmte Zeit Ihre Telefonate erledigt und Sie sich zu einer anderen
Zeit ebensolange um seine kümmern.

Wenn Sie erst einmal mit einem Entspannungsprogramm zur Unterstützung Ihres reflexiven Umlernens begonnen haben, werden Sie bald
merken, daß Sie dadurch mit einem Mal auch viel besser sämtliche

Streßsituationen bewältigen, die in Ihrem täglichen Leben auftauchen. Sie werden sich am Abend weit weniger erschöpft fühlen und sich weniger vor beruflichen und persönlichen Problemen fürchten. Und Sie werden feststellen, daß die Entspannung auch eine »Durch-Schein-zum-Sein-Situation« ist: Nachdem Sie ein paar Wochen lang bewußt Relaxationstechniken geübt haben, werden Sie merken, daß Ihnen die Entspannung zur Gewohnheit geworden ist.

Gedanklich zum Ziel

o Entspannung ist nicht nur förderlich für die Gesundheit und eine Hilfe bei jeder Form von Problemlösen, sondern auch eine notwendige Bedingung für die Neuprogrammierung Ihres inneren Steuerungsmechanismus.

o Es gibt zahlreiche wirkungsvolle Methoden zum Erreichen eines Zustands tiefer Relaxation. Finden Sie heraus, welche bei Ihnen am besten wirkt.

Setzen Sie sich Ihre eigenen Ziele

Sechstes Kapitel

Sagen Sie einfach ja: »Ent-Stressen« Sie sich durch natürliche Tranquilizer

Unsere gestörten Gefühle – unsere Wut, Feindseligkeit, Angst, Furchtsamkeit, Unsicherheit – werden von unseren Reaktionen verursacht, nicht von äußeren Einflüssen ... Somit ist die Entspannung der natürliche Tranquilizer schlechthin, der einen psychischen Schutzschirm ... zwischen uns und dem störenden Reiz aufrichtet.

MAXWELL MALTZ: *Psycho-Cybernetics* (1960)

Wenn die Angst ... zu einer unüberwindlichen, lähmenden Kraft wird, führen wir die Patienten durch eine allgemeine angstneutralisierende Prozedur ... Sie besteht im wesentlichen darin, den Betroffenen in einen entspannten Zustand zu versetzen und dann seine Vorstellungskraft aufzufordern, der bestimmten Angst gegenüberzutreten.

VIDA C. BARON, M. D.: *Metamedicine* (1990)

Was löst Ihren Streßalarm aus? Welche Umstände sorgen bei Ihnen in der Regel für einen logisch nicht erklärbaren Zustand von Angst, Panik, Wut, Verzweiflung? Zu viele Aktendeckel in Ihrer Ablage für Eingänge? Bestimmte Leute, die Sie durch ihre Art auf die Palme bringen? Ein Polizeiauto in Ihrem Rückspiegel? Schreiende Kinder? Menschenmassen? Verabredungen mit Unbekannten? Vorstellungsgespräche?

Falsch. Die richtige Antwort lautet: Nichts von alledem. All das sind Ereignisse, Situationen. Ihr Streß wird von keinem äußeren Ereignis verursacht, sondern von Ihrer Reaktion darauf – und diese Reaktion ist nichts als eine Gewohnheit, die Sie wie jede andere auch ersetzen können.

Sehen Sie das Problem? Um neue Gewohnheiten erlernen zu können, müssen wir sie mit Hilfe unserer Vorstellungskraft deutlich visualisieren. Um uns gezielt unserer Vorstellungskraft bedienen zu können, müssen wir uns entspannen. Und wenn wir uns »gestreßt« fühlen, dann sind wir per definitionem nicht entspannt. Die Psychologen sprechen in diesem Zusammenhang von einer *reziproken* (wechselseitigen) *Hemmung*: Wir können nicht gleichzeitig gestreßt und entspannt sein – das eine schließt das andere aus.

Und so, anstatt den Streß zu beseitigen, kehren wir ihn unter den Teppich, decken wir ihn zu. Genau darin besteht die Wirkung von Tranquilizern oder chemischen Beruhigungsmitteln: Sie verdecken unsere Streßreaktionen. »Tranquilizer verändern nicht die Umwelt. Die störenden Reize sind noch immer da. Wir sind noch immer imstande, sie intellektuell zu erkennen, aber wir reagieren nicht mehr emotional auf sie.«

Seit MAXWELL MALTZ diese Worte schrieb, sind Tranquilizer zu der am häufigsten verschriebenen Klasse von Arzneimitteln geworden. Allein an Valium verbrauchten die Amerikaner im Jahre 1981 über hundert *Tonnen*. Das braucht uns nicht zu wundern. Wenn die Wirkung des Medikaments nachläßt, sind unsere Ängste immer noch da. Also nehmen wir noch eine Pille, und dann noch eine. Schon nach kurzer Zeit befindet sich unser Nervensystem in einem Dauerzustand der Depression. Wenn wir das Präparat absetzen, müssen wir feststellen, daß die Ängste noch immer auf uns lauern, dadurch exzessiven Streß verursachen und unseren automatischen Mechanismus daran hindern, als Erfolgsmechanismus zu funktionieren.

Es besteht durchaus die Möglichkeit, daß Sie mit Ihren Ängsten entweder dadurch fertig zu werden versuchen, daß Sie ihnen *nachgeben* – mit dem Ergebnis, daß Ihr innerer Steuerungsmechanismus vollkommen verrückt spielt –, oder dadurch, daß Sie sie mit Pillen *zuschütten*. Es gibt aber auch eine dritte Möglichkeit: zu lernen, auf streßauslösende Situationen *psychokybernetisch* zu reagieren – das heißt, statt die Hausapotheke zu plündern, sich natürlicher selbstkonditionierender Techniken zu bedienen von der Art, die Maltz »Do-it-yourself-Tranquilizer« nannte.

Dieses Kapitel handelt von ebendiesen »nichtpharmakologischen«, natürlichen Beruhigungsmitteln und von ihrer richtigen Anwendungsweise. Sie werden im einzelnen erfahren,

o wie Sie in fünf Schritten Ihre »Streß-Konditionierung« rückgängig machen können;
o wie Sie die wirklichen *Stressoren* oder streßauslösenden Faktoren in Ihrem Leben identifizieren, die nur scheinbaren ignorieren lernen und die Visualisation einsetzen können, um Ihren Streß zu vermindern;
o mit Hilfe welcher bestimmten Techniken und Übungen Sie verhindern können, daß sich Streß in Ihrem Leben aufbaut.

Streß, eine Gewohnheit, die Sie ändern können

Maltz verglich den Streß mit der Art und Weise, wie wir auf ein klingelndes Telefon zu reagieren pflegen. »Im Laufe der Jahre«, schrieb er, »haben wir uns angewöhnt, diesem ›Signal‹ unverzüglich zu gehorchen ... Ohne einen Augenblick nachzudenken, springen wir von unserem gemütlichen Sessel auf und stürzen zum Telefon. Der äußere Reiz hat unsere psychische Verfassung geändert und unsere Pläne über den Haufen geworfen. Wir hatten vorgehabt, die nächste Stunde ruhig und entspannt mit einem guten Buch im Sessel zu verbringen. Wir waren innerlich ganz darauf eingestellt gewesen. Jetzt hat sich alles durch unsere Reaktion auf den äußeren Reiz schlagartig geändert ...

Der Witz ist aber folgender: Wir brauchen gar nicht abzunehmen, wenn das Telefon klingelt. Wir brauchen nicht zu gehorchen. *Wenn wir wollen*, können wir einfach ruhig und entspannt sitzen bleiben ... uns also *weigern*, auf das Signal *zu reagieren*.«

Dank eines Apparates, den es im Jahre 1960 noch nicht gab, ist es für uns sogar noch leichter, die Analogie nachzuvollziehen, als es seinerzeit für Maltz' Leser war. Ich spreche vom Anrufbeantworter. Wenn wir gerade anderweitig beschäftigt sind oder ganz einfach etwas ausspannen möchten, können wir das Telefon klingeln lassen und zu einem späteren Zeitpunkt die aufgezeichneten Botschaften abhören – das heißt, *wenn wir uns an die Anwesenheit des Anrufbeantworters gewöhnt haben*. Allerdings dürften die meisten Besitzer eines solchen Gerätes in der Anfangszeit ganz anders reagiert haben. Wenn das Telefon klingelte, *antworteten sie*, auch wenn der Anrufbeantworter eingeschaltet war. Dann kam vermutlich eine Übergangsphase, während der sie nicht mehr unbedingt selbst abnahmen, aber ein »schlechtes Gefühl« hatten, wenn sie die aufgezeichnete Botschaft nicht sofort abhörten. Wenn Sie auch einen Anrufbeantworter haben, werden Sie mir wahrscheinlich bestätigen können, daß es schon eine Weile dauert, bis man seinen »Telefonreflex« vollständig abgelegt hat.

Ebenso verhält es sich mit dem »Streßalarm«, den bestimmte Ereignisse oder Situationen in Ihnen auslösen. Es ist wichtig, daß Sie eines erkennen: Den »Knopf«, der die Streßreaktion in Gang setzt, kann nur einer drücken – und der sind *Sie*. Die »Umstände« haben an sich nicht mehr Macht als das Klingeln des Telefons – außer Sie entscheiden sich dafür, ihnen Macht *einzuräumen*. Die Weise, wie Sie auf die Alarmsignale in Ihrem Leben reagieren, erscheint bei kritischer Betrachtung oftmals völlig unverständlich, ja absurd. Sie *über*reagieren, weil Sie sich angewöhnt haben, auf bestimmte (oder alle) Ereignisse mit Streß zu reagieren, anstatt zu »*agieren*«, das heißt, *aktiv* auf sie einzuwirken. Wer in solchen Fällen Ihr Verhalten bestimmt, ist Ihr Pferd, nicht Ihr Reiter.

»Wenn wir wollen, können wir wie im Falle des Telefons lernen, die ›Klingel‹ zu ignorieren und einfach ruhig sitzen zu bleiben«, schrieb Maltz. Aber wie das bei jeder neuen Gewohnheit, die wir uns anzueignen versuchen, erforderlich ist, müssen wir konsequent und entschieden am Zügel ziehen, wann immer unser Pferd Anstalten macht, wieder den alten Weg einzuschlagen.

Und genau hier kommen die Do-it-yourself-Tranquilizer ins Spiel. Wie es in einem Werbespot heißen könnte: Bei Angstzuständen infolge emotionaler Überreaktion schenken sie rasch momentane Abhilfe. Regelmäßig eingenommen, können sie auch zu einer dauerhaften Dekonditionierung der automatischen Streßreaktion führen.

Wenn Sie die folgenden vier Fallgeschichten lesen, fragen Sie sich bitte: »Was für Situationen lösen *bei mir* eine solche Reaktion aus? Was für äußere Umstände haben die Tendenz, mich in einen irrationalen Zustand der Angst, Panik, Wut oder Verzweiflung zu stürzen?«

Man SAET'S und erntet Erfolg: Fünf Schritte zur Entschärfung der Angst

Am Freitag nachmittag um fünf Uhr rief der Chef Maria in sein Büro und teilte ihr mit, man habe sich entschlossen, auf ihre weitere Mitarbeit zu verzichten. Er erklärte ihr, warum man sie nach sechsjähriger Tätigkeit für die Firma entließ, aber sie stand derart unter Schock, daß sie kein einziges Wort verstand. Maria wußte, daß das Unternehmen in letzter Zeit Verluste gemacht hatte, und hatte Gerüchte von bevorstehenden Entlassungen gehört, aber sie vermochte sich nicht vorzustellen, daß auch sie, eine gutbezahlte Buchhalterin, davon betroffen sein könnte. Sie konnte es einfach nicht glauben, daß man ihr so schnell gekündigt hatte. Niemand hatte ihr je zu verstehen gegeben, man sei mit ihrer Arbeit auch nur im mindesten unzufrieden. Als sie zu Hause ankam, war sie in Tränen aufgelöst. »Wie soll ich nur einen anderen Job finden? Wer wird's jetzt schon noch mit mir riskieren?« Sie warf sich aufs Sofa, war aber zu nervös, um still liegen zu können. »Was soll ich nur tun?« fragte sie sich, während sie rastlos im dunklen Wohnzimmer auf und ab ging. »Wie geht's jetzt weiter?«

Um zu vermeiden, daß wir in Streß geraten, wenn etwas auf unseren »Alarmknopf« drückt, brauchen wir nichts anderes zu tun, als das Ereignis, das die Überreaktion verursacht hat, »umzuformulieren«. Sie

können lernen, Streß zu vermeiden, indem Sie es sich zur Gewohnheit
machen, Ereignisse und Situationen aus einer anderen Perspektive zu
betrachten. Sehen wir uns einmal die fünf Schritte an, mit denen Maria
ihren Streß auflöste. Wir können uns dieses Verfahren als eine Art
»Korn« vorstellen: Man SAET'S, um zu gegebener Zeit Erfolg zu
ernten.

1. S-ituation
2. A-nalyse
3. E-motionen
4. T-un
5. S-elbstachtung

Während Sie nun lesen, wie Maria ihr »Korn« SAETe, denken Sie über
Ihre eigenen Panikreaktionen nach, und überlegen Sie, wie die hier
vorgeführte Lösung bei *Ihnen* Anwendung finden könnte.

1. Sehen Sie die *Situation* als grundsätzlich wertfrei an. Nachdem
ihre erste Woge der Verzweiflung abgeebbt war, schaltete Maria das
Licht an, ließ sich ein heißes Bad ein und rief Lila an, eine Freundin,
die in der Personalabteilung derselben Firma arbeitete. »Du auch?«
sagte Lila voll Mitgefühl. »Nimm's nicht persönlich. Zur Zeit herrscht
die große Panik. In allen Abteilungen hat es Kürzungen und Entlassungen gegeben. Ich hab' schon den ganzen Monat darauf gewartet, daß
es mich erwischt.« Lilas Zuspruch half Maria, die Situation ins rechte,
unpersönliche Licht zu rücken. Sie war in ein situationsspezifisches
Ereignis geraten – ihre Firma schrieb rote Zahlen –, und sie hatte
überhaupt keinen Grund, sich deswegen Vorwürfe zu machen. »Es ist
so, als stünde man auf einer Brücke, wenn der Blitz einschlägt«, sagte
sie sich. »Es hätte da sowieso eingeschlagen, auch wenn ich anderswo
gestanden hätte.« Ja, die Situation war in der Tat unerfreulich – arbeits-
los zu werden ist ein schwerer Schlag für unser Selbstbewußtsein (und
erst recht für unser Bankkonto) –, aber es war grundsätzlich ein *wertfreies, neutrales* Ereignis, das nur ihre eigene Reaktion zu einem angst-
verursachenden gemacht hatte.

2. *Analysieren* Sie die Situation: Wessen Schuld ist es? Marias erste
Reaktion auf ihre Entlassung war, ihren Chef dafür verantwortlich zu
machen. Ihre zweite war, die Schuld bei sich selbst zu suchen. Sobald
es ihr aber gelungen war, das Ereignis wertfrei zu betrachten, sah sie
sich imstande, es korrekt zu analysieren, es realistisch einzuschätzen.
Sie sagte sich: »Ich bin eine gute Buchhalterin, und ich habe bei dieser
Firma sechs Jahre lang ausgezeichnete Arbeit geleistet. Meine Beurtei-

lungsbögen sind immer erstklassig gewesen, und meine Gehaltserhö-
hungen haben die Zufriedenheit meiner Vorgesetzten widergespiegelt.
Es ist nicht meine Schuld und ebensowenig die meines Chefs. Er ist
ein fairer Mann, der ein Unternehmen durch eine Zeit wirtschaftlicher
Rezession führen muß.«
Eine solche »Analyse« leistet also die wichtige Aufgabe der *Schuldzuweisung.* Wenn Sie Ihre eigenen streßverursachenden Situationen analysieren wollen, stellen Sie sich die Frage: »Wer ist dafür verantwortlich?«
Maria hatte keine Ursache, sich an dem, was geschehen war, schuldig
zu fühlen: Sie konnte überhaupt nichts dafür. Hätte man sie wegen
Unehrlichkeit oder Inkompetenz gefeuert, dann wäre sie für das Ereignis verantwortlich gewesen, und dann hätte sie auch allen Grund
gehabt, sich Sorgen über ihre Zukunft zu machen. Hätte der Chef sie
ungerechtfertigterweise entlassen, dann wäre ihm die Verantwortung
für die problematische Situation anzulasten; dann hätte Maria keine
Veranlassung gehabt, sich selbst Vorwürfe zu machen. Wie die Sache
aber lag, konnte Marias Antwort auf die Frage »Wer ist dafür verantwortlich?« nur »Niemand!« lauten. Es war eben »einfach passiert«.

3. Passen Sie Ihre *Emotionen* dem Ergebnis Ihrer Analyse an. Nachdem Maria sich in die Badewanne gelegt hatte, reichten ein paar Minuten tiefer, langsamer Atmung und die wohltuende Wirkung des heißen
Wassers aus, um sie zu entspannen. Sie ließ sich sanft in einen stillen
Raum ihres Geistes gleiten – in eine »emotionale Dekompressionskammer«, wie Maltz es nannte. »Das war nicht ich, es war einfach ein
Ereignis«, bestätigte sie sich. »Ich bin ein prima Mensch in einer nicht-
so-prima Lage.« Nach und nach merkte Maria, daß sich ihre Emotionen
änderten, sich allmählich ihrer Einschätzung des Sachverhalts anpaß-
ten – von Zorn, Angst und tiefer Verletztheit zu Ernüchterung und
Enttäuschung übergingen. Natürlich wäre es widersinnig für sie gewesen, sich über ihre Situation zu *freuen* – aber ebenso widersinnig war
es, deswegen in Panik zu geraten.

4. *Tun* Sie etwas, um die Situation zu ändern. Anstatt einfach nur
auf eine angsterzeugende Situation zu *reagieren*, wirkte Maria *aktiv*
auf sie ein. Sie rief eine Freundin an, um von ihr Zuspruch und moralische Unterstützung zu bekommen. Und kaum war sie aus der Badewanne gestiegen, setzte sie sich an ihren Küchentisch und schrieb eine
Liste der Dinge auf, die sie tun konnte:
o mit dem Chef reden und mir von ihm bestätigen lassen, daß ich
   nur aufgrund der angespannten Finanzlage entlassen worden bin;

o mir ein Empfehlungsschreiben ausstellen lassen;
o Fred anrufen und mir den Namen von diesem privaten Arbeitsver-
  mittler geben lassen, der ihm den Job besorgt hat;
o mir in der Leihbücherei ein Buch mit Bewerbungstips besorgen.

Indem sie sofort eine solche Liste erstellte und sie in den folgenden
Tagen nach und nach abhakte, nahm Maria wieder die Zügel in die
Hand. Die »Situation« war mit einem Mal nicht mehr etwas, was ihr
widerfuhr – sie war etwas, worauf sie gezielt Einfluß nahm. Sobald
ihr Bewußtsein sich dafür entschieden hatte, etwas zu tun, hörte ihr
Unterbewußtsein auf, so zu reagieren, als ob die Situation sich jeder
Kontrolle entzöge.

5. Die *Selbstachtung* wird folgen. Als Maria an dem Abend zu Bett
ging, hatte sie noch immer eine Aufgabe vor sich – einen neuen Job
zu finden. Doch durch die Bewältigung der ersten vier Schritte hatte
sie ihre Angst vor der Situation überwunden und ihre Selbstachtung
wiedergewonnen. Es war keine streßverursachende Situation mehr. In
bezug auf ihre Lage hatte ihr Selbstbild folgende Zustände durchlaufen:

1. »Ich bin nichts wert – ich bin gefeuert worden.«
2. »Ich bin unglücklich – ich bin abgelehnt worden.«
3. »Ich bin völlig mutlos – ich werde nie einen anderen Job bekommen.«
4. »Ich bin einsam und verlassen – ich werde Lila anrufen.«
5. »Ich bin frustriert – ich bin einem Gesundschrumpfungsprozeß
   zum Opfer gefallen.«
6. »Ich bin entschlossen – ich werde Fred anrufen; er weiß immer
   einen Ausweg.«
7. »Ich bin aktiv – morgen fange ich an, meine Bewerbungsunterlagen
   zusammenzustellen.«
8. »Ich bin etwas wert – ich stand rein zufällig auf der Brücke, als der
   Blitz eingeschlagen hat. *Mir ist nichts passiert!*«

Was immer es sei, das auf Ihren Panikknopf drückt – zwischenmenschliche Konflikte am Arbeitsplatz, neue Bekanntschaften schließen, zu
spät zu einer Verabredung kommen, Ärger mit dem Lebenspartner,
Verkehrsstaus oder sture Bürokraten –, Sie können sich mit Hilfe des
SAETS-Prozesses das ängstliche Überreagieren abgewöhnen. Haben
Sie die Situation erst einmal in ein objektives Licht gerückt, dann
schaffen Sie es auch, Enttäuschungen zu erleben, ohne Schaden an

Ihrem Selbstbild zu nehmen. Vielleicht brauchen Sie Stunden, um Ihre Selbstachtung wiederzugewinnen – möglicherweise sogar mehrere Tage oder noch länger. Doch wie lange es auch dauern mag, Sie werden auf jeden Fall *aktiv* auf eine Streßsituation eingewirkt – und nicht lediglich ängstlich *reagiert* – haben.

An eines sollten Sie unbedingt denken: Sie müssen *jedesmal*, wenn Sie merken, daß Sie auf ein äußeres Ereignis gestreßt reagieren, den SAETS-Prozeß durchführen. Neue Gewohnheiten legt man sich nur durch ständige Wiederholung zu. Aber haben Sie erst einmal damit angefangen, werden Sie schon bald merken, daß Sie Situationen, in denen Sie früher gewohnheitsmäßig mit Angst und Selbstkritik reagiert hätten, nun zunehmend ruhiger und selbstsicherer erleben. Dies ist ein Weg, den Sie schwerlich wieder verlassen werden.

Was streßt Sie? Sie dürfen nochmals raten!

Irene hätte sich wahrscheinlich gewünscht, sie könnte Marias Probleme haben. Sie war eine neununddreißigjährige Hausfrau, deren Tage restlos ausgefüllt mit Sorgen, Frustrationen und Ärger im Zusammenhang mit ihren Kindern waren. Ihre neunjährigen Zwillinge brachten dauernd schlechte Noten nach Hause; ihre elfjährige Tochter war ständig mißgelaunt und hauste in einem Zimmer, das man nur noch mit einem Schaufelbagger hätte aufräumen können. Was konnte aus diesen Kindern schon werden? Was für Jobs konnten sie jemals hoffen zu bekommen? Ich bin viel zu nachsichtig, dachte sie; nur deswegen sind sie so faul und ungehorsam. Wenn sie zu Hause waren, schrie sie sie an; wenn sie draußen waren, fragte sie sich ängstlich, mit wem sie sich wohl herumtrieben, und sie lebte in ständiger Angst vor Kindergangs und Kidnappern. Ihre Schwiegermutter kam nächstes Wochenende zu Besuch, und Irene wußte jetzt schon, daß sie an den neuen Sachen herummäkeln würde, die sie ihnen gekauft hatte. Wenn ihr Mann wenigstens Anteil an ihren Sorgen genommen hätte! Aber nein, nicht Burt, der doch nicht! »Es ist seine Schuld«, sagte sie sich wütend. »Es sind auch seine Kinder, aber tut er jemals irgend etwas, um mir bei ihrer Erziehung zu helfen? Er sitzt da und hört mich schreien und sagt nie ein Wort. Er ist so verschlossen, daß ich nicht mal mit ihm reden kann. Ich bin völlig allein mit diesem Problem. Mir bleibt überhaupt keine Zeit für meine eigenen Bedürfnisse. Ich bin am Ende, ich drehe bald wirklich durch. Ich würde so gern mit Aerobic anfangen, aber warum soll ich mir was vormachen? Ich hab' doch nicht mal Zeit, die Kinder zum Zahnarzt zu bringen. Und kein Hahn kräht danach.«

Eine der Fragen, die ich bei meinen Seminaren über Streßmanagement am häufigsten höre, lautet: »Wie kann ich mit Bestimmtheit feststellen, wo mein Streß herkommt? Wie kann ich erkennen, was meine Angst *verursacht* und was lediglich *ein Symptom* dieser Angst ist?« Irene täte gut daran, sich diese Frage selbst zu stellen. Sind es wirklich die schlechten schulischen Leistungen ihrer Kinder, ihre Faulheit und ihre Zukunftsaussichten, die ihr Ängste und Sorgen bereiten; ist es die Gleichgültigkeit ihres Mannes – oder ist es etwas völlig anderes, etwas, das überhaupt nichts mit ihrer Familie zu tun hat?

Wie steht es mit Ihnen? Was »streßt« *Sie* zur Zeit? Was sind die wirklichen Ursachen Ihrer Ängste? Wenn Sie das herausfinden möchten, dann machen Sie am besten den Anfang mit dem folgenden STREß-BEWERTUNGSTEST:

1. Nehmen Sie sich eine Viertelstunde Zeit und führen Sie eine der im fünften Kapitel vorgestellten Entspannungsübungen (oder eine Meditationstechnik Ihrer Wahl) durch.
2. Breiten Sie einen Bogen Packpapier (oder ein ähnlich großes Blatt) auf Ihrem Schreibtisch aus, und befestigen Sie es am Rand mit Klebestreifen. Dadurch sollen die linkshemisphärischen Ablenkungen auf ein Mindestmaß reduziert werden – ein Heft oder ein Notizblock würde Ihren Augen zuviel freien Raum zum Abschweifen lassen. Fangen Sie jetzt oben links an und schreiben Sie:
   Ich mache mir Sorgen wegen (über, weil) …
   Ich mache mir Sorgen wegen (über, weil) …
   Ich mache mir Sorgen wegen (über, weil) …
   Machen Sie wenigstens fünf Minuten lang *ohne Unterbrechung* so weiter. Schreiben Sie alles nieder, was Ihnen in den Sinn kommt: Ich mache mir Sorgen wegen meiner Kinder; ich mache mir Sorgen wegen der Raten fürs Auto, ich mache mir Sorgen, daß die Gladiolen diesen Kälteeinbruch vielleicht nicht überstehen. Lassen Sie Ihrem Pferd die Zügel schießen.
3. Nach fünf Minuten müßten Sie eigentlich eine ganz ordentliche Liste beisammenhaben. Übergeben Sie jetzt Ihrem Reiter die Kontrolle: Lesen Sie die Liste noch einmal kritisch durch. Welche Probleme sind wichtig und verdienen, daß Sie sich näher mit ihnen auseinandersetzen, und welche sind lediglich belanglose Ablenkungen? Kreisen Sie die Punkte ein, die Sie ernsthaft beschäftigen.
4. Jetzt schreiben Sie die echten Probleme ab und erstellen eine neue Liste. Teilen Sie diese in zwei Spalten ein. Über den zwei Spalten schreiben Sie das Problem auf, das Ihnen die größten Sorgen berei-

tet. Dann überschreiben Sie die linke Spalte »ZUKUNFTSMUSIK«
und die rechte »SOFORTMAßNAHMEN«.

Irenes Liste könnte etwa folgendermaßen aussehen:

ICH MACHE MIR SORGEN WEGEN MEINER KINDER

Zukunftsmusik	**Sofortmaßnahmen**
1. Was wird aus ihnen werden?	1. Ihre jetzigen Noten
2. Sie finden nie einen ordentlichen Beruf	2. Ihre Manieren
	3. Jetzt auf Disziplin achten
3. Was, wenn sie in schlechte Gesellschaft geraten?	4. Regelmäßige Zahnarzttermine besorgen
4. Schwiegermutters Meinung	5. Sei bestimmt, ohne sie anzuschreien
5. Bin ich zu nachsichtig? Zu streng?	
6. Was für Eltern werden sie einmal sein, bei dem unmöglichen Vorbild, das Burt ihnen liefert?	6. Burt in tägliche erzieherische Maßnahmen einbeziehen

Diese Übung erfüllt einen dreifachen Zweck. Erstens liefert Sie Ihnen
eine Checkliste, die es Ihnen ermöglicht zu entscheiden, welche Ihrer
Sorgen echte Stressoren und welche bloße »Ego-Investitionen« sind.
Unter letzteren versteht man die »Panikknöpfe«, die jedesmal gedrückt
werden, wenn Sie sich Sorgen darüber machen, was Ihre Schwiegermutter über Sie denken mag – oder wer auch immer. Irene könnte
»Ich mache mir Sorgen darüber, was meine Schwiegermutter denkt«
zuerst durchaus als echten Streßfaktor angekreuzt haben. Es dann
aber – in der zweiten Liste – unter all diesen *wirklichen* Problemen
zu sehen, könnte ihr allerdings zur Einsicht verholfen haben, daß dies
in Wirklichkeit eine äußerst triviale Sorge war. Anstatt zu erkennen,
daß die Verantwortung für dieses »Problem« einzig und allein bei ihrer
Schwiegermutter lag, dramatisierte Irene es so lange, bis es zu einem
überlebensgroßen Schreckgespenst geworden war.

Wenn Sie Ihre Ego-Investitionen als solche erkannt haben – was
können Sie tun, um zu vermeiden, daß sie Sie unnötig belasten? Wir
haben es hier mit einer »Was-wenn«-Frage zu tun: »Was, wenn Burts
Mutter anfängt, wegen der neuen Kleider der Kinder auf mir herumzu-
hacken?« Verwandeln Sie das »Was, wenn« in ein »Was macht's schon,
wenn«: »Was macht's schon, wenn sie das tut? Das ist *ihr* Problem.
Mein Selbstkonzept als Mutter ist nicht davon abhängig, was sie von
meinem Geschmack hält.«

Tatsächlich könnten Sie durchaus feststellen, daß einige Ihrer »echten« Streßfaktoren in Wirklichkeit nur verschiedene Aspekte ein und

derselben Frage sind: »Was für ein Licht wirft das auf MICH?« Entsprang Irenes Kummer wegen der schlechten Noten ihrer Jungs wirklich der Sorge, was dermaleinst aus ihnen werden würde? Oder hatten diese Noten vielleicht auf ihren »ICH-BIN-EINE-SCHLECHTE-MUTTER-Knopf« gedrückt? Irenes Aufgabe als Mutter war, *ihren Kindern* ein Vorbild für richtiges Verhalten zu sein – und nicht etwa ihrer Schwiegermutter. Wenn wir es zulassen, daß unser Ego sich beteiligt, nehmen wir in der Regel eine Schutzhaltung ein. Wenn Sie sich einer solchen Situation bewußt werden, stellen Sie sich die Frage: »Wen versuche ich jetzt eigentlich zu beeindrucken? Vor wessen Urteil versuche ich mich zu schützen?« Haben Sie erst einmal Ihre Ego-Investition oder »Ich-Beteiligung« aufgedeckt, so können Sie das »Was-macht's-schon-wenn« einsetzen, um Ihre Einschätzung der Situation etwas positiver zu gestalten. Irene hätte beispielsweise eine Liste der erfreulichen Eigenschaften ihrer Kinder erstellen und dadurch vielleicht herausfinden können, was *ihnen* wichtig war.

Der zweite Zweck der Übung ist, das, was zunächst wie ein einziges GROSSES Problem aussieht, in kleinere, »handhabbarere« Teilprobleme zu zergliedern. Große Probleme – »Ich weiß nicht, was ich mit meinen Kindern anfangen soll!« – sind unbestimmt und unlösbar. Kleine Probleme – »Meine Kinder widersprechen mir ständig!« – sind spezifisch und lösbar. Sie erinnern sich doch: *Sie verringern Ihre Angst weit effizienter, indem Sie ein Problem lösen, als wenn Sie sich über sechs den Kopf zerbrechen.*

Der dritte Zweck ist, herauszufinden, *welche* Probleme Sie in Angriff nehmen können, und welche sich Ihrem unmittelbaren Einfluß entziehen. Darin liegt der Sinn der zwei Kategorien ZUKUNFTSMUSIK und SOFORTMAßNAHMEN. Was Sie unter letzterem Oberbegriff aufgelistet finden, sind Ihre wirklichen Stressoren – und damit auch diejenigen Probleme, die Sie *jetzt* erfolgreich in Angriff nehmen können. Die ZUKUNFTSMUSIK-Probleme sind dagegen diejenigen, die Sie »auf morgen« verschieben können. An Dingen, die passieren *könnten*, vermochte Irene nichts zu ändern. Es waren nur fiktive, »erfundene« Sorgen, die sie davon abhielten, sich denjenigen Problemen zu widmen, die sie durch entschlossenes sofortiges Handeln durchaus hätte lösen können. Sie konnte *jetzt* die Schule anrufen und einen Termin für ein Gespräch mit dem Klassenlehrer ihrer Söhne vereinbaren. Sie konnte jeden Tag zehn Minuten einplanen, um mit ihren Kindern spezifische Aspekte richtigen oder falschen Verhaltens zu besprechen. Sie konnte den Zahnarzt anrufen und sich Termine für ihre Kinder geben lassen. Sie konnte sich mit ihrem Mann zusammensetzen und ihm ganz konkret sagen, welche Art von Unterstützung sie bei der Erziehung der Kinder von ihm brauchte.

Indem Sie ermitteln, welche Ihrer Ängste echte Streßfaktoren darstellen und welche lediglich Ablenkungen, Ego-Investitionen, dramatisierte Banalitäten, vage Verallgemeinerungen oder von Ihnen nicht unmittelbar beeinflußbare Probleme sind, können Sie Ihre Überreaktion auf sie abschwächen oder sogar gänzlich abstellen. Und indem Sie diese echten Stressoren als lösbare Probleme in Angriff nehmen, machen Sie einen großen Schritt hin zur Wiederherstellung Ihrer Selbstachtung.

Wie Sie Ihren Streß »wegvisualisieren« können

Für Frank, den siebenunddreißigjährigen Abteilungsleiter eines Supermarktes, war die Arbeit zu einem regelrechten Alptraum geworden. Die Angst baute sich schon in seinem Magen auf, noch bevor er seinen Wagen auf den Parkplatz fuhr. Frank war verheiratet und hatte zwei Kinder – und einen cholerischen, übergenauen Chef, der den Dreh raushatte, wie man bei Frank die Panikreaktion in Gang setzte. Mr. Harris stellte Büroarbeit und Buchhaltung über alles, während Frank eher ein »Kontaktmensch« war, dessen Stärke vor allem im Bereich des Dienstes am Kunden und der Motivierung von Mitarbeitern lag. Er war sich dessen bewußt, daß seine Buchführung bisweilen etwas zu wünschen übrigließ, aber das machte es ihm nicht leichter, Mr. Harris' Wutausbrüche zu ertragen. Regelmäßig kam der Chef mit hochrotem Gesicht und zorngeschwellten Adern in sein Büro gestürmt und fing an, mit der Faust auf Franks Schreibtisch zu hämmern und herumzubrüllen, er solle, »statt mit irgendwelchen Leuten die Zeit zu verplempern, gefälligst die Arbeit ordentlich erledigen«. Frank wußte zwar, daß seine Geschicklichkeit im Umgang mit Kunden und Untergebenen sich unterm Strich durchaus positiv auf die Geschäftsbilanz auswirkte, aber es war einfach nicht möglich, das Mr. Harris klarzumachen. Er fühlte sich wie ein Schlappschwanz, weil er es nicht schaffte, seinem Chef die Stirn zu bieten, und er merkte, wie sein Selbstbild mit jeder Konfrontation ein bißchen weiter in sich zusammenfiel. Seine Angst hatte mittlerweile solche Ausmaße angenommen, daß er schon beim bloßen Gedanken an Mr. Harris Herzklopfen und feuchte Hände bekam.

Oft erlaubt uns die kreative Visualisation, ein »Knopfdruck-Ereignis« aus einer neuen, nicht-stressenden Perspektive zu sehen. Wenn Sie jetzt Franks Lösung erfahren, überlegen Sie sich, wie Sie diese

Technik auf diejenigen Menschen anwenden könnten, die *Ihre* »Panik-knöpfe« drücken.

Frank probierte es mit folgendem inneren Tranquilizer: In dem Augenblick, in dem er Mr. Harris ankommen sah, visualisierte er ihn als einen plärrenden Zweijährigen, der gerade einen Tobsuchtsanfall bekommt. Bevor sein Chef anfing, zu schreien und mit der Faust auf seinen Schreibtisch zu hämmern, stellte Frank ihn sich in Häubchen und Windeln vor, wie er mit einer Babyrassel auf die Kante seines Laufställchens schlug. Dazu sagte er sich: »Das ist, was mein Boß *tut* – ärgere ihn, und er fängt an zu toben.«

Diese Übung hielt Franks Streß auf einem erträglichen Pegel. Er konnte jetzt diese Situationen »analysieren«, sobald sie auftraten, indem er sich fragte: »Wie schlimm ist es, daß mein Boß sich wie ein Baby aufführt? Hat er das Recht, sich lächerlich zu machen?« Die Antwort lautete »ja«. Das Ganze war eindeutig Mr. Harris' Problem – nicht Franks. Diese Analyse ermöglichte es Frank, von einer emotional negativen zu einer emotional neutralen Reaktion überzugehen.

Als Frank endlich den Punkt erreicht hatte, da ihm beim bloßen Gedanken an seinen Chef nicht mehr der kalte Schweiß ausbrach, fing er an, etwas zu TUN – also aktiv auf die Situation einzuwirken: Er ließ jeder negativen Konfrontation eine positive *Interaktion* folgen. Er wartete, bis der Chef sich beruhigt hatte, suchte ihn dann in seinem Büro auf und sagte: »Wissen Sie, Mr. Harris, ich mag meinen Job wirklich; aber solche Zwischenfälle machen es mir zunehmend schwerer, ihn ordentlich zu erledigen. Ich würde gern eine andere Form der Zusammenarbeit für uns beide finden.« Nachdem dies ein paarmal passiert war, machten sich am Verhalten des Chefs erste Veränderungen bemerkbar. Sicher, er kam weiterhin zornentbrannt in Franks Büro und schrie und hämmerte mit der Faust auf den Schreibtisch, aber nach einer Weile sagte er von sich aus: »Schön, ich weiß, daß ich die Nerven verloren habe, aber Sie hätten … « Unter solchen Umständen war Frank natürlich weit eher bereit einzugestehen, daß er einen Fehler begangen hatte.

Vergessen Sie nicht: *Ihre Mitmenschen können dann, und nur dann, Ihren Panikknopf drücken, wenn Sie sie lassen.* Mit Hilfe dieser Mental-übung mäßigte Frank seine Überreaktion. Jetzt hatte er einen gewissen Einfluß auf die Situation. Da er jetzt fähig war, angstfrei mit Mr. Harris zu interagieren, gelang es ihm, sein angeschlagenes Selbstbild wieder-herzustellen. Anstatt sich vorzuwerfen: »Ich bin ein Schlappschwanz«, konnte er wahrheitsgemäß sagen: »Dieser Mistkerl weiß, was ich von seinen Tobsuchtsanfällen halte. Er hat zugegeben, daß er aus der Rolle gefallen ist. Wer weiß, vielleicht kann ich ihn sogar noch dazu bringen, daß er mir zuhört.«

Imaginäre Drachen, und wie man sie los wird

Eine Woche lang hatte Ted Tag und Nacht an der neuen Werbekampagne gearbeitet, die er und Vera im Auftrag eines großen Katzenfutterherstellers entwickelten. Nächsten Dienstag fand die entscheidende Besprechung mit dem Kunden statt, und Ted machte sich endlich auf den Heimweg, nachdem er Vera seine Reinzeichnungen auf den Schreibtisch gelegt hatte. Sie hatten einige Meinungsverschiedenheiten wegen Layout und Schriftbild gehabt, aber Vera hatte ihm zuletzt freie Hand gelassen, und Ted war sicher, daß sie mit dem Ergebnis einverstanden sein würde. Das will ich ihr auch geraten haben, sagte er sich, während er nach Hause fuhr. Ich hab' mich halb totgearbeitet an dieser Kampagne. Was *ist* das aber auch für eine knallharte Frau! Was, wenn es ihr nicht gefällt? Dann werde ich das ganze Wochenende dranhängen müssen, um es neu zu machen – wie *sie* es will. Und ich hatte den Kindern versprochen, am Sonntag mit ihnen in den Zoo zu gehen. Sie werden enttäuscht sein, aber sie werden es hoffentlich verstehen. Was weiß Vera denn überhaupt über Katzenfutter? Die *mag* ja nicht mal Katzen. Kettenrauchende Kuh. Vielleicht hätte ich für die Nahaufnahme den geblümten Stoff nehmen sollen statt des grauen. Was, wenn sie verlangt, daß alle Fotos neu geschossen werden? Ich hätte daran denken müssen. Ich hätte diese Woche nicht so lange Mittagspausen machen dürfen; das war unverantwortlich. Sie wird mir das Zeug um die Ohren hauen, da bin ich völlig sicher. Ich würde ja zu gern sehen, was *sie* für tolle Entwürfe hinbekäme. Sie wird meine Ideen benutzen und sie als ihre eigenen ausgeben. *Was glaubt sie eigentlich, wer sie ist?* SIE KANN IHRE SCH… GRAFIKEN NEHMEN UND SIE SICH …!!!

Geraten Sie auch manchmal wegen solcher imaginären Probleme in Streß? Als gäbe es noch nicht genug reale Ereignisse, die uns Streß bereiten, lassen wir es manchmal zu, daß uns ausgedachte Ungeheuer in Angst und Schrecken versetzen. Teds Reaktion veranschaulicht auf hervorragende Weise die Unfähigkeit unseres Unterbewußtseins, zwischen einem *realen* und einem lediglich *vorgestellten* Erlebnis zu unterscheiden. Er ließ es zu, daß in seinem Bewußtsein ein mentales Bild von Veras *»negativstmöglicher« Reaktion* entstand, und sein Servomechanismus richtete sich danach aus, als ob es ihre tatsächliche Reaktion gewesen sei. »Je mehr ich darüber nachdenke, desto mehr rege ich

mich auf.« Je ausführlicher und eingehender wir uns die Katastrophe
(worin sie auch immer bestehen mag) ausmalen, desto zielsicherer
steuern wir das Gefühl an, als habe sich die Katastrophe tatsächlich
ereignet.

Glücklicherweise sind diese »imaginären Drachen« die am leichtesten zu bewältigenden Streßfaktoren. Wir können uns einfach dafür
entscheiden, sie *nicht* zu bekämpfen. Sie ähneln Monstern und Schurken in Videospielen, die Ihnen mit Laserkanonen und Kung-Fu-Tritten
zusetzen. *Sie sind nicht wirklich.* Es ist Ihre Entscheidung, ob Sie eine
Mark einwerfen. Es ist Ihre Entscheidung, ob Sie stehenbleiben und,
über die Maschine gebeugt, auf die Knöpfe drücken, als ginge es wirklich um Ihr Leben – oder ob Sie einfach weitergehen. Ebenso hätte
Ted sich schlicht dafür entscheiden können zu sagen: »*Löschen!* Ich
weiß nicht, wie Vera reagieren wird. Das werde ich morgen erfahren.
Damit werde ich mich auseinandersetzen, wenn die Zeit dafür gekommen ist. Es hat überhaupt keinen Sinn, mich jetzt deswegen verrückt
zu machen.«

Wie Maltz es formulierte: »›Nichts tun‹ ist die angemessene Reaktion
auf ein eingebildetes Problem.« Gibt es nicht schon genug Streßfaktoren in Ihrem Leben, auch ohne daß Sie sich darüber ängstigen, was
passieren *könnte?*

Wie Sie verhindern können, daß der Streß Ihr Leben vereinnahmt

In jeder dieser Situationen reagierte die Person anfangs nicht auf ein
Ereignis, sondern auf die bestimmte Weise, wie sie in bezug auf das
Ereignis *empfand* – und Ted sogar auf das, was er in Erwartung eines
möglichen Ereignisses empfand. Marias Sorgen waren in Anbetracht
der Tatsache, daß sie ihren Arbeitsplatz verloren hatte, durchaus legitim, doch sie reagierte so, als ob es sicher sei, daß sie nie einen anderen
finden würde. Irene gestattete den normalen Sorgen einer Mutter, sich
zu einem vielarmigen Ungeheuer auszuwachsen. Frank ließ es zu, daß
etwas, das im wesentlichen nichts anderes war als eine Frage unterschiedlichen Führungsstils, ihn dazu brachte, vor Angst den Kopf zu
verlieren, sobald sein Chef auch nur in seine Nähe kam. Ted beherrschte
das »Was-wenn«-Spielchen aus dem Effeff: Er machte sein Selbstwertgefühl von Veras Zustimmung abhängig und ging auf den bloßen Ver-
dacht hin, sie könnte seine Leistung negativ beurteilen, in die Luft.

An diesem Punkt empfiehlt es sich, die vier Beispiele noch einmal in systematischer Zusammenschau zu betrachten: die aktivierenden Ereignisse, die Streßreaktionen der Betroffenen sowie die psychokybernetischen Techniken, mit deren Hilfe sie ihren Streß linderten.

AKTIVIERENDES EREIGNIS	STRESSREAKTION	PSYCHOKYBERNETISCHE REAKTION
Sie verlieren Ihren Arbeitsplatz	Dem Chef, sich selbst Vorwürfe machen, PANIK	Entspannen, Situation neu bewerten, Optionen aufschreiben
Ihre Kinder geraten nicht so, wie Sie möchten	Möglichkeiten dramatisieren, Partner anklagen, VERZWEIFLUNG	Unmittelbare, konkrete, lösbare Probleme in Angriff nehmen
Sie denken an Ihren Chef	Angst, physisches Unbehagen, VERLUST DER SELBSTACHTUNG	Situation als »nicht mein Problem« erkennen
Sie beenden eine Arbeit	Selbstzweifel, Schwarzmalerei, WUT	Ängste hinter sich lassen – was getan werden konnte, ist getan

Noch einmal, diese psychokybernetischen Reaktionen sind:
SAETS:
1. Betrachten Sie das Ereignis als eine grundsätzlich neutrale S-ituation.
2. A-nalysieren Sie das Problem.
3. Passen Sie Ihre E-motionen der tatsächlichen Situation an.
4. T-un Sie alles Nötige, um der Situation zu begegnen.
5. Spüren Sie, wie als Resultat Ihres Handelns Ihre S-elbstachtung steigt.

o Analysieren Sie Ihre Streßfaktoren.
o Gestatten Sie sich, die Situation in einem nicht-bedrohlichen Kontext zu sehen.
o Tun Sie nichts – Sie drücken sonst nur selbst auf Ihre Panikknöpfe.

Indem Sie jedesmal, wenn sich eine streßverursachende Situation einstellt, einen natürlichen Tranquilizer einnehmen – also eine *proaktive*

(aktiv vorbeugende) statt einer *reaktiven* Haltung einnehmen –,
gewöhnen Sie sich auf die Dauer ab, »auf Knopfdruck« zu überreagieren. Fügen Sie jetzt dieser Liste ein paar von Ihren eigenen »Knopfdruck-Reaktionen« auf streßverursachende Ereignisse hinzu. Schreiben Sie auf, wie Sie gewöhnlich reagieren – und wie Sie in Zukunft zu reagieren gedenken!

AKTIVIERENDES EREIGNIS	STRESSREAKTION	PSYCHOKYBERNETISCHE REAKTION

Vier weitere natürliche Tranquilizer

Zusätzlich zu den bisher behandelten Techniken können sich die folgenden Strategien als sehr wirkungsvolle Mittel gegen den alltäglichen Streß erweisen:

1. Immunisieren Sie sich gegen Streß durch Bewegung

Als ich noch in einer Klinik arbeitete, bestand ich darauf, daß meine an Depressionen leidenden Patienten sich täglich wenigstens zwanzig Minuten lang sportlich betätigten – und das an fünf Tagen die Woche.

Aktivitäten wie Wandern, Laufen, Radfahren, Schwimmen oder Aero-
bictanz regen den Organismus dazu an, Endorphine freizusetzen,
unsere »natürlichen Schmerzmittel«, die physischen und emotionalen
Streß lindern, ohne die schädlichen Nebenwirkungen von Medikamenten zu haben. Wenn der Streß droht, Ihren inneren Steuerungsmechanismus lahmzulegen, ist – sofern das Wetter es erlaubt – ein langer,
flotter Spaziergang das Beste, was Sie tun können. Sie können seine
positive Wirkung noch intensivieren, wenn Sie während des Gehens
Affirmationen wiederholen. »Ich bin ruhig, beherrscht und entspannt«
wirkt beispielsweise ganz ausgezeichnet.

2. Vermindern Sie den Streß durch veränderte Bewußtseinszustände

Meditation. Dieser natürliche Bewußtseinszustand kommt in unterschiedlichen Intensitätsgraden vor. Am einen Ende der Skala haben
wir den »leichten« meditativen Zustand, in dem wir uns befinden,
wenn wir auf der Autobahn unsere Ausfahrt verpassen, weil unser
Geist vollständig von einem anderen Gedanken besetzt ist. Am anderen
Ende haben wir den Zustand »reinen Gewahrseins«, worin dem Geist
überhaupt nichts Bestimmtes mehr bewußt ist. Zwischen diesen zwei
Polen existieren Zustände unterschiedlicher Entspannung, die Sie mit
Hilfe der im fünften Kapitel beschriebenen Übungen willentlich her-
beiführen können. Wann immer Sie merken, daß etwas oder jemand
auf einen Ihrer Panikknöpfe drückt, nehmen Sie sich etwas Zeit zum
Entspannen. Sobald Sie ruhig und innerlich still sind und tief und
mühelos atmen, fangen Sie an, sich mit jedem Atemzug zu wiederholen:
»Das ist nur ein Ereignis [XYs Meinung, meine übliche Reaktion auf
XYs Kritik – was immer auf den aktuellen Fall zutrifft]. Das nächste
Mal werde ich ruhig und gelassen bleiben.« Wiederholen Sie diese
Affirmation sechs- bis zehnmal und spüren Sie, wie Sie mehr und
mehr Macht über Ihre Gefühle erlangen. Verbleiben Sie fünfzehn bis
zwanzig Minuten lang in diesem meditativen Zustand. Beenden Sie
dann Ihre Meditation, indem Sie sich wenigstens zehnmal wiederholen:
»Ich kann meine emotionalen Reaktionen nach Belieben steuern.«
Wundern Sie sich nicht, wenn Sie mit der Zeit feststellen, daß das
wirklich stimmt!

Tagträumen. Tagträume sind *keine* Zeitvergeudung, sondern gleichsam Fenster, die uns einen Einblick in unsere Interessen gewähren:
Anzeichen dessen, was wir täten, »wenn wir nur könnten«. Der Witz

dabei ist, daß wir in vielen Fällen *durchaus könnten* – wenn unser Selbstbild uns nicht davon abhielte. Tagträumen kann das ideale Instrument zur Beseitigung von Streß sein. Es ähnelt der »leichten« Meditation, außer daß wir in der Regel länger in diesem Zustand verbleiben und daß seine Muster dazu neigen, sich zu wiederholen. Im siebten Kapitel werden Sie erfahren, wie Sie Ihre Tagträume analysieren, auswerten und in erreichbare Ziele verwandeln können. Einstweilen begnügen Sie sich damit, ihnen Beachtung zu schenken – sie versuchen, Ihnen etwas zu sagen.

Hypnagoges/hypnopompisches Halluzinieren. Als »hypnagoge« beziehungsweise »hypnopompische Halluzinationen« oder schlicht »Schlummerbilder« bezeichnet man die lebhaften, vor allem optischen Vorstellungen, die im Grenzbereich zwischen Wachen und Schlafen (beziehungsweise zwischen Schlafen und Aufwachen) vor unserem geistigen Auge abrollen. Anders als das Tagträumen, bei dem in der Regel *ein* Gegenstand oder Thema mehr oder weniger zusammenhängend ausgeführt wird, ähnelt das hypnagoge Halluzinieren eher einer Collage von Vorstellungen, Gedanken und Wünschen. Ist Ihnen schon mal aufgefallen, wie Ihr Geist in den Augenblicken vor dem Einschlafen (oder Aufwachen) »davonschießt«? In dieser »Grauzone« des Bewußtseins arbeiten beide Hemisphären unseres Gehirns wie ineinandergreifende Zahnräder zusammen. Unsere linke Hemisphäre spielt eine »Zeitrafferwiederholung« der Ereignisse und Eindrücke des vergangenen Tages ab, während die rechte Hemisphäre diese blitzartig ablaufenden Vorstellungen synthetisiert, sie »schmoren und köcheln« läßt, um sie schließlich zum »Gesamtbild des Tages« zusammenzufügen. In diesem Zustand haben wir die Möglichkeit, unmittelbar auf beide Gehirnhälften zuzugreifen.

Diesen seltenen Zustand der Harmonie zwischen den sich oft bekriegenden Hemisphären Ihres Gehirns können Sie als eine Art Impfstoff gegen den Streß verwenden. Sobald Sie sich der Collage aus Vorstellungen und Eindrücken bewußt werden, formulieren Sie im Geiste die Affirmation: »Ich kann beliebig entscheiden, auf welche Weise ich auf Ereignisse in meinem Leben reagiere.« Wenn Ihre linke Hemisphäre Zweifel an der Wirksamkeit dieser Technik anmeldet, bitten Sie sie, sich eines Urteils zu enthalten, bis Sie es ein paarmal versucht haben. Sehen Sie dann selbst, wie sich streßverursachende Situationen in Luft aufzulösen scheinen, wenn Sie an dem Morgen oder am Abend zuvor Ihre beiden Gehirnhälften mit Hilfe von Schlummerbildern gleichzeitig aktiviert haben!

Träumen. Träume können eine Landkarte für Ihren inneren Steuerungsmechanismus liefern. Aus einem Gedanken, der während des hypnagogen Halluzinierens in die Psyche »gepflanzt« wird, entwickelt sich oft ein Traum oder ein Traum*element*. Was immer Sie im Zustand des Einschlafens gerade beschäftigt, erscheint in derselben Nacht oft in der einen oder anderen Form in Ihren Träumen wieder. Sie können tatsächlich üben, »Ihre Träume zu programmieren«, um dadurch streßfreie Antworten auf Ihre Ängste zu finden. Wenn unser Bewußtsein sich auf die streßverursachende Situation konzentriert, wiehert und bockt unser Unterbewußtsein, das stets »folgsame« Pferdchen, und rührt sich nicht vom Fleck. Aber im Traumschlaf kann unser Unterbewußtsein *wertfrei* auf unsere Stressoren aufmerksam gemacht werden, also ohne daß diese künstlich vergrößert und dramatisiert würden. Es kann kreative, intuitive Lösungen finden, auf die unser Bewußtsein niemals gekommen wäre.

Benutzen Sie den hypnagogen Zustand – die Minuten unmittelbar vor dem Einschlafen –, um Ihre Träume zu programmieren, und schenken Sie ihnen dann aufmerksam Beachtung. Träume sind natürlich individuell – von Mensch zu Mensch – verschieden, und es kann sein, daß Sie sie eine ganze Weile beobachten müssen, bevor Sie die Lösungen verstehen, die sie Ihnen anbieten. Fangen Sie an, ein Traumtagebuch zu führen. Halten Sie auf Ihrem Nachttisch Stift und Notizblock bereit und schreiben Sie nach dem Aufwachen Ihre Träume auf. Fast jeder Mensch erlebt jede Nacht mehrere – in der Regel fünf bis sechs – Traumsequenzen. Vielleicht können Sie sich nur selten an Ihre Träume erinnern, aber dem läßt sich leicht abhelfen. Wiederholen Sie sich kurz vor dem Einschlafen mehrere Male die Affirmation: »Morgen früh werde ich mich an wenigstens einen Traum in aller Deutlichkeit erinnern.« Ihr Unterbewußtsein wird Ihnen nur zu gern willfahren. Sobald Sie dann aufgewacht sind, greifen Sie zu Stift und Notizblock und schreiben alles nieder.

3. Die Macht des Lachens

Wann haben Sie das letzte Mal so gelacht, daß Ihnen die Tränen über die Wangen liefen und die Bauchmuskeln weh taten? Erinnern Sie sich, wie gut Sie sich anschließend gefühlt haben? Lachen veranlaßt unseren Organismus, Endorphine freizusetzen, wodurch wir uns entspannt und gelöst fühlen. Der Sachbuchautor NORMAN COUSINS entdeckte die therapeutische und befreiende Wirkung des Lachens, als er an einer schmerzhaften, lebensgefährlichen Krankheit litt. In *Der Arzt in uns selbst. Die Geschichte einer erstaunlichen Heilung* berichtet er von seiner (mittlerweile von der medizinischen Forschung bestätigten) »freudigen Entdeckung, ... daß zehn Minuten herzhaften Lachens« Schmerzen spürbar lindern. Um sich zum Lachen zu bringen, sah sich Cousins Aufzeichnungen von »Verstehen Sie Spaß« und alte MARX-BROTHERS-Filme an. Wer weiß, vielleicht finden Sie in Ihrer Videothek auch etwas Geeignetes gegen Ihren Streß!

4. Streßvorsorgelisten

Eine »Streßvorsorgeliste« ist eine Aufzählung all der für sich genommen geringfügigen Pflichten oder Arbeiten, die Sie erledigen sollten, bevor sie sich zu furchterregenden Ungeheuern auswachsen. Das Auto zur Inspektion bringen, eine Geburtstagskarte für Erbtante Lili besorgen und den Pingpongtisch im Hobbyraum aufbauen, stellen, einzeln betrachtet, wahrlich keine nennenswerten Probleme dar, aber wenn Sie ihnen gestatten, sich anzuhäufen, wird daraus sehr bald ein *»Woher soll ich nur die Zeit nehmen, all diese Dinge zu erledigen?«* Sie werden die Zeit dafür finden und sich eine Menge Streß ersparen, wenn Sie sich angewöhnen, jede Woche einen Punkt – oder auch mehrere, wenn es sich dabei um wirklich geringfügige Arbeiten handelt – auf Ihrer Liste abzuhaken. Auf diese Weise erledigen Sie nach und nach in Ruhe all die Kleinigkeiten, die andernfalls allein durch ihre stetig wachsende Zahl sehr leicht zu ernstzunehmenden Streßfaktoren werden könnten.

Eine weitere Möglichkeit, die Streßvorsorgeliste zu verwenden, besteht darin, sich jeden Tag eine Aufgabe vorzunehmen, die an dem Tag eigentlich *noch nicht* erledigt zu werden bräuchte: Sie erklären sie – als Vorbeugemaßnahme gegen kumulativen Streß – eigenmächtig zu einer dringenden Angelegenheit. Ist Ihnen schon mal aufgefallen, wie befriedigend es ist, sich etwas, was erst am Freitag getan zu werden brauchte, bereits am Dienstag »vom Hals geschafft« zu haben? Ihr Unterbewußtsein merkt, daß Sie die Kontrolle über Ihre Umgebung übernehmen, bevor diese *Sie* kontrollieren kann. Wenn Sie sich eine solche Verfahrensweise zur Gewohnheit machen, dann kann ich Ihnen garantieren, daß Ihr allgemeiner Streßpegel bald deutlich sinken wird.

Drei schnell wirkende Antistreßmittel für Ihren Erste Hilfe-Kasten

MALTZ stellte eine Reihe schnell wirkender streßmindernder Techniken vor und empfahl uns, sie wie einen Erste-Hilfe-Kasten – wie eine mentale Hausapotheke voller Do-it-yourself-Tranquilizer – im Geist mit uns herumzutragen. Hier nun einige seiner Rezepte:

1. Verzögerte Reaktion

Wenn Sie Ihre Dekonditionierung noch nicht abgeschlossen haben, wird es gelegentlich vorkommen, daß etwas oder jemand »auf Ihren Panikknopf drückt« und Sie es nicht schaffen, eine Streßreaktion zu vermeiden. Sollte das geschehen, so versuchen Sie, *die Reaktion zu verzögern.* »Das Verzögern der Reaktion«, schreibt Maltz, »unterbricht und hemmt den automatischen Ablauf des konditionierten Reflexes.« Eine solche zeitweilige Unterbrechung unserer Reaktionsmuster erleichtert den eigentlichen Prozeß der Dekonditionierung, durch den wir uns dauerhaft von automatischen Streßreaktionen zu befreien trachten.

Ich selbst hatte Gelegenheit, diese Technik am Tag der Hochzeit meines jüngsten Sohnes anzuwenden. Ich hatte keine andere Verpflichtung, als meine Schwiegermutter abzuholen und mit ihr bis spätestens zehn Uhr dreißig in der Kirche zu sein. Ich hatte massenhaft Zeit (bildete ich mir jedenfalls ein), also nahm ich mir vor, erst einmal zu joggen, dann das Auto durch die Waschanlage zu fahren und noch ein paar Einkäufe zu erledigen, ehe ich wieder nach Hause fuhr, um in aller Ruhe zu duschen und mich anzuziehen. Es wurde einer dieser alptraumhaften Vormittage, an denen alles doppelt so lange dauert, wie man gedacht hatte. Als ich endlich in meinem Jogginganzug zu Hause ankam, fand ich den Trauzeugen meines Sohnes vor, der im Smoking einsam und verlassen auf dem Bordstein saß. Alle anderen waren schon zur Kirche gefahren, wo vor der Trauung ein paar Gruppenfotos geschossen werden sollten, und in der Aufregung hatte man ihn irgendwie vergessen.

Ich mußte ihn schleunigst zur Kirche fahren und dann wieder zurückkommen, wodurch mir nur noch zehn Minuten verblieben, um mich zurechtzumachen und rechtzeitig an Ort und Stelle zu sein – keine leichte Aufgabe, wenn man bedenkt, daß die Kirche dreißig Autominuten entfernt war!

Als ich endlich unter der Dusche stand – jeder Nerv in meinem Körper schrie gestreßt: DU HÄLTST DIE HOCHZEIT DEINES EIGENEN SOHNES AUF! –, atmete ich tief durch und sagte zu mir selbst: »Ich verschiebe diese Frustration auf später. Ich habe nicht vor, als ein gestreßtes Nervenbündel in der Kirche zu erscheinen.« Ich zog mich schnell an und ließ meine Haare so, wie sie waren. Es würden ja sowieso alle auf die Braut sehen.

Der bewußte Entschluß, meinen Streß auf später zu verschieben, ließ ihn überhaupt nicht mehr aufkommen. Als ich vor der Kirche parkte, wunderte sich meine Schwiegermutter über meine Ruhe und Gelassenheit. »Den Trick bringe ich anderen Leuten bei«, erwiderte ich. »Er scheint wirklich zu funktionieren!«

2. Der psychische Schutzschirm der Entspannung

Üben Sie die im fünften Kapitel vorgestellten Relaxationstechniken, bis Sie imstande sind, sich fast »auf Knopfdruck« in einen entspannten Zustand zu versetzen. *Es ist unmöglich, sich zu ängstigen oder gestreßt zu fühlen, wenn man entspannt ist.* Das mag wie eine Binsenweisheit klingen, so als sagte man: »Es ist unmöglich, dick zu werden, solange man schlank bleibt« oder: »Ich wäre selbstbewußter, wenn ich nicht so schüchtern wäre«, aber es ist nichtsdestoweniger eine wahre Aussage über die Funktionsweise unseres Körpers und unserer Psyche. Tatsächlich ist es eher so, als sagte man: »Es ist unmöglich, dick zu werden, solange man nicht zuviel ißt« oder: »Ich werde selbstbewußter sein, sobald ich ein besseres Selbstbild habe.« Vergessen Sie nicht, daß Besorgtsein, Wut, Angst und die anderen emotionalen Begleiterscheinungen des Stresses nicht von äußeren Faktoren verursacht werden, sondern von Ihren eigenen Reaktionen. Vermeiden Sie diese Reaktionen, indem Sie lernen, in Ihre »innere Dekompressionskammer« zu schlüpfen – jenen stillen Ort in Ihrem Geist, den keine Angst und kein Streß erreichen können.

Maltz empfahl, sich diesen Ort als ein ganz konkretes »ideales Ruhezimmer« vorzustellen. »Richten Sie dieses Zimmer mit allem ein, was für Sie den Inbegriff der Erholung und des Friedens darstellt … Nichts lenkt Sie hier ab. Alles ist makellos sauber und aufgeräumt. Einfachheit, Stille, Schönheit sind die Merkmale dieses Raumes … Durch ein kleines Fenster können Sie hinausschauen und einen schönen Strand sehen [oder einen Wald, ein Flußufer – welche Landschaft auch immer besonders beruhigend auf Sie wirkt] … Widmen Sie der mentalen Ausgestaltung dieses Zimmers die gleiche Sorgfalt, mit der Sie einen realen Raum bauen und einrichten würden. Machen Sie sich mit jedem noch so kleinen Detail vertraut.«

3. Ein täglicher Miniurlaub

Selbst wenn Sie relativ problemlos durch Ihren Arbeitstag gleiten und nicht mehr als den normalen »Hintergrundstreß« verspüren, ist es keine schlechte Idee, gelegentlich eine kurze Pause einzulegen und sich für ein paar Minuten in Ihren stillen Raum zurückzuziehen. »Sehen Sie in Ihrer Vorstellung«, empfahl Maltz, »wie Sie die Treppe zu Ihrem Zimmer hinaufsteigen. Sagen Sie sich dazu: ›Jetzt steige ich die Treppe hinauf – jetzt öffne ich die Tür – jetzt bin ich da.‹ Nehmen Sie im Geiste alle ruhigen, beruhigenden Details wahr. Sehen Sie sich vollkommen entspannt, in Frieden mit sich und der Welt in Ihrem Lieblingssessel sitzen.«

Solche »kleinen Fluchten« üben einen positiven Einfluß auf unser physisches Wohlbefinden aus. Unser Blutdruck sinkt, unsere Herzfrequenz nimmt ab, es strömt mehr Blut in den Kopf, was ein klareres Denken zur Folge hat. Wohin fließt das Blut vornehmlich, wenn wir unter Streß stehen? In die Eingeweide und die Beine. Es ist wieder die altbekannte Kampf-oder-Flucht-Reaktion: Unser Körper bereitet sich auf den Angriff eines Säbelzahntigers vor. *Er* kann keinen Unterschied zwischen einer lebensbedrohlichen Situation und einem nicht eingehaltenen Termin erkennen. Wenn wir uns bewußt Zeit für einen Miniurlaub nehmen, hat unser Körper keine andere Wahl, als entsprechend zu reagieren. Der Streßhormonspiegel in unserem Blut *muß* ganz einfach sinken.

Benutzen Sie natürliche Tranquilizer, um emotionale Schläge aufzufangen

Josh, ein neununddreißigjähriger Feuerwehrmann, litt unter einem grausamen Verlust und unerträglichem Streß. Seine Frau war zu einem kleinen chirurgischen Eingriff ins Krankenhaus eingewiesen worden, hatte sich eine Bauchfellentzündung zugezogen und war völlig unerwartet gestorben. In seiner abgrundtiefen Trauer fragte sich Josh, wie er es jemals schaffen sollte, seinen Kindern die emotionale Unterstützung zu gewähren, die sie brauchen würden. Er hatte zwei Töchter im Alter von sieben und fünf Jahren sowie einen dreijährigen Sohn, und auch wenn er es irgendwann lernen sollte, ohne Gloria auszukommen – wie sollte er jemals Vater- *und* Mutterstelle für sie einnehmen können? Nachdem der anfängliche Schock abgeklungen war und die Freunde, die ihm moralischen und praktischen Beistand geleistet hatten, wieder zu ihrem gewohnten Leben zurückgekehrt waren, verwandelte sich Joshs Panik in Verzweiflung. Gloria war immer den ganzen Tag für die Kinder dagewesen, und er befürchtete, daß er nicht einmal einen annehmbaren *»Teilzeit*vater« abgeben würde.

Psychotherapie kam nicht in Frage. Joshs Krankenversicherung deckte nur einen Teil dessen ab, was eine solche Behandlung gekostet hätte. Er wußte, daß er es – wie die meisten Menschen, die einen schweren emotionalen Schlag erleiden – allein würde durchstehen müssen. Ich lernte Josh drei Monate nach dem Tod seiner Frau kennen, während eines Streßseminars, das ich in seiner Heimatstadt in North Carolina veranstaltete. Er fand das SAETS-Modell besonders inspirierend und erkannte sofort, daß es sich auch auf seine Situation anwenden ließ. Er fragte mich, ob wir in brieflichem Kontakt bleiben könnten, und ich erklärte, ich würde mich freuen, wenn er von sich hören ließe. Im Laufe der nächsten Monate schrieb er mir mehrere Briefe, die auf sehr anschauliche Weise seine Fortschritte dokumentierten. Wann immer Josh merkte, daß der seelische Druck, den seine Rolle als alleinerziehender Vater auf ihn ausübte, ihn veranlaßte, die Situation unnötig zu dramatisieren, setzte er den SAETS-Prozeß in Gang:

S-ituation: »Meine Frau ist gestorben«, sagte er sich selbst, »und ich habe für alles, was geschehen ist, die Verantwortung übernommen. Jetzt kann ich die Situation als etwas betrachten, was einfach geschehen ist. Ich stand zufällig auf der Brücke, als der Blitz einschlug.«

A-nalyse: »Jedesmal, wenn ich spürte, daß eines der Kinder etwas vermißte, daß ihm irgend etwas fehlte, empfand ich es als meine Schuld«, berichtete Josh. »Ich hatte das Gefühl, daß ich nicht genug für sie tat. Aber ohne Gloria fehlt ihnen ja tatsächlich immer ›etwas‹ – etwas äußerst Wichtiges sogar. Ich tue für sie alles, was ich kann.«

E-motionen: Mittels solch einer objektiven Analyse der Situation gelang es Josh, seine Emotionen von der negativen Reaktion – »Ich kann meinen Kindern nicht das geben, was sie brauchen« – zu einer positiven Selbsteinschätzung zu »verschieben«: »Es ist ein schwerer Job, gleichzeitig Alleinernährer und Alleinerzieher zu sein, aber ich kämpfe erfolgreich auf beiden Fronten.«

T-un: Josh fand einen zuverlässigen Babysitter, der für die Kinder sorgte, wenn er im Dienst war, und an seinen freien Tagen nahm er sich selbst Zeit für sie. Da er immer abwechselnd vierundzwanzig Stunden Dienst und achtundvierzig Stunden frei hatte, war dies – nachdem er sich erst einmal dazu entschlossen hatte – relativ einfach zu organisieren. Er nahm sich vor, jede Woche zwei Stunden mit jedem seiner Kinder allein zu verbringen und während dieser Zeit das zu tun, was dieses jeweils am liebsten tat – mit Jeanie Rollschuh laufen, mit Sarah malen und zeichnen und mit Josh junior einfach spielen.

S-elbstachtung: Als er anfing, sich in diese neue Routine einzuarbeiten und einzuleben, stellte Josh zu seiner großen Freude fest, daß sein Selbstbild als verantwortungsbewußter und liebevoller Vater allmählich wiederhergestellt wurde.

Josh legte außerdem eine »Checkliste« an, auf der er alle praktischen Dinge notierte, die für die Kinder und für ihn selbst getan werden mußten. Anfangs hatte er gar nicht gewußt, womit er anfangen sollte, und immer wieder die Nerven verloren, aber dank der Liste, von der er nach und nach das bereits Erledigte streichen konnte, gelang es ihm, beim Gedanken an das noch *Un*erledigte nicht in Streß zu geraten. Hier ist seine erste Liste:

1. Den Mädchen zeigen, wie sie Klein-Josh beim Anziehen helfen können. Die Sache als Spiel hinstellen – nicht als leidige Pflicht.
2. Hausarbeits-Belohnungssystem einführen: den Mädchen Punkte geben für Bettenmachen, Broteeinpacken und so weiter. Am Freitag können sie ihre Punkte dann gegen kleine Belohnungen eintauschen – zum Beispiel bei einer Freundin übernachten dürfen.
3. Einen zuverlässigen Babysitter finden (Anzeige aufgeben, Bewerberinnen sorgfältig prüfen!), der die Kinder an den Tagen betreut, an denen ich Dienst habe.
4. Fliegengitter an der Hintertür reparieren.
5. Neue Sachen für die Kinder kaufen.
6. Rasen mähen oder von Cody (einem Nachbarsjungen) gegen Bezahlung mähen lassen.
7. Termine für Freizeit mit jedem einzelnen Kind festlegen und in den Kalender eintragen.
8. Denise (die ledige Schwester seiner verstorbenen Frau) fragen, ob sie nicht ab und an vorbeikommen möchte – die Kinder mögen sie sehr, und sie würde bestimmt gern helfen.
9. Staubsaugen.

10. An dienstfreien Tagen mir immer eine Stunde für mich selbst freihalten.

Wie die meisten Menschen, die einen emotionalen Genesungsprozeß durchmachen, merkte auch Josh bald, daß es Zeiten gab, in denen er das Bedürfnis nach Gesellschaft hatte, und andere, in denen er lieber allein sein wollte. Er trat einer Bibelstudiengruppe bei und besuchte sie regelmäßig an seinen freien Abenden. Während seiner Vierundzwanzig-Stunden-Schicht gab es immer wieder ruhige Perioden, die der Mannschaft die Gelegenheit gaben, sich zu entspannen. Josh fing wieder an, sich während dieser Ruhephasen an den Kartenspielen und den fröhlichen Gesprächen seiner Kollegen zu beteiligen. Immer häufiger »ertappte« er sich dabei, daß er mit seinen Kumpels fast wie in alten Zeiten lachte und scherzte, und er stellte fest, daß das Lachen ihm tatsächlich half, sich weniger unnütze Sorgen darüber zu machen, wie es den Kindern in seiner Abwesenheit ergehen mochte.

Josh nutzte diese ruhigen Perioden auf der Feuerwache auch für gelegentliche Miniurlaube. Er setzte sich oben im ersten Stock auf seine Koje, sperrte das Geplauder seiner Kumpel und das Geräusch des Radios aus und betrat das Theater seiner Imagination. Er dachte an seine Lieblingsangelstelle in einem nahe gelegenen Nationalpark, wo er früher oft mit Gloria gewesen war. Er stellte sich den Platz in allen Einzelheiten vor, von den Schatten der Kiefernzweige auf dem Wasser des Flusses bis hin zum Summen der Libellen. Indem er sich gedanklich an diesen ruhigen Ort zurückzog, senkte Josh den Streßhormonspiegel in seinem Blut und lernte es mit der Zeit, sich gleichsam auf Knopfdruck zu entspannen.

Anfangs hatte Josh der Gedanke an veränderte Bewußtseinszustände überhaupt nicht behagt. Er assoziierte Meditation mit »östlichen Religionen« und befürchtete, sie würde mit den christlichen Grundsätzen, die sein spirituelles Leben leiteten, in Konflikt geraten. Ein Gespräch mit seinem Pfarrer und eine ernsthafte Selbsterforschung überzeugten ihn davon, daß nichts an der Meditationspraxis war, was zu *irgend*einer Religion im Widerspruch gestanden hätte: Als verschiedene Wege zu spiritueller Gesundheit widersprachen Christentum und Meditation einander nicht mehr, als es eine vernünftige Ernährung und regelmäßige ärztliche Untersuchungen zur Aufrechterhaltung der körperlichen Gesundheit tun.

Da der Schichtdienst die normalen biologischen Tagesrhythmen seines Organismus durcheinanderbrachte, fiel es Josh häufig schwer, nachts einzuschlafen. Wenn das der Fall war, versuchte er stets, den verinnerlichten Zustand des hypnagogen Halluzinierens zu seinem Vorteil auszunutzen. Wann immer sich in ihm Verzweiflung oder Panik bemerkbar zu machen begannen, leitete er diese Emotionen zu positivem Handeln um. »Na schön, was kann ich daran ändern?« fragte er sich. »Wenn ich etwas tun kann, dann werde ich es auch tun. Wenn ich daran nichts ändern kann, dann brauche ich mich auch nicht weiter damit zu belasten.«

Indem er all diese verschiedenen Techniken zu einer *Lebensweise* synthetisierte, gelang es Josh, das schwere Trauma, das er durch den Tod seiner Frau erlitten hatte, abzumildern. Gewiß: Sich durch SAETS-Prozeß, Checklisten, psychische Schutzschirme, veränderte Bewußtseinszustände und dergleichen von der Angst-Konditionierung zu befreien, fiel ihm nicht *leicht* – aber nachdem er erst einmal den Anfang gemacht hatte, stellte Josh fest, daß es doch *einfach* war. Es ging dabei lediglich darum, seine Angewohnheit, auf Streß auf eine ganz bestimmte Weise zu reagieren, zu ändern.

Verwandeln Sie Streß in Erfolg

»Innere Erregung, also das Gegenteil von Ruhe und Gelassenheit«, schrieb MALTZ, »wird fast immer von einer Überreaktion verursacht, einer zu niedrigen ›Alarmschwelle‹. Sie können aber einen psychischen Schutzschirm zwischen sich und dem störenden Reiz aufbauen, indem Sie ›Nicht-Antworten‹ üben – es also lernen, ›das Telefon einfach klingeln zu lassen‹.« Hier ein paar Techniken, in denen Sie sich vervollkommnen können, während Sie auf den »Anruf« warten:

1. Bedienen Sie sich des reflexiven Umlernens, um streßfreie Reaktionen einzuüben. Stellen Sie eine Liste von Ereignissen zusammen, denen Sie in der Vergangenheit nicht so gelassen begegnet sind, wie Sie es im nachhinein für wünschenswert gehalten hätten. Entscheiden Sie, welche der in diesem Kapitel vorgestellten Techniken jeweils am besten auf die einzelnen Ereignissse anwendbar gewesen wäre. Begeben Sie sich dann in das Theater Ihrer Imagination. Visualisieren Sie eines dieser Ereignisse so, wie es sich tatsächlich zugetragen hat, aber sehen Sie sich diesmal *psychokybernetisch* reagieren. Wann immer Sie sich dabei ertappen, daß Sie sich wegen einer früheren konditionierten Streßreaktion Vorwürfe machen, LÖSCHEN Sie und sagen Sie sich genau, wie Sie das nächstemal in einer vergleichbaren Situation reagieren werden.

2. Konstruieren Sie sich eine innere Dekompressionskammer. Versehen Sie dieses »ruhige Zimmer des Geistes« mit so vielen Details wie möglich.

3. Wiederholen Sie regelmäßig die fünf Schritte des SAETS-Prozesses, um die Wahrscheinlichkeit zu maximieren, daß Sie auf das nächste streßverursachende Ereignis *direkt* positiv reagieren werden:

o Betrachten Sie das Ereignis als eine grundsätzlich wertfreie S-ituation.
o A-nalysieren Sie die Situation.
o Passen Sie Ihre E-motionen der Situation an.
o T-un Sie alles Erforderliche, um der Situation angemessen zu begegnen.
o Spüren Sie, wie – als Nebenresultat Ihres Handelns – Ihre S-elbstachtung steigt.

Indem Sie diese Reaktionsweisen unter streßfreien Bedingungen üben, erhöhen Sie die Wahrscheinlichkeit, daß Sie im nächsten »Ernstfall« tatsächlich streßfrei reagieren *werden.*

Sechs habituelle Gedanken, die Streß signalisieren

Halten Sie Ausschau nach häufig wiederkehrenden Gedankenmustern, die Anzeichen von Streß in Ihrem Leben sein können. Wenn Sie merken, daß Sie regelmäßig (täglich) dreien oder mehr von ihnen frönen, nehmen Sie einen Do-it-yourself-Tranquilizer.

1. Sich oder andere übertrieben streng kritisieren;
2. das Bedürfnis, andere zu kontrollieren;
3. innere Ängste zum Ausdruck bringen: das »Was-wenn«-Spiel spielen;
4. zwanghaft bei vergangenen Fehlern verweilen: das »Hätte-ich-nur«- oder »Hätte-ich-nur-nicht«-Spiel spielen;
5. sich ständig sagen: »Jetzt ist alles aus! Jetzt bricht alles zusammen!«;
6. dramatisieren und »katastrophisieren«: aus Mücken Elefanten machen.

Manchmal ist Streß schwer zu erkennen – besonders dann, wenn Sie sich an dessen konstantes Vorhandensein gewöhnt haben. Achten Sie auf die folgenden »Warnsignale«, um sicherzustellen, daß sich Ihr automatischer Mechanismus stets in einem funktionsfähigen Zustand befindet.

Fünf Anzeichen von *übermäßigem* Streß

Vermeiden Sie es, sich selbst kaputtzumachen, indem Sie nach folgenden Warnsignalen Ihres Organismus Ausschau halten:

1. *Veränderungen des Schlafrhythmus:* Sie haben Schwierigkeiten damit, zu Ihrer gewohnten Uhrzeit einzuschlafen, oder fangen an, nachts aufzuwachen.
2. *Veränderungen des Eßverhaltens:* Sie entwickeln einen chronischen Heißhunger oder bekommen umgekehrt kaum einen Bissen herunter.
3. *Häufiges Kränkeln:* Sie haben tagelang Rückenschmerzen, dann rebelliert Ihr Magen, dann erkälten Sie sich ...
4. *Suchtartige Gelüste:* Sie brauchen mehr Kaffee, Zigaretten, Alkohol, Schokolade (oder was immer sonst Ihre spezielle Droge sei) und können Ihre Ängste und Sorgen damit trotzdem nicht so effektiv »übertünchen«, wie es normalerweise der Fall ist.
5. *Verstärkte Hoffnungslosigkeit und Erschöpfung:* Sie fühlen sich nie ausgeruht, gleichgültig wie lange Sie schlafen, und Sie verspüren den immer stärkeren Wunsch, »alles hinzuschmeißen«.

Wenn Sie binnen einer Woche drei oder mehr dieser Warnsignale bei sich bemerken, ergreifen Sie geeignete Maßnahmen:

1. *Sorgen Sie besser für Ihre Seele (Ihren »emotionalen Körper«):* Seien Sie sich Ihrer negativen Gedanken bewußt. LÖSCHEN Sie häufig.
2. *Sorgen Sie besser für Ihren Körper:* Jetzt braucht Ihr Körper mehr positive Aufmerksamkeit als gewöhnlich. Führen Sie täglich ein paar (zusätzliche) leichte körperliche Übungen durch. Zwingen Sie sich, jeden Tag etwas Gesundes zu essen – und wenn's auch nur wenige Bissen davon sind. Nehmen Sie sich zusätzlich Zeit zum Entspannen. Setzen Sie sich neue Prioritäten: An den Anfang Ihrer Checkliste gehören jetzt SIE SELBST.
3. *Geißeln Sie sich nicht dafür, daß Sie Ihren Lastern frönen.* Erkennen Sie, daß Sie eine vorübergehende Krise durchmachen und das »Recht« auf gelegentliche Ausrutscher haben.

Vergessen Sie nicht – die Psychokybernetik ist ein *zielgerichteter* Prozeß. Auf dem Weg zu Ihrem selbstgewählten Ziel werden mit Sicherheit Situationen auftreten, in denen Ihre Reaktionen auf äußere Ereignisse drohen werden, Sie vom Kurs abzubringen. Ihre »Do-it-yourself-

Tranquilizer« sind die Regler, die es Ihnen ermöglichen, selbst dann noch auf Kurs zu bleiben, wenn die Ereignisse sich Ihrer Einflußnahme entziehen sollten. Sie brauchen keine Arzneimittel, um Ihren Kurs zu halten. Sie müssen nur vermeiden, *selbst* auf die Streßknöpfe zu drükken!

Gedanklich zum Ziel

o Streß resultiert aus der spezifischen Weise, wie Sie auf äußere Ereignisse reagieren, nicht aus den Ereignissen selbst.

o Es gibt viele Techniken, mit deren Hilfe Sie lernen können, streßverursachende Überreaktionen zu vermeiden – ganz genauso, wie Sie irgendeine andere neue Gewohnheit »erlernen«.

Setzen Sie sich Ihre eigenen Ziele

Siebtes Kapitel

Leben Sie nach Ihrem eigenen Drehbuch: Wie man sich Ziele auswählt und setzt

Wir sind als Zielsuchgeräte konstruiert. Das ist unsere Natur. Wenn wir kein persönliches Ziel haben, an dem wir interessiert sind und das uns »etwas bedeutet«, neigen wir leicht dazu, »uns im Kreis zu drehen«, uns »verloren« zu fühlen und das ganze Leben als »sinnlos« zu betrachten ... Wer sagt, das Leben habe keinen Wert, sagt in Wirklichkeit, daß er kein persönliches Ziel hat, das einen Wert besitzt.

MAXWELL MALTZ: *Psycho-Cybernetics* (1960)

Ein Mensch ohne Ziel ist wie ein Schiff ohne Ruder. Beide treiben nur dahin. Beide werden auf den Klippen der Verzweiflung, des Scheiterns und der Mutlosigkeit enden.

ZIG ZIGLAR: *See You At The Top* (1974)

Es ist besonders beglückend, wenn man merkt, daß man gerade dabei ist, sich aus eigener Kraft von alten mentalen Programmen zu befreien und dem alltäglichen Trott zu entfliehen. Es ist eine der aufregendsten Erfahrungen in unserem Leben, festzustellen, daß man mit einem Mal Dinge erreicht oder Leistungen erbringt, von denen man früher nur geträumt hat. Das Problem besteht darin, daß wir nur dann wachsen, nur dann die eingefahrenen Gleise verlassen und weiterkommen können, wenn wir ein klares, genau umrissenes Ziel vor Augen haben. Andernfalls spielt es nicht die geringste Rolle, wie sehr wir uns bemühen. Wenn Sie nicht wissen, was Sie wollen, werden Sie es auch garantiert nicht bekommen. Wenn Sie ins Schwarze treffen wollen, brauchen Sie eine Zielscheibe.

Wenn ein negatives Selbstbild Ihre Augen fortwährend auf den Bordstein statt auf eine Bestimmung lenkt, dann brauchen Sie sich nicht zu wundern, wenn Ihnen Ihr ganzes Leben so »festgefahren« erscheint und Sie überhaupt nicht weiterkommen. Eine befriedigendere Arbeit zu finden, den Mann oder die Frau Ihres Lebens kennenzulernen, mehr

Zeit mit den Kindern zu verbringen, Klavier spielen zu lernen, einen Marathon zu laufen oder das Rauchen aufzugeben: Es spielt keine Rolle, was Ihr jeweiliges Ziel ist, solange Sie nur *wissen*, was es ist.

»Vergessen Sie nicht«, schrieb Maltz, »das kreative Steuersystem in Ihrem Inneren ist ein Zielsuchmechanismus, und die wichtigste Voraussetzung dafür, daß Sie es benutzen können, ist ein klar umrissenes Ziel ... Immer und immer wieder habe ich gesehen, wie verwirrte und unglückliche Menschen ›sich aufrappelten‹, sobald jemand Ihnen ein Ziel gab und einen Weg dahin zeigte.«

Dieses Kapitel handelt davon, wie Sie sich Ziele setzen können; wie Sie die Richtung in Ihrem Leben bestimmen und in diese Richtung losmarschieren können. Sie werden im einzelnen erfahren,

o welche Gewohnheiten Sie möglicherweise davon abhalten, sich erreichbare Ziele zu setzen, und wie Sie sich von ihnen befreien können;
o wie Sie einschätzen können, welche Ziele für Sie »richtig« sind;
o wie Sie sich mit Hilfe eines Fünf-Punkte-Plans realistische und praktische Ziele setzen können;
o wie Sie auf dem Wege eines siebenstufigen Aktionsprogramms von der Zielsetzung zum Erfolg gelangen können.

Ziele – Sollwerte des Erfolgs

Während meiner Seminare und Gespräche mit Patienten taucht immer wieder eine paradoxe Situation auf, die mich jedesmal von neuem verblüfft. Die Leute bitten mich ständig um eine »Zauberformel«, eine Liste von »Rezepten« zum Erreichen von Zielen, unterlassen es aber stets zu sagen, *was* das für Ziele sind, von denen sie sprechen. Natürlich ist die Frage nach dem Wie durchaus legitim, aber so gestellt bedeutet sie, das Pferd beim Schwanz aufzuzäumen – und mittlerweile dürften Sie alles über dieses »Pferd« wissen! Es besteht ein direkter Zusammenhang zwischen dem Setzen von Zielen und dem Erfolghaben – was auch immer Sie unter »Erfolg« im einzelnen verstehen mögen. Die Ziele, die Sie sich setzen, machen den *Sollwert* Ihres Erfolgs aus.

Ein Sollwert ist ein »normativer Idealzustand«, ein »prästabilierter Status quo«, eine Größe, auf die jedes durch Rückkopplung sich selbst regulierende System immer wieder hinstrebt. Denken Sie einmal an Ihre physiologischen Sollwerte. Wenn Sie jahrelang »von sich aus« siebzig Kilogramm gewogen haben und plötzlich infolge einer Krankheit zwanzig Pfund verlieren, wird Ihr Organismus, sobald Sie wieder gesund sind, danach streben, den Gewichtsverlust auszugleichen. Wenn schwere körperliche Arbeit eine Erwärmung Ihres Körpers verursacht, schaltet dessen Kühlsystem sofort auf volle Leistung, um den thermischen Sollwert wiederzuerlangen – also die für uns Menschen »normale Körpertemperatur« aufrechtzuerhalten.

Ebenso verhält es sich mit Ihrer Psyche. Es besteht ein direkter Zusammenhang zwischen dem, wonach Sie streben, und dem, was Sie tatsächlich erreichen. Wenn Sie bewußt einen Sollwert festlegen, wird sich Ihr Steuerungsmechanismus nach diesem Fixpunkt ausrichten und jede ihm durch Rückkopplung gemeldete Abweichung automatisch kompensieren. Wenn Sie dagegen kein klares oder spezifisches Ziel – keine eigene Definition von »Erfolg« – Ihrem Unterbewußtsein einprogrammiert haben, dann ist Ihr Sollwert praktisch gleich Null.

Wie *definieren* Sie »Erfolg«? Haben Sie das Gefühl, wirklich Erfolg zu verdienen? Haben Sie den Mut, von Erfolg zu träumen? Wie groß ist Ihre Bereitschaft, etwas zu wagen? Die Antworten auf diese Fragen werden Ihnen helfen, Ihren Sollwert zu bestimmen.

Wie Sie die Fallgrube des magischen Denkens umgehen können

Wie Sie inzwischen wissen, kann ein dürftiges Selbstbild Sie in einer begrenzt-begrenzenden Denkweise gefangenhalten. Bei Menschen mit geringer Selbstachtung scheitert jede Zielsetzung an Gedanken wie »Ich kann's nicht« – »Ich würde ja gern, aber …« – »Hätte ich doch nur …« oder »Hätte ich nur nicht …« Und die vielleicht häufigste dieser »Denkbremsen« lautet: »Ja, aber …« – »Ja, aber mir fehlt die Qualifikation.« – »Ja, aber mir fehlt die Zeit dazu.« – »Ja, aber ich ich bin nicht groß genug.« – »Ja, aber …« – »Jaaber …« Anstatt sich Ziele zu setzen, sitzt der Jaaber unzufrieden herum und fragt sich, wann endlich »alles« besser werden wird.

Wann *wird* »alles«, »das Leben«, besser werden? Denken Sie einmal zurück, wie es in Ihrer Kindheit und frühen Jugend war, als Sie sehnsüchtig auf die Meilensteine des Lebens vorausschauten. »Wenn erst mal Ferien sind, dann wird das Leben schön« – »Wenn ich erst mal sechzehn bin, kann ich bis zehn in die Disko, und dann wird das Leben schön« – »Wenn ich mir erst mal genug Geld zusammengejobbt habe, dann kann ich endlich …« – »Wenn ich erst mal eine/n Freund/in habe, dann …« Und so weiter und so weiter und so weiter.

Sehen Sie, was für eine Fallgrube das ist? Das ist kein Zielesetzen, sondern Wunschdenken – »magisches Denken«, wie SIGMUND FREUD es nannte. Das Leben wird wirklich lebenswert werden, sobald Sie den nächsten magischen Meilenstein erreicht haben: sobald Sie verheiratet sind, Kinder haben, die Kinder endlich erwachsen und aus dem Haus sind, Sie in Rente gehen und sich das lang erträumte Wohnmobil kaufen ... sterben und in den Himmel kommen. »Wenn ich tot bin, fängt das Leben erst richtig an« ...? *Das* heißt nicht: sich Ziele setzen; das heißt: nicht vom Fleck kommen.

Und trotzdem haben Sie sich im Laufe Ihres Lebens Ziele gesteckt und diese auch erreicht. Das Problem war vielleicht einfach nur, daß diese Ziele nicht besonders positiv und befriedigend waren. *Alles, was Sie bislang in Ihrem Leben getan haben, war die Verwirklichung irgendwelcher Ziele,* ob Sie sie nun als solche erkannt haben oder nicht. Versuchen Sie sich nur für einen Augenblick vorzustellen, wie erfolgreich Sie sein könnten, wenn Sie das Erlangen von Zielen zu einem bewußten, absichtlichen Akt machten!

Wann wird das Leben besser werden? *Jetzt*, in diesem Augenblick. Das Jetzt ist alles, was Sie haben. Das »Beim nächsten Meilenstein wird alles besser werden« ist Unfug. Meilensteine sind Meilensteine. Das Leben wird dann besser, wenn wir wissen, daß wir es *verbessert* – schöner, interessanter, lebenswerter *gemacht* – haben.

Lesen Sie nun weiter und erfahren Sie, wie Sie das erreichen können.

Den Anfang machen: Wie Sie vermeiden, nach einem fremden Drehbuch zu leben

Zum Thema »Ziele setzen« möchte ich Ihnen jetzt eine Geschichte aus meinem eigenen Leben erzählen. Vor vielen Jahren nahm ich an einem Seminar mit dem Titel »Das Leben planen« teil – einem Kurs, der Erwachsenen helfen sollte zu entscheiden, was sie als Erwachsene werden wollten. Es war der Einführungsvortrag; ich saß mit fünfhundert anderen Leuten da und hörte dem Redner zu, der uns immer wieder fragte: »Was erwarten Sie von Ihrem Leben? Was erwarten Sie wirklich von Ihrem Leben?« – als die Frage für mich urplötzlich ihren theoretischen Charakter verlor. Unter all den Gesichtern im Zuschauersaal suchte sich der Redner ausgerechnet meines aus. »Ja, Sie«, sagte er und zeigte auf mich. »Was erwarten Sie vom Leben? Was wollen Sie wirklich mit Ihrem Leben anfangen?«

»Ich, äh ...«, stotterte ich. »Na ja, ich – ich will eine Menge Dinge.«

»Das ist keine Antwort«, sagte er. »Was wollen Sie *wirklich*?«
Mir war das alles schrecklich peinlich. »Was ich wirklich will, ist,
daß Sie mich in Ruhe lassen«, sagte ich.

»Das werde ich aber nicht tun, weil ich Ihnen damit einen schlechten
Dienst erweisen würde«, gab der weißhaarige Herr schlagfertig zurück.
»*Was wollen Sie?*«

Endlich gab ich mir einen Ruck: »Ich will Vorträge halten.«

»Ausgezeichnet«, sagte er. »Sie wissen, was Sie wollen; Sie werden
Vorträge halten. Das versichere ich Ihnen.«

Der Mann war, wie Sie vielleicht schon erraten haben werden, niemand anderer als MAXWELL MALTZ. Dies war der Vortrag, der mein
Leben von Grund auf veränderte, wie ich bereits in der Einleitung zu
diesem Buch schrieb.

Als ich mich auf den Heimweg machte, verspürte ich ein äußerst
merkwürdiges Gefühl, eine seltsame Mischung aus Verwirrung, Angst
und Erregung. »Was habe ich gesagt? Wozu habe ich mich da verpflichtet?« fragte ich mich. »Es ist einfach so aus mir herausgeplatzt.« Dann
fingen die »alten Bänder« wieder an, in meinem Kopf abzulaufen.
»Wofür hältst du dich eigentlich? Vorträge halten! Warum nicht gleich
ins Showgeschäft gehen? Warum willst du nicht gleich Regie bei einem
Film führen?«

Ich stamme aus einer Kleinstadt im Süden von Missouri. Meine
Eltern hatten beide nur die High-School besucht, und sie träumten
davon, mich aufs College zu schicken und anschließend Medizin studieren zu lassen. Sie hatten dieses »Drehbuch« für mich schon fix und
fertig geschrieben, noch ehe ich den Windeln entwachsen war. Und
so war ich schließlich an der Universität gelandet und hatte mit meinem
Grundstudium angefangen.

Wie ich nun nach Dr. Maltz' Vortrag heimfuhr und mir all diese
negativen alten Bänder anhörte, mußte ich plötzlich an den Tag denken,
an dem ich begriffen hatte, daß ich nun doch keine Ärztin werden
würde.

Es war ein schöner Samstagvormittag im Frühling. Ich sah aus dem
Fenster auf den Campus. Ich war im Chemielabor, wo ich einen
Übungskurs nachholen mußte. Ich schaffte es irgendwie nie, meine
Chemiepraktika in der dafür vorgesehenen Zeit zu absolvieren. Ich
stand also da mit meiner Schutzbrille und Schürze, sah der Zentrifuge
bei ihrer Arbeit zu und sagte zu mir selbst: »Ich kapier' das nicht.
Warum bin ich eigentlich hier?« Draußen schien die Sonne, Studenten
gingen vorbei und lachten und waren vergnügt ... und plötzlich brach
ich in Tränen aus.

Besorgt kam der Laborant an meinen Tisch gerannt. »Was ist mit Ihnen los?« fragte er.

»Ich weiß nicht«, schluchzte ich. »Ich weiß nur, daß mein Leben nicht so läuft, wie es sollte.«

Der Laborant überredete mich, zur studentischen Ambulanz zu gehen, wo, wie der Zufall es wollte, ein Psychologe Bereitschaftsdienst hatte. Da ich mein Problem auch vor ihm nicht näher spezifizieren konnte, bestellte er mich für Montag zu einer gründlichen Untersuchung wieder dorthin. Ich mußte die üblichen psychologischen und sonstigen Tests über mich ergehen lassen, und nachdem sie ausgewertet worden waren, setzte sich der Psychologe mit mir zu einem Gespräch zusammen.

»Mit Ihnen ist zweifellos alles in Ordnung«, sagte er. »Bei Ihren Fähigkeiten werden Sie keinerlei Schwierigkeiten haben, das Medizinstudium zu absolvieren. Aber eines zeigen die Tests ganz eindeutig: Ihnen *liegt* überhaupt nichts daran, Ärztin zu werden.«

Ich sagte: »Wie bitte?«

»Sehen Sie denn nicht, die mit Abstand besten Ergebnisse haben Sie in den Gesellschaftswissenschaften erreicht«, sagte er und schob mir ein Blatt voller Balkendiagramme zu. »Sie sind eher ›menschenorientiert‹. Sie gehören in ein anderes Fach, wie Soziologie oder Psychologie. Sie wären als Ärztin nicht annähernd so glücklich wie als Soziologin oder als Psychologin.«

Ich fühlte mich wie vor den Kopf geschlagen. Ich brauchte eine Weile, um die Information zu verarbeiten. Ich erinnere mich, daß ich ihm antwortete: »Ich hatte nicht gewußt, daß mein Studium mir *Spaß* machen soll.« Ich war hundertprozentig auf das Leben und den Beruf vorprogrammiert, die man für mich geplant hatte. Ich war bis dahin nie auf die Idee gekommen, meine persönlichen Wünsche, Interessen oder Neigungen könnten da irgendwie von Belang sein.

Die Szene, die sich abspielte, als ich meinen Eltern eröffnete, daß ich von Medizin zu Psychologie überwechseln würde, werde ich Ihnen lieber ersparen. Was mir jetzt, während ich nach Dr. Maltz' Vortrag nach Hause fuhr, diesen Vorfall wieder ins Gedächtnis zurückrief, war die Erkenntnis, daß ich mein Leben *immer* noch nach einem fremden Drehbuch lebte. »Was erwarten Sie von Ihrem Leben«, hatte der Redner mich gefragt. »Was wollen Sie wirklich?« Ich arbeitete gerade an meiner Promotion in Psychologie; ich hatte keine Ahnung, wo dieser Einfall mit den »Vorträgen« plötzlich hergekommen war. Ich wußte nur soviel, daß, als Dr. Maltz mir seine Gretchenfrage stellte, ich mit etwas völlig Abwegigem herausgeplatzt war.

Oder war es vielleicht doch gar nicht so abwegig? Wessen Ziele waren es eigentlich, nach denen ich strebte? Und wessen Stimme war es, die mir da ständig wiederholte, ich sollte mir doch nichts vormachen, ich hätte überhaupt nicht das Zeug dazu, mit Vorträgen meine Brötchen zu verdienen?

Warum Ihre Glaubenssätze Ihre Ziele bestimmen

Aber erst einmal genug von meinen Zielen; sehen wir uns jetzt *Ihre* an! Wir alle haben diese innere Stimme, die uns immer und immer wieder die gleichen alten Sprüche vorbetet, diese unzähligen Variationen zum »ICH-KANN'S-NICHT«-Thema. Das ist unser Glaubensgebäude, was da spricht, dieses System von erfundenen »Ketten und Pfosten«, mit denen unser Selbstbild uns gefangenhält. Jedesmal, wenn Sie bewußt eines dieser alten Bänder abspielen – »Ich könnte nie vor einem Saal voller Menschen reden«; »Ich könnte nie auf Süßigkeiten verzichten«; »Ich könnte nie EDV lernen« –, *definieren Sie ein Ziel*, nach dem sich Ihr automatischer Mechanismus ausrichtet. Es ist ein negatives Ziel, und es ist nicht einmal Ihr eigenes. *Es ist jemand anderes Ziel* – höchstwahrscheinlich das Ihrer Eltern. Doch Ihr Unterbewußtsein, dieser gehorsame alte Gaul, trottet brav darauf zu, immer den ICH-KANN'S-NICHT-Weg entlang.

Probieren Sie jetzt direkt etwas aus. Holen Sie sich Papier und Stift, und sehen Sie einmal, ob Sie ein Exposé – ein skizzenhaftes Drehbuch – Ihres bisherigen Lebens zusammenbekommen. Schreiben Sie ein paar der Dinge auf, die Ihre Eltern oder andere frühe Rollenmodelle Ihnen über »das Leben« erzählt haben.

Wie »war« das Leben denn so? Wie sollte Ihre Rolle im Leben dereinst aussehen? Fällt Ihnen nichts ein? Probieren Sie dann einmal aus, ob einer der folgenden Sprüche Ihr »Tonbandgerät« in Gang setzt:

»Das Leben ist hart.«

»Das Leben ist ungerecht.«

»Was sollen die Nachbarn nur denken?«

»Aus dir wird nie etwas, wenn du nicht …«

»Sei zufrieden mit dem, was du hast. Als ich so alt war wie du …«

»Besser auf Nummer Sicher gehen.«

»Du kannst nicht alles haben.«

»Besser ein Spatz in der Hand als eine Taube auf dem Dach.«

»Sei vorsichtig mit deinen Wünschen – sie könnten in Erfüllung gehen!«

»Du hast dir die Suppe eingebrockt, jetzt mußt du sie auch auslöffeln!«

»Wie man sich bettet, so liegt man!«

»Der Mensch ist ein Gewohnheitstier.«

Und einer meiner absoluten Lieblingssprüche:

»Ich wünsche dir, daß du später genauso fürchterliche Kinder hast!«

Ich frage mich, wie viele von uns gerade *diese* Prophezeiung erfüllt haben. *Ich habe es ganz gewiß getan.* Ich hatte ein fürchterliches Kind ... genauso fürchterlich, wie ich es war.

Tatsache ist, daß vielen von uns für die Kunst, sich Ziele zu setzen, keine besonders guten Rollenmodelle zur Verfügung standen. Ihre diesbezüglichen frühkindlichen Erfahrungen könnten Ihnen viele negative Empfindungen und Überzeugungen einprogrammiert haben, zu denen Ihr Unterbewußtsein noch immer »ja und amen« sagt. Wenn Sie das alte Band »Das Leben ist halt kein Zuckerschlecken« abspielen, pflichten Sie unterbewußt der Vorstellung bei, das Leben sei ... *schwierig.* Wenn Sie sich fortwährend das Band »Was sollen denn die Nachbarn denken« anhören, dann weckt schon die bloße Vorstellung, etwas Riskantes oder Ungewöhnliches zu tun, sofort die irrationale Angst in Ihnen, jemand könnte Sie heimlich beobachten und verurteilen.

Aber inzwischen müßten Sie eigentlich genau wissen, was zu tun ist, sobald diese alten Bänder sich automatisch einschalten: *löschen und umformulieren.* Sie erinnern sich doch noch an den CRAFT-Prozeß:

o **Cancel** – Sagen Sie laut: »Löschen!«

o **Replace** – Ersetzen Sie das alte Band durch positive Daten.

o **Affirm** – Beteuern Sie Ihre Fähigkeit, Ihr Ziel zu erreichen.

o **Focus** – Konzentrieren Sie sich in Ihrer Vorstellung auf die Erlangung des Ziels.

o **Trainieren** Sie die neue Rolle: Tun Sie so, als sei das Ziel bereits erreicht.

Und vor allen Dingen: Haben Sie ein klares positives Ziel, das Sie anstreben können!

Wie Ihr Selbstbild Ihre Ziele bestimmt

Eines der Dinge, die ich im Laufe meiner vieljährigen Arbeit als Psychotherapeutin erkannt habe, ist, daß es im Leben nicht sehr viele Opfer gibt. Die allermeisten Menschen sind Freiwillige.

Überlegen Sie sich jetzt einmal, wie *Sie* sich bislang vielleicht selbst – »freiwillig« – zurückgehalten und sich Steine in den Weg gelegt haben. Kommt Ihnen die eine oder andere der folgenden Rationalisierungen (»inneren Ausreden«) nicht irgendwie bekannt vor?

»Es ist einzig und allein _____ s Schuld, wenn ich es im Leben zu nichts bringe.«

»Ich kann's unmöglich schaffen; _____ mißgönnt mir jeden Erfolg.«

»Ich kann nicht; dazu fehlt mir einfach die Zeit (das Geld, die Schulbildung, die Begabung ...)«

»Ich kann nicht; ich habe das falsche Geschlecht (Alter, Glaubensbekenntnis, Parteibuch ...)«

»Wenn ich das tue, verliere ich _____.«

»Ich könnte, wenn ich nur _____ hätte.«

»Ich könnte, wenn ich nur nicht _____ hätte.«

»Ich kenne meine Grenzen.«

Er verstummt niemals, der hemmende, lähmende innerpsychische Dialog. Wenn wir unsere Grenzen kennen, dann werden wir sie auch mit Garantie niemals überschreiten – also niemals wachsen. Wir beweisen uns hieb- und stichfest, warum wir scheitern *müssen*. Wir sagen uns, XY »bringt mich zur Weißglut«; oder YZ »hat mich dermaßen aufgeregt, daß ich eben die Sache verpatzt habe«. Oder ein weiterer Lieblingsspruch von mir: »Jetzt schau dir nur an, wozu du mich gebracht hast!«

Tatsache ist, daß niemand Sie »zu etwas bringt«, außer Sie lassen es zu. Der einzige Mensch, der Sie wirklich daran hindert – oder jemals »dazu bringt« –, etwas zu tun, sind (Sie werden es schon erraten haben) *Sie selbst.*

Spätestens jetzt dürfte Ihre linke Hemisphäre, diese aufreizend logische kleine Nervensäge, angefangen haben, auf mich einzuschimpfen: »Was bildet die sich eigentlich ein, zu sagen, es sei alles meine Schuld? Wie soll ich mit meinem Hauptschulabschluß (meinen vier Kindern, meinem jähzornigen Vater, meiner besitzergreifenden Mutter, meinem ewig nörgelnden Mann, meiner krankhaft eifersüchtigen Frau ...) bitte schön imstande sein, mir *positive Ziele* zu setzen?« In ein paar Minuten, sobald Sie sich hingesetzt haben, um Ihre Ziele aufzuschreiben, wird die kleine Quäke erst richtig loslegen: »Was redet sich die Frau da eigentlich zusammen!? ›Intuition‹! ›Mut zum Träumen‹! Blödsinn! *Unfug!* Wer schmeißt hier eigentlich den Laden, hä?«

Das mag ja alles stimmen – vom Standpunkt der linken Gehirnhälfte aus betrachtet. Erklären Sie ihr, daß sie noch früh genug zum Zuge kommen wird, aber daß wir erst einmal »rechtshemisphärisch« an die Sache herangehen werden.

Erst planen, dann ausführen

Es ist wichtig, daß Sie Ihre Ziele schriftlich fixieren. Ich habe immer wieder die Erfahrung gemacht, daß die Leute, die ihre Ziele nicht aufschreiben, diese in den meisten Fällen auch nicht erreichen. Wenn Sie sich nicht dazu durchringen können, sie zu notieren, werden Sie sich erst recht nicht dazu durchringen können, auf sie hinzuarbeiten. Der Akt des Aufschreibens Ihrer Ziele ist ein Signal für Ihr Bewußtsein, wie eine Fernsteuerung. Er zwingt Ihr Bewußtsein, Ihre Ziele zur Kenntnis zu nehmen und als etwas Denkbares in Betracht zu ziehen. Er »übersetzt« Tagträume und Wünsche in konkrete Zielsetzungen – und zuletzt in einen konkreten Plan, ein Aktionsprogramm.

Nehmen Sie also *jetzt* Stift und Notizblock zur Hand. Lesen Sie den Rest dieses Kapitels an einem Ort, an dem Sie die Möglichkeit haben, bequem zu schreiben. Zuerst werden Sie sich einen Eindruck davon verschaffen, welche Ziele Ihren Wünschen und (möglicherweise verborgenen) Talenten entgegenkommen würden. *Anschließend* werden wir uns an den Plan zu deren Verwirklichung machen.

Entscheiden Sie, worin Ihre Ziele bestehen sollten

Es gibt keine »beste Methode« zu entscheiden, wie Ihre Ziele aussehen sollten. Bitte lassen Sie sich von den folgenden Übungen nicht zu dem Trugschluß verleiten, Sie müßten sich auf eine bestimmte vorgegebene »Zielsetzungs-Strategie« festlegen. Betrachten Sie sie vielmehr als Tips oder Anregungen, die Ihnen dabei helfen sollen, selbst herauszufinden, was die für Sie beste Form der Zielsetzung sein könnte. Erkennen Sie mit ihrer Hilfe, daß Sie in der Vergangenheit möglicherweise deswegen gescheitert sind – deswegen Ihre Träume nicht verwirklichen konnten –, weil Ihre spezifische Methode der Zielsetzung im Widerspruch zur Methode eines Menschen in Ihrer Umgebung stand. Nach Rom führen bekanntlich (nicht alle, aber) viele verschiedene Wege, und Sie brauchen nicht den Mut oder die Hoffnung zu verlieren, nur weil Ihr Weg rein zufällig anders aussieht als der Ihres Ehepartners, Ihres Chefs oder Ihres Onkels Willi.

Es ist Zeit für Sie zu entscheiden, was Sie sein wollen. Nehmen Sie einen Bleistift zur Hand und vollenden Sie den Satz unten. Schreiben Sie das Ziel auf, das Sie mehr als alles andere erreichen möchten – selbst, wenn es Ihnen jetzt wie ein bloßer Traum erscheint. Was ist Ihre brennende Leidenschaft, das Ziel, das so beglückend wäre, daß Sie sogar dafür *bezahlen* würden, um es zu erreichen?

Was ich in meinem Leben am meisten will, ist

Jetzt schreiben Sie bitte *nicht*: »Was ich am meisten will, ist glücklich sein.« Das ist ebensowenig ein Ziel wie »Ich will endlich aus dieser Tretmühle herauskommen.« Erklären Sie genau, was Sie glücklich *machen* würde. Möchten Sie den Partner fürs Leben finden und heiraten? Schreiben Sie es auf. Möchten Sie eine sinnlos gewordene Beziehung beenden? Schreiben Sie es auf. Möchten Sie sich weiterbilden? Welchen Abschluß streben Sie an – Mittlere Reife, Abitur, Staatsexamen, Promotion? Welches Fach möchten Sie studieren? Schreiben Sie es auf. Wollen Sie einen neuen Arbeitsplatz? Einen neuen Beruf? Schreiben Sie es auf, aber bemühen Sie sich, Ihre Berufsvorstellungen so konkret und exakt wie möglich zu formulieren. Wollen Sie »aussteigen« und auf einer griechischen Insel Tretboote verleihen? Schreiben Sie auf, was Sie am meisten wollen – was immer dieses Ziel auch sei.

Fällt Ihnen nichts ein? Sie haben mein vollstes Verständnis. Bei mir mußte MAXWELL MALTZ höchstpersönlich ankommen und mit dem Finger auf mich zeigen – aber auf diese Geschichte werde ich später noch einmal zurückkommen. Was wollen *Sie*? Lassen Sie die rechte Gehirnhälfte ans Ruder. Starren Sie nicht auf den Bordstein. Denken Sie nicht: »Das sind alles nur Wunschträume« oder: »Man kann halt nicht alles haben!« Wenn Ihre linke Hemisphäre unbedingt ihren Senf dazugeben muß, dann machen Sie ihr klar, daß es, was immer Sie sich im einzelnen auch wünschen mögen, irgendwo auf der Welt mit Sicherheit jemanden gibt, der es bereits tut – und aller Wahrscheinlichkeit nach damit eine Stange Geld verdient. Warum also nicht auch Sie? Lassen Sie Ihre rechte Gehirnhälfte herausfinden, was Ihr sehnlichster Wunsch ist, und schreiben Sie das Ergebnis nieder. Wir werden dann im Laufe dieses Kapitels immer wieder darauf zurückkommen.

Trauen Sie sich zu träumen: Zeichnen Sie eine Landkarte Ihrer unterbewußten Interessen

Wenn es um realistische Zielsetzungen geht, bekommen Träume und Tagträume meist schlechte Kritiken. Wie oft haben Sie schon einem Freund oder einer Freundin Ihre innigsten Wünsche anvertraut und als einziges Resultat die spöttische Bemerkung zu hören bekommen: »Träum schön weiter«? Tatsächlich liefern aber Träume und Tagträume wertvolle Hinweise auf unsere (noch) unbewußten Ziele. Sie sind unterbewußte Methoden der Zielsetzung, die uns wie Wegweiser die Richtung anzeigen können, die wir einschlagen sollten.

Wovon handeln Ihre Tagträume? Ich möchte Ihnen von Michaela erzählen, einer Frau Ende Dreißig, die als Ghostwriter und Beraterin für Politiker und Geschäftsleute arbeitete und damit viel Geld verdiente. Michaela hatte schon immer eine Passion für Musik gehabt. Sie hatte in einem Jugendorchester Querflöte gespielt, in verschiedenen Chören gesungen und sich ihr Collegestudium als Sängerin in einer Rockgruppe finanziert, aber die »Brotlosigkeit« einer Laufbahn als Musikerin hatte sie davon abgehalten, eine solche je ernsthaft in Betracht zu ziehen. Als sie sich nun aber der »magischen Vierzig« näherte, verspürte sie immer häufiger ein tiefes Bedauern darüber, keine Berufsmusikerin geworden zu sein. »Natürlich ist es jetzt zu spät«, behauptete ihre linke Gehirnhälfte. »Wie könnte ich meinen Beruf aufgeben, um irgendwelchen Träumen nachzujagen?« Trotzdem wurde ihr bewußt, daß sie in ruhigen Stunden mehr und mehr an Musik und Musizieren dachte. Anläßlich eines Besuchs bei ihrer Mutter fand sie im Keller ihre alte Flöte und fing wieder an zu üben. Sie nahm an einem von einem College angebotenen Sommer-Workshop teil und lernte dort mehrere professionelle Musiker und begeisterte Amateure kennen. Sie dachte zwar noch immer nicht bewußt daran, den Beruf zu wechseln, aber sie begann doch weniger Zeit mit Politikern und Managern und mehr mit Musikern zu verbringen.

Wir werden bald wieder auf Michaela zurückkommen und erfahren, wie ihre Geschichte weiterging. Für den Augenblick möchte ich, daß Sie sich ein paar Gedanken über Ihre eigenen Tagträume machen. Nehmen Sie sie ernst. Welche konkreten Schritte müßten Sie unternehmen, um sie in erreichbare Ziele zu verwandeln? Denken Sie auch über Ihre nächtlichen Träume nach. Haben Sie schon angefangen, ein Traumtagebuch zu führen, wie ich Ihnen im vorigen Kapitel empfohlen hatte? Achten Sie bei Ihren Träumen auf wiederkehrende Muster, die Hinweise auf bestimmte Ziele enthalten könnten.

Haben Sie immer noch Schwierigkeiten damit, sich an Ihre Träume zu erinnern? Dann erfinden Sie einen. Im Ernst! Erfinden Sie einen und schreiben Sie ihn auf. Was immer Sie sich in Ihrer bewußten Phantasie ausdenken, wird mit einiger Wahrscheinlichkeit Hinweise auf Dinge enthalten, die Sie unterbewußt beschäftigen. Dadurch wird ein automatischer Mechanismus in Gang gesetzt, und schon bald werden Sie imstande sein, sich an viele Träume zu erinnern.

Lernen Sie, Ihrer Intuition zu vertrauen

Manchmal fällt es uns schwer zu akzeptieren, daß unsere rechtshemisphärischen Gedanken ebenso richtig und »gültig« sind wie unsere linkshemisphärischen. Dies ist ganz besonders dann der Fall, wenn es darum geht, uns Ziele zu setzen. Die linke Hemisphäre sieht keinen Sinn darin, Ziele zu *visualisieren:* Sie denkt in Begriffen und abstrakten kausalen Zusammenhängen. Sie wird versuchen, Ihnen jedes intuitive Gefühl, das Sie bezüglich Ihrer Ziele haben könnten, buchstäblich *auszureden.* Vergessen Sie nie, daß Ihre rechte Hirnhemisphäre ihre spezifischen – in keiner Weise weniger nützlichen – Fähigkeiten besitzt. Sie ist eine scharfe und einfühlsame Beobachterin. Sie kann ein Seufzen oder ein Stirnrunzeln deuten, die Ihre linke Hemisphäre vielleicht nicht einmal bemerkt hat.

Haben Sie schon einmal ein *Déja-vu*-Erlebnis gehabt: das unerklärliche Gefühl, etwas, was Ihnen »objektiv« zum erstenmal begegnet, bereits zu kennen – eben »schon gesehen« zu haben? Haben Sie schon einmal im voraus gewußt, was jemand ein paar Sekunden später sagen würde? Oder eine Erfahrung gehabt, die Sie nur als »hellseherisch« bezeichnen konnten? Das hat Ihnen doch einen ganz schönen Schrekken eingejagt, oder? Unsere linke Hemisphäre will über solche Dinge nicht einmal nachdenken. Sie sagt uns:»Das ist paranormal. Außersinnliche Wahrnehmung. Ich glaube nicht an solchen Unfug.« Tatsächlich aber ist an solchen Erfahrungen überhaupt nichts »Außersinnliches« – ganz im Gegenteil, möchte ich sagen: Solche Erfahrungen kommen dadurch zustande, daß unsere rechte Hemisphäre nonverbale oder nichtbegriffliche *sinnliche* Signale empfängt und verarbeitet. Eine unlängst an der University of California in Los Angeles durchgeführte Studie hat ergeben, daß dreiundneunzig Prozent aller Kommunikation nonverbaler Natur sind. Und ein Großteil dieser nichtsprachlichen Kommunikation wird durch unterbewußt gesendete und unterbewußt empfangene Signale geleistet.

Ebendeswegen ist es so wichtig, unserer Intuition zu vertrauen, wenn wir Neuland betreten, wenn wir neue Wege in Richtung auf persönliches Wachstum beschreiten. Es könnte sein, daß sie versucht, uns etwas zu sagen – und mag unsere linke Hemisphäre auch noch so verbissen dagegen ankämpfen. »Dasjenige, dem wir widerstehen«, sagt ein altes chinesisches Sprichwort, »bleibt bestehen.« Hier folgen die drei Kriterien, nach denen ich mich dabei richte. Schenken Sie Ihrer Intuition immer dann Beachtung,

O wenn sie von einem intensiven Gefühl begleitet wird (Ihr Körper sagt Ihnen: »Das ist es!«);
O wenn sie wiederholt (mehr als dreimal) auftritt;
O wenn Sie den starken intellektuellen Drang verspüren, sie zu ignorieren.

Die Bestandsaufnahme Ihrer Sollwerte: Ein Fragebogen

Der nächste Schritt besteht in einer Reihe von Fragen, die Ihnen helfen werden, sich einen Begriff vom gegenwärtigen Stand Ihres Erfolgs zu machen. Nachdem Sie den folgenden Fragebogen ausgefüllt haben, versuchen Sie anhand Ihrer Antworten zu ermitteln, wieviel Ihr Richtwert betragen sollte.

1. Wie definieren Sie jeweils »Erfolg« in den folgenden Bereichen?
   a. persönlich

   _____

   _____

   b. finanziell

   _____

   _____

   c. beruflich

   _____

   _____

   d. sozial

   _____

   _____

   e. physisch

   _____

   _____

f. spirituell

_____

_____

2. Wie würden Sie Ihren jeweiligen Erfolg in jedem dieser Bereiche benoten?

	(sehr gut)	5	4	3	2	1	(sehr schlecht)
a. persönlich		☐	☐	☐	☐	☐	
b. finanziell		☐	☐	☐	☐	☐	
c. beruflich		☐	☐	☐	☐	☐	
d. sozial		☐	☐	☐	☐	☐	
e. physisch		☐	☐	☐	☐	☐	
f. spirituell		☐	☐	☐	☐	☐	

3. Benoten Sie die momentane Qualität Ihrer Beziehung zu:

	(sehr gut)	5	4	3	2	1	(sehr schlecht)
a. Ehepartner		☐	☐	☐	☐	☐	
b. Arbeitskollegen		☐	☐	☐	☐	☐	
c. Freunden		☐	☐	☐	☐	☐	
d. _____		☐	☐	☐	☐	☐	
e. _____		☐	☐	☐	☐	☐	

4. Ihre gegenwärtigen Wertmaßstäbe:
   a. Nennen Sie die fünf Menschen, die Sie heute am meisten bewundern.

   _____

   _____

   b. Mit wem würden Sie am liebsten tauschen?

   _____

   _____

   c. Wie verbringen Sie Ihre Freizeit?

   _____

   _____

5. Benoten Sie Ihre Produktivität:
   a. Sind Sie mehr ☐   oder weniger ☐   produktiv als vor zehn Jahren?
   b. Wie bewerten Sie Ihre Produktivität im Verhältnis zu Ihren Kollegen?
      (sehr gut)   5 ☐   4 ☐   3 ☐   2 ☐   1 ☐ (sehr schlecht)
   c. Wieviel leisten Sie im Verhältnis zu Ihrem geschätzten eigentlichen Potential?
      (sehr gut)   5 ☐   4 ☐   3 ☐   2 ☐   1 ☐ (sehr schlecht)

6. Welches der folgenden »Modelle« beschreibt am ehesten die Weise, wie Sie mit Veränderungen umgehen?
   ☐ die ängstliche Haltung: »Die Welt bricht zusammen!«
   ☐ die mutige Haltung: »Ich schaffe das schon!«
   ☐ die abwartende Haltung: »Eines Tages wird alles gut werden.«

☐ die allzeit bereite Haltung: »Mag es donnern und stürmen – ich bin gegen alles gewappnet!«

7. Wie reagieren Sie auf Hindernisse und Schwierigkeiten?

a. Erklären Sie sich, warum Sie sich mit weniger als Ihrem Ideal zufriedengeben müssen?

b. Welche Angst hindert Sie vor allem daran, Veränderungen vorzunehmen oder Risiken einzugehen?

c. Unter welchen Umständen messen Sie Ihren »Pflichten« größere Wichtigkeit bei als Ihren Wünschen?

d. In welchen Bereichen vermeiden Sie es, Risiken einzugehen, weil Sie »es schon immer so gemacht« haben?

8. Welche der folgenden Aussagen beschreibt am ehesten die Wirkung des Feedbacks, das Sie von anderen Menschen im Hinblick auf den Grad Ihres Erfolgs empfangen? (Nur eine Antwort ankreuzen.)
☐ Es verschafft Ihnen Klarheit bezüglich Ihrer Wertmaßstäbe
☐ Es gestattet Ihnen größere Objektivität
☐ Es gewährt eine neue Perspektive
☐ Es ermöglicht Veränderungen

Machen Sie eine Bestandsaufnahme Ihrer Fähigkeiten

Jetzt ist es an der Zeit, Ihre zwei Hirnhemisphären zusammenarbeiten zu lassen. Blättern Sie bitte zurück und sehen Sie sich noch einmal an, wie Sie die Frage auf Seite 183 beantwortet haben – also was Sie sich im Leben am sehnlichsten zu tun beziehungsweise zu sein wünschen. Die Frage, über die Sie jetzt nachdenken sollten, lautet: Welche Fähigkeiten, die Ihnen bei der Erlangung Ihres Zieles von Nutzen sein könnten, besitzen Sie *bereits jetzt*? Welche unbewußten Fähigkeiten könnten in Ihnen schlummern – Eigenschaften, auf welche die Ausreden »Ich kann's nicht« oder »Mir fehlt die Zeit, mir das anzueignen« einfach deswegen nicht zutreffen, *weil Sie sie schon besitzen*?

Ziehen Sie den ausgefüllten Fragebogen zu Rate, während Sie über diese Frage nachdenken. Welche – Ihnen möglicherweise bislang nicht bewußten – Fähigkeiten können Sie aufgrund Ihrer Antworten jetzt bei sich vermuten? Inwieweit decken sich diese Fähigkeiten mit Ihren

Träumen? Denken Sie auch an die alten Bänder aus Ihrer Kindheit, die vielleicht lange Zeit wie unüberwindliche Hindernisse aussahen, bis Sie es endlich lernten, sie als »Pfähle« zu betrachten, die Sie leicht aus dem Boden reißen konnten – an die gewohnheitsmäßigen Überzeugungen also, die Sie durch reflexives Umlernen ändern konnten. Wie weit sind Sie von der Erfüllung dieses sehnlichsten Wunsches *wirklich* entfernt? So unrealistisch sieht er doch gar nicht mehr aus, oder?

Lassen Sie uns eine Bestandsaufnahme Ihrer bereits vorhandenen Fähigkeiten erstellen. Nehmen Sie ein Blatt Papier und teilen Sie es durch einen senkrechten Strich in zwei Spalten. Schreiben Sie über die linke Spalte MEINE VORHANDENEN FÄHIGKEITEN und über die rechte UMSETZUNGEN.

Tragen Sie nun in die linke Spalte alle Fähigkeiten ein, über die Sie gegenwärtig verfügen und die Ihnen von irgendeinem – und wenn auch noch so geringen – Nutzen für die Erlangung Ihres »unerreichbaren« Zieles sein könnten. In der rechten Spalte notieren Sie stichwortartig, auf welche Weise die betreffende Fähigkeit praktisch umgesetzt und Ihrem Ziel dienstbar gemacht werden könnte.

Um richtig abschätzen zu können, welche Fähigkeiten Sie wirklich besitzen, rufen Sie sich Situationen ins Gedächtnis zurück, in denen Sie in der Vergangenheit erfolgreich gewesen sind. Denken Sie zurück – wahrscheinlich haben Sie sich als Kind wenigstens einmal verlaufen und haben dann doch allein wieder nach Hause gefunden. War das nicht ein großes Erfolgserlebnis? Welche spezifischen Problemlösungsfähigkeiten mußten Sie damals anwenden? Und wie war es, als Sie es schafften, Ihren heimlichen Schwarm anzusprechen und sich mit ihm zu verabreden? Sie hätten nie geglaubt, daß Sie *keinen* Korb bekommen würden, richtig? Spricht Ihr damaliger Erfolg nicht für eine gewisse Fähigkeit, »mit Leuten umzugehen«, die auch Ihrem jetzigen (»undurchführbaren«) Traumvorhaben zustatten käme? Und ist es Ihnen nicht einmal gelungen, den erbitterten Streit Ihrer zwei Tanten (Geschwister, Freunde, Arbeitskollegen ...) zu schlichten? Und erinnern Sie sich an die spannenden Märchen, die Sie Abend für Abend für Ihre Kinder aus dem Stegreif erfanden? Denken Sie nach; erinnern Sie sich! Vielleicht möchten Sie auf einem gesonderten Blatt eine zweite Liste erstellen. Überschreiben Sie sie mit MEINE ERFOLGE. Überlegen Sie sich anschließend, auf welche gegenwärtigen Fähigkeiten Ihre früheren Erfolge schließen lassen.

Was sind die drei wichtigsten erkennbaren Fähigkeiten, die Sie besitzen? Nur keine falsche Bescheidenheit! Wenn Sie eine ausgeprägte kreative Ader haben, schreiben Sie es auf. Wenn Ihre Stärke mehr im systematischen Denken und Klären von Verfahrensfragen liegt, schreiben Sie es auf. Manche Ziele erfordern eine ganze Menge mehr *Transpiration* als *Inspiration*. Was können Sie heute tun, was Sie der Verwirklichung Ihres glühendsten Wunsches – und selbst auch nur um fünf Zentimeter – näher bringen würde? Welche neuen Fähigkeiten könnten Sie sich in näherer oder allernächster Zukunft aneignen, die Sie noch weiter brächten – ja Ihr Ziel womöglich bereits in greifbare Nähe rückten?

Wie man sich auf SMARTe Weise Ziele setzt: Ihr praktischer Zielsetzungsführer

Mittlerweile müßten Ihre beiden Gehirnhälften eifrig damit beschäftigt sein, über mögliche Ziele nachzudenken. Sie haben eine klare Vorstellung davon, was ein Ziel ist (und was es nicht ist) und warum Ziele so wesentlich für den Erfolg sind. Sie sind sich der Hindernisse bewußt, die Ihr Selbstbild Ihnen in den Weg gelegt haben könnte, und wissen, welche Maßnahmen Sie ergreifen können, um sie zu überwinden. Sie haben durch Selbstbeobachtung Ihre Träume und Wünsche ausgewertet und sich Gedanken darüber gemacht, inwieweit und auf welche Weise sie in erreichbare Ziele verwandelt werden könnten. Jetzt ist es an der Zeit, einige praktische Überlegugen anzustellen. Wie beurteilen wir, welche Ziele für uns die richtigen sind, und wie können wir unsere Chancen maximieren, sie tatsächlich zu erreichen?

Es ist wichtig, sich jedes Ziel als einen Prozeß vorzustellen, also nicht als einen »Ort«, an dem man sich befinden kann. Halten Sie sich Ihr Ziel als den Weg vor Augen, den Ihr automatischer Mechanismus zu einem bestimmten Zweck einschlägt, und nicht als den Zweck selbst. Wenn Sie jemals ihre Bestimmung erreichen wollen, müssen Sie den Prozeß als ein fließendes und dynamisches Ganzes betrachten. Andernfalls laufen Sie Gefahr, jeden kleinen Rückschlag, jede Verlangsamung und jeden Umweg als ein Zeichen Ihres Scheiterns zu werten. Vergessen Sie nicht, daß die Tätigkeit eines selbststeuernden Mechanismus darin besteht, eine Unzahl aufeinanderfolgender Kurskorrekturen vorzunehmen. Aus diesem Grunde tun Sie gut daran, Ihr Ziel als einen laufenden Prozeß zu formulieren – also beispielsweise nicht: »Ich werde eine professionelle Flötenspielerin werden«, sondern: »*Ich bin dabei*, eine professionelle Flötenspielerin zu werden.« Dies ist die sprachliche Form, die Ihre Affirmationen unbedingt haben müssen.

Wenn Sie sich daranmachen, Ihre Ziele zu ermitteln, beginnen Sie damit, daß Sie sich überlegen, in welchen Bereichen Ihres Lebens Sie Veränderungen herbeiführen möchten: Beruf, Liebesleben, Gesundheit, Familienleben, kreative Aktivitäten, spirituelle Entwicklung – was immer Ihnen am Herzen liegt. Lassen Sie dabei Ihren »Lebenstraum«, dasjenige Ziel also, das Sie sich als Ihren sehnlichsten Wunsch aufgeschrieben haben, nicht aus den Augen. Indem Sie praktische Überlegungen mit Ihren Träumen und Wünschen kombinieren, können Sie sich einen Begriff von dem verschaffen, was Ihnen besonders wichtig ist. Wenn Sie aufgeschrieben haben: »Was ich mir mehr als alles andere wünsche, ist, dem Hunger auf der Welt ein Ende zu machen«, dann bedenken Sie, daß es vielleicht ein guter Anfang wäre, sich einer der zahlreichen internationalen Hilfsorganisationen anzuschließen. Sollten Sie aufgeschrieben haben: »Mein sehnlichster Wunsch ist, Papst zu werden«, so brauchen Sie dies nicht als völlig unrealistischen Traum abzutun – selbst wenn Sie kein Katholik sind. Tatsächlich könnte sich hinter dieser Aussage der – schon eher erfüllbare – Wunsch verbergen, auf irgendeinem spirituellen Weg zu Einfluß und Autorität zu gelangen.

Haben Sie erst einmal die Bereiche abgesteckt, in denen Sie etwas erreichen wollen, so notieren Sie sich für jede dieser Kategorien ein langfristiges (binnen fünf Jahren zu verwirklichendes) Ziel. Splitten Sie dieses dann in kürzere, einjährige Teilvorhaben auf. Jedes einzelne von ihnen sollte dabei fünf bestimmten Kriterien genügen. Um sich Ziele setzen zu können, die zugleich befriedigend und erreichbar sind, müssen Sie SMART vorgehen; in unserem Falle bedeutet SMART:

S-pecific (»bestimmt«, »genau«, »konkret«)
M-easurable (»meßbar«)
A-ction-oriented (»aktionsorientiert«)
R-ealistic (»realistisch«)
T-ime-conscious (»zeitbewußt«)

Setzen Sie sich *genau bestimmte* Ziele

Setzen Sie sich möglichst genaue Ziele – also keine von der Sorte: »Ich will aus dieser ewigen Tretmühle herauskommen.« Als Michaela den Entschluß faßte, ihre musikalischen Träume zu verwirklichen, schrieb sie nicht auf: »Ich werde Berufsmusikerin werden«, sondern: »Ich bin dabei, konzertreif Flöte spielen zu lernen.« Je genauer Ihr Ziel bestimmt ist, desto eher hat Ihr automatischer Mechanismus etwas,

wonach er sich ausrichten kann. »Ich will dem Hunger auf der Welt
ein Ende machen« ist kein genaues Ziel. »Ich sehe mich als Mitarbeiter
einer internationalen Hilfsorganisation« dagegen schon. »Ich will mich
weiterbilden« ist kein genaues Ziel. »Ich besuche das Abendgymnasium in Sinsheim und hole das Abitur nach« ist eins.

Es ist wichtig, daß Sie Ihre Ziele im Präsens – in der Gegenwart –
formulieren. Dies suggeriert Ihrem Unterbewußtsein, daß Sie unmittelbar davor stehen, sie zu erreichen. Der Hier-und-Jetzt-Ansatz liefert
Ihrem automatischen Mechanismus ein zeitlich bestimmtes Ziel, nach
dem er sich schon heute ausrichten kann. Anders als »Ich bin dabei,
zu ...« verlegt »Ich werde ...« den *gesamten* Prozeß in die Zukunft –
damit auch *dessen Anfang.* Die Programmierung Ihres Servomechanismus bleibt ohne zeitliche Dimension. Die Aussage »Ich bin dabei, die
Kontrolle über mein Gewicht zu übernehmen« liefert ein klareres Ziel
als »Ich werde abnehmen«.

Setzen Sie sich *meßbare* Ziele

Nehmen Sie beispielsweise das Ziel »Ich möchte ein besserer Handelsvertreter sein«. Was ist daran nicht richtig? Genau: Was ist unter
»besser« zu verstehen? Formulieren wir dieses Ziel also folgendermaßen um: »Ich bin dabei, ein Handelsvertreter zu werden, der die von
meiner Firma angestrebte sechzehnprozentige Zuwachsrate im nächsten Geschäftsjahr erreichen und übertreffen wird.«

Wenn Ihre Ziele meßbar sind, haben Sie eine Skala, anhand deren
Sie Ihren Sollwert abschätzen können. Sie können Ihre Fortschritte
quantitativ festlegen und Tag für Tag überprüfen. Wenn Ihr Ziel eine
sechzehnprozentige Steigerung Ihrer Verkaufsabschlüsse ist, dann
können Sie sich leicht ausrechnen, auf welchen monatlichen Durchschnitt Sie kommen müssen. Wenn Ihr Ziel ist, binnen sechs Monaten
tausend Meter zu schwimmen, dann wissen Sie, um wieviel Bahnen
Sie Ihre Leistung wöchentlich erhöhen müssen.

Was ist aber mit solchen Vorhaben, die sich quantitativ nicht leicht
messen lassen – beispielsweise Michaelas Ziel, professionelle Musikerin
zu werden? *Sie* setzte als »Maßeinheiten« bestimmte, konkrete musikalische Leistungen ein. »Ich studiere den Flötenpart von BACHS Orchestersuite Nummer zwei in h-Moll ein« war etwa eines der Unterziele,
die sie sich setzte. So arbeitete sie sich nach und nach zu immer
schwierigeren Stücken empor.

Und wie messen Sie ein Ziel wie »Ich habe den Willen und die
Bereitschaft, spätestens bis zu meinem nächsten Geburtstag eine liebe-

volle, ehrliche und sexuell anziehende Frau kennenzulernen«? *Eine* Möglichkeit wäre, darüber Buch zu führen, wie oft Sie sich bewußt in Situationen begeben, in denen die Wahrscheinlichkeit, einer solchen Frau zu begegnen, besonders groß ist. Ziele, für die sich keine spezifische Skala anbietet, müssen anhand der Kontinuität des Prozesses »gemessen« werden. Tun Sie täglich, wöchentlich, monatlich etwas, um Ihr Ziel zu erreichen?

Das »Messen« Ihrer Ziele verlangt von Ihnen eine paradoxe Vorgehensweise. Sie müssen lernen, an Ihrer Absicht *»locker festzuhalten«*: Sie müssen einerseits hartnäckig an Ihrer Überzeugung festhalten, daß Sie es schaffen werden, Ihre Verkaufsabschlüsse um sechzehn Prozent zu steigern oder sich die Atemtechnik und Fingerfertigkeit anzueignen, die eine Bach-Suite erfordert. Zugleich müssen Sie sich aber von dem falschen Bewußtsein befreien, Sie müßten Ihr (tägliches, wöchentliches oder monatliches) Pensum auch dann noch hundertprozentig erfüllen, wenn unbeeinflußbare äußere Umstände Sie daran hindern.

Januar und Februar sind für den Handel notorisch »ruhige« Monate. Diesen Umstand müssen Sie natürlich bei Ihrer Vorausplanung berücksichtigen und etwa durch einen gesteigerten Absatz im März und April zu kompensieren versuchen. Sie müssen Beharrlichkeit mit Flexibilität kombinieren, andernfalls werden, sobald Ihre Verkaufszahlen im Januar zurückgehen und Sie Ihr Plansoll nicht erreichen, die »alten Bänder« wieder losgehen. Es werden immer irgendwelche unvorhergesehenen Umstände auftreten, die – wenn Sie sie lassen – auf Ihren Mißerfolgs-Knopf drücken. Halten Sie sich in solchen Fällen unbedingt gegenwärtig, daß Ihre quantitativ definierten – täglichen, wöchentlichen oder monatlichen – Unterziele *Wegweiser* darstellen und keine Schranken, die Sie etwa nur nach hundertprozentiger Erfüllung Ihres Solls überschreiten dürften. Erst recht dürfen Sie sie nicht als Kriterien der Selbstbe- oder gar -*ver*urteilung ansehen. Seine Fortschritte zu messen bedeutet nicht, sich für alle Abweichungen verantwortlich zu fühlen. Nehmen Sie Ihre Kurskorrektur vor, steuern Sie Ihr nächstes Ziel so genau wie möglich wieder an, und kehren Sie zur Tagesordnung zurück.

Entwerfen Sie einen Aktionsplan für Ihre Ziele

Die wichtigste Phase des Zielsetzungsprozesses ist der Entwurf und die Ausarbeitung eines Aktionsplans. Dies erfordert einiges an Zeit und Überlegung, daher wird es Sie freuen zu erfahren, daß Sie bereits viel Vorarbeit geleistet haben. Ihr Aktionsplan sollte mit der Feststellung und schriftlichen Fixierung Ihrer Ziele beginnen. Damit haben Sie bereits angefangen – oder sich zumindest ernsthaft gedanklich beschäftigt. Zu einem Aktionsplan gehört weiterhin eine Bestandsaufnahme der bereits gemachten beziehungsweise vorhandenen Erfahrungen, Fähigkeiten und Interessen, die Sie Ihrem Ziel näher bringen können. Eine erste solche Bestandsaufnahme haben Sie gleichfalls schon, in diesem Kapitel, durchgeführt. Jetzt brauchen Sie sie lediglich auf die konkreten Ziele anzuwenden, die Sie erreichen möchten.

Es gibt zahllose Modelle, nach denen Sie Ihren Aktionsplan entwerfen können. Als Michaela sich daranmachte, Ihre musikalischen Träume zu realisieren, ging sie nach folgendem Sieben-Punkte-Plan vor:

1. Identifizieren Sie Ihre Ziele und schreiben Sie sie auf. Michaela schrieb als erstes Ihr Fünfjahresziel auf: »Ich verdiene mir meinen Lebensunterhalt als Musikerin.« Dann überlegte sie sich, welche konkreten Einzelleistungen sie zur Vollendung dieses Prozesses würde erbringen müssen, und hielt sie als eigenständige kurz- oder mittelfristige Ziele fest: »Dieses Jahr lerne ich den Flötenpart der Orchestersuite Nummer zwei in h-Moll von JOHANN SEBASTIAN BACH.« – »Binnen zwei Jahren werde ich Mitglied eines professionellen Ensembles sein.« – »Binnen drei Jahren werde ich öffentlich als Solistin auftreten« – und so weiter. Als nächstes teilte sie die Zielleistung ihres ersten Jahres in die einzelnen Schritte auf, die sie auf dem Weg dahin würde bewältigen müssen – also beispielsweise: »Ich eigne mir die Atemtechnik und Lippenstellung an, die zum Spielen der Querflöte erforderlich sind.« Das Aufschreiben konkreter, genau umrissener Ziele erfüllt den dreifachen Zweck, Ihnen diese Ziele deutlicher bewußtzumachen, sie Ihnen immer wieder ins Gedächtnis zurückzurufen, wenn Sie die Niederschrift durchlesen, und Ihren Entschluß zu bekräftigen. Wenn Sie sich nicht einmal die Mühe machen wollen, Ihr Ziel aufzuschreiben, woher werden Sie dann die Energie und die Willenskraft nehmen, es zu *realisieren*?

2. Legen Sie genaue Termine für Ihre Ziele fest. Michaela nahm sich ihre Ziele vor und teilte jedem einzelnen von ihnen ein bestimmtes Erfüllungsdatum zu: »Bis zum 15. Oktober 1993 lerne ich den Flötenpart der Orchestersuite Nummer zwei in h-Moll von Johann Sebastian Bach.« – »Bis zum 15. Oktober 1996 erreiche ich als Flötistin ein Jahreseinkommen von wenigstens dreißigtausend Dollar.« Dann übertrug sie all diese Ziele auf selbsthaftende Merkzettel und klebte diese in einem großen Wandkalender an die jeweils entsprechende Stelle.

Durch eine solche Maßnahme – zusätzlich könnten Sie Ihre Ziele auch noch in Ihrem Taschenkalender eintragen – prägen Sie Ihrem Unterbewußtsein ein, daß diese Daten wichtige Termine darstellen. Bitte bedenken Sie, daß »Herbst 1996« *kein* genaues Datum ist.»15. Oktober 1996« ist ein exakter Fixpunkt. Genaue Termine liefern Ihrem inneren Steuersystem klar umrissene Ziele, nach denen es sich ausrichten kann. Sie erinnern sich: Ihr Unterbewußtsein akzeptiert jedes Ziel, das Ihr Bewußtsein ihm vorsetzt. Wenn dieses Ziel aber keine konkrete zeitliche Dimension aufweist, wird Ihr Pferd jede Menge Ausreden finden, um sich nicht von der Stelle zu rühren und ruhig weiterzugrasen. Schließlich hatte ihm der Reiter nicht gesagt, *wann* es lostraben sollte!

3. Identifizieren Sie mögliche Hindernisse. Sie können immer Dutzende von Gründen finden, die Flinte ins Korn zu werfen. Schreiben Sie alle Hindernisse auf, die Sie sich überhaupt vorzustellen imstande sind. Anschließend trennen Sie die realen möglichen Probleme von denen, die nur Hirngespinste darstellen oder so weit hergeholt sind, daß sie jeder Wahrscheinlichkeit entbehren. Diese Prozedur erfüllt so ziemlich den gleichen Zweck wie die »Streßauswertungsübung«, die ich Ihnen im vorigen Kapitel erläutert habe. Unseren Ängsten ins Auge zu sehen ist der erste Schritt dazu, sie zu entschärfen und letztlich zu beseitigen. Mögen sie nun realistisch oder nur eingebildet sein – wenn sie erst einmal ans Tageslicht gekommen sind, ist die Wahrscheinlichkeit größer, daß Sie sie als das erkennen, was sie sind, und ihnen den ihnen zustehenden Stellenwert zuweisen.

Michaela schrieb jedes nur erdenkliche Hindernis auf, das ihre Pläne vereiteln konnte. Ihre tiefsten Ängste waren, als Musikerin überhaupt zu scheitern, von ihrer Familie und ihren Freunden im Stich gelassen zu werden und als obdachlose Sozialhilfeempfängerin zu enden. Das ist gerade heutzutage eine weitverbreitete negative Phantasie – ich selbst wurde von ihr heimgesucht, als ich anfing, mich ernsthaft mit dem Gedanken zu beschäftigen, meine psychotherapeutische Praxis aufzugeben und meinen Lebensunterhalt fortan durch Vortragsreisen und Seminare zu verdienen. Tatsächlich war es so, daß ich notfalls meine Praxis jederzeit wieder hätte eröffnen können – ebenso wie Michaela jederzeit in der Lage gewesen wäre, ihre Tätigkeit als Ghostwriter wiederaufzunehmen. Wollte ich das tun? Nein. *Hätte* ich es getan, wenn ich dazu gezwungen gewesen wäre? Aber ganz gewiß!

Ein realeres Problem stellte für Michaela (und für mich!) die Aussicht dar, während der jahrelangen Übergangsphase, die sie benötigen würde, um ihre Fähigkeiten zu vervollkommen, mit erheblich weniger Geld auskommen zu müssen. Real war auch die Wahrscheinlichkeit, daß ihre Familie einen erheblichen moralischen Druck auf sie ausüben und versuchen würde, sie von ihrer »verrückten Idee« abzubringen. Das gleiche galt für die Möglichkeit, daß sie fünf Jahre lang einem Traum nachjagen würde, nur um zuletzt erkennen zu müssen, daß ihr das nötige Talent fehlte. Aber worauf es ankam, war dies: Wenn sie mit ihrer ganzen Energie auf ihr Ziel hinarbeitete, riskierte sie eigentlich nichts Schlimmeres, als sich am Schluß dort wiederzufinden, wo sie angefangen hatte.

4. Umgeben Sie sich mit Menschen, die Ihnen Erfolg wünschen.
Überlegen Sie sich zuerst, mit welchen Leuten Sie sich telefonisch, schriftlich oder persönlich in Verbindung setzen könnten, um moralische und/oder praktische Unterstützung zu erhalten – Leuten in einer einflußreichen Position, Leuten, die das, was Sie anstreben, bereits erreicht haben, Leuten, die andere Leute kennen. Michaela fing mit den Musikern an, die sie beim Workshop kennengelernt hatte. Diese führten sie zu Lehrern, weiteren Musikern, einer ganzen musikalischen Szene, von deren Existenz sie nicht einmal gewußt hatte. Durch den Umgang mit diesen Menschen erhielt Michaela etwas wie eine Neuorientierung und lernte es, ihre Ziele anders, praktischer, zu sehen.

Achten Sie unbedingt darauf, daß Sie mit Menschen verkehren, die Ihr Vorhaben unterstützen, und solche unbedingt meiden, die Sie »herunterzubringen« versuchen. Wenn Sie jemandem von Ihrem Lebensziel erzählen und er (oder sie) negativ reagiert – »Du machst wohl Witze! Das kannst du doch nicht tun!« –, bestätigen Sie erneut Ihr Ziel (und zwar laut!): »Es tut mir leid, wenn du das so siehst. Ich bin fest entschlossen, es zu schaffen.« Dann meiden Sie diese Person fortan wie die Pest.

Es ist durchaus möglich, daß Sie die erbittertste Opposition und Kritik gerade von Ihrer Familie und Ihren Freunden erfahren werden. Ihr Ziel könnte im Widerspruch zu *deren* Zielen stehen. Sie könnten eifersüchtig auf Ihre Ziele sein oder befürchten, daß sie sich negativ auf Ihre Beziehung zu ihnen auswirken werden. Es ist nicht immer möglich, Schwarzsehern und Kritikern aus dem Weg zu gehen, wenn man mit ihnen verwandt, verschwägert oder gar verheiratet ist. Deshalb ist es wichtig, daß Sie bei Ihren Plänen die Interessen der Menschen in Ihrer näheren Umgebung einbeziehen und berücksichtigen, inwieweit sich Ihre Ziele auf sie auswirken. Ebenso wichtig ist es aber, nicht zuzulassen, daß Schuldgefühle Sie auf Ihrem einmal eingeschlagenen

Weg behindern. Wann immer ein Ihnen nahestehender Mensch Ihr
Ziel kritisiert oder sich darüber lustig macht, nehmen Sie dessen Meinung objektiv zur Kenntnis. Dann LÖSCHEN Sie sie und wiederholen
Ihre Affirmation:»Ich weiß, daß mein Ziel erreichbar ist. Irgend
jemand wird dieses Ziel erreichen – warum sollte dieser Jemand nicht
ich sein?« Betrachten Sie jeden negativen Kommentar als eine Gelegenheit, Ihre Affirmation zu wiederholen.

5. Konzentrieren Sie sich auf Ihre Fähigkeiten. Halten Sie das Ver-
zeichnis Ihrer Fähigkeiten stets auf dem neuesten Stand. Werten Sie
Ihre vergangenen Erfolgserlebnisse immer wieder von neuem aus.
Machen Sie sich bewußt, welche Ihrer bereits vorhandenen Fähigkeiten
entweder direkt oder nach entsprechender Anpassung auf Ihr aktuelles
Ziel angewandt werden könnten. Machen Sie sich bewußt, welche
Fähigkeiten Sie zur Realisierung Ihres Zieles benötigen und welche
Maßnahmen Sie werden ergreifen müssen, um sie sich anzueignen.

Bedenken Sie auch, daß es heutzutage Sachbücher, Leitfäden und
Ratgeber zu nahezu jedem Gegenstand gibt. Fragen Sie in der nächsten
größeren Leihbibliothek oder in einem Buchladen nach Titeln von
Veröffentlichungen, die Ihnen bei Ihrem Vorhaben von Nutzen sein
können.

6. Halten Sie sich an Ihren Aktionsplan. Haben Sie sich Ihre Ziele
erst einmal aufgeschrieben, ist es von größter Wichtigkeit, daß Sie
einen exakten Plan für Ihr weiteres Vorgehen entwickeln und unverzüglich anfangen, ihn in die Tat umzusetzen. Im nächsten Kapitel
werden Sie verschiedene Möglichkeiten kennenlernen, sicherzustellen,
daß Sie sich tatsächlich kontinuierlich auf Ihre Ziele zubewegen. Vergewissern Sie sich, daß Sie alle nötigen Vorarbeiten geleistet haben und
bereit sind, in Aktion zu treten. Durch magisches Denken werden Sie
Ihrem Ziel um keinen Zentimeter näher kommen.

Lassen Sie mich Ihnen ein wenig erzählen, was *ich* tat, nachdem ich
mich endlich dazu entschlossen hatte, den Sprung zu wagen und meinen Lebensunterhalt fortan durch Vortragsreisen zu verdienen. Es war
das Jahr 1979. Ich hatte ein gutes Einkommen als Psychotherapeutin.
Ich arbeitete in zwei Kliniken und hatte darüber hinaus eine eigene
Praxis. Es bestand überhaupt kein Grund, meinen Beruf aufzugeben,
außer der Tatsache, daß ich es so wollte.

Ich schrieb auf einen Zettel:»Spätestens ab dem 15. Februar 1984
verdiene ich mir meinen Lebensunterhalt durch öffentliche Vorträge«,
und klebte ihn an meinen Kühlschrank. Ich befolgte die Strategie des

»Durch Schein zum Sein«. Aber um meine linke Gehirnhemisphäre
zu beruhigen, fing ich auch an, konkret etwas zu tun. Ich telefonierte
herum. Ich verbrachte viel Zeit mit Leuten, die meinen Traumberuf
ausübten, stellte ihnen Fragen, besuchte ihre Veranstaltungen und
beobachtete sie bei ihrer Arbeit. Ich bemühte mich, einen Mentor zu
finden – jemanden, der mich in der Anfangszeit unter seine Fittiche
nehmen und mich an seinem reichen Erfahrungsschatz teilhaben lassen
würde. Ich fand zwar keinen, aber immerhin hielt mich die Suche nach
einem solchen Lehrer für längere Zeit beschäftigt. Ich machte eine
Bestandsaufnahme meiner potentiellen Hindernisse und trennte meine
irrationale Hauptangst (als Stadtstreicherin zu enden) von meinen realistischen Sorgen (Geld, das Fehlen eines Lehrers, der negative Einfluß
wohlmeinender Freunde, die mir erklärten, ich sei verrückt).

Wie überwand ich diese Hindernisse? Ich fing an, Ideen zu sammeln.
Ich fing an, den richtigen Leuten von meinen Plänen zu erzählen –
Leuten nämlich, die zu mir sagten: »Natürlich kannst du, warum denn
nicht?« Wie stand es mit meinen einschlägigen Fähigkeiten? Ich konnte
mich bereits gut sprachlich ausdrücken und beherrschte namentlich
das Handwerk der mündlichen Kommunikation – woraus die Psychotherapie schließlich zu einem großen Teil besteht – aus dem Effeff.
Ich wußte, daß ich die Fähigkeit besaß, meine Gedanken überzeugend
vorzutragen. Ich hatte den ernsthaften Wunsch, Menschen zu helfen,
und ich war davon überzeugt, daß ich dies weit effektiver durch öffentliche Vorträge als durch psychologische Beratung von Einzelpersonen
würde leisten können. Die nächste Aufgabe bestand für mich also
darin, herauszufinden, wie ich diese Fähigkeit für meine Vortragstätig-
keit nutzbar machen konnte. Ich suchte noch mehr Leute auf und
stellte noch mehr Fragen: »Womit fange ich an?« – »Was meinen Sie
mit ›Pressematerial‹?« – »Wo bekomme ich so was her?« – »Wie macht
man das?« – »Wo haben Sie das gelernt?« Ich nervte eine Menge Leute.
Ich erreichte damit auch eine ganze Menge. *Kontakte knüpfen* ist eine
der wichtigsten Voraussetzungen für Ihren Aktionsplan, sei Ihr Ziel
nun ein neuer Job, ein Lebenspartner oder ein neues Hobby. Eine
Freundin gab mir den Namen einer neuen Firma, die Seminare für
Geschäftsleute anbot. Ich fing augenblicklich an, mir einen Schlacht-
plan zu überlegen. Ich rief bei der Firma an und erfüllte ihre Anforderungen. Ich stellte eine Broschüre zusammen und ließ ein Demo-Video
aufzeichnen. Sicher, das alles kostete Geld. Aber manchmal können
Sie es sich einfach nicht leisten, *kein* Geld für Ihre Ziele auszugeben –
sei es für Werkzeuge, Lehrgänge oder neue Kleidung. Betrachten Sie
solche Ausgaben einfach als Kapital, das Sie in sich selbst investieren.

Wenn ich eine neue berufliche Laufbahn einschlagen wollte, mußte ich parallel dazu meine alte aufgeben. Dies konnte in meinem Fall kein kurzfristiges Ziel darstellen. Ein Therapeut kann nicht einfach einen Schlußstrich ziehen und seine Klienten auf die Straße setzen. Für die Auslaufphase meiner Privatpraxis veranschlagte ich also fünf Jahre. Ich erklärte meinen Klienten, daß ich – sollten sie nach Ablauf dieser Frist noch immer das Bedürfnis nach psychologischer Betreuung verspüren – ihnen dabei helfen würde, einen neuen Therapeuten zu finden. Ich fing an loszulassen. Ich tat es stufenweise. Ich fand Kollegen, die bereit waren, mir nach und nach immer mehr Pflichten und Patienten abzunehmen.

Ich brach zu meiner ersten internationalen Vortragsreise am 15. Februar 1984 auf – exakt an dem Tag, den ich mir fünf Jahre zuvor als Termin für die Verwirklichung meines Traums aufgeschrieben hatte.

7. Fragen Sie sich: »Was ist für mich drin?« Stellen Sie sich die Frage: »Warum sollte ich dieses Ziel erreichen wollen? Auf welche Weise wird es mir helfen? Wie würde ich mich fühlen, wenn ich es schon erreicht hätte? Wie würde ich aussehen und mich verhalten? Welche persönliche Befriedigung wird es mir schenken?« Sie verdienen es, das zu bekommen, wonach Sie streben. Jemand wird seine Erfüllung in einer Laufbahn als Musiker finden – warum nicht Sie? Jemand wird in Ihrer Firma alle Verkaufsrekorde brechen – warum nicht Sie? Jemand wird seinen idealen Lebenspartner finden – warum nicht Sie? Sagen Sie sich möglichst oft, daß auch *Ihr* persönlicher Wunschtraum erfüllbar ist – wenn Sie nur willens sind, etwas dafür zu tun.

Entscheiden Sie, welche Ziele für Sie realistisch sind

Sie haben also Ihre Ziele aufgeschrieben, sich dafür Termine gesetzt und für sich einen Aktionsplan ausgearbeitet. Das vierte Element einer SMARTen Vorgehensweise besteht darin, sich zu überlegen, wie *realistisch* Ihr Ziel ist. Um realistisch zu sein, muß ein Ziel die Balance zwischen Sicherheit und Risiko aufweisen. Wie weit können Sie wachsen und sich ausdehnen, ohne zu zerreißen? Wieviel Gewicht können Sie auf Sicherheit legen, ohne in Zaudern und Stillstand zurückzufallen? Dieses Gleichgewicht ist ein absolut individueller »Wert«: Nicht nur kann ihn jeder für sich selbst abschätzen, sondern er muß auch für jedes Ziel aufs neue ermittelt werden. Michaela schrieb nicht einfach ihre Ziele auf, knüpfte Kontakte zu anderen Musikern und machte sich daran, zu einem weiblichen Jean-Pierre Rampal zu werden. Sie schätzte vielmehr ihre Fähigkeiten kritisch ab und überlegte sich, wie schnell sie erwarten konnte, konzertreif spielen zu können. Sie »blendete« ihre musikalische Laufbahn »ein«, während sie gleichzeitig ihre Tätigkeit als Ghostwriter allmählich auslaufen ließ. Sie wußte, daß sie nicht damit rechnen konnte, im ersten Jahr etwas durch ihre Musik zu verdienen, aber ebensogut wußte sie, daß sie nicht einmal ihre kurzfristigen Vorhaben würde verwirklichen können, ohne etwas von ihrer Arbeitszeit für Unterrichts- und Übungsstunden zu opfern. Sie schätzte ab, wieviel Geld sie zum Leben brauchen und wieviel Zeit sie benötigen würde, um ihre Ziele zu erreichen, und schraubte ihre Arbeitszeit entsprechend zurück.

Berücksichtigen Sie Ihre Interessen, wenn es darum geht, abzuschätzen, wie realistisch Ihre Ziele sind. Selbst ein reines Phantasieziel könnte Sie auf die Idee bringen, verwandte, aber realisierbare Ziele zu verfolgen. Es könnte sich als nützlich erweisen, ein bißchen Zeit und Geld zu opfern, um herauszufinden, ob beziehungsweise wie sich ein unmöglicher Traum in ein erreichbares Ziel umwandeln ließe. Wertvolle Dienste kann Ihnen hierbei ein psychologischer Berufseignungstest oder auch ein Beratungsgespräch mit einem Fachmann für Arbeitsvermittlung leisten.

Das gleiche Prinzip gilt für Ihre persönlichen Ziele. Erwarten Sie nicht, daß Ihr Märchenprinz oder Ihre Märchenprinzessin von der Kinoleinwand heruntersteigt, wie es MIA FARROW in *The Purple Rose of Cairo* passiert. Seien Sie sich Ihrer Forderungen und Bedürfnisse bewußt, der Eigenschaften, die Ihr(e) Partner(in) objektiv haben sollte, und im Vergleich dazu derjenigen, die Sie sich bei ihm (ihr) wünschen würden. Überlegen Sie sich, wo die größte Wahrscheinlichkeit für Sie bestünde, einen Menschen mit ebendiesen Eigenschaften kennenzulernen – eher in einer Singles-Bar, auf einer Kunstausstellung oder bei einer Exkursion des BUND? Es gibt keine Erfolgsgarantien, aber eine realistische Einschätzung Ihrer Ziele wird Ihre Chancen, sie tatsächlich zu erreichen, auf jeden Fall erheblich erhöhen.

Setzen Sie sich »zeitbewußte« Ziele

Sorgen Sie dafür, daß Ihre Ziele eine realistische zeitliche Dimension haben. Wenn Sie sich vornehmen, drei Kinder zu bekommen, das Abitur nachzumachen und sich Ihr Traumhaus zu bauen, und zwar alles binnen vier Jahren, dann werden Sie sich Ihre Zeitplanung etwas genauer ansehen müssen. Möglicherweise werden Sie eines oder zwei dieser Ziele zurückstellen oder in die Kategorie der längerfristigen Vorhaben verschieben müssen. Erwachsensein bedeutet unter anderem, imstande zu sein, umzukehren, seine Ziele neu zu überdenken und sie dahingehend umzuformulieren, daß sie etwaigen Veränderungen in Ihrem Lebensstil Rechnung tragen. Ein wichtiger Schlüssel zum Erfolg ist die Fähigkeit, seine Ziele stets »zeitbewußt« zu definieren. Achten Sie unbedingt darauf, daß Sie sich genügend Zeit zum Erreichen eines Zieles lassen, bevor Sie das nächste in Angriff nehmen. Andernfalls werden Sie unter immer stärkeren, bald unerträglichen Zeitdruck geraten. Was glauben Sie, welcher Zustand Ihrer Selbstachtung zuträglicher ist: einige wenige erreichbare Ziele zu haben – oder in viel zu vielen unterzugehen?

Verlieren Sie Ihre Ziele nicht aus den Augen

In der Zwischenzeit haben Sie wahrscheinlich die im ersten Teil dieses Kapitels beschriebenen Übungen durchgeführt und angefangen, Ihre Ziele aufzuschreiben – gut. Bleiben Sie nicht an dieser Stelle stehen. Sich Ziele zu setzen ist nur ein Teil der Psychokybernetik. *Erreichen* werden Sie sie kraft der kombinierten Wirkung der Entspannung, des reflexiven Umlernens, des angemessenen Reagierens auf Feedback und der Erschaffung eines Selbstbildes, welches die Verwirklichung Ihrer Pläne garantieren wird. Es wird Sie erheblich mehr Zeit kosten, Ihren Aktionsplan zu entwickeln, als dieses Buch zu Ende zu lesen. Aber es ist nie zu früh, um anzufangen, über Ziele nachzudenken, seine Sollwerte festzulegen und seine Ziele anhand der SMART-Skala zu überprüfen.

Vergessen Sie nicht, daß kein Weg absolut gerade ist. So funktioniert das Leben nicht. Im selben Augenblick, in dem Sie auf Ihr Ziel losmarschieren, werden Sie wahrscheinlich auch schon merken, daß Sie vom Kurs abkommen. Nehmen Sie das bitte nicht zum Anlaß, in Ihrem Eifer zu erlahmen oder sich übertriebene Vorwürfe zu machen. Vertrauen Sie darauf, daß Ihr automatischer Mechanismus schon die notwendigen Korrekturen vornehmen wird. Halten Sie sich das mentale Bild dessen, was Sie in Ihrem Leben verwirklichen möchten, klar vor Augen, und bleiben Sie gleichzeitig offen für die Adjustierungen und Kursänderungen, die sich im Laufe des Prozesses als nötig erweisen könnten. Wenn Sie sich »ehrliche« Ziele setzen und einen spezifischen Aktionsplan befolgen, verdienen Sie auch den Erfolg und die Befriedigung, die Sie daraus ziehen werden. Wenn Sie immer nur das tun, was

Sie schon immer getan haben, werden Sie immer nur das bekommen, was Sie schon immer bekommen haben.

Gedanklich zum Ziel

o Verwechseln Sie Wunschdenken nicht mit Zielen.

o Ignorieren Sie alte Programme, die Sie daran hindern, sich Ziele zu setzen.

o Ermitteln Sie die für Sie beste Methode, sich Ziele zu setzen.

o Betrachten Sie Ziele als Prozesse, nicht als »Orte«, die es zu erreichen gilt.

o Vergewissern Sie sich stets, daß Ihre Ziele auch wirklich SMART sind: genau bestimmt, meßbar, aktionsorientiert, realistisch und zeitbewußt.

Setzen Sie sich Ihre eigenen Ziele

Achtes Kapitel

VORWÄRTSKOMMEN:
ZIELE SIND DAZU DA,
DASS MAN SIE ERREICHT

Der Mensch funktioniert in gewisser Hinsicht wie ein Fahrrad ... Beide bleiben nur
so lange im Gleichgewicht, wie sie sich auf etwas zubewegen.
MAXWELL MALTZ: *Psycho-Cybernetics* (1960)

Das Leben ist ein fahrendes Auto ohne Bremsen ... Wenn Sie zu lange in den
Rückspiegel schauen, knallen Sie früher oder später gegen einen Baum ... Das ist
auch der Grund, weshalb Ihre Windschutzscheibe größer ist als Ihr Rückspiegel.
Wenn Sie sich realistische Ziele setzen ... und ein Gleichgewicht zwischen Selbst-
bestätigung und angemessener Selbstkritik aufrechterhalten, werden Sie auf der
Straße bleiben.
TERRY L. PAULSON, PH. D.: *They Shoot Managers, Don't They?* (1988)

Al hatte nie Schwierigkeiten damit gehabt, das Rauchen aufzugeben –
er hatte es schon ein dutzendmal geschafft. Diesmal aber hatte er einen
SMARTen Plan, mit dem es endgültig klappen würde. Anstatt von
heute auf morgen »auf Totalentzug« zu gehen, würde er seinen Tabak-
konsum allmählich, stufenweise herunterschrauben. Am 1. November
1992 setzte er sich das Ziel: »Am 1. März 1993 bin ich Nichtraucher.«
Al rauchte gegenwärtig zwei Päckchen – vierzig Zigaretten – pro Tag.
Wenn er jede Woche seinen Tagesverbrauch um nur drei Zigaretten
kürzte, würde er es bequem schaffen. Er erzählte seiner Frau, seinen
Freunden und seinen Arbeitskollegen von seinem Ziel. Er hielt seine
Fortschritte in einem Taschenkalender fest, in dem er jede Zigarette
notierte, die er rauchte.
Ende Januar mußte sich Al eingestehen, daß sein Plan nicht funktionierte. Während eines Eishockeyspiels bemerkte sein Freund Dave,
daß er sich eine Zigarette nach der anderen ansteckte. »He, was ist
los?« fragte Dave. »Ich dachte, du hörst auf zu rauchen.«
»Tu' ich auch«, sagte Al etwas verlegen. »Es ist nur – manchmal
machen es einem die Umstände schwer, mit dem Aufhören richtig
anzufangen. Weißt du, was ich meine?«

Dave, selbst ehemaliger Raucher, sah nicht ganz überzeugt aus.
»Sicher weiß ich das«, sagte er. »Von was für, äh, Umständen redest
du eigentlich?«

Und Al erzählte zwischen einzelnen Zügen seine Geschichte. Zuerst
waren sein Bruder und dessen Frau zu Thanksgiving übers Wochenende zu Besuch gekommen. Sie rauchten beide, und Al wollte sie nicht
in Verlegenheit bringen. Das war nicht weiter schlimm – er hatte noch
immer jede Menge Zeit, sein Ziel zu erreichen. Notfalls konnte er
seinen Aktionsplan ja ein wenig modifizieren und statt drei wöchentlich *vier* Zigaretten streichen. Dann kam der vorweihnachtliche Streß
am Arbeitsplatz. Al war Einzelhandelskaufmann; er machte an fünf
Tagen die Woche Überstunden, und es gab einfach Momente, in denen
er sich auf eine Zigarette aus dem Geschäft schleichen mußte, um noch
einen klaren Kopf behalten zu können. Zu Weihnachten hatten er und
seine Frau seinem Bruder einen Gegenbesuch abgestattet. Er hatte es
einfach nicht fertiggebracht, seinen Nikotinkonsum zu reduzieren,
während Bruder und Schwägerin sich alle zehn Minuten eine neue
Zigarette ansteckten, und er hätte sie doch kaum bitten können, in
ihrem eigenen Haus nicht zu rauchen, oder? Dann ging er jeden Mittwoch zum Bowling. Alle Jungs rauchten, und er fühlte sich irgendwie
verpflichtet mitzuhalten. »Na, und dann ist ja noch Jeannie!« sagte Al
und zündete sich die nächste Zigarette an. »Wenn ich nicht rauche,
bin ich nervös und nörgle zu Hause an allem herum, und das bringt
sie auf die Palme. Versteh mich nicht falsch, ich *will* aufhören. Ich
habe mir dafür einen genauen Plan zurechtgelegt. Es sind meine Familie, mein Job, meine Freunde; *die* hindern mich einfach daran aufzu-
hören. Verstehst du, was ich meine?«

»Al«, sagte Dave und zeigte hinunter auf die Eisfläche. »Was ich
verstehe, ist, daß du als dein eigener Tormann spielst. Jedesmal, wenn
du den Puck geschlagen hast, flitzt du zum Tor und wehrst deinen
eigenen Schuß ab.«

Wenn Sie dachten, um Ihre Ziele zu erreichen, bräuchten Sie nichts
anderes zu tun, als Ihren automatischen Mechanismus seinen Job erledigen zu lassen, hatten Sie recht – nur, daß das nicht so leicht ist. Wie
die meisten Dinge in der Psychokybernetik, ist auch das *einfach* ...
aber nicht *leicht*. Sie haben Ihre Ziele aufgeschrieben, sie SMART
überprüft und Ihren Aktionsplan entwickelt, aber das *Erreichen* von
Zielen ist selten ein geradliniger Prozeß. Es könnte Ihnen passieren,
daß Ihr Pferd den Weg verläßt, um an den Gänseblümchen zu knab-
bern, oder einfach stehenbleibt. Ihr Bewußtsein hat einen Sollwert
festgelegt, aber Ihr Unterbewußtsein könnte ganz andere Pläne haben.

Das Ziel wählt zwar Ihr Bewußtsein aus, aber das kreative Knowhow vermag nur Ihr Unterbewußtsein zu liefern. Wenn die beiden aneinander vorbeireden, kann das Ergebnis Aufschub, Stillstand oder Selbstsabotage sein. Sie werden dann zu Charlie Brown und Lucy in Personalunion: Ihr Bewußtsein kommt permanent angerannt, um den Football zu kicken, und Ihr Unterbewußtsein zieht den Ball immer wieder – schwupp! – im letzten Augenblick weg. Das kann schließlich dazu führen, daß Sie sich Ihr angebliches Versagen vorwerfen, wodurch Ihr Selbstbild Schaden nimmt und es für Sie unmöglich wird, sich künftig irgendwelche weiteren Ziele zu setzen.

Der Trick besteht darin, im Gedächtnis zu behalten, daß Ziele Prozesse sind und keine »Orte«. Im Laufe des Prozesses wird es zu Verlangsamungen kommen, werden Sie auf Hindernisse und Ablenkungen stoßen, aber es gibt bestimmte Maßnahmen, die Sie ergreifen können, um sie vorauszusehen, zu erkennen und an ihnen vorbeizukommen.

Das vorliegende Kapitel handelt von diesen Hindernissen und davon, wie Sie deren negative Auswirkungen auf ein Mindestmaß reduzieren können. Sie werden im einzelnen erfahren,

o aus welchen zwei paradoxen Gründen die Leute alles »Unangenehme« vor sich herschieben und was Sie persönlich dagegen tun können;

o wie Sie mittels sechs verschiedener Techniken Ihren automatischen Mechanismus daran hindern können, vom Kurs abzuweichen;

o mit Hilfe welcher Techniken Sie bei der Verfolgung Ihrer Ziele der Ängstlichkeit und Entmutigung entgegenwirken können, indem Sie Ihren Sollwert neu einstellen.

Heute ist auch noch ein Tag: Wie Sie die »Aufschieberitis« überwinden können

»Ich kann jetzt nicht darüber nachdenken«, sagte die berühmteste Aufschieberin der Filmgeschichte. »Verschieben wir es doch auf morgen!« Doch anders als Scarlett O'Hara, der man gewiß nicht nachsagen kann, sie hätte Hemmungen gehabt, sich das zu holen, was sie haben wollte, verschieben die meisten von uns deswegen leidige Pflichten »auf morgen«, weil sie den unterbewußten Wunsch hegen, ein bestimmtes Ziel *nicht* zu erreichen. Wir sträuben uns davor, unsere Ziele aufzuschreiben, wir sträuben uns davor, einen Aktionsplan zu entwikkeln, und ganz besonders sträuben wir uns davor, ihn konsequent zu befolgen. Auch wenn wir *bewußt* jede Menge Gründe dafür vorbringen können, warum wir etwas auf die lange Bank schieben – »Mir fehlt die Zeit dazu« – »Mir fehlt das nötige Geld« – »XY tut alles dagegen, damit ich es nicht schaffe« – »Ich bin einfach nicht gut (intelligent, attraktiv, willensstark …) genug« und so weiter –, ist der *unterbewußte* Grund für unser Zaudern unweigerlich eine dieser zwei Ängste:

○ Angst vor Mißerfolg,
○ Angst vor Erfolg.

Gleichzeitig betrachtet erscheinen diese Gründe paradox. Und doch sind die Angst vor Mißerfolg und die Angst vor Erfolg in gewissem Sinne ein und dasselbe. Sie sind die zwei Seiten einer Medaille. Nehmen Sie zum Beispiel die alleinstehende Frau, die *bewußt* glaubt, die Männer fänden sie attraktiver, wenn sie dreißig Pfund abnähme, die aber den Beginn ihrer Diät immer wieder aufschiebt, weil sie *unterbewußt* befürchtet, selbst dann niemandem zu gefallen, wenn sie schlank wäre. »Solange ich dick bleibe«, argumentiert ihr Pferd, »habe ich wenigstens eine Ausrede dafür, warum ich jeden Samstagabend allein zu Hause sitze.« Hat diese Frau nun Angst vor Mißerfolg, oder hat sie Angst vor Erfolg? Werfen Sie eine Münze in die Luft.

Der Mann, der sich zum Ziel gesetzt hat, einen großen Roman zu schreiben, fängt nie mit der eigentlichen Arbeit an, weil er unterbewußt befürchtet, anschließend keinen Verleger für sein Werk zu finden und, schlimmer noch, von seinen Freunden und Bekannten als ein lächerlicher Versager angesehen zu werden. Die Frau, die eine leitende Position in ihrer Firma anstrebt, »stolpert«, noch ehe sie die allererste Stufe erklommen hat, über ihre Angst, nicht die erforderlichen Führungsqualitäten zu besitzen.

Angst zu versagen. Die meisten von uns dürften schon mit diesem Gefühl Bekanntschaft gemacht haben. Aber Angst davor, *Erfolg* zu haben … das klingt doch widersinnig, oder nicht? Erfolg ist etwas Positives, *Erfreuliches*. Warum sollte man sich davor fürchten?

Es gibt sehr viele Gründe dafür – wie Al, der Möchtegern-Exraucher, Ihnen bestätigen könnte. Nach dem Gespräch mit seinem Freund schaffte er es endlich, sich die entscheidende Frage zu stellen: »Warum sperre ich mich dagegen, ernsthaft auf mein Ziel loszugehen? Ich *will* aufhören zu rauchen! Ich habe keine Lust, mit fünfundfünfzig ein hustender, keuchender Invalide zu sein. *Was befürchte ich eigentlich, das passieren könnte, wenn ich es schaffe?*

Wie Al schließlich begriff, sorgte er sich darum, die Zugehörigkeit zu seinem sozialen Umfeld zu verlieren. Alle seine Lieblingsverwandten und Freunde waren Raucher, und er hatte unterbewußt Angst, sich ihre Zuneigung zu verscherzen, wenn er »aus der Reihe tanzte«. »Wie werden das die anderen aufnehmen?« – diese Frage ist der vielleicht wichtigste Grund für unsere Angst vor jeder Art von Erfolg. Wie wird sich die Verwirklichung unserer Ziele auf unsere Beziehung zu Ehepartner, Arbeitskollegen, Freunden auswirken? Wird mein Mann es mir übelnehmen, wenn ich mehr verdiene als er? Wird meine Frau darunter leiden, nach Wanne-Eickel umziehen zu müssen, wenn ich diesen Job bekomme? Werden meine Arbeitskollegen aufhören, mich als ihren Freund zu betrachten, wenn ich befördert werde und mit einem Mal ihr Vorgesetzter bin? Werden meine Freunde denken, ich hielte mich für etwas Besseres, wenn ich das Abendgymnasium besuche? Werden meine Kegelbrüder das Gefühl haben, daß ich sie ablehne, wenn ich das Rauchen aufgebe? Werden sie *mich* ablehnen?

Ein anderer Grund, uns vor dem Erfolg zu fürchten, ist die Tatsache, daß er uns aus der Anonymität herausholen, uns ins Scheinwerferlicht stellen kann. Viele empfinden es aber als »ungefährlicher«, im Schatten, im Hintergrund zu bleiben. Christina ist hierfür ein gutes Beispiel. Die neunundzwanzigjährige Künstlerin stellte Keramikschmuck her und verschenkte ihn an ihre Bekannten. Ihren Lebensunterhalt verdiente sich Christina als Kassiererin in einem Supermarkt, aber ihre Freunde redeten ihr immer wieder zu, ihre Schmucksachen auf Kunstausstellungen zu verkaufen und dadurch den Grundstein zu einer Karriere als »Vollzeitkünstlerin« zu legen. Die Idee gefiel ihr gut. Sie beschaffte sich den Veranstaltungskalender ihrer Heimatstadt und beantragte für alle in Frage kommenden Termine einen Standplatz. Aber jedesmal, wenn der große Tag heranrückte, kam irgend etwas dazwischen, was sie daran hinderte, ihre Objekte auszustellen. Sie bekam eine Erkältung. Sie mußte arbeiten. Sie hatte die ganze Nacht kein Auge zugetan, weil sie ihre kranke Katze pflegen mußte, und war deswegen zu müde, um stundenlang herumzustehen und Kunden anzulächeln. Der wahre Grund dafür, daß sie ihren ersten »öffentlichen Auftritt« immer wieder hinauszögerte, war – wie Christina schließlich erkannte – Angst vor Erfolg. Sie befürchtete, wenn sie mit ihrem Schmuck tatsächlich Erfolg haben sollte, würden alle merken, daß sie eine »Schwindlerin« war: Nicht nur hatte sie nie eine Kunstakademie besucht oder sonst eine einschlägige Ausbildung genossen – sie hatte überhaupt nur einen Hauptschulabschluß vorzuweisen. Irgendwie brachte sie »Erfolg haben« mit »entlarvt werden« in Verbindung.

Was für Gründe kann es sonst noch geben, sich vor Erfolg zu fürchten? Frühkindliche Programmierungen können etwas damit zu tun haben. Die gleichen alten Bandaufzeichnungen, die es uns unmöglich machen, uns Ziele zu setzen, können uns genausogut daran hindern, konsequent auf sie hinzuarbeiten. »Man darf nicht nach den Sternen greifen.« – »Wie kommst du darauf, daß dir das zusteht« – »Sei nicht so egoistisch! Denk doch auch mal an die anderen!« – »Du kannst nicht alles haben!« Und so weiter und so weiter. Namentlich (aber keineswegs nur!) Frauen fürchten sich vor allem deswegen vor dem Erfolg, weil sie unterbewußt glauben, »kein Recht« dazu zu haben.

Und dann gibt es auch noch das »Zugaben-Angst-Syndrom«. Stellen Sie sich doch nur einmal vor, Sie schreiben *wirklich* einen großen, epochemachenden Roman! Da stehen Sie nun auf Platz eins der Bestsellerliste, die Kritiker überschlagen sich, die Fans reißen sich um Ihr Autogramm, Sie treten im Fernsehen in jeder Kultursendung auf, verdienen Millionen ... und fühlen sich *unter Druck gesetzt*. O Gott, und was dann? Was können Sie dem jetzt noch hinzusetzen? Wenn man auf dem Gipfel des Erfolgs steht, führt jeder weitere Schritt doch zwangsläufig ... *abwärts!*

Erkennen Sie allmählich, daß Angst vor Erfolg und Angst vor Mißerfolg lediglich zwei Möglichkeiten sind, sich mit ein und demselben Problem *nicht* auseinanderzusetzen?

Wie Sie die Ursache Ihrer »Aufschieberitis« herausfinden können: Ein Fragebogen

Hier ist ein Fragebogen, den ich vor Jahren entwickelte, als ich an meiner Promotion arbeitete und merkte, daß ich das »Morgen-ist-auch-noch-ein-Tag«-Spiel betrieb. Schreiben Sie Ihr Ziel auf, und beantworten Sie dann die Fragen so ehrlich wie möglich. Kreuzen Sie bitte *alle* zutreffenden Antworten an. Ermitteln Sie anschließend anhand des ausgefüllten Fragebogens, welche Gründe *Sie* haben, Unangenehmes »auf morgen« zu verschieben.

Mein Ziel: _____

_____

1. Was hoffe ich dadurch *wirklich* zu erreichen?

☐ Prestige   ☐ Glaubwürdigkeit
☐ Geld   ☐ persönliches Wachstum
☐ Selbstachtung; Befriedigung   ☐ künftige Vorteile

☐ _____ zu zeigen, daß ich dazu fähig bin
   (bitte Namen eintragen)
☐ Sonstiges: _____

2. Welche negativen Auswirkungen könnte es für mich haben, dieses Ziel zu erreichen?
   ☐ Es könnte mir zu Kopf steigen
   ☐ Es könnte meine/n Partner/in verletzen
   ☐ Es könnte sich negativ auf mein Familienleben auswirken
   ☐ Es könnte mich meinen Freunden oder Kollegen entfremden
   ☐ Es könnte meine Privatsphäre beeinträchtigen
   ☐ Es könnte mehr Zeit und Energie von mir erfordern
   ☐ _____

_____

(etwaige weitere Bedenken)

3. Welche negativen Auswirkungen könnte es für mich haben, dieses Ziel *nicht* zu erreichen?
   ☐ Ich könnte ohne Geld oder Hilfsmittel bleiben
   ☐ Es könnte mich wieder ganz an den Anfang zurückwerfen
   ☐ _____ könnte mich auslachen
   (bitte Namen eintragen)
   ☐ Ich könnte mich als Versager fühlen
   ☐ _____

_____

(etwaige weitere Bedenken)

4. Was bin ich *nicht* bereit zu tun, um dieses Ziel zu erreichen, oder nachdem ich es erreicht habe?
   ☐ mich zu Disziplin und Ausdauer zu zwingen
   ☐ in eine andere Stadt zu ziehen
   ☐ zusätzliche Verantwortung oder Pflichten auf mich zu nehmen
   ☐ _____

_____

5. Wie könnte ich meine Bereitschaft erhöhen, um dieses Zieles willen Risiken einzugehen?
Indem ich:
   ☐ meine Erfolgs-/Mißerfolgsängste offen mit Familie und Freunden diskutiere
   ☐ meinen Aktionsplan als eine Investition an Zeit betrachte, ebenso wie ich Geld – in Aktien oder Immobilien – investieren könnte
   ☐ mir überlege, was ich mit meiner Zeit anfangen würde, wenn ich nicht auf dieses Ziel hinarbeitete (nämlich): _____

_____

☐ mir sage, daß im Laufe der nächsten fünf Jahre Veränderungen ohnehin unvermeidlich sind (nämlich): _____

☐ mich frage, was *schlimmstenfalls* passieren könnte, wenn ich auf dieses Ziel hinarbeitete (nämlich): _____

Wie Sie Ihren Erfolgsmechanismus einsetzen können

Sobald Sie die Ursachen Ihrer »Aufschieberitis« erkannt und ausgewertet haben, können Sie Ihren Erfolgsmechanismus dazu einsetzen, diese »Krankheit« zu bekämpfen. Sie haben bereits gelernt, wie Sie Ihre Sie selbst und Ihre Umgebung betreffenden Überzeugungen als bloße Gewohnheiten verstehen und mit Hilfe des CRAFT-Prozesses verändern können. Wenn Sie Ihr zwanghaftes Auf-morgen-Verschieben als eine gewohnheitsmäßige Reaktion betrachten, können Sie es gleichfalls durch CRAFT überwinden.

o Cancel – Löschen Sie Ihre »vernünftigen« Gründe, Ihr jeweiliges Vorhaben aufzuschieben.
o Replace – Ersetzen Sie Ihre Rationalisierungen und Ausreden durch positive, zielgerichtete Aussagen.
o Affirmieren Sie Ihr neues Selbstbild – das Bild Ihrer selbst als eines entschlossenen und zielstrebigen Menschen.
o Focus – Konzentrieren Sie sich auf mentale Bilder, in denen Sie Ihr Ziel bereits erreicht haben.
o Trainieren Sie, indem Sie positive Maßnahmen ergreifen.

Christina bediente sich CRAFT, um ihrem fortwährenden Hinauszögern des Beginns ihrer Laufbahn als professionelle Keramikkünstlerin ein Ende zu machen. Jedesmal, wenn Sie sich bei ängstlichen Überlegungen (»Was, wenn herauskommt, daß ich nie auf der Kunstakademie war?«) oder bei Ausreden (»Das war eine anstrengende Woche; ich bin zu müde, um jetzt noch den Trubel einer Ausstellung überstehen zu können«) ertappte, sagte sie laut: »Löschen!« Anschließend ersetzte sie den jeweils gelöschten Gedanken durch eine positive Aussage, etwa: »Ich *brauche* überhaupt keine Kunstakademie besucht zu haben, um künstlerischen Schmuck herstellen zu können«, oder: »Ich mache wunderschöne Sachen, und ich habe das Recht, damit Geld zu verdienen.« Auf drei Zettel schrieb sie den Satz: »Ich kann aktiv auf mein Ziel hinarbeiten.« Diese Affirmationskarten befestigte sie an ihrem Kühlschrank, am Spiegel ihres Frisiertisches und, im Supermarkt an ihrer Registrierkasse, um ihr Pferd auf diese Weise möglichst häufig an ihren Entschluß zu erinnern. Jeden Tag nahm sie sich fünfzehn Minuten Zeit, um sich an einen ruhigen Ort zurückzuziehen, sich zu entspannen und sich als Teilnehmerin an einer Kunstausstellung zu visualisieren. In ihrer Phantasie sah sie sich ihren Schmuck verkaufen, interessierten Kunden ihre Visitenkarte überreichen, Preise entgegennehmen und durch ihr Talent viel Geld verdienen. Doch was das Wichtigste war: Selbst noch bevor sie sich dazu imstande fühlte, aktiv auf ihr Ziel hinzuarbeiten, verhielt sie sich so, als ob sie es bereits täte (»Durch Schein zum Sein!«). Sie nahm jede Gelegenheit wahr, sich als professionelle Künstlerin zu fühlen. Wenn sie an einem neuen Objekt arbeitete, verstärkte sie ihre Affirmationen durch Aussagen wie:»Irgend jemand wird für diese Brosche dreißig Dollar bezahlen«, oder:»Dieses Stück kommt nächstes Wochenende ganz in die Mitte meiner Auslage.«

Indem wir uns bewußt dafür entscheiden, ein zielstrebiger Mensch zu sein, schließen wir die Möglichkeit des Hinausschiebens aus. Unser Unterbewußtsein pflichtet mit der Zeit dieser Vorstellung bei und beginnt, im Einklang mit dem von unserem Bewußtsein ausgewählten Aktionsplan zu handeln. Wir beseitigen die *Gewohnheit des Hinausschiebens* und ersetzen sie durch die *Gewohnheit des Handelns*.

Al gelang es mit Hilfe seines kreativen Talents zuletzt doch, das Rauchen aufzugeben. Als er über die Bemerkung seines Freundes nachdachte, erkannte er, daß er sich bislang tatsächlich durch Ausreden selbst davon abgehalten hatte, sein Ziel zu erreichen. In seinem speziellen Fall kam aber noch ein Problem hinzu, mit dem Christina nicht zu kämpfen gehabt hatte – ein Problem, das er erst überwinden mußte, bevor er darangehen konnte, sich durch Anwendung des CRAFT-Prozesses von seiner »Aufschieberitis« zu befreien. Er erkannte, daß er deswegen »seine eigenen Torschüsse parierte«, weil er befürchtete, sein Erfolg würde ihn seinen Freunden und Verwandten entfremden.

Al sprach also die Menschen an, bei denen er die Möglichkeit einer negativen Reaktion voraussah. Sobald er sich jedoch vergewissert hatte, daß er mit dem Rauchen nicht auch seine Freunde würde aufgeben müssen, war er imstande, die nächste Phase zu beginnen und den CRAFT-Prozeß anzuwenden – negative Gedanken über sein Ziel zu LÖSCHEN, sie durch positive Gedanken zu ERSETZEN, sich durch AFFIRMATIONEN zu bestätigen, daß er im Begriff war, Nichtraucher zu werden, sich auf ein »nikotinfreies Selbstbild« zu KONZENTRIEREN und zu TRAINIEREN, sich als jemanden zu sehen, der auf sein Ziel hinarbeitet, anstatt sich selbst Steine in den Weg zu legen.

Der Weg zum Erfolg: Sechs Methoden, Ihre Fortschritte zu maximieren

Ihr inneres Steuerungssystem *ist* ein Zielsuchgerät. Wenn Sie ein klares und detailliertes Bild von Ihrem Bestimmungsort haben und Ihren Aktionsplan gewissenhaft befolgen, wird Ihr Pferd genau dorthin gehen, wohin Ihr Reiter will. Es wird allerdings Zeiten geben, da Sie nicht so schnell vorwärtskommen, wie Sie gern möchten. Sie haben dann vielleicht das Gefühl, ziellos dahinzutreiben; ja, es fällt Ihnen möglicherweise schwer zu erkennen, daß Sie überhaupt vorwärtskommen. Um zu verhindern, daß Sie in solchen Fällen den Mut verlieren, sollten Sie sich mit Hilfe der folgenden sechs Strategien ein System von Straßenkarten, Meilensteinen und Wegweisern schaffen.

1. Denken Sie täglich an Ihren Aktionsplan

Eine der sichersten Methoden, nicht in Mutlosigkeit zu verfallen, besteht darin, täglich ein bißchen zur Verwirklichung Ihres Aktionsplans zu unternehmen. Im Alter von zweiundvierzig Jahren hatte Andy noch nicht die Hoffnung aufgegeben, die Frau fürs Leben zu finden. Da er aber trotz aller Bemühungen um keinen Schritt weiterzukommen schien, begann er allmählich den Mut zu verlieren. »Es hat doch alles keinen Sinn«, sagte er bei unserer ersten Begegnung verzagt. Im Laufe unseres Gesprächs stellte ich fest, daß Andy durchaus viele positive Dinge tat, um sein Ziel zu erreichen – er behielt es nur nicht im Gedächtnis. Ich schlug ihm vor, Verabredungen mit sich selbst zu treffen und täglich in seinem Terminkalender einzutragen. Am Montag morgen um Viertel nach zehn würde er beispielsweise bei einer Kirche in seiner Nachbarschaft anrufen, um zu erfahren, wann der nächste »musikalische Abend für Singles« stattfand. Am Dienstag würde er seine Mittagspause dazu verwenden, zur Leihbibliothek zu gehen und sich ein paar Bücher zum Thema »Wie mache ich mehr aus mir?« zu besorgen. Die sich dadurch ergebende Möglichkeit, jederzeit zu überprüfen, was er in den vergangenen Wochen zur Verfolgung seines Zieles getan hatte, bewirkte, daß Andy wieder Mut faßte.

Wenn Sie diese Strategie anwenden wollen, beherzigen Sie bitte folgende Tips:

o Setzen Sie sich jedes Wochenende – am besten immer um die gleiche Uhrzeit – für ein paar Minuten hin und schreiben Sie auf, was Sie im Laufe der kommenden Woche zur Beförderung Ihres jeweiligen Projekts tun könnten.

o Verabreden Sie mit sich selbst, täglich wenigstens zehn bis fünfzehn Minuten der Arbeit an irgendeinem Aspekt Ihres Aktionsplans zu widmen: berufliche Kontakte knüpfen, eine neue Fertigkeit trainieren, Informationsmaterial sammeln und lesen – was immer Ihr jeweiliges Ziel gerade erforderlich macht. Halten Sie diese Verabredungen in ihrem Terminkalender fest und befolgen Sie sie so gewissenhaft wie jede andere Verpflichtung auch.

o Führen Sie über Ihre Fortschritte Buch. Lesen Sie Ihre Aufzeichnungen wöchentlich einmal durch, um sich selbst vor Augen zu führen, daß Sie tatsächlich etwas tun, um Ihr Ziel zu erreichen.

2. *Richten Sie sich ein Selbstüberwachungssystem ein*

Als Al beschloß, das Rauchen aufzugeben, entwickelte er einen Plan zur stufenweisen Entwöhnung und hielt seine Fortschritte schriftlich fest. Sicher, infolge seines ständigen Hinausschiebens erreichte er anfangs nichts, aber seine Idee war durchaus richtig gewesen. Anhand eines Selbstüberwachungssystems, das unsere Fortschritte aufzeichnet – eines Kalenders, einer Grafik, einer Checkliste oder einer Tabelle –, können wir uns bei Bedarf vergewissern, daß wir trotz gelegentlicher Rückschläge insgesamt vorankommen. Ein solches System ermöglicht es uns auch festzustellen, wann eine Korrektur unseres Sollwertes erforderlich geworden ist – sei es, weil wir merken, daß wir zu langsam vorankommen, sei es, weil sich ein bestimmtes kurzfristiges Ziel als unrealistisch erwiesen hat.

Die spezifische Form der Selbstüberwachung, für die Sie sich entscheiden, ist von Ihren persönlichen Vorlieben und der Art Ihres jeweiligen Zieles abhängig. Stu, ein Ingenieur, der eine leitende Stellung in einer Erdölraffinerie innehatte, erkannte, daß er immer mehr Zeit in seinen Beruf investierte und dadurch seine Frau und seine Kinder vernachlässigte. Er setzte sich zum Ziel, seine Zeit effizienter zu nutzen und so binnen sechs Monaten die gleiche Arbeitsleistung in zwanzig Prozent weniger Stunden zu erbringen. Er zeichnete sich eine Tabelle, in der seine Tätigkeit in unterschiedliche Aufgabenbereiche aufgegliedert wurde. Für jeden dieser Bereiche zeichnete er dann ein Balkendiagramm, aus dem hervorging, wie viele Stunden er wöchentlich jeweils daran verwendet hatte. Natürlich schaffte er es nicht, in jedem Bereich einen kontinuierlichen Rückgang der darin investierten Arbeitszeit zu erzielen, aber indem er sich täglich seine Fortschritte notierte und

wöchentlich das Diagramm auf den neusten Stand brachte, vermied
es Stu, sich auf seine – bei jedem Projekt unweigerlich auftretenden –
Rückschläge zu konzentrieren. Dadurch, daß er sich konstant seines
Prozesses bewußt blieb, umging er die Fallgruben der Entmutigung
und der Selbstvorwürfe.
Bei der Entwicklung und Anwendung Ihres Selbstüberwachungssystems sollten Sie folgende Richtlinien beachten:

o Überprüfen Sie Ihre Fortschritte regelmäßig: täglich, wöchentlich,
  monatlich – je nachdem, was für Sie am bequemsten und für Ihr
  Vorhaben am sinnvollsten ist. Wenn Sie beispielsweise abnehmen
  wollen, dürfte es am zweckmäßigsten sein, sich täglich Ihren Kalo-
  rienkonsum zu notieren und einmal in der Woche Ihr Gewicht zu
  überprüfen. Wenn Sie auf der Suche nach einem neuen Job sind,
  bestimmen Sie ein monatliches Pensum an neuen Kontakten, die
  Sie knüpfen, und Bewerbungsschreiben, die Sie verschicken wollen,
  und überprüfen Sie dann einmal pro Woche Ihre Bemühungen, um
  sicherzugehen, daß Sie im Schnitt liegen. Wenn Sie einen Aktionsplan entwickelt haben, um den Mann oder die Frau Ihres Lebens
  kennenzulernen, nehmen Sie sich vor, sich während eines bestimmten Zeitraums in eine konkrete Anzahl von geeigneten Situationen –
  Partys, Gruppenausflügen, öffentlichen Fortbildungskursen, Stu-
  dienreisen – zu begeben, und kontrollieren Sie sich dann einmal im
  Monat, um sicherzugehen, daß Sie Ihr »Pensum« auch tatsächlich
  erfüllen. Wenn Ihr Pferd sich vor seinen Pflichten zu drücken versucht, wird Ihr Reiter es durch solche regelmäßigen Überprüfungen
  sehr schnell merken und um so leichter etwas dagegen unternehmen
  können.
o Legen Sie eine bestimmte Uhrzeit für Ihre täglichen, wöchentlichen
  oder monatlichen Überprüfungen fest. Vergessen Sie nicht, Sie
  gewöhnen sich um so schneller an eine bestimmte Tätigkeit, je
  regelmäßiger Sie sie durchführen. Wenn die Überprüfung Ihrer
  Fortschritte ein normaler Teil Ihres Tagesablaufs ist, geht sie Ihnen
  viel leichter in Fleisch und Blut über, als wenn Sie sie regelrecht
  »eintrainieren« müssen.
o Betrachten Sie die tägliche Überprüfung als einminütige Routine-
  kontrolle, nicht als ein »Fehlersuchmanöver«. Vergewissern Sie sich,
  daß Sie einen kleinen Schritt in Richtung auf Ihr Ziel geschafft
  haben, aber erwarten Sie nicht, an sieben Tagen der Woche meßbare
  Fortschritte festzustellen. Ihre wöchentlichen und monatlichen
  Inspektionen können dann gründlicher und detaillierter ausfallen.

o Sorgen Sie dafür, daß Sie irgendein *objektives* Kriterium zum Messen Ihrer Fortschritte haben – beispielsweise: »Ich habe heute zwei Zigaretten weniger als gestern geraucht.«

o Geben Sie gleichzeitig eine *subjektive* Selbstbeurteilung ab. Fragen Sie sich: »Bin ich mit meinem heutigen Ergebnis zufrieden? Habe ich ein gutes Gefühl hinsichtlich meiner Fortschritte?« Die Idee dabei ist, anzuerkennen, daß *jeder* Fortschritt positiv und erfreulich ist, selbst wenn er nicht ganz so groß ausgefallen sein sollte, wie Sie vielleicht gehofft hatten. Wenn Ihre ehrliche Antwort also »ja« lautet, dann ist alles in Ordnung. Dann verspüren Sie vielleicht sogar den Wunsch, sich in der kommenden Woche *noch* ein bißchen mehr anzustrengen. Wenn Ihre Antwort aber immer wieder »nein« lautet, so könnte dies ein Zeichen dafür sein, daß Sie noch nicht von Ihrer »Aufschieberitis« kuriert sind oder aber Ihren Sollwert neu definieren sollten. Aber halten Sie sich bitte eines gegenwärtig: Selbst wenn Sie gestern nur zwei Zigaretten weniger geraucht haben, während Ihr Ziel *drei* weniger gewesen wären, haben Sie immer noch etwas Positives geschafft. Auch wenn Sie Ihr Ideal nicht erreichen, machen Sie doch immer noch Fortschritte.

3. Schließen Sie ein Abkommen mit Freunden und Kollegen

Eine weitere Möglichkeit, nicht vom Kurs abzukommen, besteht darin, einen Freund oder Arbeitskollegen, der Ihr volles Vertrauen genießt, in Ihr Vorhaben einzuweihen. Jeder Anonyme Alkoholiker kennt den Wert eines »Sponsors« – einer Bezugsperson, die einem zur Seite steht, Mut zuspricht und einem »ein Rettungsseil zuwirft«, wenn man Gefahr läuft abzutreiben. Wählen Sie jemanden, der diskret genug ist, Ihre Geheimnisse nicht auszuplaudern, engagiert und selbstsicher genug, Ihnen einen Schubs zu geben, wenn er merkt, daß Sie auf Abwege geraten, und einfühlsam genug, Sie nicht zu verurteilen, wenn Sie scheitern sollten. Erzählen Sie Ihrem Freund von Ihrem Aktionsplan. Fragen Sie ihn, ob er bereit ist, sich regelmäßig mit Ihnen zu einem offenen, ehrlichen Gespräch und einem Rechenschaftsbericht zusammenzusetzen. Räumen Sie ihm ausdrücklich das Recht ein, Ihnen Ratschläge zu erteilen oder Sie zu kritisieren, wenn er den Eindruck gewinnen sollte, daß Sie auf der Stelle treten oder vom »rechten Weg« abweichen.

Bei der Auswahl eines geeigneten »Mentors« ist es wichtig, sich von seinem gesunden Menschenverstand leiten zu lassen. Wenn Ihr Ziel darin besteht, im weitesten Sinne etwas »aufzugeben« – eine Sucht, überflüssige Pfunde, einen ungesunden Lebenswandel –, dann können Sie nahezu jeden einweihen. Ja, in vielen Fällen dürfte es sogar empfehlenswert sein, *alle* ihre Bekannten über ihre Absicht zu informieren und damit sicherzustellen, daß Sie in praktisch jeder Lebenslage wenigstens einen wohlmeinenden und kritischen »Aufpasser« in Ihrer Nähe haben. Wenn Sie einmal nach einer unerlaubten Zigarette oder »Kalorienbombe« greifen, können Sie dann damit rechnen, daß irgend jemand Sie an ihr Vorhaben erinnert. Manche Leute werden wahrscheinlich ziemlich streng zu Ihnen sein – aber das ist ja genau in Ihrem Sinne, oder?

Mit Ihren »Karriereplänen« ist es eine ganz andere Sache. Angenommen, Sie haben sich zum Ziel gesetzt, in Ihrer Firma Abteilungsleiterin zu werden. Wen werden Sie sich nun als Vertrauten und Mentor erwählen? Gabi mag Ihre beste Freundin sein, aber *ihr* werden Sie von Ihren Plänen besser nichts erzählen, denn sie ist Ihre Kollegin und könnte rein zufällig dasselbe Ziel haben! Teilen Sie Ihre Karriereziele also nur jemandem mit, der Ihre Bemühungen aufrichtig unterstützen und nicht versuchen wird, Ihre Pläne zu durchkreuzen. Vertrauen Sie sich ausschließlich Menschen an, die an Sie glauben, und keineswegs solchen, die von Natur aus dazu neigen, über anderer Leute Wünsche zu spotten oder anderen Leuten jeden Erfolg zu mißgönnen. Gehen Sie bei Ihrer Auswahl also möglichst kritisch vor.

Vielleicht möchten Sie und ein Freund von Ihnen sogar einen Vertrag zur gegenseitigen Förderung Ihrer jeweiligen Pläne oder eines gemeinsamen Vorhabens abschließen. Eine solche Vorgehensweise ist gar nicht so selten, wie Sie vielleicht meinen könnten. Vielfach schließen sich Freunde zu Gruppen zusammen, um sich einander bei der Verwirklichung ihrer Ziele zu unterstützen – gehe es dabei nun darum, das Rauchen aufzugeben, einen Lebenspartner zu finden oder mit einem schweren Verlust fertig zu werden. Wenn Sie sich mit dem Gedanken tragen, selbst eine solche Interessengruppe ins Leben zu rufen, halten Sie sich bitte an die folgenden Richtlinien:

o Vergewissern Sie sich, daß alle Beteiligten ähnliche Ergebnisse anstreben.
o Teilen Sie einander Ihre jeweiligen persönlichen Gründe mit, weswegen Sie dieses bestimmte Ziel verfolgen.
o Treffen Sie sich einmal die Woche um die gleiche Zeit, um sich gegenseitig Rechenschaft über Ihre Fortschritte zu geben.
o Befolgen Sie gewissenhaft die Gruppenvereinbarungen. Wenn Sie

sich darauf geeinigt haben, sich jeden Mittwoch um siebzehn Uhr zu treffen, halten Sie den Termin genau so ein, als handle es sich um eine geschäftliche Verabredung.

o Schließen Sie ein Abkommen: Unter den Mitgliedern der Gruppe soll es unter keinen Umständen Vorwürfe oder moralische Erpressungen geben – nur gegenseitige Unterstützung.

4. Durch progressive Selbstdisziplin auf Erfolgskurs bleiben

Je deutlicher Ihre regelmäßigen Überprüfungen zeigen, daß Sie Fortschritte machen, desto mehr werden Sie merken, daß Ihr Selbstvertrauen wächst. Jetzt ist die Zeit gekommen, Erfolg auf Erfolg zu bauen: sich bei der Verfolgung Ihres Zieles zu immer größerer Selbstdisziplin zu verpflichten. Dieser Prozeß wird, abhängig von Ihrem jeweiligen langfristigen Ziel, zeitlich wie verfahrensmäßig erheblich variieren. In jedem Fall aber besteht *eine* Methode, Ihr Engagement zu intensivieren, darin, Ihre »Stufenziele« detaillierter vorauszuplanen. Gehen Sie dabei folgendermaßen vor:

o Skizzieren Sie Ihr Vorhaben. Gliedern Sie es in Teilvorhaben oder -aufgaben auf. Nehmen Sie eine ungefähre Schätzung der Ressourcen – Zeit, Geld, Hilfsmittel – vor, die Sie zur Bewältigung jeder Teilaufgabe benötigen werden.

o Legen Sie genaue Termine für die Durchführung jeder einzelnen Teilaufgabe fest. Notieren Sie diese in Ihrem Kalender oder in einer besonderen Tabelle. Fragen Sie sich: *Was* muß *wann* erledigt werden? Welche Ressourcen werde ich für welche Aufgabe bereitstellen müssen?

o Tragen Sie bei Ihren Plänen der Möglichkeit von Fehleinschätzungen und Irrtümern Rechnung. Seien Sie realistisch bei Ihrer Zeitplanung; bauen Sie eine ausreichende Toleranzspanne ein, damit Sie jede Aufgabe selbst im Falle von Rückschlägen und Kursabweichungen termingerecht erledigen können.

o Reduzieren Sie Ablenkungen auf ein Mindestmaß. Planen Sie lange genug voraus, um sicherzustellen, daß Sie Ihre festgelegten »Projektzeiten« nicht für anderweitige Tätigkeiten werden unterbrechen müssen. Teilen Sie Ihren Freunden und Verwandten rechtzeitig mit, daß Sie zu diesen bestimmten Zeiten nicht erreichbar sein werden, und bitten Sie darum, nicht gestört zu werden. Schalten Sie Ihren Anrufbeantworter ein, oder lassen Sie das Telefon einfach klingeln.

5. Entwerfen Sie Ihr eigenes System motivierender Belohnungen

Erinnern Sie sich, wie es war, als Sie sich in der ersten Klasse abmühten, in die Geheimnisse der Schreibkunst einzudringen? Erinnern Sie sich an die Krakeleien, die Sie anfangs nur zustande brachten, und an die Genugtuung, die Sie bei jedem noch so kleinen Fortschritt verspürten? Wahrscheinlich hat Ihnen die Lehrerin, um Sie zu belohnen und anzuspornen, von Zeit zu Zeit einen goldenen Stern oder einen bunten Sticker ins Heft geklebt. Das gab Ihnen doch das Gefühl, wirklich etwas geleistet zu haben, oder?

Jetzt sind Sie erwachsen, aber eine kleine Belohnung dann und wann würde trotzdem nicht schaden. Genau das ist der Grund, weswegen viele Firmen am Ende des Jahres Gratifikationen an ihre Mitarbeiter zahlen. Nun kann Ihr Ziel in sich schon als eine große Anerkennung angesehen werden, aber warum sollten Sie sich den Weg dorthin nicht durch eine Reihe kleinerer Belohnungen versüßen?

Was würde sich als ein solches »Eigenlob« eignen? – Nun, prinzipiell alles, was Ihnen Freude bereitet, was Sie sich aber meistens versagen, weil es Ihnen »zu frivol« erscheint: ein Essen in einem Feinschmeckerrestaurant, ein neues Kleidungsstück, eine Flasche schottischen Single-Malt-Whisky, Karten für die Oper, ein Wochenendurlaub, ein langersehntes »Spielzeug für Erwachsene«, was auch immer. Solche Belohnungen könnten Ihnen die Motivation liefern, die Sie benötigen, um Ihr »Zielstreben« in ein »Zielerreichen« zu verwandeln.

Hier folgen einige Richtlinien, die Sie beachten sollten, wenn Sie Ihr eigenes Belohnungssystem entwerfen:

○ Lesen Sie Ihren Aktionsplan für Ihr langfristiges Projekt noch einmal aufmerksam durch. Wählen Sie drei oder vier Zwischenziele aus, die Sie für die wichtigsten Meilensteine auf Ihrem Weg zum Endziel halten.

○ Entscheiden Sie, was die beste Belohnung wäre, die Sie sich gönnen könnten, wenn Sie an Ihr Ziel gelangt sind.

○ Überlegen Sie sich eine Reihe von Belohnungen, mit denen Sie sich bei Erreichen jedes Meilensteins eine Freude machen könnten. Wenn möglich, sollten diese kleineren Geschenke in irgendeiner Beziehung zur letzten, großen Belohnung stehen. Haben Sie sich beispielsweise als Siegespreis eine neue Kommode versprochen, so könnte ein hübsches Tablett, das schließlich darauf seinen Platz haben wird, einen Ihrer »Etappenpreise« darstellen.

o Üben Sie sich in Selbstdisziplin. Geben Sie sich die versprochene Belohnung wirklich erst dann, wenn Sie den entsprechenden Meilenstein erreicht haben.

6. *Beugen Sie der Systemüberlastung vor: Setzen Sie Prioritäten und konzentrieren Sie sich auf das Wesentliche*

Viele Leute sind der Meinung, sie hätten dann die besten Aussichten, ihr Ziel zu erreichen, wenn sie jede Spur verfolgen, jeden Aspekt berücksichtigen und jede mögliche Vorgehensweise in Betracht ziehen, als ob sie alle die gleiche Gültigkeit und Effizienz besäßen. Susan beispielsweise war eine Oberschullehrerin, die das in ihrem Bundesstaat verwendete Unterrichtsmaterial unzulänglich fand. Sie traute sich durchaus zu, bessere Lehrbücher, Übungshefte und Lernhilfen zu entwickeln und damit vielleicht sogar ihr Gehalt ein wenig aufzubessern. Sie stellte jeweils für Mathematik, Englisch, Biologie, Geschichte und Erdkunde eine Auswahl von Leseproben zusammen. Sie besorgte sich die Namen und Adressen aller Schulbuchverlage der Vereinigten Staaten, ordnete sie alphabetisch und begann, ihre Leseproben zusammen mit einem vervielfältigten Begleitschreiben zu verschicken. Sie fing mit dem Buchstaben A an und beabsichtigte, sich auf diese Weise nach und nach bis zum Z vorzuarbeiten.

Computerprogrammierer bezeichnen diese Verfahrensweise als die »brachiale Problemlösungsstrategie«. Sie können den Computer anweisen, jede einzelne Information mit jeder anderen Information zu vergleichen, bis er die beste Lösung gefunden hat. Sie *können*, aber sie tun es nicht. Eine so unwirtschaftliche Methode erfordert selbst bei einem modernen Hochleistungsrechner viel zuviel Zeit und Aufwand. Wenn wir ungleich langsamer denkenden Menschen versuchen, unser Ziel nach dieser Strategie zu erreichen, bringen wir unsere Chips sehr rasch zum Schmelzen. Susan hatte sich gerade bis zu den »E«s vorgearbeitet, als sie bereits am Ende ihrer Kraft und Geduld war. Ein Verlag veröffentlichte nur Lehrbücher für Grundschulen, ein anderer war auf Mathematik spezialisiert, ein dritter beschäftigte ausschließlich eigene Autoren – »Wir danken Ihnen für Ihr freundliches Interesse und werden uns bei Bedarf gern an Sie wenden.«

Susan verfügte allerdings über einige Funktionen, die kein Computer besitzt – darunter Intuition und kreative Vorstellungskraft. Sie fokussierte Ihre Anstrengungen und setzte Prioritäten. Sie nahm sich ihre

Liste noch einmal vor und suchte die Namen der fünfundzwanzig
Verlage heraus, die ihr am vielversprechendsten erschienen. Diese rief
sie an und bat sie um Zusendung ihres Gesamtkatalogs, anhand dessen
sie sich über die Bandbreite des jeweiligen Verlagsprogramms zu informieren gedachte. Anschließend nahm sie sich von jedem der Verlage
ein paar Publikationen vor, um sich einen Eindruck von deren graphi-
scher Aufmachung und didaktischem Ansatz zu verschaffen. Aus ihrer
revidierten Liste wählte sie dann die acht Verlage aus, deren Produktion
am ehesten mit ihren Vorstellungen und der Art von Material, die ihr
vorschwebte, übereinzustimmen schien. Durch weitere Telefonate
gelang es ihr, die Namen der jeweils zuständigen Lektoren in Erfahrung
zu bringen. Dann überarbeitete sie ihre Leseproben und schickte sie
mit persönlich adressierten Begleitschreiben an die acht Lektoren. Ein
Jahr später war sie freie Mitarbeiterin dreier Verlage und bekam bereits
mehr Aufträge, als sie bewältigen konnte.

Worin auch Ihr Ziel bestehen mag – Sie können eine »Überlastung
Ihres Systems« ganz einfach dadurch verhindern, daß Sie die brachiale
Methode aufgeben. Erhöhen Sie die Effizienz Ihres Aktionsplans,
indem Sie Prioritäten setzen und sich auf das Wesentliche beschränken:

o Lassen Sie sich genügend Zeit für die Entwicklung und Überarbeitung Ihres Plans. Streichen Sie alle Ansätze, bei denen Ihre Erfolgsaussichten besonders gering erscheinen. Überprüfen Sie die anste-
  henden Aufgaben daraufhin, ob sich nicht mehrere von ihnen zu
  einem einzigen Arbeitsgang zusammenführen lassen.
o Werten Sie das empfangene Feedback so sorgfältig wie möglich aus.
  Dadurch können Sie vermeiden, die gleichen Fehler zu wiederholen.
  Wenn eine Methode sich als zu zeitraubend und zuwenig produktiv
  erweist, versuchen Sie abzuschätzen, ob Ihr nächster Versuch zufrie-
  denstellender verlaufen wird – oder ob vielleicht die Methode als
  solche ineffektiv ist. Ziehen Sie aus jedem Umweg oder Mißerfolg
  Schlußfolgerungen, die Ihnen erlauben, eine vergleichbare Aufgabe
  das nächste Mal anders, sinnvoller anzugehen.
o Erwarten Sie nicht, bei jedem Schritt ein Erfolgserlebnis zu haben.
  Wenn eine bestimmte Methode keine sofortigen Ergebnisse zeitigt,
  brauchen Sie nicht notwendigerweise ganz an den Anfang zurückzukehren oder einen neuen Weg einzuschlagen. Vielleicht brauchen
  Sie nichts anderes zu tun, als noch ein paar Schritte weiterzugehen.

Wenn es Zeit wird, Ihre Ziele
neu zu überdenken: Ein paar praktische Tips

Dann kann es irgendwann geschehen, daß Ihr Reiter munter auf ein Ziel zugaloppiert, Sie nach unten schauen ... und sehen, daß Ihr Pferd gar nicht mehr da ist! Es hat sich selbständig gemacht und grast jetzt irgendwo friedlich auf der Weide. Dieses Bild mag Sie an entsprechende Szenen in alten Zeichentrickfilmen erinnern, aber ich versichere Ihnen: Die harte Landung, die dann unmittelbar folgt, ist für Sie alles andere als lustig!

Irgend etwas funktioniert nicht so, wie es sollte. Sie knüpfen Kontakte und verschicken dutzendfach Bewerbungsunterlagen, aber Ihre Vorstellungsgespräche finden immer ein ziemlich rasches Ende, und keine der Firmen läßt je wieder etwas von sich hören. Sie arbeiten wie verrückt, aber je mehr Sie tun, desto weniger scheinen Sie zu erreichen. Sie besuchen alle geeigneten Veranstaltungen für Singles; Sie lernen haufenweise Leute kennen, aber niemand ist attraktiv oder interessant genug, um Ihren Anforderungen zu genügen. Ihr Bewußtsein hält sich gewissenhaft an einen bestimmten Aktionsplan, aber Ihr Unterwußtsein scheint andere Pläne zu verfolgen – und blockt.

Wenn Ihnen etwas Ähnliches passiert, könnten Sie in sich die Neigung verspüren, die Flinte ins Korn zu werfen und Ihr Ziel ein für allemal aufzugeben. Tappen Sie nicht in diese Falle! Der Sinn der – psychokybernetischen – Übung ist, Ihr Selbstwertgefühl zu steigern, nicht es dadurch noch weiter zu beeinträchtigen, daß Sie sich mit einem Mißerfolg abfinden. Vielleicht brauchen Sie in so einem Fall nichts weiter zu tun, als das Ziel, das Sie sich bewußt gesetzt hatten, und das davon abweichende, das Sie offenbar unbewußt anstreben, miteinander in Einklang zu bringen.

Wie Sie die »Perfektionsfalle« umgehen

Vielleicht akzeptieren Sie bewußt die Tatsache, daß »niemand vollkommen ist«, aber Ihr Unterbewußtsein strebt trotzdem einen Sollwert von hundert Prozent an. Natürlich kann niemand realistischerweise erwarten, die Vollkommenheit oder Perfektion zu erlangen. Wenn Sie sich erst dann neue Kleider kaufen wollen, wenn Sie Ihr »Idealgewicht« erreicht haben, werden Sie nie etwas haben, was Ihnen paßt. Wenn Sie sich weigern, eine bestimmte Arbeit zur Beurteilung vorzulegen, bevor sie so »vollkommen« ist, daß nichts an ihr zu beanstanden bleibt,

vergeben Sie die Chance, von anderen nützliche Tips und Verbesse-
rungsvorschläge zu erhalten, und machen sich unnötigen Streß. Wenn
Sie Ihre Griechenlandreise so lange hinausschieben, bis Sie die Landes-
sprache wie ein Einheimischer beherrschen, werden Sie die Akropolis
nie in natura zu sehen bekommen. Das einzige, was Ihnen derart
überzogene Ansprüche unter Umständen einbringen, sind Mutlosigkeit, Selbstvorwürfe und Verlust der Selbstachtung, während eine einfache Senkung Ihres Sollwertes von »Vollkommenheit« auf »Machbar-
keit« zum Erfolg hätte führen können.

Lernen Sie, die »Perfektionsfalle« zu erkennen und zu umgehen,
indem Sie folgende Empfehlungen beherzigen:

1. Löschen Sie alle alten Bänder, die Ihnen aus Ihrem Unterbewußtsein
   heraus einzureden versuchen, Übung mache »vollkommen«. Ersetzen Sie sie durch den neuen Leitspruch: »Übung macht *verläßlich*.«
   Achten Sie auf kritische Selbstgespräche in Ihrem Inneren. Sagen
   Sie: »Löschen!«, wenn Sie wegen einer unvollkommenen Leistung
   mit sich hadern. Bestätigen Sie sich: »Ich bin dabei, mein Ziel,
   nämlich _____, zu einem Teil
   meines Lebens zu machen. Ich strebe keine Vollkommenheit an.«
2. Wenn Sie sich dabei ertappen, daß Sie eine bestimmte Arbeit oder
   Aufgabe wiederholen wollen, weil Sie mit dem bisherigen Ergebnis
   nicht zufrieden sind, so halten Sie inne und stellen Sie fest, ob Sie
   nicht dabei sind, in die Perfektionsfalle zu tappen. Treten Sie –
   bildlich gesprochen – einen Schritt zurück und fragen Sie sich: »Ist
   es wirklich nötig?« Wenn nicht, *lassen Sie es bleiben!*
3. Lassen Sie eine Minute verstreichen, ehe Sie Ihrem Perfektionsdrang
   nachgeben. Lassen Sie eine Stunde verstreichen. Lassen Sie ein
   Wochenende verstreichen. Zwingen Sie sich dazu, die Fenster ein
   paar Tage lang ungeputzt zu lassen. Lassen Sie den Bericht über
   Nacht im Computer ruhen, bevor Sie ihn endgültig überarbeiten
   und ausdrucken. Wenn Sie sich erst einmal Zeit gelassen haben, die
   Sache in Ruhe zu überdenken, könnten Sie durchaus feststellen,
   daß Sie Ihrem Ziel bereits viel näher sind als erwartet.
4. Erinnern Sie Ihr Pferd immer wieder daran, daß Sie im Begriff sind,
   aus der Perfektionsfalle herauszuklettern. Üben Sie sich darin, anderen Leuten zu sagen, daß Sie ein toleranter und entspannter Mensch
   sind, der Belanglosigkeiten problemlos durchgehen lassen kann.
5. Anstatt Ihren »Thermostaten« auf hundert Prozent zu stellen, setzen Sie es sich zum Ziel, auf hunderterlei Weisen um ein Prozent
   weiterzukommen.

Wie Sie mit weniger Mühe mehr schaffen

Ziele – namentlich langfristige, zeitintensive Ziele – scheinen oft immer wieder in die Ferne zu rücken. Je mehr wir uns anstrengen, desto hartnäckiger entziehen sie sich uns. Wenn das geschieht, können sich leicht Streß und Mutlosigkeit einstellen. Unsere linke Hirnhemisphäre könnte sich mit dem Gedanken tragen, das Handtuch zu werfen. »So schlecht war das vorher doch gar nicht«, sagen wir uns dann. »Wozu quälst du dich so ab? Schmeiß die Sache hin, solange es noch nicht zu spät ist! Was soll das Ganze überhaupt?«

An diesem Punkt ist es wichtig, daß Sie sich eine selbstverständliche, aber nichtsdestoweniger wichtige Wahrheit bewußtmachen: Die längste Wanderung beginnt mit einem Schritt. Die ersten Schritte können etwas zaghaft und ungeschickt ausfallen, Fehltritte und Enttäuschungen sind nicht auszuschließen. Das hängt eben von der Beschaffenheit des Geländes ab. Rufen Sie sich ins Gedächtnis zurück, daß Sie sich zu einem langen Marsch entschlossen haben – sollte das Ziel nicht ein paar kleine Enttäuschungen wert sein? Gestatten Sie Ihrer rechten Hemisphäre, Ihren künftigen Erfolg in lebhaften Farben und möglichst detailliert auszumalen. Dies wird Ihrer linken Gehirnhälfte die nötige Motivation liefern, ein wenig länger durchzuhalten und sich den Aktionsplan noch einmal kritisch anzusehen – eine Tätigkeit, die sie ohnehin meisterhaft beherrscht. Derweil behalten Sie bitte folgendes im Gedächtnis:

1. Die Fähigkeit, Enttäuschungen und den damit einhergehenden Streß zu ertragen, wird Ihr Selbstbild stärken und Ihnen folglich den Marsch zum Ziel erleichtern.
2. Die Fähigkeit, auf sofortige Bedürfnisbefriedigung oder »Belohnung« zu verzichten, ist ein wesentliches Kennzeichen des Erwachsenseins. Der Weg mag lang sein, aber das Ziel verlohnt die Mühen.
3. Menschen, die bereits erfolgreich nach ähnlichen Zielen gestrebt haben, Ihre Enttäuschungen mitzuteilen kann Ihnen helfen, »bei der Stange zu bleiben«.

Wie Sie Ihren »Thermostaten« bei Bedarf nachstellen

Jedesmal, wenn Sie Ihre »Behaglichkeitszone« verlassen und in neue Bereiche der Erfahrung und des Wachstums vorstoßen, müßten Sie eigentlich eine gewisse Anspannung verspüren. Wenn dies nicht der Fall ist – wenn Sie Ihren Marsch zum Ziel als »zu leicht« empfinden –, könnte es sein, daß Sie Ihr Ziel nicht hoch genug gesteckt haben.

Denken Sie dann daran, daß sich Ihre Zielvorrichtung, wie ein Thermo-
stat in einem zu kalten Zimmer, durchaus regulieren läßt: Ihr Sollwert
ist – in gewissen Grenzen – beliebig verstellbar.

Eine gute Faustregel, nach der Sie entscheiden können, ob es an der
Zeit ist, Ihren Sollwert etwas höher anzusetzen, lautet: »Wenn es mich
nicht insoweit fordert, daß ich ständig daran denken muß, bin ich
*unter*fordert.« Sollte das der Fall sein, so nehmen Sie sich Ihren
Aktionsplan vor und überdenken noch einmal das »M« – den Meßbar-
keitsaspekt – Ihres SMART-Programms. Reduzieren Sie also beispielsweise Ihren Zigarettenkonsum zur Zeit um täglich eine Zigarette, ohne
unter besonderen Entzugserscheinungen zu leiden, so versuchen Sie
es mit zwei pro Tag weniger. Wenn Ihr Chef positiv auf ihr selbstsicheres Auftreten reagiert, könnte der Zeitpunkt gekommen sein, ihn um
eine Gehaltserhöhung zu ersuchen.

Was aber, wenn Sie feststellen, daß Sie Ihren Sollwert zu *hoch* ange-
setzt haben? Es ist eine Sache, sich zu langweilen; eine ganz andere
aber, dauernd Frustrationen erdulden zu müssen. Überprüfen Sie das
»R« (realistisch) Ihres SMART-Programms. Wenn es Ihnen im Zimmer
zu heiß ist, gehen Sie nicht gleich aus dem Haus; drehen Sie den
Thermostaten einfach ein wenig herunter. Wenn es sich als ein zu
unrealistisches Ziel erweist, monatlich drei neue Verträge abzuschließen, legen Sie als neuen Sollwert zwei fest. Wenn sich eine Gewichts-
abnahme von zwei Pfund in der Woche als nicht zu verwirklichen
erweist, könnte es sein, daß eine wöchentliche Überprüfung Ihrer
Fortschritte zu Frustrationen führt. Versuchen Sie, Ihren Sollwert neu
auf sechs Pfund pro Monat festzusetzen. Wenn es funktioniert, erhöhen
Sie ihn auf acht Pfund.

Greifen Sie aber bitte nicht zu schnell zum Ausweg, Ihren Sollwert
zu senken, wenn Rückschläge oder zu langsame Fortschritte Ihnen
Frustrationen verursachen. Bevor Sie Ihre Ziele neu überdenken, tun
Sie folgendes:

1. Wann immer Sie einen Rückschlag erleiden, wenden Sie den SAETS-
   Prozeß an:
   o Betrachten Sie die **Situation** lediglich als ein Ereignis unter vielen,
     nicht als ein Anzeichen von Mißerfolg. Ein verlorenes Spiel
     bedeutet noch nicht den Verlust der Meisterschaft.
   o **Analysieren** Sie den Rückschlag. War er die Folge unrealistischer
     Erwartungen oder ungenügender Anstrengungen? Oder wurde
     er durch äußere Umstände verursacht?
   o Passen Sie Ihre **Emotionen** dem Ergebnis Ihrer Analyse an.

o **Tun** Sie etwas, um Ihr Pferd wieder auf den rechten Weg zu bringen.

o Spüren Sie, wie als Resultat Ihres Handelns Ihre **Selbstachtung** steigt.

2. Können Sie noch eine Binsenweisheit verkraften? »Rom ist auch nicht an einem Tag erbaut worden.« Jedes Ziel stellt das Erlernen einer neuen Gewohnheit dar, und Gewohnheiten werden *ersetzt*, nicht »einfach abgelegt«. Sie haben Jahre gebraucht, um sich Ihr altes Muster anzueignen. Verlieren Sie nicht den Mut, wenn es länger als erwartet dauert, ein neues einzuüben. Es gibt keine »Ruckzuck-Lösungen«.

3. Vergegenwärtigen Sie sich in regelmäßigen Abständen Ihre tatsächlich erbrachten Leistungen. Damit legen Sie Ihrem Unterbewußtsein immer wieder den Beweis vor, daß Sie *doch* Fortschritte erzielen.

4. Bedienen Sie sich Ihrer kreativen Imagination, um sich Ihr Ziel immer wieder zu bestätigen. Bedienen Sie sich der Bildkraft des Geistes, um sich als bereits am Ziel angelangt zu visualisieren. Seien Sie offen für Einsichten, durch die Ihre rechte Hemisphäre Ihnen neue Wege zu diesem Ziel weisen könnte.

5. Finden Sie geeignete Personen, mit denen Sie mittels Brainstorming neue Wege zu Ihrem Ziel entwickeln könnten.

Das Geheimnis ist, in Bewegung zu bleiben

Vergessen Sie nie, daß Ihr automatischer Mechanismus Sie auf das zubewegt, womit Sie sich gedanklich beschäftigen. Nichts anderes als das ist ein Ziel: etwas, wonach sich Ihr kreativer Mechanismus ausrichten kann. Wenn Sie im Geiste Anspruch auf Ihr Ziel erheben und einen praktikablen Aktionsplan besitzen, werden Sie vom Denken zum Handeln zum Sein gelangen. Denken Sie daran, jeden Tag ein wenig Zeit im Theater Ihrer Imagination zu verbringen und sich dort als bereits am Ziel angelangt zu sehen. Bringen Sie Ihre Affirmationskarten so an, daß Sie nicht umhinkönnen, sie mehrmals am Tag zu sehen. Selbst wenn Sie diesen Gedächtnisstützen *bewußt* nur geringe Aufmerksamkeit schenken, wird Ihr *Unterbewußtsein* sie schon zur Kenntnis nehmen. Sagen Sie: »Löschen«, wann immer Sie sich bei negativen Selbstgesprächen ertappen, und affirmieren Sie Ihr Ziel sofort wieder. Erinnern Sie sich selbst daran, daß irgend jemand dieses Ziel erreichen wird – warum sollten nicht Sie es sein? Wenn Sie sich an diese Richtlinien halten, werden Sie merken, daß Sie die notwendigen Justierungen und Kurskorrekturen ohne große Anstrengung zustande bringen. Sie werden feststellen, daß Sie sich auf Ihr Ziel zubewegen, ohne daß Ihr »innerer Torwart« dazwischenfunkt.

Gedanklich zum Ziel

○ »Aufschieberitis« kann durch Angst vor Erfolg oder durch Angst vor Mißerfolg bedingt sein.

○ Bedienen Sie sich Ihres inneren Steuersystems, um Ihre Aufschieberitis zu überwinden.

○ Die tägliche Dokumentation Ihrer Fortschritte wird Ihnen helfen, den Kurs beizubehalten.

○ Verwenden Sie Stockungen und Rückschläge als Anhaltspunkte zur Modifizierung Ihres Aktionsplans.

○ Legen Sie Ihren Sollwert bei Bedarf immer wieder neu fest.

Setzen Sie sich Ihre eigenen Ziele

Neuntes Kapitel

Zurück zum Erfolgsmechanismus: Zeichnen Sie einen Konstruktionsplan für die Veränderung

Unser Selbstbild und unsere Gewohnheiten gehen in der Regel miteinander Hand in Hand. Ändern Sie das eine, und Sie werden automatisch auch das andere verändern ... Wenn wir bewußt und absichtlich neue, bessere Gewohnheiten entwickeln, wächst unser Selbstbild aus den alten heraus und in das neue Muster hinein.

MAXWELL MALTZ: *Psycho-Cybernetics* (1960)

Wir sind nicht der Ansicht, daß Selbstachtung an irgendeinem Zeitpunkt des Lebens notwendigerweise »fest« sein muß. Wir glauben, daß sie entweder statisch oder dynamisch sein kann, je nachdem, wie sich das Verhalten des Individuums im Laufe seines Lebens verändert.

R. L. BEDNAR, M. G. WELLS UND S. R. PETERSON: *Self-Esteem* (1989)

Jetzt verfügen Sie über alle Werkzeuge, die Sie benötigen, um ein neues Selbstbild und einen Aktionsplan für den Erfolg aufzubauen. Möglicherweise haben Sie bereits durch Relaxation, Imagination und Nachdenken über mögliche Ziele das Fundament gelegt. Vielleicht haben Sie sogar schon angefangen, durch tägliche Anwendung des CRAFT-Prozesses negative alte Gewohnheiten zu verändern. Wenn dem so ist, um so besser für Sie.

Wenn Sie wie die meisten Menschen (mich eingeschlossen) sind, besteht die Möglichkeit, daß Sie sich momentan etwas überfordert fühlen. Es ist ein wenig so, als versuchte man ein Haus ohne eine Blaupause, ohne einen Konstruktionsplan, zu bauen. Sie haben das Gelände geplant, Sie haben Ziegelsteine, Balken und Zementsäcke säuberlich aufgestapelt, Sie haben Schaufelbagger und Betonmischmaschine, Hämmer und Sägen und Kellen und Kabel und Kupferrohre. Was Sie aber nicht haben, ist ein Plan, und nur indem Sie einem Plan folgen, werden Sie Ihre Intentionen in ein reales Haus verwandeln.

Natürlich kann nur ein einziger Mensch auf der Welt einen »Bauplan« für Ihr Selbstbild zeichnen: Sie selbst. Nur Sie können den Plan entwerfen; nur Sie können entscheiden, wie sich Ihre Persönlichkeit am besten nach Ihren Vorstellungen umbauen läßt. Es wird Sie freuen zu erfahren, daß es überhaupt keine Rolle spielt, wie Ihr Plan aussieht: solange es nur *Ihr* Plan ist und Sie ihn gewissenhaft befolgen. Ihr automatischer kreativer Mechanismus ist flexibel genug, um den Kurs zu jedem beliebigen Ziel zu errechnen, den Sie ihm weisen – vorausgesetzt, Sie *machen es sich zur Gewohnheit*, die Fähigkeiten und Techniken anzuwenden, die dafür garantieren, daß er reibungslos funktionieren kann.

Dieses Kapitel handelt davon, wie Sie einen solchen Plan für sich entwerfen können. An »Zeichenhilfen« werden Sie im folgenden namentlich finden:

o Antworten auf mögliche Fragen bezüglich der systematischen Anwendung der Psychokybernetik;
o zwei Beispielpläne, die Ihnen veranschaulichen, wie andere diese Fähigkeiten und Techniken in Erfolgsstrategien integriert haben, und es Ihnen leichter machen, Ihren eigenen Plan zu entwickeln.

Ein stabiles Fundament legen:
Ein paar Fragen und Antworten

Bei meinen Vorträgen wäre das der Punkt, an dem ich um Fragen aus dem Publikum bitte. Da dies in unserem Fall schlecht machbar ist, werde ich die erfahrungsgemäß am häufigsten gestellten Fragen referieren und sie beantworten, als säßen wir uns gegenüber. Die Antworten auf diese Fragen werden Ihnen zeigen, wie Sie ein stabiles Fundament legen können, auf dem sich dann jeder beliebige Plan aufbauen läßt.

Das ist jetzt vielleicht eine dumme Frage, aber womit fange ich eigentlich an?

Das ist überhaupt keine dumme Frage. Wenn Sie den vollen Nutzen aus der Psychokybernetik ziehen wollen, müssen Sie mit einem bestimmten *Bewußtsein* beginnen. Sie müssen das Gefühl haben, daß irgend etwas in Ihrem Leben »nicht so läuft, wie es sollte«. Wahrscheinlich haben Sie damit bereits angefangen, da Sie andernfalls dieses Buch ja wohl gar nicht erst in die Hand genommen hätten. Vielleicht fühlen Sie sich in letzter Zeit deprimiert und unzufrieden. Vielleicht haben

Sie sich gesagt:»Es muß doch etwas Besseres geben – wenn ich nur wüßte, wie ich es erreichen kann!« Vielleicht hat irgendein auslösendes Ereignis stattgefunden, ein Schlüsselerlebnis, durch das Ihnen klar wurde, daß Ihr Leben »einfach falsch läuft«. Vielleicht haben auch Freunde, Angehörige oder Kollegen gelegentlich geäußert, daß Sie »neuerdings nicht mehr der/die alte zu sein scheinen«. Solche Bemerkungen könnten ein Hinweis darauf sein, daß Sie jemand anderer sein möchten – ein »besseres Ich«. Einsicht – das Sich-Bewußtwerden der Tatsache, daß Veränderung wünschenswert und realisierbar ist – stellt den ersten Handgriff zum Einschalten Ihres Erfolgsmechanismus dar.

Was meinen Sie genau, wenn Sie von »Zielen« sprechen? Meinen Sie damit das neue Bild meiner selbst, das ich in meiner Phantasie visualisiere, die konkrete Leistung oder Errungenschaft, auf die ich mit meinem Aktionsplan hinarbeite, oder beides?
Wenn ich von *Zielen* spreche, meine ich konkrete persönliche oder berufliche Errungenschaften oder Erfolge. Ein neues Selbstbild ist kein Ziel in sich – es ist lediglich eine notwendige Bedingung für die Maximierung Ihrer Fähigkeit, sich Ziele zu setzen und zu erreichen. Solange Ihr automatischer Mechanismus kein Ziel hat, kann er auch nichts ansteuern. Ihr Selbstbild spielt dabei insofern eine wichtige Rolle, als es die Grenzen dessen festlegt, was Sie erreichen können. Ein mangelhaftes Selbstbild kann Sie im Glauben gefangenhalten, Ihre Ziele seien nichts als Phantasien, oder kann Sie davon abbringen, überhaupt an Ziele zu denken. Bevor Sie realistisch abschätzen können, welche Ziele für Sie geeignet sind, brauchen Sie ein Selbstbild, das positiv genug ist, um Ihnen zu ermöglichen, sich ein lohnendes und realistisches Ziel auszusuchen.

Wie verbinde ich aber dann das Setzen von Zielen mit der Veränderung meines Selbstbildes? Ich denke, es ist notwendig, meine größtmögliche »potentielle Reichweite« zu erreichen, bevor ich mir ein Ziel aussuchen kann?
Das ist schon richtig, aber das bedeutet nicht, daß Sie nicht schon beginnen können, sich Gedanken über Ziele zu machen und einen Aktionsplan zu entwickeln, noch während Sie daran arbeiten, die Gewohnheiten zu ändern, die Ihnen bislang eingebildete Grenzen aufgezwungen haben. Sie können jederzeit anfangen, auf Ziele hinzuarbeiten, und dann deren Umfang nach und nach erweitern, sobald Sie spüren, daß Ihr Selbstbild sich bessert und Ihr Potential größer wird.

Ich habe so viele Werkzeuge vor mir – Visualisation, Entspannung, Streßmanagement, SAETS, CRAFT, SMART –, daß ich gar nicht weiß, welches ich zuerst anwenden oder wie ich sie miteinander kombinieren soll. **Wie treffe ich meine Wahl?**

Es kann in der Tat schwierig sein zu erkennen, *welches* Werkzeug man *wann* benutzen sollte – und eine bestimmte Reihenfolge, die bei jemand anderem ausgezeichnet funktioniert, könnte unter Umständen für Sie weniger geeignet sein. Grundsätzlich läßt sich allerdings sagen, daß der erste Schritt, nachdem Sie sich der Ratsamkeit und Realisierbarkeit einer Veränderung bewußt geworden sind, in der *Analyse* oder *Einschätzung* ihrer Situation besteht: Welche Überzeugungen halten Sie gewohnheitsmäßig an »Ihren Elefantenpfosten« gekettet? Worin besteht die Sackgasse, die Ihr Pferd entlangtrottet? Achten Sie auf alte Bänder, die Ihnen unaufhörlich negative Botschaften vorspielen – »Ich bin ein Versager«, »Ich bringe nie etwas Vernünftiges zustande«, »Ich bin ein Pechvogel«. Wo kommen solche Selbsteinschätzungen her? Wessen Stimme(n) hören Sie auf diesen alten Bändern? Wie haben Sie sich angewöhnt, ihnen Glauben zu schenken?

Haben Sie erst einmal eine solche Analyse vorgenommen, können Sie darangehen, Ihre negativen Überzeugungen mit Hilfe des CRAFT-Prozesses in Frage zu stellen und durch positive zu ersetzen. Aber damit CRAFT wirksam werden kann, müssen Sie zunächst lernen, sich zu entspannen. Der ausschlaggebende Aspekt von CRAFT ist die »imaginative Einübung« neuer Einstellungen und Verhaltensweisen, und dazu müssen Sie imstande sein, sich von Anspannung und Ablenkungen zu befreien. Beginnen Sie Ihr Programm von Entspannungsübungen gleichzeitig mit dem CRAFT-Prozeß – vielleicht sogar ein bißchen früher.

Es ist nie zu früh, um anzufangen, über Ziele nachzudenken. Beginnen Sie jetzt, sie aufzuschreiben, aber seien Sie sich darüber im klaren, daß Ihre Auffassung dessen, was möglich ist und wie Sie es verwirklichen oder erreichen können, sich um so mehr zu Ihren Gunsten verändern wird, je mehr sich Ihr Pferd an neue Wege gewöhnt. Unterziehen Sie Ihre Ziele immer wieder dem SMART-Test, sobald Sie merken, daß Ihr reflexives Umlernen Fortschritte macht. Wenn Sie erst einmal lange genug »so getan haben, als ob«, und das Gefühl haben, daß Sie nicht mehr nur »zu sein *scheinen*«, sondern wirklich »sind«, werden Sie Ihren Plan sogar noch SMARTer als SMART formulieren können!

Mir ist schon klar, worin meine falschen Überzeugungen bestehen, aber es will mir nicht recht gelingen, die Herkunft der alten Bänder zu identifizieren. Muß ich vielleicht noch tiefer bohren?
Nein. Das Wissen darum, wo Ihre alten Bänder herkommen, kann die Veränderung erleichtern, aber es ist nicht unbedingt nötig. Natürlich wird Ihr Bewußtsein sich schneller für neue Überzeugungen entscheiden, wenn die rationale Hälfte Ihres Gehirns die alten Glaubenssätze realistisch analysieren und einordnen kann: »Okay, so hat mich meine Mutter *damals* gesehen. Jetzt ist *jetzt*«; oder: »Was kümmert es mich eigentlich, was er von mir hielt? Ich bin doch kein Kind mehr!« Aber alles, was Sie wirklich tun müssen, um auf die nächste Stufe zu gelangen, ist, den Punkt zu erreichen, wo Sie sich fragen: »He, Moment mal – wo habe ich denn *die* Idee her? Wer *behauptet* eigentlich, daß ich nichts tauge?«

Ich sehe ein, daß alte negative Selbstbeurteilungen zu löschen und sie durch positive zu ersetzen mein Selbstverständnis auf einer unterbewußten Ebene verändern kann. Aber diese Affirmationen ... Sie aufzuschreiben und sie überall in meiner Wohnung an die Wände zu kleistern, kommt mir absolut albern vor. Ist das wirklich unbedingt nötig?
Es ist Ihre linke Hemisphäre, die so redet: »Das ist albern; warum verplemperst du deine Zeit mit diesem Unfug?« Wenn das die Botschaft ist, für die sich Ihr Bewußtsein entscheidet, dann behält die ewige Nörglerin recht: Es *wird* nicht funktionieren. Aber wenn Sie eine solche Botschaft ausblenden, indem Sie konsequent Ihr neues Selbstbild affirmieren, dann ist *das* die Botschaft, die Ihr Unterbewußtsein zu guter Letzt akzeptieren und befolgen wird. Schreiben Sie Ihre Affirmationen auf, und bringen Sie sie überall gut sichtbar an. Lassen Sie Ihren Reiter immer wieder zur Kenntnis nehmen, daß Sie *das Recht haben*, neue Wege zu Glück und Erfolg zu suchen und zu finden. Dies ist die einzige Möglichkeit, Ihr Pferd zum Gehorchen zu bringen – und wenn Sie konsequent sind, bleibt Ihrem Pferd überhaupt keine andere Wahl, als zu gehorchen.
Nur vergessen Sie nicht, daß es mit Affirmationen allein noch nicht getan ist. Nur indem Sie sich Tag für Tag so plastisch wie möglich in Ihrer neuen, positiven Rolle *visualisieren*, werden Sie Ihr Unterbewußtsein davon überzeugen, daß die Affirmationen wahre Aussagen sind.

Ich finde einfach nicht die Zeit, meine Visualisationsübungen jeden
Tag durchzuführen, geschweige denn, jeden Tag um die gleiche
Zeit. Warum ist das denn so wichtig?

Weil Ihr Pferd den Trott liebt, die Routine. Indem Sie das »F« von
CRAFT (»focus«, Konzentration) jeden Tag um die gleiche Uhrzeit
am selben Ort üben, erzeugen Sie ein vertrautes Muster, einen exakt
abgesteckten Weg, dem Ihre brave Mähre viel leichter folgen kann als
einer Vielzahl ständig wechselnder und kaum sichtbarer Pfade zum
selben Ziel. Wenn Ihre beruflichen oder sonstigen Pflichten Ihnen eine
solche starre Routine unmöglich machen: Seien Sie ruhig flexibel, was
Uhrzeit und Ort angeht, aber verzichten Sie *auf keinen Fall* auf die
tägliche Übung. Routine ist *wünschenswert*, aber die tägliche Visualisation Ihres Selbstbildes ist *unverzichtbar*.

Ich gebe mir alle Mühe, »durch Schein zum Sein« zu gelangen, aber
ich fühle mich unwohl dabei. Ich komme mir wie ein Hochstapler
vor, und dem »Sein« scheine ich um keinen Schritt näher zu kommen. Kann ich da irgend etwas machen?

Geduld ist eine Tugend, aber sie kann uns manchmal äußerst strapa-
zieren. Sie fühlen sich wie ein Hochstapler, weil Ihre linke Hirnhemisphäre keinen Sinn in Ihrer Handlungsweise sieht. Es ist ein lästiges
Gefühl, zugegeben; aber letztlich ein irrelevantes, denn das reflexive
Umlernen vollzieht sich ausschließlich in der rechten Gehirnhälfte.
Das ist eben der Grund, warum Sie Ihre Affirmationen so mechanisch
wiederholen sollen – jedesmal, wenn Sie auf das Gaspedal drücken
oder sich die Zähne putzen: Sie hämmern damit Ihrer rechten Hemisphäre ein, daß Sie sich in einem fortlaufenden Prozeß befinden, auch
wenn die linke Hemisphäre es zur Zeit noch nicht einsieht. Vergessen
Sie nicht: Es hat jahrelanger »Wiederverstärkung« bedurft, Sie dazu
zu bringen, Ihren alten Bändern Glauben zu schenken. Haben Sie
Verständnis, wenn es eine gewisse Zeit dauert, bis Sie die neuen akzeptieren. Und zuletzt werden Sie schon sehen, daß sich die Geduld
gelohnt hat.

Sie haben gesagt, daß es sechs Wochen dauert, eine alte Gewohnheit
abzulegen und eine neue einzuüben. Ich habe eine Menge Gewohnheiten, die ich ablegen sollte ... Wenn ich an jeder von ihnen sechs
Wochen arbeiten muß, bin ich Rentner, bis ich damit fertig bin.
Gibt es kein schnelleres Verfahren?

Es hängt davon ab, was Sie mit »schnelleres Verfahren« meinen.
Wenn Sie darunter verstehen, mit CRAFT mehr als eine Gewohnheit

auf einmal zu ändern, dann ist die Antwort leider »nein«. Wenn Sie versuchen, sich auf zu viele Dinge auf einmal zu konzentrieren, konzentrieren Sie sich in Wirklichkeit auf gar nichts. Sollten Sie beispielsweise darangehen, Ihre »Aufschieberitis« zu überwinden, bevor Sie sich mit der neuen Selbstwahrnehmungsweise, die Sie im Begriff sind zu erlernen, völlig vertraut gemacht haben, werden Sie Ihr Pferd nur kopfscheu machen. Lassen Sie ihm Zeit, einen Weg gründlich kennenzulernen, bevor Sie anfangen, ihm einen anderen beizubringen. Es mag auf diese Weise etwas länger dauern, aber dafür wird das Ergebnis Erfolg sein und nicht Frustration.

Und jetzt die gute Nachricht: Eine Gewohnheit ablegen und sie durch eine neue ersetzen sind zwei gleichzeitige Aspekte ein und desselben Prozesses. Indem Sie sich ein neues Selbstbild aufbauen, das neuen Möglichkeiten und Fähigkeiten Platz schafft, löschen Sie gleichzeitig auch alte Gewohnheiten, die Sie dazu brachten, ständig an den Bordstein zu denken. Sechs Wochen ist ein ungefährer Richtwert, keine absolute Größe. Manche Gewohnheiten können Sie vielleicht schon binnen weniger Tage beseitigen und ersetzen; für andere sind Monate erforderlich. Sie können die jeweilige Prozedur je nach Bedarf beliebig »kürzen« oder »strecken«. Sie allein sind imstande zu beurteilen, was funktioniert und was nicht. Ich würde Ihnen allerdings empfehlen, zu Beginn Ihrer »psychokybernetischen Lehrzeit« den CRAFT-Prozeß wenigstens einen Monat, besser noch volle sechs Wochen lang, gewissenhaft zu üben. Am Ende dieser Zeitspanne vergleichen Sie Ihr altes Ich mit Ihrem neuen. Diese Feststellung Ihrer Fortschritte liefert Ihnen einen Maßstab, anhand dessen Sie abschätzen können, wieviel Zeit Sie für die Änderung anderer Gewohnheiten veranschlagen müssen.

Sie haben uns einige Tips für die tägliche Überwachung unseres Aktionsplans gegeben. Gibt es auch eine einfache Methode, den Stand des reflexiven Umlernens täglich zu überprüfen?
Eigentlich nicht. Das würde ja schließlich bedeuten, die linke Hemisphäre mit der Aufgabe zu betrauen, einen rechtshemisphärischen Prozeß zu überwachen – und das hieße wirklich, den Bock zum Gärtner zu machen! Allerdings können Sie jeden Abend die folgende Checkliste (oder eine nach diesem Muster erstellte eigene Liste) durchgehen:

☐ Als ich heute morgen aufgewacht bin, habe ich mich sofort auf meine Affirmation konzentriert? Habe ich zu mir gesagt: »Ich bin ein _____Mensch und verdiene es, mein Vorhaben, nämlich _____, erfolgreich abzuschließen«?

☐ Habe ich jede meiner Routinehandlungen – Zähne putzen, den Hund streicheln, die Zeitung umblättern – mit einer Wiederholung meiner Affirmation begleitet?

☐ Habe ich fünfzehn Minuten entspannt und ungestört an einem ruhigen Ort verbracht und mich dabei auf das mentale Bild meines neuen Ichs konzentriert?

☐ Habe ich mich heute so verhalten, als hätte ich mein neues Selbstbild bereits vollkommen verinnerlicht, selbst wenn ich mich dabei noch immer unbehaglich fühle?

☐ Habe ich jeden Rückschlag, jedes Wiederaufleben meines alten, negativen Ichs, durch eine nicht-wertende Einschätzung der Situation bekämpft?

Sind die positiven Auswirkungen von CRAFT von Dauer? Wenn nicht: Wie kann ich dauerhafte Veränderungen erzielen, die mir erlauben werden, mein volles Potential zu verwirklichen?

Genau dafür ist SAETS besonders nützlich. Sie können diesen Prozeß immer wieder verwenden, um zu ermitteln, »wie Sie sich« mit Ihrem neuen Selbstbild »machen«. Wenn Sie merken, daß Sie wieder in alte Denkgewohnheiten verfallen – »Susi hat mich sitzenlassen; das bedeutet, daß ich häßlich und langweilig bin«; »Frau Schulze hat meinen Bericht zerpflückt; ich hätte es gleich wissen sollen, daß ich für diesen Posten nicht tauge«; »Ich habe mich nicht getraut, um eine Gehaltserhöhung zu bitten; ich bin noch immer ein rückgratloser Feigling« –, setzen Sie SAETS ein, um die Situation wieder in die richtige Perspektive zu rücken. Wenn Sie feststellen, daß Sie *häufig* in alte Denkgewohnheiten zurückfallen, so könnte dies bedeuten, daß Sie eine Wiederauffrischung von CRAFT brauchen. In den meisten Fällen aber wird eine SAETS-Analyse Ihr neues Selbstkonzept bestätigen und bestärken.

Dann dient SAETS also nicht nur der Streßbewältigung?

Aber keineswegs! Ich habe es zwar im Zusammenhang mit streßverursachenden Situationen vorgestellt, aber es hat ein viel breiteres Anwendungsgebiet. Der SAETS-Prozeß ist ein »Einstellungs-Regler«, ein Instrument, das Ihr Unterbewußtsein daran erinnert, daß Sie immer eine Wahl haben. Sie können ihn jederzeit aktivieren, wenn Sie das Gefühl haben, daß Ihr automatischer Mechanismus vom Kurs abweicht, daß Sie, statt bewußt zu handeln, lediglich automatisch reagieren. Jedesmal, wenn irgendein Ereignis Sie auf die Idee bringt, Ihre alte Selbsteinschätzung könnte vielleicht *doch* richtig gewesen sein, rücken Sie es mit Hilfe einer SAETS-Analyse wieder in die richtige Perspektive. Weisen Sie sich darauf hin, daß die Situation einfach das ist: ein grundsätzlich wertfreies Ereignis – und kein Beweis Ihres Scheiterns. Blitze schlagen gelegentlich in Brücken ein. Menschen werden sitzengelassen. Chefs können anderer Meinung sein. Das ist alles kein Grund, wieder zu Ihren alten Denkweisen zurückzukehren.

Vergessen Sie nicht: Ihre emotionalen Reaktionen folgen nicht unmittelbar aus einem Ereignis, sondern aus der bestimmten Weise, wie Sie dieses Ereignis *bewerten*. Zwischen Ereignis und Reaktion gibt es eine Zeitdifferenz, auch wenn sie manchmal schwer zu erkennen ist. Oft erscheint die Bewertung so spontan, daß Sie sich gar nicht bewußt sind, sie vorgenommen zu haben. Aber der entscheidende Schritt – das unterbewußte Stellen und Beantworten der Frage: WAS BEDEUTET DIES FÜR MICH? – hat Ihre emotionale Einstellung zum Ereignis vorprogrammiert. Indem Sie das Ereignis aber wertfrei analysieren, ohne ein Urteil über sich selbst abzugeben, können Sie wichtige Einsichten in Ihr Verhalten gewinnen. Achten Sie darauf, was Sie zu sich selbst sagen, wenn Sie die Situation negativ beurteilen. Sie werden sofort die alten Bänder wie Hubschauberrotoren losrattern hören. Wer hat Ihnen gesagt, daß Sie »ein Langweiler« sind? Das ist nicht Ihre Einschätzung – es ist die Ihres Bruders; er ist derjenige, der immer sagte, Sie seien ungefähr so interessant wie die Ziehung der Lottozahlen von letzter Woche. Warum fühlen Sie sich »inkompetent«? Sie brauchen diese Einschätzung nicht zu akzeptieren – es ist die Ihres Onkels Herbert; er ist derjenige, der Sie immer ausgelacht hat, wenn Sie etwas Neues ausprobieren wollten. Wahrscheinlich haben Sie sich gerade dabei erwischt, daß Sie exakt seine Worte benutzten, stimmt's?

Da Ihr Verhalten Ihrer gefühlsmäßigen Einstellung zu einem Ereignis entspringt, ist die angemessene Reaktion auf Ihre Gefühle, den Stier bei den Hörnern zu packen und unverzüglich etwas zu TUN, was Ihr in Wandel begriffenes Selbstbild bestärkt. Das Ereignis bedeutet nicht, daß Sie wieder in alte Gewohnheiten verfallen. Sie machen Ihre Sache ganz ausgezeichnet. Es ist nicht mehr bloßer Schein – es ist wirkliches Sein. Jetzt gehen Sie los und tun Sie etwas, das *zeigt*, daß Sie »so sind« – etwas, das mit dem neuen Selbstkonzept im Einklang steht, das Sie so gewissenhaft aufgebaut haben.

Ich gebe mir alle Mühe, aber mein Selbstbild ist noch immer eine Katastrophe. Aufgeben möchte ich jedoch noch nicht. Gibt es irgendeine Technik zur Fehlererkennung, anhand deren ich herausfinden könnte, was ich falsch mache?

Sie können sich gratulieren! Nicht bereit sein aufzugeben und den festen Willen haben, herauszufinden, was falsch läuft, ist schon die Hälfte des Weges zum Erfolg. Eine gute Methode zur Fehlererkennung besteht darin, die einzelnen Schritte des SAETS-Prozesses *rückwärts* zu durchlaufen. Sie könnten herausfinden, daß Ihr Problem ein Fall von »Was der Mensch säet, das wird er ernten« ist. Indem Sie sich von hinten nach vorn durch den SAETS-Prozeß hindurcharbeiten, könnten Sie feststellen, daß Sie sich selbst für ein negatives Resultat *entscheiden*. Wenn Ihr Selbstwertgefühl ins Wanken gerät, können Sie den SAETS-Prozeß rückwärts ablaufen lassen und dadurch Ihr Pferd wieder zur Räson bringen.

1. Lesen Sie am Ende jeden Tages Ihr *Selbstwert*barometer ab. Wie fühlen Sie sich in Ihrer Haut? Fühlen Sie sich erschöpft, ausgelaugt, unbehaglich, vielleicht ein bißchen mit sich unzufrieden? Möglicherweise sogar *sehr* unzufrieden?
2. Finden Sie als nächstes den Grund dafür heraus. Überlegen Sie sich, was Sie heute *getan* haben, um ein solches Gefühl in sich hervorzurufen. Sie haben Gabi ganz schön dafür zusammengestaucht, daß sie mit ihrem Teil des Projekts nicht rechtzeitig fertig geworden war – ein böser Fehltritt, der Sie wieder ein Stückchen von Ihrem Ziel entfernt hat, am Arbeitsplatz nicht mehr so aufbrausend zu sein. Nun, warum haben Sie das getan? Was waren die auslösenden Gefühle?
3. Ihre stärkste *Emotion* war Wut. Also gut, was für eine Betrachtungsweise der Situation hat Sie dazu gebracht, in die Luft zu gehen?
4. Sie haben Gabis Handlungsweise folgendermaßen *analysiert:* »Das tut sie extra, damit ich in Verzug gerate. Sie faulenzt, und *ich* stehe dann vor dem Chef als unzuverlässig da.«
5. *Aha!* Deswegen fühlten Sie sich so mies, als Sie nach Hause kamen! Sie haben die Situation auf eine Weise analysiert, die sie zu *Ihrem* statt zu Gabis Problem machte. *Vielleicht* trödelt sie wirklich bei ihrer Arbeit, damit ein schlechtes Licht auf Sie fällt. Und wenn das so ist? Nun, Sie können das Problem ja ab jetzt unter der Leitung Ihres Reiters (statt Ihres Pferdes) angehen. Wenn das nächste Mal etwas in der Art passiert, wird Ihre grundlegende Emotion eher Besorgnis als Wut sein. Sie können dann entschlossen auftreten und *handeln*, anstatt aggressiv zu *reagieren*. Sie können etwas zur Lösung des Problems *tun* – Ihre Kollegin wie ein verantwortungsvoller Erwachsener ansprechen – und damit vielleicht nicht nur Ihre eigene, sondern auch deren Selbstachtung retten.

Bedienen Sie sich dieser Technik, wann immer Sie das Gefühl haben, daß Sie nicht weiterkommen, wann immer Sie merken, daß Ihr Pferd sich selbständig macht und in den alten Trott zurückfällt. Es könnte sein, daß Sie auf ein bestimmtes Ereignis negativ reagieren und andere Situationen, die Sie tadellos bewältigt haben, völlig außer acht lassen. Wann immer Sie sich unbehaglich oder deprimiert fühlen, führen Sie den SAETS-Test rückwärts durch und stellen so die reale Ursache Ihres Zustands fest!

Und jetzt im Zusammenhang: Zwei psychokybernetische Erfolgsgeschichten

Wie Sie diese Fertigkeiten und Techniken zu einem Gesamtprogramm verbinden werden, hängt ganz von Ihnen ab. Die Einzelheiten werden variieren; der Beweis Ihres Erfolgs wird der Erfolg sein. Sie werden mit Hilfe Ihrer Intuition und durch rationale Analyse selbst ermitteln müssen, wieviel Zeit Sie jedem einzelnen Schritt widmen sollten. Aber da es in der Psychokybernetik im wesentlichen darum geht, Gewohnheiten zu ändern – Glaubensgewohnheiten, Einstellungsgewohnheiten und Verhaltensgewohnheiten –, werden sich die individuell zusammengestellten Programme zu deren Änderung grundsätzlich ähneln; nur die »*Inhalte*« der Gewohnheiten sind von Mensch zu Mensch verschieden. Was bei jemand anderem funktioniert, wird aller Wahrscheinlichkeit nach – mit einigen wenigen Modifikationen – auch bei Ihnen wirken.

Die in den bisherigen Kapiteln referierten Fallgeschichten kreisen in der Regel um jeweils *einen* Aspekt der Psychokybernetik – Visualisation, falsche Überzeugungen, Streßmanagement und so weiter. Sehen wir uns nun am Beispiel zweier Menschen das *vollständige Programm* an. Auch wenn sich die Selbstbild-Probleme, mit denen sie zu kämpfen hatten, im einzelnen von Ihren unterscheiden können, werden Sie mit Sicherheit Parallelen zu Ihrer eigenen Situation erkennen. Während Sie die zwei folgenden Geschichten lesen, überlegen Sie sich also bitte, wie Sie die beschriebenen Maßnahmen für Ihre speziellen Bedürfnisse modifizieren könnten.

Erfolg Nr. 1: Ihr Selbstbild umrüsten, um beruflich voranzukommen

Bewußtsein: Doug, ein intelligenter, dynamischer sechsunddreißig-jähriger Ingenieur, arbeitete bei einer rasch expandierenden Firma, die computergesteuerte Krankenhausinstrumente herstellte. Seit einiger Zeit hatte er die Freude an seiner Arbeit verloren und zweifelte an seinen Fähigkeiten. Er war ängstlich und deprimiert und schaffte es kaum mehr, ohne Unterbrechung länger als zwei Stunden zu schlafen.

Doug führte seinen negativen emotionalen Zustand auf einen Zwischenfall zurück, der sich fünf Wochen zuvor in der Firma ereignet hatte. Er hatte eine Idee für eine revolutionäre neue Software gehabt und war gerade dabei gewesen, sie dem Management des Unternehmens auseinanderzusetzen, als Peterson, ein leitender Ingenieur, sich plötzlich einschaltete. Der Mann zerpflückte die Idee nach allen Regeln der Kunst und bezeichnete sie als »nicht nur undurchführbar, sondern regelrecht idiotisch«. Er meinte abschließend, Doug vergeude nur die kostbare Zeit der anwesenden Manager.

Zuerst war Doug schockiert, dann wurde er wütend. Den Rest der Besprechung ließ er schweigend über sich ergehen. Während er nach Hause fuhr, verwandelte sich sein Zorn jedoch in Depression und Beschämung ob der erlittenen Zurückweisung. Seine Frau fragte ihn wiederholt, was mit ihm los sei, aber er war zu tief verletzt, um ihr antworten zu können. In dieser Nacht begannen seine Schlafstörungen. Am anderen Morgen fand er mit einem Mal kein Vergnügen mehr an seiner Arbeit. Er konnte sich für keines seiner Projekte mehr begeistern. Der leitende Angestellte, der gegen seine Idee opponiert hatte, kam auf ihn zu, klopfte ihm auf die Schulter und sagte: »Sie nehmen's mir doch hoffentlich nicht übel, oder? Geschäft ist schließlich Geschäft!« Aber diese Geste vermochte nicht, Dougs Stimmung auch nur im mindesten zu heben. Er steigerte sich immer weiter in seine Niedergeschlagenheit hinein, bis der Personalchef ihn eines Tages zum Lunch mitnahm und sich besorgt über seine »Apathie« äußerte.

Falsche Überzeugungen identifizieren: Nach diesem Gespräch fing Doug an, über die emotionalen Selbstbewertungen nachzudenken, die er mit seiner Apathie in Verbindung brachte. Er ertappte sich häufig bei Grübeleien oder *Ruminationen* wie: »Ich werde nie Erfolg haben, gleichgültig, was ich tue« – »Ich mache immer alles falsch« – »Mir fehlen einfach ein paar wesentliche Eigenschaften.«

Doug versuchte, diesen Gefühlen auf den Grund zu gehen, indem er seine Kindheitserinnerungen analysierte. Er hatte keine Schwierigkeiten damit, die Herkunft seiner Überzeugung zu identifizieren, ihm fehlten »ein paar wesentliche Eigenschaften«. Sein Vater war ein strenger Zuchtmeister gewesen, dem er es nie hatte recht machen können. Welches Ziel auch immer sein Vater ihm steckte – ob es nun darum ging, die Garage auszuräumen, ein tadelloses Zeugnis nach Hause zu bringen oder eine zahnärztliche Behandlung »wie ein Mann« über sich ergehen zu lassen –, Doug schaffte es nie, die in ihn gesetzten Erwartungen zu erfüllen. Seine penetrantesten »alten Bänder« spielten ihm seinen Vater vor, der zu ihm sagte: »Doug, du hast mich enttäuscht«; »Um Gottes willen, Doug!« oder einfach die Stirn runzelte und den Kopf schüttelte.

Doug konnte ohne Schwierigkeiten erkennen, wo seine negativen Bandaufzeichnungen herkamen und warum der Zwischenfall in der Firma sie wieder in Gang gesetzt hatte. Es tat weh, erneut mit seines Vaters unrealistischen »Vollkommenheitszielen« und dem Gefühl, sie nicht erreicht zu haben, konfrontiert zu werden. Doug hatte schon vor langem gelernt, diesen Schmerz mit dem Gedanken abzutun: »Je nun, das ist lange her – lassen wir die Vergangenheit ruhen.« Aber mochten die Ereignisse als solche auch »Vergangenheit« sein, Dougs Erinnerungen daran waren das keineswegs. Seinen bejahrten Vater zur Rede zu stellen – das hätte ihm wahrscheinlich nichts genützt; sich seinen falschen Überzeugungen zu stellen, war für ihn allerdings unerläßlich.

Rationales Denken: Doug bekämpfte seine Überzeugungen, indem er sich jedesmal, wenn er sich beim Gedanken ertappte, ihm fehlten »ein paar wesentliche Eigenschaften«, die folgenden Fragen stellte:
1. Besteht irgendein rationaler Grund für diese Annahme?
Nein. Diese Annahme beruht nur auf alten Bändern und auf meiner Gewohnheit, ihrer Botschaft Glauben zu schenken.
2. Könnte es sein, daß ich mich in diesem Glauben täusche?
Natürlich. Ich arbeite seit zehn Jahren erfolgreich in meinem Beruf. Meinem Vorschlag fehlte überhaupt nichts Wesentliches. Es war einfach so, daß er dem alten Peterson nicht paßte.
3. Wenn ich jemanden in einer vergleichbaren Situation sähe, käme ich dann in bezug auf ihn zu dem gleichen Schluß?
Mit Sicherheit nicht. Ich würde mir sagen: »Er hat von irgendeinem Blödmann eins ausgewischt bekommen, und Geschäft *ist* nun einmal Geschäft.«

4. *Warum sollte ich mich weiter so verhalten und so fühlen, als ob es stimmte, wenn es keinen vernünftigen Grund dafür gibt, daran zu glauben?*
   Gute Frage – warum eigentlich?

Relaxation: Bevor er anfangen konnte, eine neue Gewohnheit zu erlernen und an die Stelle der alten, destruktiven zu setzen, mußte Doug imstande sein, den entspannten Zustand zu erzielen, der rechtshemisphärisches Lernen überhaupt erst möglich macht. Er informierte sich über Atemübungen und progressive Relaxation und experimentierte mit verschiedenen Entspannungskassetten. Er übte fleißig, und schon nach kurzer Zeit hatte er es gelernt, sich willentlich in einen Zustand totaler Entspannung zu versetzen. Sein Erfolg rührte zum Teil auch daher, daß er seine Entspannungsübungen jeden Tag um die gleiche Uhrzeit durchführte – am späten Nachmittag, unmittelbar vor dem Abendessen. Er hatte mit seiner Familie vereinbart, daß er sich diese Zeit ganz für sich allein freihalten würde. Von Viertel nach sechs bis Viertel vor sieben durfte er nicht gestört werden. Er bat, daß man Radio und Fernseher leiser stellte; er ging in sein Schlafzimmer, setzte sich auf ein Polster und entspannte sich.

Neuprogrammierung: Doug fing an, seine alte Gewohnheit, sich als »mangelhaft« zu empfinden, abzubauen und sich gleichzeitig die neue Gewohnheit anzueignen, sich als einen leistungsfähigen Menschen mit wertvollen Ideen und Fähigkeiten zu betrachten. Sechs Wochen arbeitete er an der Neuprogrammierung seines automatischen Mechanismus mit Hilfe von CRAFT.

1. Wann immer er sich dabei ertappte, daß er sich in Gedanken als inkompetent bezeichnete, sagte er: »Löschen!«
2. Jeden negativen Gedanken ersetzte er sofort durch eine positive Aussage: »Ich bin ein fähiger Ingenieur mit ausgezeichneten Ideen, die meiner Firma viel nützen können.«
3. Er schrieb zwei Affirmationskarten und befestigte sie an der Sonnenblende seines Autos und an seinem Schlafzimmerspiegel: »Mir fehlt keine wesentliche Fähigkeit oder Eigenschaft!« Die gleiche Affirmation schrieb er auf ein selbsthaftendes Schildchen, das er in seinen Tischkalender klebte und von Tag zu Tag weiterbewegte.
4. Jeden Abend während »seiner« halben Stunde begab sich Doug in das Theater seiner Imagination. Er visualisierte sich, wie er im Konferenzraum der Unternehmensleitung seine Ideen darlegte und

die hohen Herren für sich gewann. Er stellte sich die Szene in allen
Einzelheiten vor: die Gesichter und jeweilige Sitzhaltung der Manager, den gemischten Geruch nach Kaffee und Möbelpolitur, die
Selbstsicherheit, mit der er seine Ideen vortrug, und die enthusiasti-
sche Reaktion der Konferenzteilnehmer – besonders Petersons.
5. Sechs Wochen lang trainierte Doug sein neues Selbstbild ein, auch
wenn er sich damit noch nicht besonders wohl fühlte. Er bereitete
sich auf Mitarbeiterversammlungen vor, indem er im voraus abzuschätzen versuchte, wie die anderen auf seine Ideen reagieren würden, und sich überlegte, wie er die zu erwartenden Einwände beantworten konnte. Er zeigte seinem Abteilungsleiter eine überarbeitete
Fassung seines Vorschlags und erhielt die Erlaubnis, ihn bei der
nächsten Sitzung noch einmal einzubringen. Jeden Tag übte er im
Auto auf dem Weg zur Arbeit, seine Idee selbstsicher und bestimmt
vorzutragen. Er wiederholte sich seine Affirmationen jedesmal,
wenn er in den Rückspiegel, in den Schlafzimmerspiegel oder, im
Büro, auf seinen Tischkalender sah.

Zielsetzung: Doug brauchte ein konkretes Ziel. »Ich will das Gefühl
haben, daß mir keine wesentliche Eigenschaft fehlt« hätte da nicht
gereicht. Er wußte, daß sein Ziel etwas mit beruflichem Erfolg zu tun
haben mußte. Als er anfing, erlaubte es ihm sein negatives Selbstbild
nicht, sich mehr vorzunehmen als: »Ich will lernen, meine Ideen etwas
selbstsicherer vorzutragen und nicht völlig die Fassung zu verlieren,
wenn sie abgelehnt werden.« Nach mehrwöchiger »psychokyberneti-
scher Umschulung« hatte er sich entschieden und wählte ein Ziel aus,
das konkret, meßbar, handlungsorientiert, realistisch und zeitspezifisch
war. Er schrieb: »Spätestens bis zum 1. Oktober dieses Jahres setze
ich es durch, daß eine meiner Ideen angenommen wird.« Er erkannte,
daß er durch sein »So-tun-als-ob« sein neues Selbstbild bereits
verwirklicht habe, schon wichtige Vorarbeiten für einen Aktionsplan
geleistet hatte: Er hatte systematisch angefangen, seine älteren Kollegen
für sich zu gewinnen, mögliche Hindernisse identifiziert und sich konkrete Möglichkeiten überlegt, sie zu umgehen; er hatte sich der Unterstützung seines unmittelbaren Vorgesetzten versichert; und er war sich
der positiven Auswirkungen bewußt, die das Erreichen seines Zieles
auf seine berufliche Laufbahn haben würde.

Streßmanagement: In der Nacht vor der nächsten Mitarbeiterkonfe-
renz wurde Doug von einem panikartigen Anfall heimgesucht. Er fing
an, sich Petersons Reaktion im voraus auszumalen, und »katastrophi-

sierte« sie so sehr, daß er schon das Schlimmste erwartete und auf diese Vorstellung mit Wut und Verzweiflung reagierte. Als Doug aber begriff, daß sein Pferd vor seinem eigenen Schatten scheute, bockte und auskeilte, entschied er sich dafür, der Situation einfach den Rücken zu kehren. Er fand in seinem Geist einen ruhigen Ort – das plastisch und detailliert visualisierte Bild eines Parks, in dem er als Student gern spazierengegangen war. Nachdem er fünfzehn Minuten an diesem friedlichen Ort zugebracht hatte, war es für Doug unmöglich, beim Gedanken an das bevorstehende Meeting wieder in Streß zu geraten. Trotzdem ertappte er sich, als er anderntags zur Arbeit fuhr, dabei, daß er sich besorgt fragte: »Was, wenn Peterson sich wieder über meine Idee lustig macht?« »Na, und was macht's schon, wenn er das tut?« beantwortete sich Doug die Frage selbst. »Das ist *Petersons* Problem. *Ich* weiß, daß die Idee gut ist.«

Überprüfung der Fortschritte: Die Unternehmensleitung *lehnte* seine Idee ab – aber diesmal vermied es Doug, so zu reagieren, wie er es seinerzeit bei der ersten Präsentation getan hatte. *Diese* alte Gewohnheit hatte er abgelegt. »Schauen Sie«, sagte er zu Peterson, »ich weiß, daß man die Dinge in diesem Unternehmen eigentlich anders handhabt, aber ich bin überzeugt, daß meine Idee einiges für sich hat, und ich möchte Sie ernsthaft bitten, mich ausreden zu lassen. Ich bin sehr gern bereit, auf jeden Ihrer Einwände einzugehen, aber bitte sparen Sie sich Ihre Fragen bis zum Ende meiner Ausführungen auf.« Als einer der Manager ihn unterbrach, ließ er sich nicht einschüchtern. »Hören Sie mir bitte zu«, sagte er. »Ich habe das Gefühl, daß Sie, anstatt über meinen Vorschlag nachzudenken, sich überlegen, was Sie als nächstes sagen. Ich weiß, daß es eine völlig neue Idee ist, aber wir können nicht sinnvoll darüber diskutieren, solange Sie nicht alles gehört haben.«

Dougs Idee wurde abgelehnt – nicht aber Doug. Jetzt hatte er nicht mehr das Gefühl, daß ihm »einfach ein paar wesentliche Eigenschaften fehlten«. Von dem Tag an trat er als ein selbstsicheres Mitglied des Ingenieursstabes auf. Und wenn ein unerwarteter Schlag sein Pferd gelegentlich doch wieder durchgehen ließ, war er imstande, mit Hilfe von SAETS die Situation zu analysieren und wieder in die richtige Perspektive zu rücken:

1. Dies ist eine grundsätzlich neutrale Situation – sie hat keinerlei negative Auswirkung auf mich.
2. Wenn ich dieses Ereignis von einem neutralen Standpunkt aus analysiere, kann ich erkennen, daß es überhaupt nicht mein Problem ist.

3. Deswegen besteht für mich keinerlei Veranlassung, mit Wut, Verzweiflung oder Selbstvorwürfen zu reagieren.
4. Ich kann konkrete positive Maßnahmen ergreifen, um die Situation hinter mir zu lassen.
5. Meine Selbstachtung ist wiederhergestellt.

Im Laufe der folgenden Monate gelang es Doug, die meisten Manager nach und nach vom Wert seiner Ideen zu überzeugen. Er konnte jetzt mit einiger Wahrscheinlichkeit davon ausgehen, daß es ihm gelingen würde, sein Ziel zu erreichen. Und wenn er es doch nicht schaffen sollte? Nun – dann würde ihm sein neu programmiertes Selbstbild die Kraft geben, die Enttäuschung mit einem Achselzucken abzutun und entweder sein Ziel entsprechend zu modifizieren oder sich ein völlig neues zu setzen. Er hatte sich den Erfolg zur Gewohnheit gemacht.

Erfolg Nr. 2: Ihr Selbstbild verbessern, um ein erfülltes Leben zu verwirklichen

Bewußtsein. Für Peggy, fünfundzwanzig, begann der Marsch zum Erfolg an dem Tag, als sie einen Brief aus Dayton, Ohio, erhielt. Er war von ihrer achtzehnjährigen Schwester. »Tolle Neuigkeiten!« schrieb Yvette. »Ich habe einen Studienplatz am Goucher College in Baltimore bekommen. Ich werde zwar nebenher jobben müssen, aber Mama und Papa haben sich bereit erklärt, die Studiengebühren und die Hälfte meiner Wohnheimkosten zu übernehmen, also werde ich auch etwas Zeit für mich haben, und ich freue mich schon darauf, eine Menge davon mit Dir in Washington zu verbringen ... «

An diesem Punkt hörte Peggy auf zu lesen und brach in Tränen aus. Sie arbeitete als Stewardeß und hätte an dem Abend eigentlich fliegen müssen. Zum erstenmal, seit sie diesen Job hatte, meldete sie sich krank.

An dem Abend kam ihre Nachbarin Jenny vorbei, um eine Videokassette, die sie sich ausgeliehen hatte, zurückzubringen, und fand Peggy weinend vor. »Ich weiß nicht, was über mich gekommen ist«, schluchzte Peggy. »Yvettes Brief war so fröhlich – und seine einzige Wirkung war, daß mir bewußtgeworden ist, wie elend ich mich die meiste Zeit über fühle.«

»Du?« sagte Jenny. »Jetzt komm schon. Du hast einfach einen schlechten Tag. Du bist der optimistischste, ausgeglichenste Mensch, den ich kenne.«

»Du verstehst das nicht«, klagte Peggy. »Ich komme mit Menschen einfach nicht zurecht – ganz und gar nicht zurecht. Ich lasse jeden im Stich.«

»Und was ist damit hier?« Jenny zeigte auf die drei gerahmten Urkunden an der Wand. »Stewardessen, die mit Menschen nicht zurechtkommen, bekommen von ihrer Luftfahrtgesellschaft kaum Belobigungen für hervorragenden Dienst am Kunden.«

»Ja, sicher – so sehen sie mich halt im Dienst«, sagte Peggy. »Bei der Arbeit läuft alles bestens, aber Freunde habe ich da keine. Die Crew geht zusammen zum Abendessen, und ich sitze allein in meinem Zimmer. Und mein Liebesleben ... der reinste Witz. Jedesmal, wenn ein Mann mir zu verstehen gibt, daß er mich wirklich braucht, lasse ich ihn im Stich!«

Als Jenny einige Tage später wieder bei Peggy vorbeischaute und sie in derselben deprimierten Stimmung vorfand, schlug sie ihr vor, es doch mit einer professionellen Beratung zu versuchen. Peggy lehnte ab. Die Vorstellung, einen Therapeuten aufzusuchen, behagte ihr überhaupt nicht. »Wie wäre es dann mit einem Geistlichen?« sagte Jenny. »Der an unserer Kirche ist ein einfühlsamer und verständnisvoller Mann.« Peggy lehnte auch diesen Vorschlag ab. Sie brauchte keine Beratung. Sie *wußte*, worin ihr Problem bestand – sie ließ jeden im Stich. »Ich muß mich einfach zusammenreißen und aufhören zu weinen«, sagte sie. Aber als die Tage verstrichen und sie sich weiterhin elend fühlte, begriff Peggy, daß etwas Grundlegendes nicht stimmte. Warum hatte Yvettes Brief so heftige negative Gefühle bei ihr ausgelöst?

Die rechte Hemisphäre zu kreativen Einsichten aufrufen: Peggy bedeckte ihren Küchentisch mit weißem Papier. Sie legte eine Kassette mit entspannender Musik ein, setzte sich bequem hin und tat dann zehn Minuten lang nichts als tief und ruhig zu atmen, um sich zu beruhigen und ihr Bewußtsein zu entleeren. Schließlich nahm sie einen Stift zur Hand und fing an, alles aufzuschreiben, was ihr im Zusammenhang mit dem Brief ihrer Schwester einfiel. »Laß einfach deine Gedanken fließen«, sagte sie zu sich selbst. Sie schrieb:

Yvette
College
Liebling
... und das war es. An diesem Punkt wurde Peggy von einer plötzlichen Flut von Erinnerungen und Emotionen überrollt und brach verzweifelt in Tränen aus.

Falsche Überzeugungen identifizieren: Peggy war die älteste von vier Schwestern. Ihre Mutter arbeitete zu Hause als Klavierlehrerin, und Peggy hatte sich von früh an um ihre Schwestern kümmern müssen. Besonders für Yvette war sie zur wichtigsten Bezugsperson geworden. Als Peggy sich im Alter von dreizehn einmal beklagte, sie habe keine Lust mehr, die sechsjährige Yvette immer zur Schule zu bringen, ihr die Pausenbrote zu schmieren und überhaupt für alles, was sie betraf, verantwortlich zu sein, reagierte ihre Mutter auf eine Weise, die sie tief verletzte. »Immer läßt du mich im Stich«, schrie sie. Dann zählte sie all die Gelegenheiten auf, zu denen es Peggy nicht gelungen war, die Mädchen ruhig zu halten, während sie im Wohnzimmer Klavierstunden gab. Auch ihr Vater schalt sie aus: »Wie kannst du deine Mutter nur so aufregen, nach allem, was sie für dich getan hat?«

Endlich achtzehn, konnte Peggy es nicht mehr erwarten, das Elternhaus zu verlassen. Ein College in einer anderen Stadt zu besuchen kam für sie leider nicht in Frage. »Wir haben nicht genug Geld«, sagten ihre Eltern. »Warum gehst du nicht hier aufs College? Dann könntest du weiterhin zu Hause wohnen.« Aber Peggy hatte schon ihre Sachen gepackt und war reisefertig. Sie hatte auf eine Zeitungsannonce geantwortet und eine Stelle als Stall»junge« auf einer Farm in Kentucky bekommen. Sie hatte zwar noch nie etwas mit Pferden zu tun gehabt, aber sie hätte alles getan, nur um von ihrer Familie wegzukommen. »Wie kannst du das deinen Schwestern antun?« rief ihre Mutter aus, als Peggy sich auf den Weg zum Busbahnhof machte. »Yvette kann doch ohne dich nicht leben! *Du läßt uns alle im Stich!*«

Peggy begriff jetzt, wo ihre negative Selbsteinschätzung herrührte und warum Yvettes Brief sie in eine so tiefe Depression gestürzt hatte. Nun fing sie an, darüber nachzudenken, wie dieses Selbstbild ihr bisheriges Leben beeinflußt hatte. Sie war von jeher verantwortungsbewußt und fleißig gewesen; sie hatte also nie Probleme damit gehabt, Jobs zu bekommen oder zu behalten. Aber aufgrund ihrer unterbewußten Überzeugung, sie sei »die Sorte Mensch, die Freunde im Stich läßt«, hatte sie sich immer davor gescheut, enge soziale Bindungen einzugehen. Ihre katastrophalen Liebesbeziehungen, erkannte sie nun, waren auf derselben Voraussetzung aufgebaut gewesen. Sie hatte sich immer zu unreifen, emotional bedürftigen Männern hingezogen gefühlt – Alkoholikern, »kleinen Jungen« –, zu Männern, die ihr keinerlei seelischen Halt boten, aber selbst nach einer Menge Halt verlangten; zu Männern, bei denen sie ihre negative Selbsteinschätzung bestätigen konnte, indem sie sie im Stich ließ. »*Ich* habe sie nicht im Stich gelassen!« begriff sie plötzlich. »Sie haben mich alle als Ausrede für ihre eigenen Abhängigkeiten, ihre eigene Schwäche benutzt. Und mit diesem alten Band, das unentwegt in meinem Kopf lief, bin ich mit einer wahren Begeisterung darauf hereingefallen!«

Selbsteinschätzung: Im Laufe der nächsten Wochen verwendete Peggy ihre Entspannungstechniken als »Zugang« zu einem stillen Ort in ihrem Geist, an dem sie meditieren und eine realistische Einschätzung ihrer selbst vornehmen konnte. Sie bestätigte sich, daß es viele Bereiche in ihrem Leben gab, in denen sie *durchaus nicht* »kniff«. »In manchen Bereichen mache ich mich ganz ausgezeichnet«, sagte sie sich selbst. »Ich muß lediglich lernen, dieses Durchhaltevermögen auch in meine persönlichen Beziehungen einzubringen. Aber zuallererst muß ich lernen, mich als jemanden *zu sehen*, der zu einer dauerhaften Beziehung fähig ist.«

Zielsetzung: Peggy war sich noch nicht darüber im klaren, wie sie ihr Selbstkonzept ändern würde, aber eines wußte sie: Sie würde sich nicht wieder von einem Mann unglücklich machen lassen, der nicht für sich selbst sorgen konnte. Sie kaufte sich ein Notizheft und schrieb auf die erste Seite: »Ich sehe mich bis spätestens Silvester eine liebevolle, ausgewogene, beiden Seiten seelischen Halt gebende Beziehung eingehen.« Später unterzog sie ihr Ziel dem SMART-Test und hielt das Ergebnis folgendermaßen fest:

1. Ich habe ein konkretes Ziel mit einem konkreten »Erfüllungsdatum«.
2. Ich kann meine Fortschritte anhand der Zahl von neuen Bekanntschaften, die ich knüpfe, überprüfen und mich überwachen, indem ich in diesem Notizheft über meine Verabredungen Buch führe.
3. Ich habe einen Aktionsplan ausgearbeitet, um diesen Glücklichen kennenzulernen. Durch meinen Job bin ich zwar viel unterwegs, aber ich werde das nicht als Entschuldigung dafür gelten lassen, nicht durchzuhalten. Ich werde eine Liste von Orten und Organisationen erstellen, wo ich mit einiger Wahrscheinlichkeit damit rechnen kann, die richtige Sorte Männer kennenzulernen, mir die Veranstaltungskalender dieser Organisationen besorgen, die Daten mit meinem Dienstplan vergleichen und mir einige geeignete Termine aufschreiben. Ich werde Denise und Carol von meinem Ziel erzählen und sehen, ob ich von ihnen nicht ein paar gute Tips bekommen kann.
4. Realistisch betrachtet spielt Geld dabei eigentlich keine Rolle – ich habe einen guten Job. Viel wichtiger sind mir innere Werte und die

Gewißheit, daß ich den Betreffenden nicht immer wieder vor sich selbst retten muß. Ich will jemanden, mit dem ich ein ausgewogenes emotionales Verhältnis wechselseitigen Gebens und Nehmens verwirklichen kann.
5. Ich habe mir ein Zeitlimit gesetzt, also sollte ich mich am besten sofort ans Werk machen. Die folgenden drei Dinge werde ich in diesem Monat tun, um erste Kontakte zu knüpfen: ...

Neuprogrammierung: »Okay, es geht hier nicht nur darum, Männer kennenzulernen«, sagte sich Peggy. »Ich habe Probleme damit, *überhaupt* engere Beziehungen einzugehen, weil ich darauf programmiert bin zu glauben, daß ich früher oder später jeden Menschen im Stich lasse oder enttäusche. Bei einem solchen Bild von mir selbst ist es kein Wunder, wenn ich es nie geschafft habe, richtige Freundschaften zu schließen. Außerdem besteht die Gefahr, daß ich mich wieder auf die gleiche Sorte Mann wie bisher ›einschieße‹ und meinen Fehler zu spät erkenne. Wie kann ich also meine Programmierung ändern?«
Die nächsten sechs Wochen widmete Peggy dem »CRAFT-Training«:

1. Wann immer sie sich beim Gedanken »Ich lasse jeden im Stich« ertappte, sagte sie: »Löschen!«
2. Jeden solchen negativen Gedanken ersetzte sie durch die Aussage: »Ich bin ein wertvoller Mensch, und meine vordringlichste Aufgabe ist, *mich selbst* nicht im Stich zu lassen.«
3. Sie schrieb sich Affirmationen auf, um sich daran zu erinnern, daß sie in einem Veränderungsprozeß begriffen war. Natürlich war es ihr nicht möglich, die Affirmationskarten so anzubringen, daß sie sie während des Fluges immer sehen konnte, aber sie bewahrte eine in ihrem Notizbuch auf und befestigte eine andere an der Tür ihres Kühlschranks. Eine weitere verwahrte sie in ihrer Flugtasche. Wann immer ihr Dienstplan sie zwang, eine Nacht im Hotel zu verbringen, war das erste, was sie nach ihrer Ankunft tat, diese Affirmationskarte in ihrem Zimmer an den Spiegel zu kleben.
4. Ihr Dienstplan machte es ihr unmöglich, die Visualisationsübungen immer um die gleiche Uhrzeit durchzuführen, aber Peggy achtete streng darauf, daß sie sich – wo sie auch war – *jeden Tag* dafür Zeit nahm. Im Zustand der Entspannung visualisierte sie sich in sozialen Situationen als »einen glücklichen, offenen Menschen, der willens und imstande ist, andere ebensosehr für ihn sorgen zu lassen, wie er für sie sorgt«. Am liebsten sah sie sich in ihrer Vorstellung mit

ihrem (künftigen) Partner auf einer Wippe – abwechselnd auf- und niedersteigend, gebend und nehmend.

5. Sechs Wochen lang wiederholte sich Peggy ihre Affirmationen jedesmal, wenn sie ein Essenstablett in den Servierwagen schob. In ihrer dienstfreien Zeit traf sie sich mit den Angehörigen ihrer Crew, um zu trainieren, ebenso Fürsorge zu *empfangen* wie zu *gewähren*.

Realitätsprüfung: Von Zeit zu Zeit machten sich bei Peggy Depressionen bemerkbar. Das erste Mal passierte ihr das, als Yvette für ein Wochenende nach Washington kam. Anfangs ärgerte sich Peggy darüber, wieder auf ihre Schwester »aufpassen« zu müssen, dann erfüllte sie die altbekannte Angst, sie könnte Yvette im Stich lassen. (Yvette muß sich gefragt haben, warum ihre Schwester den ganzen Abend lang »Löschen!« vor sich hinmurmelte!) Als sie sich schließlich anschickte, zu Bett zu gehen, wallte plötzlich aller Groll in ihr auf, den sie gegen ihre Mutter hegte. Im Bewußtsein dieses Gefühls setzte sich Peggy auf die Kante ihres Bettes und brachte den SAETS-Prozeß in Gang:

1. »Man hat mir viel zu früh die Verantwortung für meine Schwestern aufgezwungen«, sagte sie sich. »*Jedes* Kind würde in einer solchen Situation Schuldgefühle und Ressentiments entwickeln. Zufällig war *ich* dieses Kind.«
2. »Bislang habe ich die Situation so analysiert, als ob ich die ›Eigentümerin‹ des Problems sei«, begriff Peggy. »Aber ich bin's nicht – und ebensowenig ist es Yvette. Es war *Mutters* Problem, und das ist es noch immer. Sie erwartete von einem Kind, daß es sich wie ein erwachsener Mensch verhielt.«
3. »Warum sollte ich mich beim Gedanken daran, meine Schwester im Stich zu lassen, schuldig oder deprimiert fühlen?« fragte sich Peggy. »Ich hätte allen Grund, auf Yvette *sauer* zu sein. Sie bekommt schließlich die College-Ausbildung, auf die ich verzichten mußte. Ich habe das Recht, wütend zu sein.«
4. Am nächsten Morgen ergriff Peggy die Initiative. Beim Frühstück erzählte sie Yvette, wie ihr zumute gewesen war, als sie beide noch zu Hause gewohnt hatten, und wie sie sich jetzt fühlte. »Ich möchte nicht, daß *du* Schuldgefühle bekommst«, sagte Peggy. »Ich will dich nicht vertreiben. Aber ich will, daß du mich verstehst. Ich würde dich gern von Zeit zu Zeit sehen, aber der Gedanke, mich um dich kümmern zu *müssen*, behagt mir ganz und gar nicht – und genauso-

wenig möchte ich das Gefühl haben, daß ich dich im Stich lasse.
Zur Zeit muß ich mich um *mich selbst* kümmern.«
5. Als Peggy entdeckte, daß sie ihrer Schwester all diese Dinge sagen
konnte, ohne Schuldgefühle zu bekommen oder in Depressionen
zu versinken, begriff sie, wie sehr es ihr bereits gelungen war, ihr
Selbstwertgefühl zu heben. »Ich bin endlich *erwachsen!*« sagte sie
sich.

Es war nicht immer leicht für Peggy … aber es war *einfach*. Indem
sie ihren inneren Steuerungsmechanismus neu einstellte, löschte sie
das alte Programm, das ihr einredete: »Meine Spezialität ist es, Leute
im Stich zu lassen«, und ersetzte es durch ein neues: »Ich kann tun,
was für mich das beste ist, ohne mich schuldig zu fühlen, auch wenn
ich damit unter Umständen jemand anderen enttäusche.« Schon wenige
Monate später hatte sie einen Freund: einen bei der Regierung angestellten Wirtschaftswissenschaftler, den sie bei einem Zeichenkurs in der
National Gallery kennengelernt hatte. Sie erkannte, daß sie den Richtigen gefunden hatte, als sie einmal von einem anstrengenden Nachtflug
aus Kalifornien zurückkehrte. Als sie im Morgengrauen erschöpft in
ihrer Wohnung ankam, war er da und erwartete sie. »Schatz, du siehst
ziemlich fertig aus«, sagte er. »Was hältst du von einer Pizza und
anschließend einer schönen Massage?«

Ihr psychokybernetischer Bauplan

»Erst planen, dann handeln.« Lassen Sie sich nun von diesen zwei
Fallgeschichten bei der Formulierung Ihres eigenen »Umbauplans«
inspirieren und leiten. Halten Sie sich bitte gegenwärtig, daß Sie keinerlei äußerer Hilfe bedürfen, um die Notwendigkeit einer Veränderung
zu erkennen, um die Überzeugungen zu identifizieren, die Sie an
negative Gewohnheiten gefesselt halten, um zu lernen, sich zu entspannen, um sich Ziele zu setzen oder um sich durch das vollständige
Programm hindurchzuarbeiten. Alles, was Sie brauchen, ist der Wille,
sich zu ändern, und die Bereitschaft, dem psychokybernetischen Prozeß die Zeit zu lassen, seine Wirkung zu entfalten.
Nun haben Sie einen Eindruck vom vollständigen System erhalten.
Sollten Sie bis jetzt gezögert haben anzufangen, so ist der Augenblick
dafür gekommen. Wenn Sie die Fragebögen zur Selbstbeurteilung und
die Arbeitsblätter noch nicht ausgefüllt haben, so tun Sie das bitte
jetzt. Wenn Sie noch nicht angefangen haben, die Relaxationstechniken

zu lernen, dann ist heute der richtige Tag, um damit zu beginnen. Wenn Sie noch nicht angefangen haben, sich Gedanken über mögliche Ziele zu machen – worauf warten Sie noch? Wenn Sie sich durch übermäßigen Streß blockiert fühlen – warum fangen Sie nicht einfach jetzt direkt an, ein paar Techniken zur Streßbewältigung zu üben? Bevor Sie den Rest dieses Buches lesen, sollten Sie sich einen Nachmittag oder einen Abend Zeit nehmen und den ersten Entwurf Ihres »Umbauplans« erarbeiten. Verwenden Sie das folgende Miniregister, um wichtige Themen im Buch wiederzufinden und aufzufrischen. Lesen Sie die Übungen am Ende jedes Kapitels noch einmal durch. Dann nehmen Sie Stift und Papier zur Hand und fangen an zu planen!

Zehntes Kapitel

JENSEITS DES SELBSTKONZEPTS: BILDEN SIE SICH EINE ERFOLGSPERSÖNLICHKEIT

Ich habe festgestellt, daß eine der wirksamsten Methoden, Menschen bei der Verwirklichung einer »erfolgreichen« Persönlichkeit zu helfen, darin besteht, ... ihnen eine anschauliche Vorstellung dessen zu vermitteln, wie die erfolgreiche Persönlichkeit aussieht.

MAXWELL MALTZ: *Psycho-Cybernetics* (1960)

Wir sind nicht auf der Welt, um jemand anderes Erwartungen zu erfüllen. Um unseren jeweiligen einzigartigen Beitrag leisten zu können, müssen wir alle unseren individuellen Wert zu schätzen wissen und danach trachten, unsere eigenen Träume zu verwirklichen.

California Task Force to Promote Self-Esteem and Personal and Social Responsibility: *Toward A State Of Esteem* (1990)

Das Wort »Erfolg« bedeutet ursprünglich soviel wie »Erreichen des Zieles«. Es ist also ein – räumlich und zeitlich – »nach vorn« weisender Begriff. Wenn wir bei der Verfolgung unserer Ziele nicht berücksichtigen, was vor uns liegt, könnte es sein, daß wir dorthin gelangen, wo wir den Erfolg zu finden erwarteten, und feststellen müssen, daß er – gar nicht da ist. Es ist ein bißchen wie beim Fußball: Wenn ein Mittelfeldspieler einen weiten Paß schlägt, muß er dem »Empfänger« *voraus sein*; er darf den Ball nicht dorthin schießen, wo der Mitspieler sich in dem Augenblick befindet, sondern dorthin, wo dieser ein, zwei Sekunden später voraussichtlich sein wird. Er muß zudem improvisieren können: Wenn der Mann, für den der Paß eigentlich gedacht war, stolpert oder von einem gegnerischen Spieler gedeckt wird, muß er sich noch im letzten Moment ein neues Ziel aussuchen, ehe er vom Gegner angegriffen wird. Und er muß den Ball in Richtung auf das gegnerische Tor schießen: Der schönste Paß nützt nichts, wenn er nach hinten geht.

Sie sind gegenwärtig dabei, Ihre Grenzen auszudehnen und Ihr Leistungspotential zu erweitern. Doch von einer höheren Warte aus betrachtet dient Ihnen derselbe Prozeß zugleich auch dazu, sich das zu schaffen, was Maltz eine »Erfolgspersönlichkeit« nannte – eine Persönlichkeit, die Ihnen ein Leben lang ermöglichen wird, sich Ziele zu setzen und diese Ziele zu erreichen. »Wenn wir von jemandem sagen, er ›sei‹ eine Persönlichkeit«, schrieb Maltz, »so meinen wir damit, daß er das kreative Potential in seinem Inneren freigesetzt hat und imstande ist, sein wahres Ich zum Ausdruck zu bringen ... Eine solche ›gute‹ Persönlichkeit ist also eine, die Sie befähigt, auf wirkungsvolle und angemessene Weise mit Umwelt und Wirklichkeit zu interagieren und im Erreichen von Zielen Befriedigung zu finden ...«

Das Problem dabei ist, daß »Umwelt und Wirklichkeit« sich heutzutage weit schneller verändern, als Maltz es sich seinerzeit hätte vorstellen können. Eine Erfolgspersönlichkeit zu entwickeln bedeutet heutzutage, »seinem Selbstbild voraus zu sein« – also vorauszusehen, welche Fähigkeiten und Eigenschaften im Jahr 2000 und danach für den Erfolg erforderlich sein werden. Dieses Kapitel handelt von ebendiesen Fähigkeiten und Eigenschaften sowie davon, wie Sie sie erlangen können. Sie werden im einzelnen erfahren,

o was die sieben Elemente sind, die das Maltzsche »Bild des Erfolgs« ausmachen;

o wie jedes dieser Elemente zum Erfolg beiträgt;

o durch welche spezifischen Techniken Sie diese Elemente erlangen und Ihr Selbstbild zu einer auf Erfolg programmierten Persönlichkeit umgestalten können.

»Ich habe festgestellt«, schrieb Maltz, »daß das Wort ›success‹ [›Erfolg‹] in sich ein leicht einzuprägendes Bild von der erfolgreichen Persönlichkeit darstellt.« Dieses »Bild« setzt sich aus den folgenden Elementen zusammen:

S-ense of direction (»Orientierungssinn«)
U-nderstanding (»Verständnis«)
C-ourage (»Mut«)
C-harity (»Barmherzigkeit«)
E-steem (»Achtung«)
S-elf-confidence (»Selbstvertrauen«)
S-elf-acceptance (»Selbstakzeptanz«)

Lassen Sie uns jedes dieser Elemente unter die Lupe nehmen und sehen, wie es zum Erfolg beiträgt und erzielt werden kann.

Orientierungssinn: Einen Weg fürs Leben planen

Mittlerweile müßten Sie alles über die Wichtigkeit von Zielen im Leben wissen. Orientierungssinn bedeutet, *immer* ein Ziel, ein zu lösendes Problem, eine neue Erfahrung, bewußt vor sich zu haben. »Entwickeln Sie in sich eine ›Sehnsucht nach der Zukunft‹«, schrieb Maltz. »Wenn Sie nicht ›ziel-strebig‹ sind, nicht nach vorn blicken, ›leben‹ Sie nicht wirklich.«

Was Maltz' Empfehlung problematisch macht, ist die Tatsache, daß uns heutzutage so *viele verschiedene* »Zukünfte« zur Auswahl stehen, daß wir Gefahr laufen, uns in einem Labyrinth von Entscheidungsmöglichkeiten zu verirren. Erinnern Sie sich, wie einfach es früher war, sich ein Paar Turnschuhe auszusuchen? Man konnte jede beliebige Sohle haben, solange sie aus Gummi, jede Art von Obermaterial, solange es Leinen, und jede Farbe, solange es Weiß war. Heutzutage werden uns so viele Kombinationsmöglichkeiten angeboten, daß die Wahl zu einer *wirklichen* Qual geworden ist. Psychologen haben festgestellt, daß sich mehr und mehr Verbraucher wie BURIDANS Esel zwischen den zwei Heuhaufen verhalten: Mit einem Überangebot an praktisch gleichwertigen alternativen Produkten konfrontiert, fühlen sie sich so verunsichert, daß sie – überhaupt nichts kaufen.

Wie wirkt sich dieser Umstand auf die *wichtigen* Entscheidungen in unserem Leben aus? Es besteht in der Tat die Gefahr, daß unsere Ziele durch die Vielzahl der vorhandenen Entscheidungsmöglichkeiten aufgesplittert werden. Erfolg setzt heutzutage einen »Orientierungssinn« voraus, der uns befähigt, zwischen all diesen Möglichkeiten einen Kurs zu steuern, der uns zu den für uns jeweils richtigen Entscheidungen führt. Orientierungssinn ist also die Fähigkeit, unter allen *möglichen* Richtungen die *richtige* zu finden.

Bereiten Sie sich auf mehrere Berufswechsel vor

Denken Sie zunächst einmal an Ihre Berufe – und beachten Sie die Mehrzahl! Früher verstand man unter jemandes Beruf diejenige Art von Arbeit, die er sein Leben lang verrichtete. Dies ist nicht mehr der Fall. Nach Ansicht vieler Experten könnte der Erwerbstätige von morgen durchaus damit rechnen, im Laufe seines Lebens drei bis vier verschiedene Berufe ausüben zu müssen. Neue Technologien und neue wirtschaftliche Gegebenheiten schaffen neue Berufe und lassen andere

mehr oder weniger schnell verschwinden. Haben Sie sich schon einmal
gefragt, was aus all den Hufschmieden und Geschirrmachern wurde,
nachdem das Automobil den Pferdewagen verdrängt hatte?
Gegenwärtig vollzieht sich in den meisten hochentwickelten Indu-
strienationen ein Übergang von der produzierenden zur Dienstlei-
stungswirtschaft. Dieser Trend ist vielfach beklagt und als Anzeichen
ökonomischen Niedergangs gewertet worden. Tatsächlich stellt er
weder eine negative noch eine positive Entwicklung dar, sondern lediglich eine wertfreie Veränderung. Negativ wird sich dieser Wandel nur
auf Menschen auswirken, die nicht – oder nur unzureichend – darauf
vorbereitet sind. (Wenigstens einige dieser Hufschmiede und Geschirr-
macher fanden schließlich eine neue Arbeit am Fließband, in Auto-
werkstätten oder in Erdölraffinerien.) Einem 1987 veröffentlichten
Bericht des US-Arbeitsministeriums – *Workforce 2000* – zufolge wird
unser »beruflicher Orientierungssinn« künftig folgende Tatsachen
berücksichtigen müssen:

o Die neuen Berufe werden allgemein eine viel höhere Qualifikation
  erfordern als die heutigen.»Es werden nur sehr wenige neue Arbeitsplätze entstehen, die sich für Analphabeten und mathematisch unge-
  bildete Personen eignen könnten.«
o Bis zum Jahr 2000 werden mehr als sechzig Prozent aller Frauen
  über sechzehn erwerbstätig sein. Dieser Trend wird zu einem erhöh-
  ten Bedarf nach betriebseigenen Kindertagesstätten, flexibler Arbeitszeit und der Möglichkeit von Heimarbeit führen.
o Von älteren Arbeitnehmern wird ein höheres Maß an Anpassungs-
  fähigkeit und Lernbereitschaft verlangt werden.
o Die Wirtschaft des dritten Jahrtausends wird weniger Menschen
  beschäftigen, und mehr werden zur Teilzeitarbeit gezwungen sein.
o Die schulische und berufsspezifische Ausbildung wird intensiviert
  und verkürzt werden müssen, um die Bildung »menschlichen Kapi-
  tals« zu erleichtern und zu beschleunigen.
o Die Kluft zwischen Besser- und Schlechterverdienenden wird sich
  vertiefen: Es wird mehr hochbezahlte und unterbezahlte Berufe
  geben und dafür weniger »mittelgut entlohnte«.

Man lernt nie aus

Die heutige Arbeitswelt verlangt zunehmend nach Anpassungsfähig-
keit und Bereitschaft zu Umschulung und Fortbildung, und immer
mehr Menschen nehmen diese Herausforderung an. Im Jahre 1992

studierten in den Vereinigten Staaten siebzehn Millionen Menschen an Colleges, und weniger als sechs Millionen von ihnen befanden sich im klassischen Studentenalter. Die verbesserten Möglichkeiten, die Abendkurse und Volkshochschulen bieten, ermutigen eine immer größere Anzahl von Menschen dazu, sich weiterzubilden.

Auch in Deutschland gibt es eine Vielzahl von Möglichkeiten, sich selbst noch in fortgeschrittenem Alter weiterzubilden oder Spezialkenntnisse anzueignen – sei es durch Volkshochschulkurse, Fernstudium, von den Arbeitsämtern geförderte Lehrgänge mit abschließender staatlich anerkannter Prüfung, Abendgymnasien, Universitätsveranstaltungen für Gasthörer und anderes mehr. Eines sollten Sie sich unbedingt gegenwärtig halten: Jeder bewußt herbeigeführte Zuwachs an Wissen oder praktischen Kenntnissen erhöht nicht nur Ihre Chancen, den Anschluß an die Arbeitswelt der Zukunft zu schaffen, sondern bedingt eine generelle Erweiterung Ihres Horizonts, eine Schärfung Ihres grundsätzlichen Orientierungsvermögens und – was vielleicht das wichtigste Resultat ist – eine beträchtliche Stärkung Ihres Selbstwertgefühls, Ihrer Selbstachtung und Ihrer Selbstsicherheit.

Die Familie im Umbruch

Der Begriff »Familie« macht gegenwärtig einen grundlegenden Wandel durch. Die schon erwähnte »Kalifornische Arbeitsgruppe zur Förderung der Selbstachtung« (California Task Force to Promote Self-Esteem) hat versucht, dieser Veränderung – dieser Begriffserweiterung – Rechnung zu tragen, indem sie *Familie* als »diejenige Gruppe von zwei oder mehr Individuen« definierte, »innerhalb deren das Individuum die Befriedigung seines Grundbedarfs an Geborgenheit und seelisch-materieller Zuwendung findet«. Aus einer Veränderung unserer familiären Situation erwachsende Gefühle der Unsicherheit und Unentschlossenheit können unser Erfolgspotential entscheidend verringern. Jede der folgenden Konstellationen ist heute denkbar und verlangt von den Beteiligten spezifische Bewältigungsstrategien – sei es zur Aufrechterhaltung des Selbstwertgefühls, sei es zur eventuellen Anpassung persönlicher Ziele:

o eine »traditionelle« Familie: der Mann verdient das Geld, die Frau ist für Kinder und Haushalt verantwortlich;
o eine Familie, in der beide Partner erwerbstätig sind;
o eine Familie, in der beide Partner erwerbstätig sind und die Frau erheblich mehr verdient als der Mann;

o ein Haushalt mit einem alleinerziehenden Elternteil;

o eine Familie, bei der beide Ehepartner bereits verheiratet waren und zu der »seine«, »ihre« und »die gemeinsamen« Kinder gehören;

o eine geschiedene Frau, die die Kinder aus der ersten Ehe ihres Ex-Ehemanns großzieht;

o ein älteres Ehepaar oder auch ein einzelnes Großelternteil, das einen oder mehrere Enkel aufzieht;

o zwei alleinstehende Frauen mit Kindern, die sich aus Gründen der Kostenersparnis eine Wohnung teilen.

Die Frau: Ein Leben als Hochseilakt

Unsere heutige Zeit stellt den Orientierungssinn vieler Frauen (und ihre Zahl wird immer größer!) auf eine besonders harte Probe. Die typische moderne Frau ist in einer klassischen Zwickmühle gefangen, die sie zu einem zweigleisigen Leben zwingt: Auf der einen Seite versucht sie, die von ihrer Mutter übernommene »Hausfrauentradition« aufrechtzuerhalten, auf der anderen, in ihrem Beruf erfolgreich zu sein. Ihre alten Bänder befehlen ihr, immer erst den letzten Teller zu spülen und wegzuräumen, ehe sie das Haus verläßt, den Küchenfußboden so blitzblank und suprarein zu halten, daß man von ihm essen könnte, immer für ihre Familie »dazusein« und stets saubere Unterwäsche zu tragen für den Fall, daß sie einen Unfall hat und ins Krankenhaus kommt. Gleichzeitig zwingen sie ihre »neuen Bänder«, die Karriereleiter emporzuklettern, acht Stunden am Tag ihrem Beruf nachzugehen, jeden Tag ihr eigenes kerngesundes Zwölfkornbrot zu backen, die schulischen Leistungen ihrer Kinder mitzuverfolgen und gegebenenfalls tatkräftig zu unterstützen und das aufregendste weibliche Wesen seit KLEOPATRA zu sein.

Hatte ich von einem »zweigleisigen Leben« gesprochen? Ich meinte *multi*gleisig! In den siebziger Jahren nannten wir diesen Versuch, mit der Verzettelung zu leben, das »Superwoman-Syndrom«. Der Terminus mag überholt sein – das, was er bezeichnet, ist aktueller denn je. Eine Frau mag rational auch noch so klar erkennen, daß sie unmöglich alles gleichzeitig schaffen kann – sobald sie in einem Bereich ihres Lebens einen Erfolg erringt, fühlt sie sich in einem anderen als Versagerin. Ist es da noch ein Wunder, wenn sie Probleme damit hat, die Orientierung zu behalten? Ihr Selbstbild muß zwangsläufig darunter leiden; ihr armes Pferd kann beim Versuch, so vielen divergierenden Wegen gleichzeitig zu folgen, über kurz oder lang nur noch alle viere von sich strecken! Anhand der Geschichten, die ich von den Teilnehmerinnen an meinen Seminaren erfahre, habe ich den Schluß gezogen, daß diese Überbeanspruchung des Orientierungssinns für die heutigen amerikanischen Frauen – und nicht nur für diese – den Streßfaktor Nummer eins darstellt.

Rezept: Finden Sie den Kompaß, der Ihnen den Weg zum Erfolg weist

Betrachten Sie Ihre ersten Bemühungen in Sachen »Setzen und Erreichen von Zielen« als eine Testfahrt für eine erfolgreiche Lebensreise. Die folgenden Tips können Ihnen helfen, einen Orientierungssinn zu entwickeln, der Sie zu lebenslangem Erfolg führen wird:

1. *Seien Sie aufmerksam.* Ihr Geist ist wie ein Fallschirm: Er funktioniert nur, wenn er offen ist. Seien Sie wachsam und offen für sich bietende Möglichkeiten, die mit Ihren Plänen übereinstimmen, und entwickeln Sie Ihren Aktionsplan im Einklang mit ihnen. Bedienen Sie sich Ihrer kreativen Imagination und anderer rechtshemisphärischer Bewußtseinszustände, um mögliche neue Richtungen und Wege zu erkennen. Entwickeln Sie ein Gespür für Veränderungen in Ihrer Umwelt und in Ihnen selbst, die sich in irgendeiner Weise auf Ihre Ziele auswirken könnten. Erstellen und aktualisieren Sie zyklisch eine Liste von Bildungseinrichtungen, Beratungsstellen, Bibliotheken, Publikationen, Datenbanken und anderen Ressourcen, die Ihnen helfen können, eine »Systemüberlastung« zu vermeiden, einen Weg durch das Labyrinth von Entscheidungsmöglichkeiten zu finden und sich für die Ihnen und Ihren Zielen jeweils gemäßeste Richtung zu entscheiden.

2. *Seien Sie chancenorientiert.* Seien Sie bereit, neue Richtungen einzuschlagen, wenn äußere Veränderungen dies erfordern. Rüsten Sie Ihren Aktionsplan auf, indem Sie sich immer wieder nach Gelegenheiten zur Weiterbildung umsehen. Verwenden Sie die in diesem Buch beschriebenen Techniken, um jederzeit sicher zu sein, daß Sie auf jede mögliche Veränderung rasch und entschlossen eingehen können.

3. *Streben Sie nach hunderterlei einprozentigen Veränderungen statt nach einer einzigen hundertprozentigen.* Wenn Sie versuchen, Ihren Erfolg über Nacht um hundert Prozent zu steigern, werden Sie nichts als Frustrationen ernten. Versuchen Sie statt dessen, verschiedenartigste kleine, »einprozentige« Fortschritte zu erzielen. Nehmen Sie Ihr Haushaltungsbuch mit zum Zahnarzt und ziehen Sie

Ihre monatliche Bilanz, während Sie im Wartezimmer sitzen. Tragen Sie Ihre Checkliste ständig bei sich und nutzen Sie anfallende »freie halbe Stunden«, um jeweils eine einfache Aufgabe oder Arbeit zu erledigen. Treiben Sie Ihre Gymnastikübungen, während Sie darauf warten, daß die Waschmaschine ausschleudert. Kaufen Sie viele Geburtstagskarten auf einmal; frankieren und adressieren Sie sie und verwahren Sie sie in Ihrem Taschenkalender unter dem entsprechenden Datum. Erstellen Sie eine Liste möglicher »einprozentiger« Verbesserungen, und *loben* Sie sich, sobald Sie eine davon erzielt haben.

4. *Lernen Sie, mit Veränderungen fertig zu werden, damit die Veränderungen Sie nicht fertigmachen.* In *The Age of Unreason* bemerkte CHARLES HANDY, früher hätten die Menschen die Veränderung als einen langen kontinuierlichen Prozeß erlebt. Sie war vorhersehbar und konnte daher eingeplant werden. In der Zukunft wird die Veränderung aber mit ziemlicher Wahrscheinlichkeit diskontinuierlich, sprunghaft und ohne erkennbares Muster erfolgen. Sie müssen auf diese Möglichkeit gefaßt sein. Lassen Sie sich also nicht einfach treiben; halten Sie für alle Fälle einen Ausweichplan bereit. Wenn Sie gelernt haben, »durch Schein zum Sein« zu gelangen, sind Sie den Ereignissen stets um einen Schritt voraus.

Verständnis: Die Kunst der zweiseitigen Kommunikation

Erinnern Sie sich an das Spiel »Stille Post«? Man setzte sich im Kreis hin. Ein Kind flüsterte dem Nachbarn zu seiner Rechten einen kurzen Satz ins Ohr. Dieser wiederholte das, was er gehört hatte, *seinem* Nachbarn, und so ging es weiter im Kreis herum. Bis die Botschaft den letzten Empfänger erreicht hatte und von ihm laut ausgesprochen wurde, war sie hoffnungslos entstellt, und die ganze Kinderschar brach in vergnügtes Gekicher aus.

Das war sehr lustig, nicht? Das Problem ist, daß die Kommunikation zwischen Erwachsenen allzuhäufig einem solchen Telefonspiel ähnelt. Die abgeschickte Botschaft ist selten identisch mit der empfangenen Nachricht. »Die meisten unserer Mißerfolge bei zwischenmenschlichen Beziehungen«, schrieb Maltz, »rühren von ›Mißverständnissen‹ her ... Wir sollten uns immer gegenwärtig halten, daß niemand auf ›die Dinge an sich‹ reagiert, sondern auf seine eigenen mentalen Bilder.«

Das Ideal einer exakten, unzweideutigen Übertragung von Informationen wird von Jahr zu Jahr unrealistischer. Faxgeräte, elektronische Mailboxen, Anrufbeantworter, Glasfaseroptik und andere Technologien haben zu einer *Beschleunigung* der Informationsübertragung auf Kosten der *Verständlichkeit* geführt. Vergessen Sie nicht: Nur sieben Prozent aller menschlichen Kommunikation sind verbaler Natur. Der Rest der Botschaft wird durch Tonfall und körpersprachliche Signale übermittelt. Je geringer in unserem »Informationszeitalter« der Stellenwert des menschlichen Kontakts als eines Faktors der Kommunikation wird, desto mehr nimmt die Möglichkeit des Mißverstehens zwangsläufig zu.

Streben Sie nach wechselseitigem Verständnis

Was ist aber mit denjenigen Situationen, in denen die Kommunikation *doch* verbal und direkt erfolgt? In der Arbeitswelt des ausklingenden zwanzigsten Jahrhunderts wird das Prinzip des »vertikalen Managements« mehr und mehr vom autonomen Team gleichberechtigter Mitarbeiter verdrängt. Dieser Trend erhöht die Bedeutung wechselseitigen Verstehens und damit den »Verständnisdruck«, dem jedes Gruppenmitglied ausgesetzt ist. Am traditionellen Arbeitsplatz galt der Ausspruch: »Wenn dein Chef sagt: ›Spring‹, dann antworte nur: ›Wie hoch?‹« Wenn die Botschaft des Vorgesetzten uneindeutig ist, dann brauchen Sie nur die informationelle Mehrdeutigkeit *eines einzigen* Individuums zu interpretieren. Wenn Sie aber einem autonomen Team gleichberechtigter Kollegen angehören, dann führt der Weg zum Erfolg über ein labyrinthisches Netzwerk wechselseitiger Verständnisakte. Wenn Edith aggressiv klingt, während sie ihre Ideen darlegt, könnte Sven dies als persönlichen Angriff auffassen – und zwar nicht aus Gründen, die irgend etwas mit Edith oder ihrer Botschaft zu tun haben, sondern einfach weil ihr Ton seinen entsprechenden Reaktionsmechanismus in Gang setzt. Wenn Sven eine Frau salopp als »Mädchen« bezeichnet, könnte Edith im Schnellverfahren das Urteil fällen, daß er ein »sexistisches Schwein« ist, und sich weigern, seine Botschaft überhaupt zur Kenntnis zu nehmen. Herbert nimmt Anstoß an Karls Reizbarkeit, Michael interpretiert Susis ausweichenden Blick als Anzeichen von Unaufrichtigkeit, Helga bemerkt, daß zwei Arbeitskollegen ihr Gespräch abbrechen, als sie ins Zimmer tritt, und folgert, daß sie gerade über sie gelästert hatten. Es gibt hundert Möglichkeiten, wie Mißverstehen aus einem sich selbst *managenden* ein sich selbst *sabotierendes* Team machen kann.

Und wie steht es mit diesem anderen »sich selbst managenden Team«
in Ihrem Leben – Ihrer Familie? »Meine Frau/mein Mann versteht
mich einfach nicht« ist seit Adams und Evas Vertreibung aus dem
Paradies ein vertrauter Refrain, aber jetzt teilt uns DEBORAH TANNEN
mit, warum das so ist: Wie sie in *Du kannst mich einfach nicht verstehen*
nachweist, bestehen zwischen dem männlichen und dem weiblichen
Kommunikationsstil entscheidende Unterschiede. Was dem einen Geschlecht wie eine klare und eindeutige Botschaft erscheint, kann für
das andere etwas grundlegend anderes bedeuten. In der typischen heutigen »Familie-auf-dem-Sprung« kann der Erfolg in unseren privaten
Beziehungen davon abhängen, daß wir uns die Zeit nehmen, uns zu
vergewissern, ob wir Partner und Kinder wirklich verstanden und
unsere Botschaft klar »herübergebracht« haben.

Lernen Sie Anderssein respektieren

Dem bereits erwähnten Bericht *Workforce 2000* zufolge werden zwischen 1987 und dem Jahr 2000 nur fünfzehn Prozent der amerikanischen Berufsanfänger weiß und männlichen Geschlechts sein. Im Jahr
1960 hatten nur wenige Amerikaner Gelegenheit, mit Angehörigen
des anderen Geschlechts und anderer Rassen – sei es gesellschaftlich,
sei es beruflich – auf gleichberechtigter Ebene zu verkehren. In der
heutigen multikulturellen Gesellschaft (und Ansätze dazu finden sich
in zunehmendem Maße auch in Deutschland) ist Respekt vor dem
Anderssein aber eine wesentliche Voraussetzung für den Erfolg. Oft
ist die Wurzel von Rassendünkel und Nationalismus ein minderwerti-
ges Selbstbild: Stolz auf die eigene Rasse kann für jemanden, der unterbewußt glaubt, er habe nichts anderes, worauf er stolz sein könnte,
die letzte Zuflucht darstellen. Aber auch wenn nur relativ wenige von
uns »echte Rassisten« sind, kann ethnisches Anderssein doch eine
häufige Ursache von Mißverständnissen darstellen. Einerseits kann
man sich durch Stereotype (»Natürlich kann man nie wissen, was
Ercüment Genya wirklich denkt; er ist schließlich Türke« – sprich:
»ein unergründlicher Orientale«) oder durch die *Unterstellung* eines
Stereotyps (»Warum artikuliert der Kerl eigentlich so *deutlich*? Der
meint wohl, mit meiner Hautfarbe kann man auch sonst nicht besonders helle sein, wie?«) die Mühe des Verstehenwollens ersparen.
    Andererseits können Mißverständnisse auch die Folge kulturbedingt
unterschiedlicher »Wahrnehmung« sein. Ich habe einmal erlebt, wie
eine weiße Frauenärztin vor einer Gruppe werdender Mütter – größ-
tenteils lateinamerikanischer Herkunft – über Schwangerenvorsorge-

untersuchungen sprach. Um die – wie sie annahm, für ihre streng katholischen Zuhörerinnen peinliche – Situation zu entschärfen und von vornherein eine Atmosphäre des Vertrauens zu schaffen, eröffnete sie ihren Vortrag mit einem Witz über sich selbst. Ein böser Schnitzer! Da, wo diese Frauen herkamen, macht eine solche Art von Humor einen äußerst peinlichen Eindruck. Die arme Ärztin verbrachte den Rest der Veranstaltung mit dem erfolglosen Versuch, den Respekt ihrer Zuhörerinnen zurückzugewinnen. Oder: Ein Mann aus South Carolina wurde von seiner Firma nach Los Angeles versetzt. Er konnte einfach nicht begreifen, warum seine neuen Kolleginnen so negativ auf die Komplimente, die er ihnen wegen ihres Aussehens machte, und seine »Akte ritterlicher Höflichkeit« reagierten, bis ihm jemand erklärte, in Los Angeles gelte ein solches Verhalten als sexistisch.

Erfolg hängt heutzutage vielfach vom Fingerspitzengefühl und der Sensibilität ab, die es uns gestatten, solche Mißverständnisse zu vermeiden. Verstehen und respektieren Sie diese »kulturspezifischen Alarmknöpfe«, und Sie werden um so weniger Gefahr laufen, sie versehentlich zu drücken.

Rezept: Erhöhen Sie Ihre Erfolgschancen durch kreatives Zuhören

»Machen Sie sich das Motto zu eigen: ›Es geht nicht darum, wer recht hat, sondern was richtig ist‹«, empfahl uns MAXWELL MALTZ. Vergessen Sie nicht: Ein automatischer Steuerungsmechanismus ist auf negatives Feedback *angewiesen*, da er nur anhand der daraus gewonnenen Daten Kurskorrekturen vornehmen kann. Erhöhen Sie Ihr »Verständnis-Level« und Ihr Erfolgspotential, indem Sie die folgenden Ratschläge beherzigen:

1. *Erweisen Sie Respekt.* »Die elementarste Weise, unseren Mitmenschen Respekt zu erweisen«, bemerkte die California Task Force, »besteht darin, lange genug aus dem Zustand besorgter Selbstbefaßtheit herauszutreten, um dem Gegenüber unsere ungeteilte Aufmerksamkeit schenken – ihm zuhören, ihn verstehen, an seinen Anliegen Anteil nehmen – zu können.« Versuchen Sie, zu hören und zu verarbeiten, was der andere sagt, anstatt auf die Gefühle zu reagieren, die das Gesagte in Ihnen auslöst. Sie werden überrascht sein, wieviel mehr Informationen Sie erhalten, wenn Sie wirklich *zuhören* anstatt nur zu denken: »Er hat unrecht.« Bemühen Sie sich aktiv darum, den Standpunkt Ihres Gegenübers zu verstehen. Gehen

Sie nicht einfach davon aus, er sei »dumm«, »störrisch«, »unsensibel« oder »lediglich darauf aus, mich zu ärgern«. Ihr Gesprächspartner könnte gerade genau das gleiche *von Ihnen* denken!

2. *Halten Sie Fakten und Meinungen auseinander.* Allzuhäufig verursachen wir dadurch Mißverständnisse, daß wir unsere Meinung auf irgendwelche Fakten projizieren und dann außerstande sind, beides voneinander zu unterscheiden. Die Ursache des Problems ist unser Unterbewußtsein, dieser schwerfällige Gaul, der auf unsere Meinungen so reagiert, als seien sie Tatsachen. »Hannas Memo klang kurz angebunden« ist eine Tatsache. »Sie muß ganz schön sauer auf mich sein« ist eine Meinung. »*Was bildet sie sich eigentlich ein, wer sie ist?*« ist eine Reaktion – und keine besonders erfolgversprechende.

3. *Seien Sie ehrlich zu sich selbst.* Seien Sie bereit, Ihre Fehler einzugestehen. Verleugnung, Rationalisierungen und Schuldzuweisungen verschaffen Ihnen vielleicht ein gutes Gefühl, aber sie führen nie zum Erfolg. Akzeptieren Sie die schlechten Nachrichten über Sie selbst ebenso wie die guten – Ihr neues Selbstbild kann's schon verkraften. Führen Sie einfach SAETS durch und gehen Sie weiter.

4. *Lernen Sie, Informationen weiterzugeben.* Tragen Sie zum Erfolg Ihrer Mitmenschen bei, indem Sie *deren* Chancen maximieren, Sie zu verstehen. Horten Sie keine wesentlichen Informationen. Ein solcher künstlich aufrechterhaltener Informationsvorsprung mag Ihnen ein vorübergehendes Gefühl von Macht geben, aber er trägt nicht zu dem wechselseitigen Verständnis bei, das zum Erfolg führt.

Mut: Die Voraussetzung aller gezielten Veränderung

»Die Analphabeten der Zukunft«, erklärt uns ALVIN TOFFLER, »sind nicht diejenigen, die nicht lesen und schreiben können, sondern diejenigen, die außerstande sind, zu lernen, zu verlernen und umzulernen.« Lernen, wachsen, bequem und sicher gewordene Muster aufgeben erfordern Mut – die Bereitschaft, Risiken einzugehen, Entscheidungen zu treffen, all diejenigen Maßnahmen zu ergreifen, die nötig sind, um Ziele und Wünsche in Realitäten umzuwandeln.

Die meisten von uns leben nach dem Motto: »Das bekannte Übel ist immer noch besser als ein unbekanntes.« Veränderung kann angsteinflößend sein; alte Gewohnheiten können ein Gefühl der Geborgenheit schenken, selbst wenn uns bewußt ist, daß wir uns ändern wollen.

Wir finden uns mit langweiligen Jobs ohne irgendwelche Aufstiegs-
chancen ab, weil sie uns materielle Sicherheit bieten. Wir suchen uns
neue Freunde oder Liebespartner danach aus, ob sie auf uns vertraut
wirken und keine unbequemen Umstellungen von uns verlangen, ohne
das Muster zu durchschauen, in dem wir gefangen sind. Aber nach
jeder Enttäuschung gelangen wir aufs neue zu dem Schluß, daß »Männer (oder Frauen) doch alle gleich sind«. Wir vermeiden es, einem
rüpelhaften Bekannten die Meinung zu sagen, weil wir befürchten,
eine Veränderung der Art unserer Beziehung könnte schlimmer sein,
als seine Beleidigungen weiter ertragen zu müssen.

Wir entwickeln keine Erfolgspersönlichkeit, indem wir auf der Stelle
treten. Die California Task Force kam zu dem Resultat, daß wir nur
dann wachsen, Probleme lösen und unser wahres Potential in uns
entdecken können, »wenn wir den Mut aufbringen, neue Gedanken,
Verhaltensweisen und Möglichkeiten zu erforschen, angemessene Risiken einzugehen und uns über sichere Grenzen hinauszuwagen«.

In *Megatrends 2000* erklären NAISBITT und ABURDENE: »Das große
grundlegende Thema des ausklingenden zwanzigsten Jahrhunderts ist
der Triumph des Individuums ... Es ist das Individuum, das Kunst-
werke schafft, sich für eine politische Weltanschauung entscheidet, die
Ersparnisse eines ganzen Lebens für ein neues Projekt aufs Spiel setzt,
einen Kollegen oder ein Familienmitglied zum Erfolg inspiriert, in ein
anderes Land auswandert, transzendente spirituelle Erfahrungen hat
... Individuen können heutzutage weit effektiver Veränderungen herbeiführen als die meisten Institutionen.«

Würdigen Sie Ihre »kleinen Heldentaten«

Mut zu haben bedeutet nicht unbedingt nur, sich in Krisensituationen
wie ein Filmheld zu verhalten. Es kann auch bedeuten, in »kleinen
Dingen« unerschrocken zu handeln, also etwa Ihre Ziele auch ange-
sichts einer Opposition von außen oder innen weiterzuverfolgen. Es
kann die Bereitschaft bedeuten, Fehler zu begehen und zu riskieren,
sich lächerlich zu machen. Es kann bedeuten, sich bewußt für neue
Verhaltensweisen zu entscheiden. Es kann bedeuten, bewußt Veränderungen herbeizuführen.

Eine Frau mit Hauptschulabschluß und geringen Berufserfahrungen
verläßt nach achtjähriger Ehe ihren gewalttätigen Mann und zieht mit
ihren Kindern in ein Haus für mißhandelte Frauen, fest entschlossen,
sich eine neue Existenz aufzubauen. Ein Mann mit erwachsenen Kindern, die schon auf eigenen Beinen stehen, gibt eine gutgehende An-

waltspraxis auf, um einen alten Traum zu verwirklichen und Barpianist zu werden. Eine Angestellte entschließt sich, ihrem Chef die Stirn zu bieten, als sie erkennt, daß seine Geschäftspolitik das Ansehen der Firma und die Sicherheit der Beschäftigten gefährdet. Ein Manager, der einsieht, daß sein autoritärer Führungsstil alle Kreativität unterdrückt und die Arbeitsmoral beeinträchtigt hat, entschuldigt sich persönlich bei seinen Angestellten und verspricht, sich fortan einer Politik der Offenheit und des gegenseitigen Respekts zu befleißigen. All das sind mutige Handlungsweisen.

Rezept: Trauen Sie sich, Risiken einzugehen

»Seien Sie bereit, ein paar Fehler zu machen, ein wenig Schmerz zu erdulden, um das Erwünschte zu erlangen«, schrieb Maltz. »Verkaufen Sie sich nicht unter Wert.« Hier folgen ein paar Tips, wie Sie diese Art von Mut entwickeln können:

1. *Ermitteln Sie Ihren »Mut-Quotienten«.* Rekapitulieren Sie Ihre Ziele. Identifizieren Sie diejenigen Aspekte Ihres Aktionsplans, die voraussichtlich gewisse Risiken für Sie implizieren werden. Überlegen Sie sich, wie Sie Ihre Entschlossenheit, Ihr Ziel zu erreichen, mit dem Mut kombinieren können, den Sie zum Durchhalten benötigen werden. Anstatt sich für ein Bild von sich als einem »Stillhalter« zu entscheiden, vergegenwärtigen Sie sich Gelegenheiten, da Sie in der Vergangenheit einen Erfolg errangen, weil Sie etwas riskierten. Sie meinen, das hätten Sie in Ihrem ganzen Leben noch nie getan? Was war mit Ihrer Entscheidung, ein Kind zu bekommen, obwohl Sie wußten, daß Sie wahrscheinlich Ihren Job verlieren würden? Was war mit der Liebeserklärung, die Sie sich als Sechzehnjähriger, schwitzend und klopfenden Herzens, abrangen? Das waren Entscheidungen, die *Mut* erforderten. Nehmen Sie Papier und Bleistift, und schreiben Sie auf, wie Sie die in diesem Buch beschriebenen Techniken praktisch dazu anwenden könnten, um Ihre Risikobereitschaft zu erhöhen.

2. *Erkennen Sie, daß Angst oft nichts als eine Illusion ist.* Mittlerweile dürfte Ihnen hinlänglich bekannt sein, daß Ihr Unterbewußtsein Ihnen ohne weiteres einreden kann, das, was Sie sich *vorstellen*, sei wirklich. Oftmals reagieren wir auf unbekannte Situationen einfach deswegen ängstlich, weil wir uns vorstellen, sie seien gefährlich. Indes ist nicht jede Mücke ein aus der Ferne gesehener Elefant; nicht jedes Hindernis auf unserem Weg ist eine lebensbedrohliche

Situation. Das Pferd sieht einen Schatten, wiehert verschreckt und scheut. Jetzt muß der Reiter erkennen, daß er nur durch richtiges, vernünftiges Handeln weiterkommt – nicht aber dadurch, daß er in Panik gerät.

3. *Lernen Sie, auf Krisen entschlossen zu reagieren.* Nichts kann Ihnen so wirkungsvoll dazu verhelfen, sich mutig zu fühlen, wie das Wissen darum, daß Sie in der Vergangenheit schon Krisensituationen gemeistert haben. Eine Möglichkeit, Ihre Chancen, unter Streß gute Leistungen zu erbringen, zu maximieren, besteht darin, im Theater Ihrer Imagination »streßfrei zu üben« – also genauso, wie Sie neue Gewohnheiten eintrainieren. Maltz verglich diese Verfahrensweise mit einer Feuerübung, durch die man in einer gefahrlosen Situation Fluchtwege kennenlernt und sich für den Ernstfall einprägt. Wenn Ihr Pferd unter sicheren Bedingungen gelernt hat, den Weg aus dem Wald zu finden, wird es ihn viel eher auch dann finden, wenn der Wald brennt. Und wenn Sie das »erfolgreiche Gefühl« genossen haben, das Ihnen mutiges Handeln verschafft, werden Sie weit eher bereit sein, auch in Zukunft Risiken einzugehen.

Barmherzigkeit: Ein anderes Wort für Respekt

»Menschen mit ›erfolgreicher Persönlichkeit‹ interessieren sich auch für andere Leute und achten sie«, schrieb Maltz. »Sie respektieren die Probleme und Bedürfnisse des anderen. Sie respektieren die Würde des Menschen und behandeln andere dementsprechend wie Menschen und nicht wie bloße Schachfiguren. Sie erkennen an, daß jeder Mensch ein Kind Gottes und eine einzigartige Persönlichkeit ist, die ein gewisses Maß an Achtung und Respekt verdient.«

Durchaus im gleichen Sinne erklärte die California Task Force: »Jeder Mensch verdient es, als einzigartiges und wertvolles Individuum angesehen zu werden. Um dasjenige, was jeder von uns für andere Menschen und die ganze Welt leistet, erkennen und würdigen zu können, müssen wir anerkennen, daß jeder von uns einzigartige Gaben und Talente besitzt ... und daß jeder von uns zählt ... Die Bedeutung der Fähigkeit und Bereitschaft, andere Menschen so zu akzeptieren und zu schätzen, wie sie sind, kann nicht überbewertet werden. Dazu gehört auch, jedes Menschen Gefühle, Ansichten, Denkweise und Geist zu akzeptieren. Dazu gehört auch, die individuelle und kulturell bedingte Verschiedenheit der Menschen zu akzeptieren. Wir müssen unbedingt darauf achten, daß wir von niemandem verlangen, daß er sein wahres Selbst verleugne oder unterdrücke, um sich als unserer Anerkennung oder Liebe ›würdig‹ zu erweisen.«

Mehren Sie Ihre Erfolgschancen, indem Sie diejenigen anderer Menschen mehren

Die Entwicklung einer solchen Einstellung ist eine notwendige Folge der Verbesserung unseres Selbstbildes – und umgekehrt. Was wir von uns selbst halten, ist untrennbar mit dem verbunden, wie wir andere sehen. Wenn Sie Ihren eigenen Wert und Ihre eigene Bedeutung nicht respektieren, werden Sie auch Schwierigkeiten damit haben, jemand anderes Wert und Bedeutung anzuerkennen. Und wenn Sie die Neigung haben, andere wegen ihrer Ansichten, Einstellungen und »Fehler« zu kritisieren und zu verurteilen, so ist dies wahrscheinlich ein Zeichen dafür, daß Sie auch von sich selbst nicht allzuviel halten. Die Fähigkeit, anderer Menschen »wirkliches Selbst« zu akzeptieren, ist Zeichen eines positiven Selbstbildes – und eine wichtige Voraussetzung für die Erfolgspersönlichkeit.

Selbst die Natur des Individualismus entwickelt sich heutzutage vom »aufgeklärten Eigennutz« zu einer altruistischeren, weltoffeneren Einstellung, die nur als »barmherzig« bezeichnet werden kann. Die Verfasser von *Megatrends 2000* erklären: »Der Individualismus der Zukunft richtet sich nicht nach dem Motto ›Jeder für sich und zum Teufel mit den anderen‹, er strebt nicht nach Befriedigung der eigenen Wünsche um ihrer selbst willen. Er ist eine ethische Weltanschauung, die das Individuum auf die globale Ebene hebt; wir alle sind für die Rettung der Umwelt, die Verhütung eines Atomkriegs, die Beseitigung der Armut verantwortlich. Der Individualismus erkennt allerdings an, daß die individuelle Energie eine wichtige Rolle spielt.« Sorgen Sie dafür, daß Ihr persönliches Erfolgsrezept die Ausnutzung Ihrer »individuellen Energie« zum Wohle der Welt einschließt!

Rezept: Erkennen Sie, daß »jedes Du ein Ich« ist

Wie alles andere in der Psychokybernetik, so ist auch die Integration der Barmherzigkeit in Ihre Persönlichkeit eine Frage der Gewöhnung. Hier folgen einige Vorschläge dafür:

1. *Respektieren Sie die Individualität des anderen.* Jedesmal, wenn Sie merken, daß Sie auf einen Menschen negativ reagieren, rufen Sie

sich ins Gedächtnis zurück, daß er oder sie ein einzigartiges Individuum ist, ein »Kind Gottes« – ob Sie dies nun im wörtlichen oder im bildlichen, humanistischen Sinne verstehen wollen. Machen Sie es sich zur Gewohnheit, die negativen Gefühle, die Sie anderen entgegenbringen, ebenso zu LÖSCHEN, wie Sie es mit Ihren negativen Gefühlen in bezug auf sich selbst tun. Machen Sie sich bewußt, daß die Einstellungen und Verhaltensweisen, auf die Sie so reagieren, wahrscheinlich die Folge eines negativen Selbstbildes sind – und erinnern Sie sich, wie lange Sie an *Ihrem* haben arbeiten müssen!

2. *Nehmen Sie Rücksicht auf die Gefühle, die Bedürfnisse und den Standpunkt Ihres Gegenübers.* Sei Ihr Leitspruch nun »Du kannst keinen anderen Menschen verstehen, solange du nicht eine Meile in seinen Mokassins gewandert bist«, oder schlicht »Was du nicht willst, daß man dir tu', das füg auch keinem andern zu« – zeigen Sie durch Ihr Verhalten stets, daß Sie den inneren Wert des anderen respektieren. »Die ehrliche Anerkennung des Eigenwerts des anderen wird uns veranlassen, diesen anderen mit Achtung und Respekt zu behandeln«, erklärte die California Task Force. »Wir entdecken unseren eigenen Wert nicht dadurch, daß wir uns mit anderen Menschen vergleichen ... Als Menschen haben wir alle genau den gleichen Wert.«

3. *Engagieren Sie sich.* »Zusätzlich zu Ihren rein persönlichen Zielen«, empfahl Maltz, »sollten Sie wenigstens ein überpersönliches haben, eine ›Sache‹, mit der Sie sich identifizieren können ... und zwar nicht aus Pflichtgefühl, sondern weil Sie es so *wollen*.« Finden Sie ein humanitäres Projekt, für das Sie sich ernsthaft aktiv engagieren können: Obdachlose speisen, die Umwelt schützen, ehrenamtlich in der Aids-Hilfe arbeiten – was auch immer Ihnen einen Teil Ihrer Energie, Ihrer Zeit, *Ihrer selbst* abverlangt. Abgetragene Kleider in einem Plastiksack an den Straßenrand stellen, damit das Rote Kreuz sie einsammelt, *zählt nicht.*

Achtung: Der Grundstein des Erfolgs

»Von allen Fallgruben im Leben«, schrieb Maltz, »ist Selbst*miß*achtung die tödlichste und zugleich diejenige, aus der man sich am schwersten befreien kann; denn sie ist eine Grube, die wir uns mit eigenen Händen graben und die sich im Satz zusammenfassen läßt: ›Es hat keinen Sinn – ich kann's ja doch nicht.‹«

Wir haben uns in diesem Buch immer wieder mit der Selbstachtung befaßt, und mittlerweile dürften Sie sich einen klaren Begriff von ihrer grundlegenden Bedeutung gemacht haben. Eine niedrige Meinung von sich selbst haben ist keine »Bescheidenheit« – es ist Selbstzerstörung. Seine eigene Einzigartigkeit hochachten ist kein »Egoismus« – es ist eine notwendige Bedingung für Glück und Erfolg.

Tatsächlich haben wir die Wichtigkeit der Selbstachtung so sehr betont, daß es an dieser Stelle angebracht sein dürfte, ausdrücklich festzustellen, daß sie *nicht* »die« Antwort auf jedes menschliche Bedürfnis darstellt. Wenn Sie glauben, »sich selbst gut finden« sei das Patentrezept zur Lösung aller Probleme im Universum, so stehen Ihnen natürlich einige bittere Enttäuschungen bevor. Selbstachtung allein wird Ihnen weder einen besseren Job verschaffen noch Sie die große Liebe finden lassen, Sie dazu bringen, vierzig Pfund abzunehmen, Ihren Kindern helfen, bessere Noten nach Hause zu bringen, die Produktivität Ihrer Firma steigern, Kriminalität, Armut und Ungerechtigkeit ein Ende bereiten oder es Ihrem Schwager abgewöhnen, Sie ständig anzupumpen. Entscheidend ist aber, daß uns ohne Selbstachtung ganz einfach das *Potential* fehlt, diese Ziele als Individuen und als Gesellschaft zu erreichen. Selbstachtung ist keine Universallösung. Sie könnte aber das »Universalfundament« für eine Vielzahl von Lösungen sein.

Rezept: Machen Sie die Psychokybernetik zu einem festen Bestandteil Ihres Lebens

Und wie erlangen Sie Selbstachtung? Sie haben's wahrscheinlich schon erraten: durch Anwendung der Prinzipien und Techniken der Psychokybernetik! Halten Sie sie sich gegenwärtig, indem Sie die entsprechenden Definitionen und Erklärungen in diesem Buch regelmäßig immer wieder nachlesen. Bewahren Sie sich ein Bewußtsein Ihres Eigenwerts und Ihrer Wichtigkeit, indem Sie diese zwei Empfehlungen gewissenhaft befolgen:

1. Integrieren Sie CRAFT in Ihren normalen Tagesablauf, wann immer Sie Überreste geringer Selbstachtung in sich entdecken, die Sie davon abhalten, eine erfolgreiche Persönlichkeit zu entwickeln.
2. Machen Sie einen SAETS-Durchlauf, wann immer Sie feststellen, daß Sie eine beliebige Situation auf eine Weise analysieren und auswerten, die sich negativ auf Ihre Selbstachtung auswirkt.

Selbstvertrauen: Das Ziel stets in Reichweite halten

Vor einigen Jahren arbeitete ich mit autistischen Kindern, die selbstzerstörerische Verhaltensweisen an den Tag legten. Jedesmal, wenn sie irgendein positives Verhaltensmuster nachahmten, das wir ihnen vorführten, belohnten wir sie mit Obst oder anderen kleinen Geschenken. Wenn wir beispielsweise ein Kind dazu bringen konnten, auch nur zehn Sekunden lang *nicht* mit dem Kopf gegen die Wand zu knallen, belohnten wir es.

In der Psychologie bezeichnet man eine solche Vorgehensweise als »Verhaltensformung« oder »schrittweise Verhaltensmodifikation«. Manchmal täte uns mehr oder weniger normalen Erwachsenen eine solche Verhaltensformung auch sehr gut. Selbstvertrauen – »ein auf kräftiges Eigenmachtgefühl gegründetes Gefühl, mit möglichen Schwierigkeiten fertig zu werden« (DORSCH, *Psychologisches Wörterbuch*) – ist der Grundstein des Erfolgs. Doch wie Sie wissen, untergraben viele unserer Erfahrungen unser »Eigenmachtgefühl« und damit unsere Selbstsicherheit. Allzuhäufig neigen wir dann dazu, unsere Erfolge zu vergessen und bei unseren Mißerfolgen zu verweilen.

Hindern Sie negative Gedanken daran, Ihren Glauben an Ihre Fähigkeiten zu untergraben, indem Sie Ihre Ziele immer fest im Auge behalten. Jeder noch so kleine Fortschritt, den Sie in Richtung auf Ihr Ziel machen, »formt« Ihr Selbstvertrauen und richtet Sie nach dem Erfolg aus. Seien Sie wachsam, konzentriert, hingegeben und engagiert. Ersetzen Sie alte Bänder aus Ihrer Kindheit – wie »Was glaubst du eigentlich, wer du bist?« oder »Nun werd mal nicht gleich größenwahnsinnig!« – durch eine »Warum-nicht-ich?«-Haltung. Klopfen Sie sich jedesmal in Gedanken auf die Schulter, wenn Sie etwas Neues riskieren. Wie Maltz es formulierte: »*Es spielt überhaupt keine Rolle,* wie oft Sie in der Vergangenheit schon gescheitert sind. Was zählt, ist der *erfolgreiche* Versuch – den sollten Sie sich einprägen, den sollten Sie sich immer wieder vergegenwärtigen, bei *dem* sollten Sie verweilen!«

Rezept: Erinnern Sie sich an Erfolgserlebnisse

Die Kunst des Selbstvertrauens beginnt mit klaren mentalen Bildern vom Erfolg. Verwenden Sie Ihre Ziele und Ihre vergangenen Erfolge als Wegweiser zu künftigem Erfolg, indem Sie folgende Grundsätze beachten:

1. *Verwandeln Sie den vorgestellten Erfolg in realen Erfolg.* Das Unterbewußtsein – jetzt alle im Chor: – kann zwischen einer realen und
   einer nur vorgestellten Erfahrung nicht unterscheiden. Indem Sie
   sich ein plastisches, anschauliches Bild vom Erfolg ausmalen, üben
   Sie sich darin, das Angestrebte zu erkennen und zu erlangen. Konzentrieren Sie sich auf Ihr Ziel. *Haben Sie Geduld:* Vertrauen Sie
   darauf, daß die natürliche Verbindung, die zwischen Ihrem Bewußtsein und Ihrem Unterbewußtsein besteht, das von Ihnen erwünschte
   Ergebnis schon herbeiführen wird. Seien Sie offen für unerwartete
   Gaben – für »Geschenke des Himmels«.

2. *Lernen Sie aus Enttäuschungen.* Jeder scheitert gelegentlich. Die
   Hauptsache ist, nie zu vergessen, daß die Erfolgspersönlichkeit sich
   hartnäckig weigert, Mißerfolge als solche zu akzeptieren. Lernen
   Sie es, den Mißerfolg als einen Schritt auf dem Weg zum Erfolg
   anzusehen, als Anzeichen dafür, daß Sie etwas Neues, anderes ausprobieren. Betrachten Sie jeden Fehler oder Irrtum als einen Wegweiser, der es Ihnen erlaubt, die Situation das nächstemal anders
   anzugehen.

3. *Konzentrieren Sie sich auf früher erzielte Erfolge.* Jedesmal, wenn
   Sie sich wegen eines Mißerfolgs schimpfen oder klagen hören, rufen
   Sie sich ein früher gehabtes Erfolgserlebnis ins Gedächtnis zurück.
   Allzuleicht vergessen wir die Ziele, die wir in der Vergangenheit
   bereits erreicht haben. Und wenn wir unseren Erfolgen nicht die
   gebührende Anerkennung zuteil werden lassen, kann es leicht passieren, daß wir statt dessen bei unseren Mißerfolgen verweilen.

4. *Lassen Sie Erfolg auf Erfolg aufbauen.* »Selbstvertrauen baut auf
   dem Erleben eines Erfolgs auf«, schrieb Maltz. »Es trifft wortwört-
   lich zu, daß Erfolg Erfolg gebiert. Selbst ein kleiner Erfolg kann
   als Sprungbrett zu einem größeren dienen.« Als ich meine Laufbahn
   als Rednerin begann, bestand mein erstes Honorar für einen Vortrag
   lediglich in der Erstattung der Benzinkosten für meine Anreise. Ich
   bekam zwölf Dollar und zweiundsiebzig Cent, und ich betrachte
   diese Einnahme *noch heute* als einen wichtigen Schritt. Als ich an
   dem Tag wieder nach Hause fuhr, dachte ich bei mir: »Na ja, man
   hat mich bezahlt, oder nicht? Jetzt bin ich wirklich eine professionelle Rednerin!«

5. *Hüten Sie sich vor »Krebsen«.* Meiden Sie Menschen, die Ihr Selbstvertrauen zu unterminieren versuchen, indem sie sich über Ihre
   Anstrengungen lustig machen. In den meisten Fällen handelt es sich
   dabei um Leute, mit deren Selbstvertrauen es nicht zum besten
   bestellt ist. Sie sehen keine Möglichkeit, nach oben zu kommen,

also versuchen sie, dadurch mit Ihnen auf einer Stufe zu bleiben, daß sie Sie unten halten. In seinem Buch *The Power To Create* nennt PHILIP AARON solche Leute »Krebse in einem Faß ... Sobald einer versucht herauszuklettern, strecken die anderen die Zangen aus und ziehen ihn wieder herunter«. In jedem Faß gibt es ein paar solche Krebse. Lassen Sie sich unter keinen Umständen von ihnen »herunterziehen«!

6. *Seien Sie offen für Ihre wahren Gefühle.* Zu wissen und zum Ausdruck zu bringen, wer Sie sind, kann Ihnen ein erhebliches Maß an Selbstvertrauen schenken. »Offenheit, Wahrheitsliebe und Integrität bereichern unser Dasein«, beobachtete die California Task Force. »Wir können unsere positiven Gefühle – Liebe, Zuneigung, Freude, Erleichterung und Erregung – ebenso mitteilen wie unseren Zorn, unseren Schmerz, unsere Trauer, unseren Kummer und unsere Angst. Dadurch, daß wir zu unseren wahren Gefühlen stehen, können wir mit dem, was wir sagen, wie wir uns fühlen und was wir tun, in Harmonie leben.«

Selbstakzeptanz: Seinen eigenen Wert anerkennen

Der Grundstein des Glücks ist, sich selbst als einen wertvollen Menschen zu akzeptieren. »Die elendesten und bemitleidenswertesten Menschen auf dieser Welt«, schrieb Maltz, »sind diejenigen, die sich fortwährend bemühen, sich selbst und anderen glaubhaft zu machen, sie seien etwas anderes, als sie in Wirklichkeit sind. Und es gibt keine größere Erleichterung oder Befriedigung als diejenige, die daraus erwächst, daß man endlich alle Prätentionen und alle Verstellung fahrenläßt und einwilligt, ›man selbst‹ zu sein.«

Es kann die schwierigste Aufgabe überhaupt sein, uns – frei von allen Wertungen – selbst zu akzeptieren. »Gott gebe mir die Gelassenheit, Dinge hinzunehmen, die ich nicht ändern kann, den Mut, Dinge zu ändern, die ich ändern kann, und die Weisheit, das eine von dem anderen zu unterscheiden«, sagte der amerikanische Theologe REINHOLD NIEBUHR, und unzählige Selbsthilfegruppen haben dieses sein Gebet als Leitspruch übernommen. Wie wir schon festgestellt haben, liegt das eigentliche Problem in der letzten der drei erbetenen Fähigkeiten: »die Weisheit, das eine von dem anderen zu unterscheiden«. Unser Unterbewußtsein »nimmt« – gelassen oder auch nicht – alles »hin«, was unser Bewußtsein ihm als wahr präsentiert. Anstatt unsere Irrtümer zu akzeptieren und sie als Stufen zum Erfolg zu verwenden, neigen wir allzuoft dazu, sie zu verinnerlichen und uns durch sie – durch unsere Fehler und Mißerfolge – zu definieren. Ist *das* Weisheit? Selbstakzeptanz bedeutet weder, danach zu streben, jemand zu sein, der wir nicht sind, noch Mißerfolge »gelassen« hinzunehmen.

Darin besteht der Unterschied zwischen dem Menschen, der sagt: »Das Leben ist nichts wert«, und demjenigen, der sagt: »Mir ist vollkommen klar, wie meine gegenwärtige Situation aussieht, aber das bedeutet nicht, daß ich mich damit abfinden muß.« Darin besteht der Unterschied zwischen der alleinstehenden Mutter ohne Berufserfahrung, die sich als den elendesten, minderwertigsten Menschen auf der ganzen Welt empfindet und in ein erbärmliches Dasein als alkoholabhängige Sozialhilfeempfängerin abgleitet, und derjenigen, die sich sagt: »Das Heute ist der reinste Alptraum, aber es liegt in meiner Macht, ein besseres Morgen zu erschaffen.«

Rezept: Erkennen Sie, was es heißt, Mensch zu sein

Erfolg durch Selbstakzeptanz bedeutet Maltz zufolge, »unser jetziges Ich zu akzeptieren, uns mit der Person anzufreunden, die wir gerade sind, mit all ihren Fehlern, Schwächen, Mängeln, Mißerfolgen, aber auch mit ihren Fähigkeiten und Stärken ... Wir müssen lernen, unsere Fehler und Mängel zu erkennen, bevor wir sie beheben können.« Die folgenden Tips werden Ihnen dieses Erkennen erleichtern:

1. *Lernen Sie Ihre Kreativität schätzen.* Kreativer Ausdruck – in welcher Form auch immer er auftreten mag – bestärkt unser Gefühl von Individualität und persönlichem Wert. Er gestattet uns, realistisch zu sagen: »Ich bin nicht zu dieser jetzigen Situation *verdammt.* Ich bin ein Mensch, und das bedeutet, ich kann eine kreative Möglichkeit finden, mehr Geld zu verdienen (mein Liebesleben befriedigender zu gestalten, diesen Streit mit Susi im Büro beizulegen ...).« Lernen Sie es, Ihre eigene Schöpferkraft, Ihre Kreativität, anzuerkennen und zu pflegen – möge sie sich nun in einem Gemälde äußern, in der Entwicklung einer neuen Marketingstrategie, in der Planung eines »ganz besonderen Tages« mit Ihren Kindern, in der Schlichtung von Streitigkeiten am Arbeitsplatz oder in der Renovierung Ihrer Küche. »Wir sind alle kreativ Schaffende«, lehrte uns Maltz.
2. *Lernen Sie Ihren Körper schätzen.* Die California Task Force erklärte: »Uns unseres Körpers zu schämen oder ihn abzulehnen

beraubt uns ebenso unserer Ganzheit als Menschen, wie wenn wir uns unseres Verstandes oder unserer Spiritualität schämten.« Wie eng Selbstakzeptanz mit der Würdigung unseres physischen Körpers verwoben ist, wurde mir erstmals bewußt, als ich im Rahmen eines medizinischen Abmagerungsprogramms mit fettsüchtigen Patienten arbeitete. Eine der schwierigsten Aufgaben, die ich als Psychotherapeutin je zu bewältigen hatte, war, diesen Menschen dabei zu helfen, einen positiven Begriff von ihrem Wert zu erlangen. Schätzen und achten Sie Ihre Sinne, Ihre körperlichen Fähigkeiten und Funktionen, Ihre Gesundheit und Ihre Sexualität. Sie werden mit der Zeit erkennen, daß die Würdigung Ihrer Physis eine wichtige Komponente der Selbstachtung und der Lebensfreude darstellt.

3. *Lernen Sie Ihre Spiritualität schätzen.* Wir sind nicht nur Bewußtsein und Körper – wir sind auch geistige, spirituelle Wesen. Viele Menschen setzen Spiritualität mit Religiosität gleich, aber tatsächlich ist der Begriff weiter, umfassender. Er bezeichnet die Weise, wie wir uns selbst in Beziehung zu allem außerhalb von uns Befindlichen erleben, und hat insofern unmittelbar etwas mit unserem Selbstbild zu tun. Wenn wir in Kontakt mit unserer spirituellen Seite stehen, sind unser Unterbewußtsein und unser Bewußtsein im Wissen um unseren inhärenten Wert synchronisiert. Unser Pferd kann nicht im Sumpf steckenbleiben, während unser Reiter auf den Gipfel des Berges konzentriert ist. Mögen wir nun im traditionellen Sinne des Wortes »religiös« sein oder auch nicht, mögen wir den Weg des Gebetes beschreiten, den der Meditation, den der achtungsvollen Naturbetrachtung oder einen beliebigen anderen – die Pflege unserer Spiritualität ist eine unverzichtbare Voraussetzung für die Erkenntnis unseres wahren Wertes als Menschen.

4. *Weisen Sie alle negativen Selbst-Gedanken auf das entschiedenste ab.* Seien Sie ständig auf der Hut vor falschen, negativen Überzeugungen, die Ihre Selbstakzeptanz untergraben. Mittlerweile wissen Sie, welche Macht falsche Überzeugungen über Einstellungen und Verhaltensweisen haben, wenn sie im Unterbewußtsein eingebettet sind. Bedienen Sie sich regelmäßig CRAFT, um solche negativen Gedanken, die Ihren Erfolg gefährden, so schnell wie möglich hinauszuwerfen.

5. *Entwickeln Sie eine »Charakter-Ethik«.* Wir alle bekennen uns zu »traditionellen Werten«, aber wie viele von uns fragen sich, welche Werte tatsächlich »traditionell« sind, geschweige denn, inwieweit sie zu unserem Erfolg beitragen können? In *Die sieben Wege zur Effektivität* zeigt STEPHEN COVEY, daß sich in unserer Gesellschaft

gegenwärtig eine Abkehr von der modernen »psychologischen Ethik« (»Setz dich durch«, »*Dein* Erfolg ist das einzige, was zählt« und so weiter) und eine Rückbesinnung auf die »Charakter-Ethik« (Selbstbeherrschung, Mäßigung und dergleichen) früherer Jahrhunderte vollzieht. Als junger Mann erstellte BENJAMIN FRANKLIN eine Liste von dreizehn »Grundtugenden«, die er in sich zu entwickeln wünschte, und konzentrierte sich jeweils eine Woche lang auf eine von ihnen, bis sie ihm, nach mehreren Jahren und zahlreichen »Durchgängen«, schließlich alle zu Gewohnheiten geworden waren. Eben »durch Schein zum Sein«! Franklins »Grundtugenden« spiegelten die im achtzehnten Jahrhundert in Neuengland und Pennsylvania gängigen Wertvorstellungen wider (Fleiß, Gerechtigkeit, Mäßigung, Ehrlichkeit, Demut und so weiter), aber der Grundgedanke, der sich in ihnen ausdrückt, ist die Überzeugung, daß derjenige, der seine negativen Tendenzen nicht beherrschen kann, von ihnen beherrscht *wird*. Indem Sie sich eine »Charakter-Ethik« zur Gewohnheit machen, können Sie die innere Stärke entwickeln, die für den Erfolg unerläßlich ist.

Zeichnen Sie Ihr eigenes Bild vom Erfolg

»Unsere Ziele sind wie Obstgärten: Je mehr Energie wir in sie investieren, desto mehr Früchte tragen sie«, bemerkte die California Task Force. »Wir brauchen angemessene und erreichbare Ziele ... Uns unsere eigenen Ziele zu setzen spiegelt die Wertschätzung wider, die wir uns selbst entgegenbringen: ›Ich will in meine eigene Richtung wachsen, und ich bin imstande, zu lernen und dadurch verantwortungsbewußt voranzuschreiten.‹ Es ist wichtig, sich bewußtzumachen, daß wir nicht auf der Welt sind, um von anderen Leuten in uns gesetzte Erwartungen zu erfüllen.«

Und das ist auch die brauchbarste Definition von Erfolg, die man sich nur wünschen kann: »In meine eigene Richtung zu wachsen, zu lernen und dadurch verantwortungsbewußt voranzuschreiten.« Überlegen Sie sich, in welche Richtung(en) Sie wachsen möchten. Betrachten Sie jedes der sieben Elemente des Erfolgs (SUCCESS) im Kontext Ihrer spezifischen Ziele. Seien Sie offen für Ihre eigenen Gedanken und Gefühle. Überlegen Sie sich, welche dieser Eigenschaften oder »Elemente« Sie bereits besitzen und welche Sie sich noch werden aneignen müssen, um auf Ihrem privaten Weg zum Erfolg weiter voranschreiten zu können.

Gedanklich zum Ziel

o Eine »Erfolgspersönlichkeit« wird Sie dazu befähigen, sich Ihr Leben lang lohnende Ziele zu setzen und diese auch zu erreichen.

o Sie können spezifische Maßnahmen ergreifen, um sich die sieben Elemente der Erfolgspersönlichkeit anzueignen: Orientierungssinn, Verständnis, Mut, Barmherzigkeit, Achtung, Selbstvertrauen und Selbstakzeptanz.

Setzen Sie sich Ihre eigenen Ziele

Elftes Kapitel

AUF WARNSIGNALE ACHTEN: WIE SIE MISSERFOLGE VERMEIDEN KÖNNEN

Niemand ist immun gegen negative Gefühle und Einstellungen … Die Hauptsache ist, daß wir sie als das erkennen, was sie sind, und positive Maßnahmen ergreifen, um unseren Kurs zu korrigieren.

MAXWELL MALTZ: *Psycho-Cybernetics* (1960)

Erlernte Hilflosigkeit ließe sich dadurch kurieren, daß man dem Individuum zeigt, daß sein Handeln *jetzt* eine Wirkung zeitigen würde, und es lehrt, über die Ursache seines Scheiterns anders zu denken. Sie ließe sich vermeiden, wenn das Individuum noch vor seiner ersten Erfahrung mit der Hilflosigkeit lernte, daß sein Handeln etwas bewirken kann.

MARTIN E. P. SELIGMAN, PH. D.: *Erlernte Hilflosigkeit* (1992)

Frederika war davon überzeugt, daß der neue Job ein Kinderspiel sein würde. Sie war sechsunddreißig Jahre alt, und die Direktion von Hayden Electronics hatte sie gerade zur leitenden Angestellten befördert. Sie hatte vier Jahre zuvor am Montageband angefangen und war rasch zur Werkmeisterin aufgestiegen. Jetzt würden ihr der neue Werkmeister und sieben Monteure unterstellt sein. Frederika hatte keine Ausbildung als Elektronikingenieurin genossen und konnte nur einige wenige College-Scheine vorweisen, aber ihr Boß Phil versicherte ihr, das sei überhaupt kein Problem. »Niemand ist für den Posten besser qualifiziert als Sie«, beruhigte er sie, »und Noah [*sein* Boß] ist hundertprozentig der gleichen Meinung.« Ihre Untergebenen waren mit einer einzigen Ausnahme Männer, aber auch das stellte kein Problem dar. Frederika hatte während ihrer Zeit in der Montage gelernt, mit ihnen umzugehen, und sie kam mit ihrer etwas barschen, unverblümten Art gut zurecht. Sofort entwickelte sie einen eigenen Plan zur Steigerung der Produktivität. »Okay, Jungs«, sagte sie zu ihrer Mannschaft, »alle mal herhören. Phil und Noah schwören auf Teamarbeit, also werden sie von uns auch Teamarbeit bekommen. Ich weiß, das ist nicht gerade die hier übliche Verfahrensweise, aber wenn ihr einfach die Zähne zusammenbeißt und mitmacht, werdet ihr euch alle schnell an die Sache gewöhnen. Okay? Okay! Packen wir's!«

Vom ersten Tag an schien alles schiefzulaufen. Ihre Leute wirkten gleichgültig, ja kühl gegenüber ihren Bemühungen. Während ihrer periodischen Anfeuerungsansprachen stießen sie sich gegenseitig mit dem Ellbogen an und verdrehten die Augen. »Wahrscheinlich können sie eine Frau als Boß nicht akzeptieren«, sagte sich Frederika verärgert. Phil gab ihr eine Mappe mit Artikeln über Fragen des Führungsstils, die er ihr zu lesen empfahl, und riet ihr, an einem Seminar für junge, noch unerfahrene Manager teilzunehmen. »Was will er mir damit sagen – daß ich meinen Job nicht ordentlich erledige?« fragte sie sich argwöhnisch. »Haben er und Noah mir nicht gesagt, ich *hätte* die nötige Qualifikation? Ich halte mich streng an die Vorschriften. Ich habe den neuen Plan ausgearbeitet, und ich übernehme die volle Verantwortung dafür, daß jeder ihn befolgt. Was hat Phil für ein Problem? Er fühlt sich offensichtlich bedroht – er hat Angst, daß ich ihn blamiere.« Als Ruth, die andere Frau in ihrer Abteilung, ihr freundlich zu bedenken gab, daß sie sich vielleicht ein bißchen zu sehr wie ein »neuer Besen« aufführte, antwortete Frederika: »Ich danke dir für deine Offenheit, aber ich weiß, was ich tue, okay? Ich kenne diese Jungs; man muß sie ordentlich rannehmen, wenn man will, daß sie einem zuhören.« Früher hatte Ruth die Mittagspause häufig mit ihr verbracht, aber wann immer Frederika ihr jetzt vorschlug, zusammen in die Kantine zu gehen, schien sie andere Pläne zu haben. »Die sind alle neidisch«, schloß Frederika. »Es ist nichts als simpler Neid. Ich schätze, das ist der Preis des Erfolgs.« Als Ruth ihr eines Tages mitteilte, sie habe einen anderen Job gefunden, wünschte ihr Frederika alles Gute und stellte sofort einen Ersatz ein.

Nach drei Monaten wurde Frederika zu ihrer ersten Leistungsbesprechung in Phils Büro gerufen. Auf der einen, der Plusseite, sagte er ihr, waren ihre Berichte pünktlich und sehr kompetent; der Plan, den sie entwickelt und in die Wege geleitet hatte, schien sich zu bewähren, und sie hatte rasch einen Ersatz für Ruth gefunden und erfolgreich eingearbeitet. Negativ anzumerken war, daß sie weder die Artikel, die Phil ihr gegeben hatte, mit ihm diskutiert noch an dem von ihm empfohlenen Schulungsseminar teilgenommen hatte. Ein ernsteres Problem stellte ihr Führungsstil dar. Ruth, teilte Phil ihr mit, hatte gekündigt, weil sie fand, Frederika behandle sie von oben herab; und mehrere von den anderen Montagearbeitern hatten sich beschwert, sie zwänge ihnen das Teamwork-Konzept förmlich auf. Die Arbeitsmoral und die Produktivität seien infolgedessen zurückgegangen, und Noah habe seine »Enttäuschung« zum Ausdruck gebracht.

Phil schüttelte Frederika zum Abschied die Hand und versicherte ihr, er habe vollstes Vertrauen zu ihr und sei sehr gern bereit, mit ihr an ihren Problembereichen zu arbeiten. Trotzdem war Frederika wütend. Warum hatten sich alle gegen sie verschworen? *Ihr* gegenüber hatte Ruth nie ein Wort über ihre angeblich herablassende Art gesagt. *Ihr* gegenüber hatten sich die Arbeiter nie über ihren Führungsstil beklagt. Hatte sie die Teamwork-Methode nicht auf Phils ausdrücklichen Wunsch hin eingeführt? Warum sollte es nun ihre Schuld sein, wenn sich alle dagegen sträubten?

Prompt fingen alte Bänder an, in Frederikas Unterbewußtsein abzulaufen: »Du bist eine Hochstaplerin ... Dir fehlt einfach das Zeug zur Führungskraft ... Sie werden es alle merken ... Niemand mag Leute, die von oben herab reden ... *Bleib bei deinem Leisten!*« Trotz Phils gegenteiligen Versicherungen begann Frederika, um ihren Job zu fürchten. Sie war nicht mehr imstande, irgendeine Anweisung zu geben, ohne sich besorgt zu fragen, wie die Arbeiter sie aufnehmen würden. Sie konnte keine Entscheidung treffen, ohne sich zu fragen, ob Phil und Noah sie gutheißen würden. Sie verspürte einen immer stärkeren Groll – gegen Phil, Noah und die Männer, die für sie arbeiteten, aber auch gegen ihre Mutter, die ihr nichts beigebracht hatte, was ihr im beruflichen Überlebenskampf von Nutzen sein konnte, gegen »das System«, das Frauen in leitenden Positionen so viele Hindernisse in den Weg legte, gegen jeden, der ihre Zeit in Anspruch nahm. Sie haßte es, zur Arbeit zu gehen, zu Hause aber langweilte sie sich und wanderte rastlos von Zimmer zu Zimmer auf der Suche nach irgendeiner Beschäftigung. Es gab kein noch so kleines Ziel, das sie verlockt hätte. Nichts in ihrem Leben schien ihr Freude zu machen. Sie begann, sich unter Menschen unwohl und gehemmt zu fühlen. Sie fing an, unkontrolliert zu essen, und bald paßte sie in keines ihrer Kleider mehr hinein.

Frederika ist ein Musterbeispiel für das, was Maxwell Maltz den *Mißerfolgsmechanismus* nannte. An ihr sehen wir, was geschehen kann, wenn unser automatischer Steuerungsmechanismus auf negative Ereignisse nicht *korrigierend* reagiert. Sie machte ein paar Fehler, wie das jedem passiert; aber anstatt sich vom Feedback auf den richtigen Kurs zurückführen zu lassen, riß sie das Steuer so panisch herum, daß sie ihr Ziel vollends aus den Augen verlor. Erst als sie lernte, ihre negativen Reaktionen als Warnsignale zu erkennen, schaffte sie es, auf das Feedback ihrer Umwelt positiv zu reagieren, ihren Mißerfolgsmechanismus zu deaktivieren und zum Ziel zu gelangen.

»Dampfkessel haben Manometer, an denen man ablesen kann, wann der Innendruck den kritischen Punkt erreicht«, schreibt Maltz.

»Dadurch, daß die potentielle Gefahr erkannt wird, können korrektive Maßnahmen ergriffen werden ... Auch die Mißerfolgspersönlichkeit hat ihre Warnsignale. Wir müssen lernen, diese Symptome von Mißerfolg in uns zu erkennen, um etwas gegen sie unternehmen zu können ... Wir müssen lernen, sie als ›Indesiderata‹ zu erkennen, als Dinge, die wir nicht wollen, und müssen uns vor allem *ehrlich* davon überzeugen, daß diese Dinge keine Freude und kein Glück schenken.«

Dieses Kapitel handelt von diesen Warnsignalen und davon, wie wir sie zur Korrektur unseres Kurses verwenden können. Im einzelnen werden Sie erfahren,

o welche sieben Warnsignale den »Mißerfolgsmechanismus« ausmachen;

o wie Sie erkennen können, daß eines dieser Signale sich negativ auf Ihr Selbstbild auswirkt und Sie von Ihrem Kurs abbringt;

o wie Sie sich vom empfangenen Feedback wieder auf den richtigen Kurs zurücklenken lassen können.

Ebenso wie er die Elemente der Erfolgspersönlichkeit anhand der Buchstaben des Wortes SUCCESS erklärte, verwendete Maltz das englische Wort FAILURE (»Mißerfolg«), um die Komponenten des Mißerfolgsmechanismus aufzuzeigen:

F-rustration (»Frustration«)
A-ggressiveness (»Aggressivität«)
I-nsecurity (»Unsicherheit«)
L-oneliness (»Einsamkeit«)
U-ncertainty (»Unentschlossenheit«)
R-esentment (»Groll«)
E-mptiness (»Leere«)

Wie im Falle der berühmten »sieben Warnsignale des Krebses« müssen diese negativen Einstellungen und Verhaltensweisen nicht *notwendigerweise* auf das Vorhandensein eines ernsten Problems hinweisen. Wenn wir gewissenhaft nach ihnen Ausschau halten, können wir sofort geeignete Maßnahmen ergreifen, die verhindern, daß das Problem überhaupt aufkommt. »Kurieren können wir diese Mißerfolgssymptome«, schreibt Maltz, »indem wir begreifen – indem wir wirklich ›sehen‹ –, daß sie nicht funktionieren ... Und sobald wir die Wahrheit sehen, beginnen die gleichen instinktiven Kräfte, die uns erst dazu gebracht hatten, diese Verhaltensweisen anzunehmen, für uns an der Ausschaltung dieser Mechanismen zu arbeiten.« Sehen wir uns jetzt im einzelnen an, wie diese Elemente uns vor drohendem Mißerfolg warnen und was wir konkret tun können, um sie zu umgehen.

Frustration: Die erste »rote Fahne«

Frustration ist nicht unbedingt etwas Schlechtes. Sie hat den Zweck, uns daran zu erinnern, daß es ein Ziel gibt, das sich (noch oder überhaupt) außerhalb unserer Reichweite befindet, oder einen Wunsch, der nicht unmittelbar erfüllt werden kann – und das ist gut so. Ohne die essentielle Anspannung der Frustration hätten wir nur geringe Motivation, auf die Verwirklichung unserer Vorhaben und Wünsche hinzuarbeiten. »Des Menschen Pflicht«, schrieb der englische Dichter ROBERT BROWNING, »ist, über sich hinauszuwollen; wozu wär' sonst ein Himmel gut?« Es war Frustration, was Sie veranlaßte, Ihr Leben ändern zu wollen. Es war Frustration, was Sie dazu brachte, dieses Buch in die Hand zu nehmen.

Nur dann *verringert* Frustration die Wahrscheinlichkeit, daß wir unsere Ziele erreichen, wenn wir sie nicht als ein Warnsignal auffassen und entsprechend auf sie reagieren. Bei Frederika führte die Frustration lediglich dazu, daß sie den Fehlschluß zog, ihre Untergebenen und ihr Vorgesetzter neideten ihr den Erfolg. Anstatt den Widerstand der Arbeiter, Ruths ungewohnte Kälte und Phils Ratschläge als Hinweisschilder für eine Kurskorrektur zu verwenden, entschied sie sich dafür, das Problem und die Verantwortung von sich auf diese Menschen abzuwälzen. Schließlich bedingte ihr Gefühl von Vergeblichkeit einen Verlust an Selbstachtung.

Frustration kann unterschiedliche Ursachen haben. Sie könnten beispielsweise nach Vollkommenheit streben statt nach realistischen Resultaten. Ein negatives Selbstbild könnte Sie an den Gedanken gewöhnt haben, Sie seien des Erfolgs nicht würdig. Ihr Unterbewußtsein könnte Ihnen fortwährend ein altes Kindheitsband vorspielen, das Ihnen einredet, »irgend jemand« werde schon für die Befriedigung Ihrer Bedürfnisse sorgen. Natürlich ist es Ihrem erwachsenen Reiter durchaus klar, daß keine »Mama«, kein Weihnachtsmann und keine gute Fee je vorbeikommen und Sie mit einem Simsalabim an Ihr Ziel katapultieren wird. Aber auf welchem Weg trottet Ihr Pferd, wenn Sie sich einreden, daß »irgend etwas sich schon ergeben wird«, wenn Sie »dem System« vorwerfen, daß es Ihre Probleme nicht löst, wenn Sie sich in Ihre »Schmollecke« zurückziehen und sich ganz schrecklich leid tun?

Ihr Frustrationsindex: Ein Fragebogen

Der erste Schritt in Richtung auf die Beseitigung der Frustration besteht darin, zu erkennen, *wann* Sie sie verspüren. Beantworten Sie die unten in der linken Spalte aufgelisteten Fragen. Notieren Sie sich dann diejenigen, die Sie mit »ja« beantwortet haben, und lassen Sie sich von den entsprechenden Empfehlungen zu geeigneten »Kurskorrekturen« leiten.

SITUATION	KORREKTIVE MASSNAHME
Wachen Sie häufig mit dem dringenden Gefühl auf, Sie *müßten* heute bestimmte Dinge erledigen? ☐ ja ☐ nein	Machen Sie sich bewußt, daß es nur wenige Dinge im Leben gibt, die Sie tun *müssen*. Es gibt allerdings viele Dinge, die Sie, wenn Sie sich dazu entschließen, tun *können*. Beweisen Sie sich anhand Ihrer Tages- und Wochen-Checkliste, daß Sie fast immer eine Wahl haben und daß Sie auch tatsächlich Prioritäten setzen und zwischen verschiedenen Möglichkeiten wählen.
Merken Sie, daß Sie Verpflichtungen nur widerwillig nachkommen? ☐ ja ☐ nein	»Werten« Sie Ihre Verpflichtungen zu freien Entscheidungen »auf«. Sie *müssen* nicht die Weihnachtsfeiertage mit Tante Hilda und Onkel Hugo verbringen. Sie *entscheiden* sich dafür, um Ihrem Ehepartner einen Gefallen zu tun.
Haben Sie oft das Gefühl, daß nichts von dem, was Sie tun, irgend etwas bewirkt? ☐ ja ☐ nein	Legen Sie für jedes Projekt, das Sie in Angriff nehmen, eine realistische Checkliste notwendiger Aufgaben an. Haken Sie nach und nach ab, was Sie jeweils vollbringen, und Sie haben den jederzeit nachprüfbaren Beweis, daß Sie *doch* etwas bewirken.
Haben Sie das Gefühl, die Motivation verloren zu haben, Ihre Ziele weiter zu verfolgen? ☐ ja ☐ nein	Unterziehen Sie Ihr Ziel einem abermaligen SMART-Test. Es könnte sein, daß es nur einiger Anpassungen und Korrekturen an Ihrem Aktionsplan bedarf, um Sie wieder »in Gang zu bringen«. Überlegen Sie sich, was *genau* Sie *konkret* tun könnten, um ein besseres Gefühl in bezug auf Ihr Projekt zu haben – beispielsweise einen Freund anrufen oder mit einem Kollegen ein Brainstorming durchführen. *Messen* Sie Ihre bisherigen Fortschritte. Vergegenwärtigen

SITUATION	KORREKTIVE MASSNAHME
	Sie sich, was Sie getan haben, um wieder in Gang zu kommen – und wenn es auch nur war, einmal richtig auszuschlafen und die Situation mit ausgeruhtem Kopf zu überdenken. Schreiben Sie einen *Aktionsplan* auf, um die Aufgabe zu Ende zu führen. Bauen Sie ein paar zusätzliche »Geschenke« ein, mit denen Sie sich bei Abschluß einzelner Phasen des Projektes belohnen können. Sehen Sie sich Ihr Ziel noch einmal *realistisch* an. Möglicherweise müssen Sie einige Korrekturen und Anpassungen an ihm vornehmen. Weisen Sie sich darauf hin, daß das Projekt, mag Ihr Enthusiasmus auch momentan abgeklungen sein, noch immer durchführbar ist und daß Sie gegenwärtig nur eine kurze Pause einlegen, um Zwischenbilanz zu ziehen. Versichern Sie sich, daß sich Ihr Ziel noch immer im vorgegebenen *zeitlichen* Rahmen erreichen läßt. Entfachen Sie Ihren Enthusiasmus wieder, indem Sie sich vor Augen führen, wie bald Sie schon das Licht am Ende des Tunnels erblicken werden.
Haben Sie im Zusammenhang mit Ihren Projekten häufig das Gefühl:»Wie ich's auch mache, ist es falsch«? ☐ ja ☐ nein	Vergessen Sie nicht, daß Sie nur ein Mensch sind. Wenn jede Strategie zu einer Frustration führt, halten Sie sich gegenwärtig, daß Sie den *momentan* besten Kurs verfolgen. Hadern Sie nicht mit sich, wenn die von Ihnen gewählte Vorgehensweise keine idealen Resultate zeitigt. Machen Sie sich bewußt, daß Sie – wenn Sie sich für eine andere Strategie entschieden hätten – jetzt eben aus *dem* Grund mit sich hadern würden. Ein gutes Motto für solche Fälle lautet:»Ich habe das Beste getan, was mir zu dem Zeitpunkt unter den gegebenen Umständen möglich war.«
Haben Sie das Gefühl, daß Sie auf dem Weg zu Ihrem Ziel mit ungewöhnlich vielen Hindernissen und Verzögerungen zu kämpfen haben? ☐ ja ☐ nein	Überprüfen Sie in regelmäßigen Abständen Ihren Frustrationspegel. Anstatt auf Ereignisse, die die Erlangung Ihrer Ziele zu hemmen oder zu verzögern scheinen, lediglich zu *reagieren*, entscheiden Sie sich bewußt dafür, *aktiv* auf sie *einzuwirken*. Anstatt sich darüber zu grämen, wie die Dinge in der Vergangenheit gelaufen sind, tun Sie jetzt etwas, was sich positiv auf die Zukunft auswirken wird.

SITUATION	KORREKTIVE MAßNAHME
Sagen Sie sich oft: »Ich bin nicht einmal *annähernd* da, wo ich hinmöchte«? ☐ ja ☐ nein	Machen Sie sich bewußt, daß Sie vielleicht *nie* »da« hingelangen werden, daß Sie aber alles tun, was für Sie im Bereich des Möglichen liegt.
Haben Sie oft das Gefühl, daß Sie nur Ihre Zeit vergeuden? ☐ ja ☐ nein	Das Gefühl, seine Zeit zu vergeuden, kann ein Anzeichen von sensorischer Überlastung sein: Sie haben offenbar den Anspruch, alles auf einmal zu bewältigen. Versuchen Sie, von jeder Stunde fünf Minuten als »Frustrationsbarometer« abzuzweigen. Halten Sie inne: Hören Sie auf, sich Sorgen zu machen. Sehen Sie sich an, was Sie zu leisten versuchen, und nehmen Sie eine realistische Ein- schätzung vor. »Hören« Sie auf Ihren Körper – ist Ihr Magen verkrampft, sind Ihre Fäuste geballt, halten Sie die Luft an? Unterbrechen Sie kurzzeitig Ihre Aktivitäten, um sich zu entspannen und Bilanz zu ziehen.
Haben Sie oft das Gefühl, daß die Leute Sie durch ihre Ansprüche von Ihrem Kurs abbringen? ☐ ja ☐ nein	Geben Sie sich die Erlaubnis, bei Bedarf NEIN zu sagen. Man kann es nicht andauernd allen recht machen. Sagen Sie den Leuten, daß Sie ihnen später gern behilflich sein werden, es Ihnen jetzt aber einfach nicht möglich ist. Lassen Sie es sich ein Anliegen sein, die Menschen, denen Sie etwas abschlagen müssen, auf irgendeine Weise zu »entschädigen« – laden Sie sie zum Essen ein, bringen Sie ihnen Blumen aus Ihrem Garten –, aber lassen Sie es nicht zu, daß die Angst davor, nein zu sagen, Sie in frustrierende Situationen hineinmanövriert.
Ist es länger als ein paar Tage her, daß Sie sich das letzte Mal regelrecht vor Lachen gekugelt haben? ☐ ja ☐ nein	Amüsieren Sie sich ein bißchen. Verbringen Sie ein paar Stunden mit jemandem, der Sie zum Lachen bringt, lesen Sie ein lustiges Buch, holen Sie sich beim Videoverleih einen witzigen (wenn Sie möch- ten, auch *albernen*) Film – was immer bei Ihnen am besten wirkt.

Aggressivität: Eine Folge der Frustration

»Übermäßige und fehlgeleitete Aggression«, schreibt Maltz, folgt auf die Frustration wie die Nacht auf den Tag.« Eine leitende Angestellte ist frustriert, weil sie es nicht schafft, einen bestimmten Plan in die Tat umzusetzen; sie reagiert darauf, indem sie ihre Arbeiter als dumm und faul beschimpft. Einem Arbeiter wird die Bitte um eine Lohnerhöhung abgeschlagen: Er kommt nach Hause und schreit seine Kinder an. Solche »Bewältigungsstrategien« mögen zu einer vorübergehenden Senkung des Frustrationspegels führen, aber sie sind eindeutig antiproduktiv. Manche Leute werden auf Ihr aggressives Verhalten nicht minder aggressiv reagieren. Andere werden Ihre Pläne auf subtilere Weise behindern oder vereiteln. Wieder andere werden sich, wie Frederikas Mitarbeiterin Ruth, von Ihnen zurückziehen. Auf lange Sicht vermindert Aggressivität die Frustration nicht, sie *intensiviert* sie im Gegenteil noch.

Das Geheimnis, wie man Mißerfolg vermeidet, besteht darin, Aggressivität in Selbstsicherheit umzuwandeln. Beides sind Strategien zur Durchsetzung eigener Ziele, aber hier hört die Ähnlichkeit auch schon auf. Die aggressive Persönlichkeit strebt ihr Ziel mittels Taktiken wie Schreien, Schuldzuweisen, Bedrängen und Nötigen an, ohne Rücksicht auf irgend jemanden zu nehmen. Die selbstsichere Persönlichkeit bedient sich einer »Doppelsieg-Strategie«: Sie überzeugt die anderen davon, das alle das gleiche wollen, und ermöglicht es ihnen so, nachzugeben, ohne an ihrer Selbstachtung Schaden zu nehmen. Die aggressive Persönlichkeit kann ihr Selbstwertgefühl gegenüber anderen nur dadurch erhöhen, daß sie *deren* Selbstachtung erniedrigt. Die selbstsichere Persönlichkeit hat dadurch Erfolg, daß sie das Selbstwertgefühl der Menschen in ihrer Umgebung erhöht – und damit auch ihr eigenes.

AGGRESSIVER ANSATZ	SELBSTSICHERER ANSATZ
»Also herhören, Leute – ab jetzt sind wir ein Team, und ihr werdet euch gefälligst alle am Riemen reißen!«	»Wir haben die einmalige Gelegenheit, hier etwas vollkommen Neues auszuprobieren, und die Geschäftsleitung steht hundertprozentig hinter uns.«
»Sie ist schließlich deine Mutter. Zieh dich endlich an, und hör auf herumzunörgeln.«	»Ich weiß, daß sie manchmal ziemlich anstrengend ist, aber sie wird älter, und es wird uns beiden bestimmt wohler sein, wenn wir kurz bei ihr vorbeischauen.«

AGGRESSIVER ANSATZ	SELBSTSICHERER ANSATZ
»Ich habe nur zwei Hände! Kannst du nicht irgendwas auch selbst machen?«	»Ich habe alle Hände voll zu tun, deshalb sei mir nicht böse, aber ich kann dir momentan wirklich nicht helfen.«
»Wozu gebe ich mir eigentlich soviel Mühe? Es nimmt hier sowieso kein Mensch Notiz von meiner Arbeit!«	»Nehmen wir uns doch vor, uns von jetzt ab gegenseitig zu bestätigen und alle zusammen für eine gute Arbeitsmoral zu sorgen.«
»Was ist los, Mensch? Hast du ein Brett vor dem Kopf, oder bist du wirklich so schwer von Begriff?«	»Ich glaube, ich habe mich nicht verständlich genug ausgedrückt. Also, was ich meinte, war ...«

Wie Sie aggressives Verhalten in selbstsicheres Verhalten verwandeln können

Jeder kennt den Unterschied zwischen Aggressivität und Selbstsicherheit – solange es um jemand anderes Verhalten geht. Wenn es uns selbst betrifft, haben wir oft Schwierigkeiten, die zwei Eigenschaften auseinanderzuhalten. Wir ignorieren jedes Feedback, solange es nicht die Form eines Nasenstübers annimmt. Die folgenden Fragen sollen Ihnen helfen herauszufinden, ob Sie bei der Durchsetzung Ihrer Wünsche und Intentionen zur Aggressivität neigen.

1. *Achten Sie auf Ihre Körpersprache.* Machen Sie sich dadurch »verständlich«, daß Sie mit dem ausgestreckten Finger auf Ihren Gesprächspartner zeigen oder die Hände in die Seiten stemmen? Trommeln Sie mit den Fingern auf dem Tisch, wenn jemand anderer spricht? Ertappen Sie sich dabei, daß Sie die Augen verdrehen, die Lippen schürzen oder die Stirn runzeln, wenn andere ihre Ansichten äußern?

2. *Achten Sie auf Ihre Stimme.* Neigen Sie dazu, lauter als gewöhnlich zu sprechen, wenn Sie versuchen, jemanden für Ihre Pläne oder Meinung zu gewinnen? Bedienen Sie sich einer Ausdrucksweise, die an einen tadelnden Erziehungsberechtigten erinnert (»Ich hätte Ihnen eigentlich mehr gesunden Menschenverstand zugetraut«)? Schlagen Sie oft einen Ton an, der als herablassend empfunden

werden könnte? Haben Ihre Bitten die Tendenz, wie Forderungen oder Befehle zu klingen? Wenn Sie Ihr Gegenüber wären, würden Sie sich durch Ihren Tonfall beleidigt oder verletzt fühlen?
3. *Achten Sie auf Körpersprache und Mimik Ihrer Gesprächspartner.* Weichen sie vor Ihnen zurück, runzeln sie die Stirn, oder legen sie Anzeichen von Beleidigt- oder Eingeschüchtertsein an den Tag?
4. *Achten Sie auf Ihre Worte.* Gehen Sie auf den Menschen los statt auf das Problem? Suchen Sie Streit, statt nach Lösungen zu suchen?

Wenn Sie diese Fragen überwiegend mit »ja« beantwortet haben, könnten Sie auf dem besten Weg zum totalen Mißerfolg sein. Ein Klaps auf den Rücken ist nur wenige Wirbel von einem Tritt in den Allerwertesten entfernt, aber diese kurze Entfernung kann den Unterschied zwischen Erfolg und Mißerfolg ausmachen. Halten Sie sich an die folgenden Strategien, um nicht von Selbstsicherheit in Aggressivität abzugleiten:

1. *Zügeln Sie Ihren Zorn.* Selbst wenn Sie fuchsteufelswild sind, zwingen Sie sich, die Fäuste zu entkrampfen, das Zähneknirschen einzustellen und Ihre Gesichtsmuskulatur zu entspannen. Senken Sie die Stimme und treten Sie ein wenig von Ihrem Gegenüber zurück.
2. *Korrigieren Sie Ihre Äußerungen.* Wenn Sie sich dabei ertappen, daß Sie aggressiv werden, halten Sie inne und nehmen Sie einen zweiten Anlauf: »Tut mir leid, Hugo, das fand ich auch nicht gut. Ich versuch's noch mal.« Wenn Sie im nachhinein das Gefühl haben, möglicherweise aggressiv gewesen zu sein, suchen Sie Ihre(n) Gesprächspartner(in) auf und verschaffen Sie sich diesbezüglich Klarheit. Sollte sich Ihre Vermutung als wahr herausstellen, so bitten Sie sofort um Verzeihung.
3. *Verwenden Sie Alternativen zu aggressiven Ausdrucksweisen.* Sagen Sie, was Sie meinen, und meinen Sie, was Sie sagen, aber auf eine nichtverletzende Weise. Fragen Sie sich bei jeder Ihrer Äußerungen, ob es Ihnen angenehm wäre, selbst so angeredet zu werden. Würden Sie sich dazu motiviert fühlen, den Wünschen Ihres Gegenübers zu entsprechen, oder würden Sie eher denken: »Was für ein Dreckskerl«? Anstelle der Konfrontation probieren Sie doch einmal die *Vernebelungstechnik* aus: »Ich verstehe, was Sie meinen, und respektiere Ihren Standpunkt. Ich möchte eine Alternativlösung vorschlagen.« Gleichfalls sehr wirkungsvoll ist die *Schmeichelstrategie*: »Ich weiß, daß du dieses Projekt lieber Karl-Heinz überlassen würdest, aber ich bin davon überzeugt, daß du der geeignetere Mann dafür

bist.« Seien Sie *hart* in Sachfragen, aber *weich* im Umgangston. Statt:»Egon, das ist eine absolut blödsinnige Idee«, versuchen Sie es einmal mit:»Egon, ich glaube nicht, daß diese Idee funktionieren wird. Folgendes scheint mir dagegen zu sprechen ... «

4. *Gestatten Sie anderen, anderer Meinung zu sein.* Lassen Sie sie ruhig heftig werden – die anderen haben ebenso ein Anrecht auf Selbstsicherheit wie Sie. *Wecken* Sie schlafende Hunde! Wenn ein ungelöster Konflikt vorliegt, seien Sie bereit, wenigstens einen Teil der Verantwortung zu übernehmen. Versuchen Sie lieber, eine Lösung zu finden, anstatt nach einem Sündenbock zu suchen:»Okay, wir sind uns darin einig, daß man die Sache hätte besser handhaben können. Ich habe dir die Daten wirklich zu spät gebracht, und damit fingen die Probleme an. Ich glaube, wenn du mich deswegen direkt angesprochen hättest, anstatt dich bei Susi schriftlich zu beschweren, hätten wir das schneller ausbügeln können. Versuchen wir doch in Zukunft beide verantwortlicher zu handeln.«

5. *Seien Sie ehrlich.* Sie erkennen einen Schwindler auf einen Kilometer Entfernung. Halten Sie andere nicht für dümmer. Wenn Sie es nicht *meinen, sagen* Sie es auch nicht.

Unsicherheit: Wenn Sie ständig am Bordstein entlangschrammen

Unsicherheit resultiert aus einem Gefühl von Unzulänglichkeit, dem Gefühl, anderer Leute Erwartungen – oder den eigenen – nicht zu genügen. Sie kann zum Mißerfolg führen, weil sie Ihrem automatischen Steuerungsmechanismus die falsche Richtung vorgibt: Anstatt sich auf ein Ziel zu konzentrieren, starren Sie unentwegt auf den Bordstein.

Inwieweit es Ihnen gelingt, »den Erwartungen zu genügen«, hängt in wesentlichem Maße davon ab, welches Resultat Sie anstreben. Erinnern Sie sich, wie ich Sie in einem früheren Kapitel gebeten habe, Ihr wichtigstes Ziel im Leben aufzuschreiben? Erinnern Sie sich, daß ich Sie davor warnte, etwas wie »Ich möchte glücklich sein« niederzuschreiben? Wenn Ihr Ziel »Glück« ist (oder »Reichtum« oder »Können« oder ein anderes ähnlich unbestimmtes Ideal), dann denken Sie in Kategorien absoluter Vollkommenheit, und *die* werden Sie in der Tat nie erreichen. Aber wenn Sie auf ein SMARTes Ziel hinarbeiten, dann werden Sie sich glücklich und außerdem *sicher* fühlen, da Sie wissen, daß Sie sich auf ein greifbares Resultat zubewegen.

Ihre falschen Überzeugungen können Sie dazu verleiten, sich unrealistische Maßstäbe zu setzen. Sie haben das Gefühl, wenn Sie Ihr Ziel nicht *sofort* erreichen, gelingt es Ihnen nie. »Wenn ich dieses Teamwork-Modell nicht realisieren kann, bin ich für diesen Posten einfach nicht geschaffen.« – »Wenn er/sie mich nicht liebt, hat mein Leben keinen Sinn mehr.« – »Wenn ich diesen Job nicht bekomme, werde ich bis ans Ende meiner Tage an diesem langweiligen Posten hängenbleiben.«

Erkennen Sie, wie die Elemente des Mißerfolgs sich gegenseitig verstärken? Wenn Sie frustriert sind, kann Ihr aggressives Verhalten dazu führen, daß Sie von Ihren Mitmenschen abgelehnt werden. Und prompt gehen die alten Bänder wieder los, fängt die nächste Runde von Selbstvorwürfen und Beschuldigungen an, haben Sie einen weiteren »Beweis« dafür, daß die Dinge sich niemals zum Guten wenden werden.

Stricken Sie sich Ihre eigene *»Sicherheitsdecke«*

»Sicherheit ist zumeist ein Aberglaube«, schreibt HELEN KELLER. »Sie existiert in der Natur nicht ... Das Leben ist entweder ein gewagtes Abenteuer oder gar nichts.« Wenn Sie Ihre Symptome von Unsicherheit unmittelbar nach ihrem Erscheinen erkennen und löschen, schließen Sie den Mißerfolgsmechanismus kurz, ehe er Sie zu weit vom Kurs abbringen kann. Benutzen Sie die linke Spalte der folgenden Tabelle als Führer zur Identifikation Ihrer eigenen »Unsicherheitsäußerungen«. Machen Sie es sich zur Gewohnheit, die Unsicherheit zu besiegen, indem Sie die entsprechende zielgerichtete »Selbstsicherheitserwiderung« aus der rechten Spalte wiederholen. Schreiben Sie am Ende der Tabelle jeweils Ihre spezifischen »Unsicherheitsäußerungen« und die zielgerichteten Erwiderungen auf, mit denen Sie sie künftig bekämpfen werden.

UNSICHERHEITSÄUßERUNG	SELBSTSICHERHEITSERWIDERUNG
»Was, wenn ...?« »Angenommen ...?«	»Was macht's schon, wenn ...?« »Angenommen, was? Ich weiß überhaupt nichts Bestimmtes. Warum rechne ich mit dem Schlimmsten?«
»Hätte ich doch nur ...« »Hätte ich doch nur nicht ...«	»Das nächste Mal werde ich ...« »Von nun an werde ich ...«

UNSICHERHEITSÄUßERUNG	SELBSTSICHERHEITSERWIDERUNG
»Ich frage mich, was hätte sein können, wenn ich …«	»Durch Herumgrübeln werde ich es nie herausfinden. Vielleicht gibt es jemanden, mit dem ich darüber reden könnte. Bis dahin werde ich mich weiter bemühen, mein Bestes zu tun.«
»Wahrscheinlich habe ich alles falsch gemacht.«	»Falls es so ist, werde ich aus dem Feedback meine Lehren ziehen und es das nächste Mal bessermachen.«
»Die müssen mich ja für einen Idioten halten!«	»Es hat keinen Sinn, sich jetzt deswegen Vorwürfe zu machen. Ich wußte es einfach nicht. Das nächste Mal weiß ich Bescheid.«
»Hätte ich das nur vorher gewußt!«	»Wenn ich wieder in eine solche Situation komme, werde ich mich anders entscheiden.«

Einsamkeit: »Mangel an ›Einssein‹«

»Wer imstande ist, sich selbst zu lieben, ist auch imstande, andere zu lieben«, schrieb der deutsch-amerikanische Theologe PAUL TILLICH. »Wer gelernt hat, die Selbstverachtung zu überwinden, hat auch die Verachtung anderer überwunden.« Das Gefühl extremer Einsamkeit, das Gefühl, von den anderen abgeschnitten und außerstande zu sein, Nähe und Kontakt zuzulassen, ist ein sicheres Anzeichen dafür, daß wir auch von uns selbst abgeschnitten sind. Dieses Gefühl von Isolation, von »Mangel an ›Einssein‹«, wie Maltz es nannte, ist ein sicheres Anzeichen dafür, daß unser Mißerfolgsmechanismus auf vollen Touren läuft.

Bitte beachten Sie: Gegen das *Allein*sein ist überhaupt nichts einzuwenden. Am Wunsch, allein zu sein, oder an der Freude am Alleinsein ist überhaupt nichts Krankhaftes oder »Mißerfolgs-Symptomatisches«. Wenn wir allein sind, können wir ausspannen, ein gutes Buch lesen, im Garten arbeiten, einen Schrank aufräumen, uns einem kreativen Projekt widmen oder angeln gehen. Wenn wir aber *einsam* sind, dann investieren wir unsere ganze Energie in Selbstmitleid.

»Einsamkeit«, schreibt Maxwell Maltz, »ist eine Form des Selbstschutzes. Die Kommunikationsverbindungen nach außen – und besonders alle emotionalen Bande – werden durchtrennt. Dies ist eine Möglichkeit, unser idealisiertes Selbst vor Bloßstellung, Verletzung, Demütigung durch andere zu schützen.« Dies ist genau das, was mit Frederika passierte, als sie es zuließ, daß ihre Leistungsbeurteilung ihre berufsbezogene Selbstsicherheit beeinträchtigte. Da sie nicht willens war, die Möglichkeit in Betracht zu ziehen, ihr subjektiver Eindruck der Ereignisse könnte *nicht* mit der Realität übereinstimmen, zog sie sich in die Isolation und Verzweiflung zurück.

Einsamkeit – eine weitere Gewohnheit, die Sie ablegen können

Was ist der Unterschied zwischen Einsamkeit und Alleinsein? Wenn wir allein sind, sind wir mit uns und der Welt zufrieden. Wir sind produktiv. Selbst wenn wir dann einen geliebten Menschen vermissen, hat unsere Sehnsucht eine gewisse Lebendigkeit oder Vitalität. Wenn wir dagegen jene extreme Einsamkeit erleben, die ein Wegweiser zum Mißerfolg ist, äußern sich unsere Gefühle in Gedanken wie:

o »Ich Arme(r)!«
o »Ich bin von allen abgeschnitten.«
o »Niemandem liegt was an mir!«
o »Niemand ruft mich mehr an!«
o »Ich habe nichts zu tun!«
o »Ich würde ja Susi anrufen, aber sie würde bestimmt sagen, daß sie keine Zeit hat.«
o »Paul war so komisch, als ich letztens mit ihm geredet habe – ich wette, er veranstaltet dieses Wochenende eine Party und hat nicht vor, mich einzuladen!«
o »Ich bin so langweilig, daß niemand an meiner Gesellschaft interessiert ist!«

Was wir in solchen Fällen wirklich meinen, ist natürlich, daß *wir uns* in unserer eigenen Gesellschaft langweilen. »Diese Art von Einsamkeit«, schreibt Maltz, »ist ein Getrenntsein von unserem wirklichen Selbst ... Der einsame Mensch setzt oft einen Teufelskreis in Gang: Aufgrund seines Gefühls der Selbstentfremdung sind menschliche Kontakte für ihn nicht sehr befriedigend, und so zieht er sich von der Gesellschaft zurück. Indem er das tut, beraubt er sich aber der Möglichkeit, wieder zu sich selbst zu finden, die nämlich darin besteht, in Aktivitäten mit anderen Menschen aufzugehen. Mit anderen Menschen etwas tun hilft uns, für etwas anderes Interesse zu entwickeln als für die Aufrechterhaltung unserer Masken und Prätentionen.«

Mit anderen Worten: »Mangel an Einssein« ist schlicht eine weitere negative Gewohnheit, die wir bewußt ablegen können. Hören Sie auf Ihr Selbst-Feedback. Wenn Sie sich bei Gedanken wie den oben aufgelisteten ertappen, so fassen Sie sie als Warnsignale auf. *Zwingen* Sie sich dazu, regelmäßig etwas Zeit mit anderen Menschen zu verbringen. Das ist wieder eine Situation, in der Sie »so tun« müssen, »als ob« – in diesem Fall, »als ob« Sie nicht einsam wären. Nichts kuriert Einsamkeit so zuverlässig, wie sich zu engagieren. Schließen Sie sich einer Arbeitsgruppe oder einem Team an. Treten Sie Ihrer Ortsgruppe des BUND bei, besuchen Sie einen Töpferkurs, werden Sie Mitglied eines Kegelklubs, eines Skatvereins oder eines Literaturzirkels, arbeiten Sie ehrenamtlich für eine Wohltätigkeitsorganisation oder eine Bürgerinitiative – tun Sie, was Sie wollen, nur *tun Sie etwas.* Es wird Ihnen helfen, sich das Trübsalblasen abzugewöhnen, und Sie wieder auf den Weg zum Erfolg zurückführen.

Unentschlossenheit: Wenn Sie sich selbst zum bloßen Zuschauer machen

»Wir werden nicht danach beurteilt, wie oft wir scheitern«, erinnert uns Tom Hopkins, »sondern danach, wie oft wir erfolgreich sind; und wie oft wir Erfolg haben, hängt ausschließlich davon ab, wie oft wir scheitern können, ohne aufzugeben.«

Unentschlossenheit ist eine Strategie, die unser Pferd anwendet, um Fehler zu vermeiden. Es weiß, daß es nicht in die Irre gehen kann, solange es den Stall nicht verläßt. Sie ist eine Verliererstrategie, weil sie die notwendigen Bedingungen des Erfolgs unmöglich macht: die Fähigkeit und Bereitschaft, Risiken einzugehen, Beschlüsse zu fassen und diese in die Tat umzusetzen. Auf ebendiese »Antistrategie« verfiel Frederika, als Phils Kritik ihr jeden Mut raubte, selbständige Entscheidungen zu fällen. Sie hatte so viel Angst davor, *etwas Falsches* zu tun, daß sie sich schließlich nicht mehr traute, *überhaupt* etwas zu tun. Etwas zu riskieren bedeutet, die *Möglichkeit* eines Mißerfolgs in Kauf zu nehmen. Wenn wir aber der Unentschlossenheit nachgeben, ist uns der Mißerfolg *sicher*.

Die häufigste Erscheinungsform der Unentschlossenheit ist die »Aufschieberitis«. Wir verschieben eine Entscheidung – oder die Umsetzung einer bereits getroffenen Entscheidung – auf ein unbestimmtes »Morgen«. Manchmal beschwichtigen wir uns mit der Rationalisierung: »Ich warte nur darauf, daß mir alle relevanten Daten vorliegen.« Sollte dies Ihre spezielle Strategie sein, machen Sie sich bewußt, daß Ihnen »alle relevanten Daten« *niemals* vorliegen werden. Sie werden immer auf eine weitere Information, eine weitere Entscheidungshilfe warten.

Die mangelnde Bereitschaft, Risiken einzugehen, ist nicht das einzige warnende Symptom der Unentschlossenheit. Manche Leute verschleiern ihre Angst vor dem Risiko, indem sie unentwegt etwas riskieren und dann anderen die Schuld geben, wenn ihnen etwas mißglückt. Natürlich gehen einem solchen Menschen über kurz oder lang die Sündenböcke aus. Zuletzt wird jeder außer ihm selbst seine Hirngespinste durchschauen. Und er wird weiter den Weg des Mißerfolgs entlanggehen und jeden verantwortlich machen außer sich selbst.

Verwandeln Sie Unentschlossenheit in Handeln

Man braucht nicht immer recht zu behalten, um erfolgreich zu sein. Wenn sich mehr als fünfzig Prozent Ihrer Entscheidungen als richtig herausstellen, haben Sie das Spiel gewonnen. Wenn Sie sich in null Fällen nullmal irren, haben Sie keinen einzigen Fehler gemacht – aber auch keinen einzigen Punkt. Betrachten Sie etwaige Ansätze zur Unentschlossenheit als Warnsignale, und ergreifen Sie möglichst rasch korrigierende Maßnahmen:

1. *Haben Sie keine Angst davor, Fehler zu machen.* Es ist wichtig, jedem hemmenden Gefühl von Unentschlossenheit durch entschlossenes Handeln zu begegnen. Rechnen Sie damit, daß sich Kurskorrekturen als nötig erweisen werden. Machen Sie sich bewußt, an welchen Punkten oder »Nahtstellen« Ihres Aktionsplans Sie anhalten, zurückgehen und eine neue Richtung einschlagen können.

2. *Bekämpfen Sie die »Aufschieberitis« durch entschlossenes Handeln.*
Lesen Sie die im achten Kapitel vorgestellten Techniken zur Überwindung der Aufschieberitis nach und wenden Sie sie an. Denken
Sie daran, daß es nicht nötig ist, alle relevanten Informationen zu
besitzen, um einen Entschluß fällen zu können. Manchmal ist eben
ein gewisses Maß an »Gottvertrauen« erforderlich. Versichern Sie
sich, daß Sie bereit sind, die – guten, schlechten oder neutralen –
Folgen zu akzeptieren und zu tragen. Dann springen Sie ins kalte
Wasser. Vergessen Sie nicht: »Morgen ist auch noch ein Tag« *zieht*
in der heutigen Welt einfach nicht. Wenn Sie nicht handeln, wird's
ein anderer tun.

3. *Achten Sie auf Feedback.* Wenn Sie Ihre Unentschlossenheit dadurch
zu verschleiern versuchen, daß Sie viele überhastete und unüberlegte
Entscheidungen fällen, werden Sie mit Sicherheit eine Menge Warnsignale empfangen. Meiden Sie diesen Weg, indem Sie auf Feedback
aus Ihrer Umgebung achten. Sträuben sich Ihre Bekannten oder
Kollegen dagegen, nach Ihren Vorstellungen zu handeln? Entfernen
sie sich nach einem Gespräch mit Ihnen kopfschüttelnd und vor
sich hin murmelnd? Wenn ja, sprechen Sie sie direkt an und fragen
Sie sie, ob sie das Gefühl haben, Sie seien ungerecht in Ihren Schuldzuweisungen gewesen. Selbst-Feedback ist oft das wirkungsvollste
Feedback. Machen Sie sich jedesmal eine Notiz, wenn Sie sich dabei
ertappen, daß Sie einen Mißerfolg rationalisieren, indem Sie jemand
anderem die Schuld daran geben. Erkennen Sie Ihre Fehlentschei-
dungen und die Unentschlossenheit an, die zu ihnen geführt hat.
Bringen Sie sich wieder auf den richtigen Kurs, indem Sie sich
Entscheidungen ins Gedächtnis zurückrufen, die *positive* Resultate
gezeitigt haben.

Groll: Schlecht gewordener Zorn

Von allen »Unglücklichmachern«, die ich in meiner langjährigen Laufbahn kennengelernt habe, ist Groll der schlimmste. Groll ist schlecht
gewordener Zorn. Das Wörterbuch definiert den Begriff als »heimliche,
eingewurzelte Feindschaft oder verborgene[n] Haß, zurückgestaute[n]
Unwille[n], der durch innere oder äußere Widerstände daran gehindert
wird, sich nach außen zu entladen, und Verbitterung hervorruft«.

Wenn der Groll zu einem Teil unserer Persönlichkeit wird, ist er
eine Gewohnheit wie jede andere auch. Unser Pferd ist dann nicht
zufrieden, außer es kann sich als Opfer fühlen. Wann immer etwas

schiefläuft, schaut es sich nach jemandem um, den es dafür verantwortlich machen kann. Es *braucht* das Gefühl, ungerecht oder schlecht behandelt worden zu sein. Und was glauben Sie, wie eine solche Gewohnheit sich auf unser Selbstbild auswirkt? Was für Ziele können wir wohl erreichen, wenn unser automatischer Mechanismus nach dem Programm »ICH BIN EIN OPFER« arbeitet? Wir lassen es dann zu, daß jemand anderes über unser Leben bestimmt.

Wer ist *Ihr* »jemand anderes«? Wem grollen Sie – Ihrem Vater, Ihrer Mutter, Ihrer Ex-Ehefrau, Ihrem Chef, Ihrem Nachbarn? Ihrer Schwester, weil sie immer mehr Freunde hatte als Sie? Ihrem Freund, der immer die guten Gelegenheiten beim Schopf zu packen scheint, die Ihnen entwischen? Jedem, dessen Ehe glücklicher zu sein scheint als Ihre? Fühlen Sie sich durch Ihren Groll auch nur annähernd besser? Natürlich nicht. Er ist wie eine eiternde Wunde, die niemals ausheilt. Glauben Sie vielleicht, Frederika war mit ihrer Situation auch nur im mindesten glücklicher, weil sie Phil, die Arbeiter oder »das System« dafür verantwortlich machte? Frederika fing erst dann an, ihre Probleme zu lösen, als sie aufhörte, Schuldige für ihren Mißerfolg zu suchen, und ihre Schuldzuweisungen als *Warnsignale* dafür erkannte, daß sie auf dem besten Wege war, vollends zu scheitern. Indem sie ihren Groll überwand und erkannte, daß ihre Handlungen in der Gegenwart die Vergangenheit um keinen Deut verändern konnten, schaffte sie es zuletzt, wieder auf den Weg zum Erfolg zu gelangen.

Vergebung – das Gegengift gegen den Groll

Glücklicherweise kann man sich den Groll – wie alles andere auch – abgewöhnen. »Wenn wir den Groll gegen uns selbst und andere fahrenlassen«, erklärt die California Task Force, »gelingt es uns, konstruktiv in der Gegenwart zu leben. Zu vergeben befreit uns von der Last des Hasses, der an unserer Energie und Selbstachtung zehrt. Auch zu akzeptieren, daß uns vergeben wird, erlaubt uns, voranzuschreiten und uns weiterzuentwickeln.«

Oberflächlich betrachtet könnte die Bereitschaft zu vergeben wie eine bequeme Möglichkeit erscheinen, vor Problemen zu kneifen. Sie könnten schließlich sehr gute Gründe für Ihren Groll haben. Es ist ohne weiteres möglich, daß Sie *wirklich* ein »Opfer« sind – eines gewalttätigen Elternteils, eines ausbeuterischen Arbeitgebers, der Armut, der Justiz, der (allerdings selbstverschuldeten) Alkohol- oder Drogenabhängigkeit. Ich behaupte keineswegs, daß Sie diese Ereignisse oder Zustände und den Schmerz, den sie Ihnen verursacht haben, *vergessen* sollten. Ohne einen radikalen gehirnchirurgischen Eingriff würde Ihnen das ohnehin kaum gelingen! Aber Groll ist eine Fußfessel, die Ihrem Pferd die Bewegungsfreiheit raubt. Das Gefühl, ein armes Opfer zu sein, verschafft ihm eine Ausrede, um die Koppel niemals zu verlassen. Indem Sie aber *vergeben* – also akzeptieren, daß »die Sache« nun einmal passiert ist, Sie nichts mehr daran ändern können und es an der Zeit ist weiterzugehen –, werden Sie mit der Gewohnheit brechen, sich als ein Opfer zu betrachten. Und es ist *unerläßlich*, daß Sie mit dieser Gewohnheit brechen, wenn Sie Ihren Weg zum Erfolg finden wollen. Halten Sie nach Gedanken Ausschau, die, wie die folgenden, auf Groll gegen jemand anderes hindeuten:

o »Nach allem, was ich für sie getan habe ...«
o »Ich habe dir die besten Jahre meines Lebens geschenkt, ist das der Dank dafür?«
o »Er hat sich sein Leben lang genommen, was rechtens *mir* zugestanden hätte!«
o »Früher oder später wird sie ankommen, damit *ich ihr* helfe. Ich freue mich schon darauf, ihr die Tür vor der Nase zuzuknallen!«
o »Die sind bloß alle neidisch auf meinen Erfolg!« (Frederika)

Achten Sie auch auf Gedanken, die Groll gegen Sie selbst verraten:

o »Wie konnte ich nur so dumm sein?«
o »Hätte ich vor zehn Jahren nur den Mut gehabt, dieses Geschäft mit Karl-Heinz durchzuziehen, wäre ich jetzt ein reicher Mann.«
o »Werde ich es *jemals* lernen, meine dumme Klappe zu halten?«
o »Ich habe mich *wieder* mal von ihm einschüchtern lassen!«
o »Ich hatte die Chance, eine richtige Managerin zu werden, und ich hab's vermasselt.« (Frederika)

Jedesmal, wenn Sie sich bei solchen Gedanken ertappen, bringen Sie sich mit Hilfe der SAETS-Methode wieder auf den richtigen Kurs. *Entschließen* Sie sich bewußt dazu, die Situation in einem anderen Licht sehen: »Ich tue mir selbst leid, weil unsere Beziehung so einseitig zu sein scheint. Vielleicht sollte ich ein bißchen umdenken.« – »Es ist wirklich schade, daß ich geglaubt habe, es mir nicht leisten zu können, in das Projekt von Karl-Heinz zu investieren.« Passen Sie Ihre Emotionen Ihrer neuen Sicht der Dinge an. Dann *tun* Sie etwas, um Ihre Selbstachtung wiederherzustellen: Geben Sie Ihren Groll auf, indem Sie sich selbst und anderen vergeben.

Als Frederika erst einmal imstande war, ihre Situation wertfrei zu betrachten und die Verantwortung für das Problem zu übernehmen – »Ich habe vor den Arbeitern zu sehr die Chefin herausgekehrt; ich habe Phils Rat nicht befolgt« –, verlagerte sich ihre emotionale Verfassung von Groll zu Verständnis. »Kein Wunder, daß die Jungs gemauert haben«, sagte sie sich. »Das ist für sie absolutes Neuland, und ich bin rangegangen wie Blücher. Sie werden auf das Teamwork-Konzept positiv reagieren, wenn ich mit ihnen von gleich zu gleich rede. Und was Phil angeht – er versuchte wirklich, mir zu helfen, und nicht mich herunterzuputzen.«

Dann *tat* Frederika etwas, um ihre Situation zu verbessern: Sie las die Artikel, die Phil ihr gegeben hatte, und schrieb sich beim ihr empfohlenen Schulungsseminar ein. Das Wichtigste aber war, daß sie sich dazu durchrang, den Arbeitern ihren Widerstand und sich selbst ihr unangebrachtes Verhalten zu verzeihen. Sie sagte sich: »Ich habe mich die ganze Zeit selbst zerfleischt, aber es ist schon okay – das ist vorbei. Die Arbeiter *haben* gemauert, aber ab morgen versuche ich es bei ihnen mit einer anderen Taktik.«

Leere: Wenn nichts der Mühe wert zu sein scheint

Noch zu meiner Zeit mußte jeder amerikanische Schüler EDWARD A. ROBINSONS »Richard Cory« auswendig lernen – ein Gedicht über einen Mann, der alles hatte, der von allen beneidet wurde und der »eines stillen Sommerabends/heimging und sich eine Kugel in den Kopf schoß«. Die Moral von Richards Geschichte war jedem Dreizehnjährigen klar: Du kannst allen materiellen Erfolg haben, den sich die Menschen nur erträumen, und doch irgendwann vom Gefühl eingeholt werden, das Leben sei nicht lebenswert. Ebendiese abgrundtiefe innere Leere ist das letzte und zerstörerischste Symptom des Mißerfolgsmechanismus.

Dieses Gefühl reicht tiefer als die Einsamkeit, von der weiter oben die Rede war. Es ist ein Gefühl von Selbstverlust, ein Vakuum, das wir scheinbar einfach nicht aufzufüllen vermögen. In manchen Fällen können wir uns, wie Frederika, buchstäblich körperlich *leer* fühlen und versuchen, das Vakuum mit Essen aufzufüllen. Dieser Zustand hat nichts mit einem Mangel an »Erfolg« zu tun, wie wir den Begriff normalerweise verstehen. »Der Mensch, in dem die Fähigkeit, sich zu freuen, noch immer lebendig ist, kann sich an vielen unscheinbaren und einfachen Dingen im Leben freuen«, schrieb Maltz. »Er freut sich auch an jedem [materiellen] Erfolg, den er erringen konnte. Der Mensch aber, in dem die Fähigkeit, sich zu freuen, abgestorben ist, kann sich an nichts mehr freuen. Kein Ziel erscheint ihm wert, angestrebt zu werden. Das Leben ist entsetzlich langweilig. Nichts ist der Mühe wert.«

Denken Sie einmal an die erfolgreichen jungen Leute, denen während des größten Teils der achtziger Jahre das nahezu ungeteilte Interesse der Medien galt – die »Yuppies«. Hier war eine Gruppe von Individuen, deren Leben, zumindest insoweit sie dem Klischee entsprachen, mit sämtlichen Symbolen des Erfolgs ausgestattet war: Gesundheit, Geld, sexueller Attraktivität, den richtigen Autos, den richtigen Wohnungen in den richtigen Gegenden, den richtigen Schulen für ihre Kinder, den schicksten Restaurants, den neuesten spirituellen Moden, die in einer endlosen Suche nach Selbstverwirklichung eine nach der anderen ausprobiert wurden, dem rastlosen, verzweifelten Bestreben, der Langeweile immer um einen Schritt voraus zu sein. *Das soll Erfolg sein?* Das ist Leere. Das ist auf jemand anderes Ziele hinarbeiten. Mag unser Reiter sich noch so sehr einbilden, es seien die unsrigen – unser Pferd weiß es besser. Dies ist die Sorte »Erfolg«, die das Wort *Erfolg* zu einem Schimpfwort macht, die Sorte Erfolg, für die der große amerikanische Psychologe WILLIAM JAMES die Bezeichnung *the bitch-goddess* prägte: »die Hurengöttin.«

»Leere«, schrieb Maltz, »ist ein Symptom dafür, daß wir nicht kreativ leben ... Es ist der Mensch ohne eigene Ziele, ohne eigene Sinngebung, der den pessimistischen Schluß zieht: ›Das Leben ist sinnlos‹ ... Der Mensch, der *aktiv* für etwas kämpft oder auf ein wichtiges Ziel hinarbeitet, verfällt nicht auf pessimistische Lebens›weisheiten‹ wie die, das Leben sei sinnlos oder eitel.«

Innere Leere ist, kurz gesagt, ein weiteres Symptom eines minderwertigen Selbstbildes. Sie kann eine Rechtfertigung für einen Mangel an persönlicher Erfüllung sein (»Ich bin eine Null; mein Leben hat nicht die geringste Freude zu bieten; wozu sich noch abrackern – sobald die Ozonschicht verschwindet, ist sowieso alles aus«). Sie kann die emotionale Auswirkung der Hohlheit eines »Erfolgs« sein, der im Widerspruch zu echten persönlichen Zielen steht (»Ich fühle mich erbärmlich; ich verdiene das alles überhaupt nicht; wenn die bloß wüßten, was für ein Hochstapler ich in Wirklichkeit bin; das Leben hat nicht den geringsten Wert; ich denke, ich gehe und kauf' mir einen neuen BMW«). So oder so ist sie ein Anzeichen dafür, daß unser automatischer Mechanismus kein Ziel hat, nach dem er sich ausrichten könnte.

Wie man die Leere wiederauffüllt

Damit sind wir wieder bei den Zielen angelangt. Wenn wir zum erstenmal versuchen, uns Ziele auszudenken, und unseren Servomechanismus noch nicht durch die kreative Imagination in Gang gesetzt haben, laufen wir schnell Gefahr, die Übersicht zu verlieren. Vor einigen Jahren nahm ich an einem Kurs namens »Erfolg Plus« teil, den TERRY COLE WHITTAKER veranstaltete. Sie verwendete Maxwell Maltz' *Psycho-Cybernetics* als Lehrbuch und eröffnete die Besprechung des Themas »Ziele«, indem sie uns fragte, welche Möglichkeiten uns offenstünden. Was konnten wir alles tun, was *Spaß* machen könnte – einfach so, ohne Verpflichtung, Engagement oder Aktionsplan?

Wenn Sie sich in einem Zustand der Leere und Mutlosigkeit befinden und eine kleine Starthilfe brauchen, um erste Überlegungen über mögliche Ziele anstellen zu können, versuchen Sie es doch mit dieser Strategie und finden heraus, was Ihre Phantasie anregt. Probieren Sie ein paar der folgenden Ideen aus, und kanalisieren Sie dadurch lineares, linkshemisphärisches Wozu-soll-das-gut-sein-Denken in kreatives, rechtshemisphärisches Das-klingt-ja-ganz-unterhaltsam-Denken. Diese Ideen versetzen Ihrem Servomechanismus einen Stoß, der ihn dazu bringen kann, sich wieder daran zu erinnern, daß das Leben *doch* erfreuliche Augenblicke zu bieten hat. Wie bedeutungslos diese Augenblicke für sich genommen auch erscheinen mögen – sie können Ihnen die Fähigkeit verleihen, die innere Leere wiederaufzufüllen.

1. Wenn Sie vierundzwanzig Stunden zur absolut freien Verfügung hätten, was würden Sie tun? Sie haben ein Monatsgehalt zum Verjubeln und sind niemandem Rechenschaft schuldig.
2. Jetzt weiten Sie Ihren Tagtraum aus: Sie haben eine ganze Woche Zeit und drei Monatsgehälter zum Verjuxen. Wo würden Sie hinfahren? Würden Sie jemanden mitnehmen oder allein reisen? Planen Sie Ihre Woche in allen Details.
3. Verleihen Sie sich einen witzigen berufsspezifischen Adelstitel – »Erzherzogin der Erziehung«, »Großfürst von WordPerfect«, »Freifrau vom Fax« – und verhalten Sie sich einen Arbeitstag lang dementsprechend.
4. Malen Sie sich Ihren Idealberuf in allen Einzelheiten aus – spezielle Aufgaben und Pflichten, Aussehen des Arbeitsplatzes und so weiter.

5. Malen Sie sich Ihre ideale Umgebung aus: Wenn Sie Ihre Wohnung mit jedem beliebigen Kunstwerk oder kunsthandwerklichen Erzeugnis schmücken könnten, was würden Sie wählen?

6. Konzentrieren Sie sich auf Erinnerungen an befriedigende, *erfüllende* Erlebnisse. Rufen Sie sich ins Gedächtnis zurück, wann Sie das letzte Mal vollkommen in einem beliebigen Projekt aufgegangen sind. Wie hat es sich angefühlt (»warm«, »aufregend«, »als ob die Zeit stillstünde« ...)? Erinnern Sie sich an wenigstens *ein* erfüllendes Erfolgserlebnis aus Ihrer Kindheit: als Sie radfahren lernten, Ihren großen Bruder bei einem Wettlauf schlugen, die Geheimnisse der Mengenlehre begriffen, Schokoladenplätzchen buken, ohne daß sie anbrannten – was auch immer. Vergegenwärtigen Sie sich dann ein möglichst kurze Zeit zurückliegendes, und wenn auch noch so flüchtiges Erlebnis, das Ihnen ein Gefühl der Erfüllung schenkte – der Anblick eines flauschigen weißen Wölkchens, den Dachboden aufräumen, Ihr Lieblings-Klavierkonzert hören, mit Ihrem Hund kuscheln, das Lächeln eines Kindes sehen ...

Negatives Feedback richtig verwenden

Um den Mißerfolgsmechanismus deaktivieren und sich wieder auf den Kurs zum Erfolg bringen zu können, brauchen Sie nichts weiter zu tun, als diese sieben Anzeichen als das, was sie sind – und das, was sie nicht sind –, zu erkennen. Sie *sind* Warnsignale, die Sie unbedingt beachten müssen, wenn Sie einen Mißerfolg vermeiden wollen. Sie sind *keine* Anzeichen dafür, daß Sie bereits einen Mißerfolg *haben*. Ein Umleitungsschild bedeutet *nicht*, daß Sie ein schlechter Autofahrer sind. Wohl aber ist es eine Aufforderung, die Fahrtrichtung zu ändern – ein Hinweis darauf, daß Sie wahrscheinlich einen Unfall haben werden, wenn Sie Ihren bisherigen Kurs beibehalten. Es ist gar nicht nötig, daß Sie den Straßenrand fortwährend nach Umleitungsschildern absuchen. Wenn Sie es täten, würden Sie mit an Sicherheit grenzender Wahrscheinlichkeit über kurz oder lang gegen eines knallen. Sie nehmen die Warnung, wenn sie auftaucht, einfach zur Kenntnis und ändern entsprechend Ihren Kurs.

Genauso verhält es sich mit der Frustration, der Aggressivität und den anderen Signalen, die Ihnen anzeigen, daß Sie auf dem falschen Weg sind. Wenn Sie sich auf diese negativen Eindrücke konzentrieren, sausen Sie höchstwahrscheinlich mit Vollgas in sie hinein. Wenn Sie sie aber als Wegweiser für Ihren inneren Steuerungsmechanismus verwenden, werden Sie auf Erfolgskurs bleiben. Genau das tat Frederika, nachdem sie ihre anfänglichen Reaktionen erst einmal überdacht und neu analysiert hatte. Anstatt zuzulassen, daß die Elemente des Mißerfolgs zu Gewohnheiten wurden, ergriff sie korrektive Maßnahmen:

WARNSIGNAL	NICHT-KORREKTIVE VERHALTENSWEISE	KORREKTIVE MABNAHME
Frustration: Arbeiter akzeptieren sie nicht als Vorgesetzte	Schob es auf ihren Neid	Erlernt Techniken des Managements: liest Artikel, besucht Seminar
Aggressivität: Arbeiter reagieren negativ auf ihren Führungsstil	Behandelte die Arbeiter respektlos	Baut den Arbeitern Brücken: entschuldigt sich, nimmt ihre Vorschläge an
Unsicherheit: Macht sich Sorgen wegen Mißbilligung des Chefs	Wurde übermäßig dienstfertig	Beherzigt Ratschläge des Chefs bezüglich negativer Aspekte ihrer Leistung, macht im Positiven weiter wie bisher
Einsamkeit: Fühlt sich von allen abgeschnitten	Tat sich selbst leid	Geht mit anderen unerfahrenen Managern, die sie beim Seminar kennengelernt hat, essen, um gemeinsame Probleme zu erörtern
Unentschlossenheit: Zweifelt an ihren eigenen Entscheidungen	Mied alle Risiken	Bekämpft Unentschlossenheit, besinnt sich auf früher getroffene erfolgreiche Entscheidungen
Groll: Gibt dem Chef, der Mutter, »dem System« die Schuld	Fühlte sich in ihrem Mißerfolg gerechtfertigt	Benutzt SAETS-Technik, um Situation neu zu bewerten und Groll zu überwinden
Leere: Wird apathisch: »Es hat ja doch alles keinen Wert«	Verlor das Interesse an ihrer Arbeit	Entfacht aufs neue ihre Begeisterung für ihr Ziel, gelangt dadurch zu erfüllenden Erfolgserlebnissen

Dadurch, daß Sie jedesmal Ihren Kurs korrigieren, sobald Sie mit einem dieser sieben Elemente des Mißerfolgs konfrontiert werden, gewöhnen Sie sich ein Gespür für diese Warnsignale an. Dadurch, daß

Sie diese Gewohnheit erwerben, vermeiden Sie es, eine »Mißerfolgspersönlichkeit« zu entwickeln. Und dadurch, daß Sie Mißerfolge vermeiden, können Sie gar nicht umhin, Erfolg zu haben!

Gedanklich zum Ziel

o Die sieben Warnsignale des Mißerfolgs sind Frustration, Aggression, Unsicherheit, Einsamkeit, Unentschlossenheit, Groll und innere Leere.

o Ihr automatischer Mechanismus führt Sie dadurch ans Ziel, daß er diese Signale nicht als Anzeichen von Versagen oder Mißerfolg, sondern als Wegweiser zu korrektiven Maßnahmen behandelt.

Setzen Sie sich Ihre eigenen Ziele

Zwölftes Kapitel

Die »Macken« aus Ihrer Persönlichkeit entfernen

Wenn ein Mensch ein ausreichend entwickeltes Selbstwertgefühl hat, stellen kleinere Kränkungen keinerlei Bedrohung für ihn dar – sie werden einfach übergangen und ignoriert. Selbst tiefere emotionale Wunden heilen dann in der Regel schneller und besser, ohne eiternde Entzündungen zu hinterlassen, die das Leben vergiften und das Glück zerstören.

MAXWELL MALTZ: *Psycho-Cybernetics* (1960)

Attraktive, lebenslustige geschiedene Mutter von zwei Kindern, siebenunddreißig, kann nicht glauben, daß alle guten Männer schon vergeben sein sollen. Meine Hobbys: Tanzen, Radfahren, italienische Küche, *Raumschiff Enterprise* anschauen und abends zu Hause kuscheln. Bitte keine Raucher oder waidwunden Typen.

ANONYM, *Anzeigenblatt* (1992)

Manche bildhaften Ausdrücke unserer Sprache sind besonders treffend. MAXWELL MALTZ verglich unsere Reaktionen auf emotionale Verletzungen mit dem Narbengewebe, das auf unseren physischen Wunden entsteht. »Die Natur bewahrt den Körper vor weiteren Schmerzen und Verletzungen, indem sie eine schützende Schale bildet«, schrieb er. »Wir tun so ziemlich das gleiche, wann immer wir eine emotionale Wunde davontragen ... Um uns selbst zu schützen, bilden wir in uns ›Narben‹. Wir laufen dann Gefahr, hartherzig zu werden, gefühllos gegenüber der Welt, und uns in eine schützende Schale aus Hornhaut zurückzuziehen.«

Die Frau, die sich »waidwunde Typen« verbat, wußte alles über solche Narben. Wir können uns bildlich vorstellen, was für Erfahrungen sie dazu gebracht haben müssen, eine solche Bedingung in ihre Kontaktanzeige aufzunehmen. Wir können eine Geschichte ihrer Männerbekanntschaften erfinden, die wahrscheinlich ziemlich nah an die Wahrheit herankäme. Fangen wir mit ihrem Ex-Ehemann, Tom, an: intelligent, charmant, ihr idealer Partner, bis sie begann, seine »Unverbindlichkeit« zu erkennen, seine Unfähigkeit, Gefühle mitzuteilen, seine mangelnde Bereitschaft, sich um was auch immer zu bemühen – um einen Job, um ihre Beziehung, ja nicht einmal um eine halbwegs glaubwürdige Ausrede, wo er letzten Freitagabend gewesen war. Sie war nicht weiter überrascht, als er sie wegen einer anderen Frau verließ, nur wütend darüber, soviel Zeit mit ihm vergeudet zu haben. Dann gab es Dick, den Selfmademan, den erfolgreichen Geschäftsmann, der mit Geld nur so um sich warf und sie ganz schwindlig machte durch seine Energie – und der auf jede noch so unbedeutende Kränkung wie auf eine Kriegserklärung reagierte. Als er einen Kellner, der bei ihrer Rechnung einen Fehler gemacht hatte, lautstark anpöbelte, hätte sie vor Scham in den Erdboden versinken mögen; wann immer ein anderer Verkehrsteilnehmer ihn auf die rechte Spur abdrängte, fürchtete sie buchstäblich um ihre Sicherheit. Er machte sich nicht das geringste aus ihren Kindern, und um die Wahrheit zu sagen, war er auch kein besonderer Liebhaber, auch wenn er sich die größte Mühe gab, ihr einzureden, das liege an ihr. Sie setzte ihn auf die Straße, als er einmal ihren zehnjährigen Sohn anbrüllte, weil dieser angeblich bei Monopoly geschummelt hatte. Schließlich lernte sie Harry kennen – selbstsicher und beruflich erfolgreich, verrückt nach ihren Kindern und ein wunderbarer Liebhaber –, der sich jedesmal, wenn sie irgendeinen Aspekt ihrer Beziehung zur Sprache brachte, in ein verunsichertes Kleinkind verwandelte. Als sie anfing, sich von ihm zurückzuziehen, startete er eine »zyklische Verteidigungsstrategie«: Er setzte sie moralisch unter Druck, bat um Verzeihung, schlich sich über ihre Kinder wieder an sie heran und bettelte um eine zweite Chance – und alles begann wieder von vorn. Als sie sich schließlich endgültig von ihm trennte, drohte er mit Selbstmord.

Emotionale Narben, weiß Gott! Sie sind ganz schön unerfreulich, wenn wir sie an jemand anderes Persönlichkeit bemerken, nicht? Drehen wir jetzt aber den Spieß einmal herum: Betrachten wir die Narben einmal aus der Sicht der »waidwunden Typen« (beiderlei Geschlechts) selbst. »Diese Menschen wurden in der Vergangenheit von jemandem verletzt«, schreibt Maltz. »Um sich vor weiteren Verletzungen *von derselben Seite* zu schützen, legen sie sich eine geistige Hornhaut zu ... Dieses Narbengewebe ›schützt‹ sie aber nicht nur vor der bestimmten Person, die sie verletzte – es ›schützt‹ sie auch vor allen übrigen Menschen. So entsteht eine emotionale Mauer, die sie von allen anderen Menschen – und von ihrem eigentlichen Selbst – absondert.«

Unser automatischer Mechanismus ist darauf programmiert, sich nach Zielen auszurichten, aber manchmal können empfangene Wunden bewirken, daß sich ein Fehler in unser Programm einschleicht. Wenn unser innerer Steuerungsmechanismus auf eine dieser »Macken« stößt, bleibt er augenblicklich stehen. Die Folge sind Frustration, Aggressivität und all die anderen Elemente des Mißerfolgs, die wir im vorigen Kapitel erörtert haben. Wer als Kind von seinen Eltern verspottet wurde, könnte später eine grundsätzliche Abneigung gegen Vorgesetzte und andere Autoritätspersonen haben. Weil wir in der Schule unter der kindlichen Grausamkeit unserer Klassenkameraden zu leiden hatten, neigen wir als Erwachsene vielleicht dazu, auf die geringste – reale oder eingebildete – Kränkung mit besinnungsloser Wut zu reagieren. Weil unser bester Freund möglicherweise einmal unser Vertrauen mißbrauchte, lautet unsere Devise heute: »Traue niemandem.« Wenn wir uns unser eigenes »emotionales Narbengewebe«, wie Maltz es nannte, bewußtmachen, bringen wir auch mehr Verständnis für die Wunden unserer Mitmenschen auf.

Dieses Kapitel handelt von diesen »Persönlichkeitsmacken« und davon, wie Sie sich von ihnen befreien können. Sie werden erfahren,

o wie Sie die von emotionalen Wunden verursachten »Macken«, die sich möglicherweise negativ auf Ihre Persönlichkeit auswirken, lokalisieren können;
o auf welche Weise Sie diese Macken aus Ihrer Persönlichkeit beseitigen können;
o welche fünf Möglichkeiten Sie haben, sich gegen emotionale Wunden zu immunisieren;
o wie Sie sich von Hemmungen befreien können, indem Sie auf negatives Feedback angemessen reagieren.

Emotionale Narben: Wie sie uns vom Leben absondern

Emotionale Narben können ebenso sichtbar sein wie physische Narben. An Menschen wie Johanna, einer ehemaligen Nachbarin von mir, kann man sie besonders deutlich erkennen. Johanna, eine Telefonistin, war zweiunddreißig Jahre alt, sah aber wie zweiundfünfzig aus. Ihre Stirn und ihre Wangen waren von tiefen Falten zerfurcht, und ihren Augen fehlte jeder Glanz. Jeden Abend sah ich sie mit schleppendem Gang heimkommen, gebeugt und mit einem verbitterten Ausdruck im Gesicht. Als Teenager war Johanna übergewichtig gewesen. Ihre

Klassenkameraden hatten sich mit der typischen Gefühllosigkeit Heranwachsender über sie lustig gemacht, aber weit schlimmer auf ihr Selbstwertgefühl hatte sich der Spott ihrer Mutter ausgewirkt. Sie schalt Johanna vor anderen Leuten wegen ihres Gewichts und taufte sie schließlich »Bubbles« (»Bläschen«), nach dem Nilpferd im Zoo ihrer Heimatstadt. Diese psychischen Wunden hinterließen auf Johannas Persönlichkeit eine Vielzahl von Narben. Obwohl sie sich ihre überflüssigen Pfunde längst abgehungert hatte, sah sie sich unterbewußt noch immer als einen Pummel. Sie versteckte sich vor anderen Leuten und geriet sofort in Verlegenheit, sobald sie hörte, daß jemand sich über jemand anderes Gewicht ausließ. Wenn sie Leute lachen hörte, war sie fast immer sicher, daß sie sich über *sie* lustig machten. Alles, was mit »Bläschen« zu tun hatte – wie ein Schaumbad oder ein Glas Sekt –, stürzte sie augenblicklich in tiefe Depressionen.

Nur für den Fall, daß Sie glauben sollten, ein seelisch so schwer verwundeter Mensch könne unmöglich materiell erfolgreich sein, hören Sie sich einmal Dukes Geschichte an. Duke war ein fünfundvierzigjähriger Rechtsanwalt mit eigener Kanzlei und einem Jahreseinkommen von dreihundertfünfzigtausend Dollar. Seine Arbeit war sein Leben. Vor Gericht kämpfte Duke wie ein Tiger, in Fachkreisen allgemein bewundert wegen des Scharfsinns seiner Beweisführungen und des Charmes, mit dem er die Geschworenen für sich zu gewinnen wußte. In der Kanzlei war er ein rücksichtsvoller Vorgesetzter, der immer das Beste aus seinen Mitarbeitern herausholte. Die Leute allerdings, die ihn auf der Straße sahen, wichen seinem Blick häufig aus. Sein Gesicht war eine Maske der Wut, und sein Gang und seine ganze Körperhaltung erweckten den Eindruck, als sei er auf eine Schlägerei aus. Bei näherer Betrachtung hätte man einen besorgniserregend ungesunden Menschen gesehen, einen bierbäuchigen Kettenraucher mit bleicher Haut, schlaffen Muskeln und zitternden Händen. Er verbrachte seine Abende und Wochenenden in seinem riesigen dunklen Haus, wo er nichts anderes tat, als vor dem Fernseher zu sitzen und Kokain zu schnupfen. Duke war als einziges Kind eines Alkoholikerehepaares aufgewachsen. Zwar wurde er nicht, wie Johanna, bewußt verhöhnt oder mißhandelt, doch erlebte er auch nie Geborgenheit und menschliche Nähe. Emotionen wurden in seinem Elternhaus häufig *ausgelebt*, aber nie zur Sprache gebracht oder gar diskutiert. Der Vierzehnjährige war bereits zum Blitzableiter der unausgesprochenen Spannungen geworden, die zwischen den beiden Eheleuten herrschten. Wenn sie tranken, mußte er oft auf sie aufpassen, als seien *sie* die Kinder. Als Duke herangewachsen war, wies sein Programm eine dementsprechend schwere »Macke« auf. Seine ersten Beziehungen zu Frauen waren vorbei, noch ehe sie richtig beginnen konnten. Duke sagte oder tat etwas, was die Frau abstieß, oder er »ließ die Beziehung einfach einschlafen«. Mit dreißig hatte er alle romantischen Hoffnungen aufgegeben. Mit fünfundvierzig war er soweit, daß er die Frauen verachtete und sich über anderer Leute Beziehungen nur mit dem größten Zynismus äußerte. Seine einzigen sexuellen Erlebnisse spielten sich mit Prostituierten ab und gingen stets mit einem ungeheuren Kokainverbrauch einher.

Es gehört also nicht allzuviel dazu, Johanna und Duke als »waidwunde« oder, weniger poetisch ausgedrückt, »kaputte« Menschen zu erkennen. Aber wie steht es mit Ihnen selbst? Gibt es irgendeine alte Verletzung, auf die Sie noch heute mit emotionalem Rückzug, Unsicherheit, Einsamkeit, Defensivität, Aggressivität ... vielleicht sogar mit regelrechter *Gemeinheit* reagieren? Möglicherweise tragen Sie diese Narben schon so lange, daß Sie sie gar nicht mehr als solche zu erkennen imstande sind. Aber oft kann die Ursache von chronischer Traurigkeit, Verbitterung oder Depression ein bestimmtes einzelnes Ereignis sein. Dieses mag sich schon vor sehr langer Zeit zugetragen haben, doch behindert es Sie seither wie eine nie richtig verheilte Wunde.

Sie bekamen einst einen Korb. Ihr Reiter wiederholte Ihrem Pferd daraufhin so lange die Botschaft »Bei wem ich's auch versuche, werde ich einen Korb bekommen«, bis es keinen anderen Weg kannte.

Sie waren das kleinste Kind der Klasse und wurden häufig herumgeschubst und drangsaliert. Heute sind Sie ein erfolgreicher Mensch, aber Sie rächen sich noch immer an diesen Halbstarken, die Ihnen damals mit schöner Regelmäßigkeit das Kakaogeld stahlen. Wann immer ein Vertreter etwas zu aufdringlich wird, wann immer jemand Sie um eine Spende für eine wohltätige Organisation bittet, wann immer Sie das Gefühl haben, jemand versuche, »Ihnen etwas wegzunehmen«, werden Sie wütend, manchmal sogar regelrecht fuchsteufelswild.

Fünfzehn Jahre lang haben Sie sich mit Ihrer älteren Schwester ein Zimmer geteilt. Sie hatte ständig etwas an Ihrem Geschmack auszusetzen – mochte es nun um Jungen, Kleider oder Musik gehen. Es ist jetzt lange her, und Ihre Schwester hat wahrscheinlich nie gemerkt, wie sehr sie Sie damit verletzte, aber erst vorige Woche sind Sie wie eine Furie auf Ihren Freund losgegangen, als er, nichts Böses ahnend, sagte: »Weißt du, diese Fenster würden mit Vorhängen viel besser aussehen als mit den Jalousien.«

Ihr Vater nannte Sie, immer wenn er etwas getrunken hatte, »Mutter-

söhnchen«. Ihre Frau beklagt sich über die »Macho-Schau«, die Sie
vor Leuten grundsätzlich abziehen. Sie haben Ihren letzten Job verloren, weil Sie jedesmal einen Streit vom Zaun brechen, wenn jemand
eine Bemerkung fallen läßt, die Sie als einen Angriff auf Ihre Männlich-
keit empfinden.

Als Siebzehnjährige sind Sie nach einer Party von einem jungen
Mann vergewaltigt worden, der vorher so sympathisch und zuvorkom-
mend gewirkt hatte, daß Sie – »unterstützt« durch Ihre traditionelle,
sittenstrenge Erziehung – zu dem Schluß gelangt sind, Sie hätten »die
Sache offensichtlich selbst herausgefordert«. Mittlerweile weiß Ihr Reiter es besser, aber Ihr Pferd läßt weiterhin, beschämt, den Kopf hängen.
Sie haben es bislang noch nie geschafft, einen Orgasmus zu erleben,
und eine gesunde, liebevolle Zweierbeziehung erscheint Ihnen wie ein
vollkommen unerreichbares Ziel.

Erkennen Sie Ihre »Macken«

»Emotionale Narben«, schrieb Maltz, » … führen zur Entstehung eines
vernarbten, entstellten Selbstbildes; des Bildes eines von seiner Umgebung nicht gemochten oder nicht akzeptierten Menschen … eines
Menschen, der in der Welt nicht zurechtkommt.«

Solche Narben sind leichter zu erkennen als unsere falschen Überzeugungen. Wenn Sie die Welt mit einer so abgrundtief negativen
Einstellung betrachten, besteht durchaus die Möglichkeit, daß Sie sich
dessen bereits bewußt sind. Vielleicht bereitet es Ihnen lediglich noch
Probleme, diese »schwarze Brille« als das zu erkennen, was sie in
Wirklichkeit ist: eine *Gewohnheit*, die Sie als Reaktion auf eine emotionale Verletzung herausgebildet haben. Ihr Reiter hat Ihrem Pferd
immer und immer wieder gesagt: »Verlaß nie den Stall: Du würdest
dir damit nur Prügel einhandeln.« Aber für den Fall, daß Sie Ihre
negative Weltsicht für ein »realistisches« Abbild Ihres Lebens ansehen
sollten, können Sie sich mit Hilfe der folgenden Fragen eine rasche
Selbstdiagnose stellen:

1. Fällt es Ihnen häufig schwer, ein Lächeln zu erwidern oder mit
   jemandem den Blickkontakt herzustellen?
2. Bereiten Ihnen nicht-sexuelle Berührungen Unbehagen?
3. Sind Sie ständig darauf bedacht, Ihre Gefühle geheimzuhalten?
   Sagen Sie sich oft: »Wenn XY wüßte, was ich wirklich denke und
   empfinde, würde er/sie mich für ein Monstrum halten«?

4. Neigen Sie in sexuellen Situationen dazu, sich zu fragen, wie Ihr(e) Partner(in) Ihre Leistung wohl beurteilen mag?

5. Fühlen Sie sich in Gesellschaft anderer oft befangen, weil Sie nicht wissen, was Sie tun, denken oder empfinden »sollten«?

6. Haben Sie die Tendenz, in Wettbewerbssituationen andere Menschen als Feinde zu betrachten, die nur darauf aus sind, »Ihnen etwas wegzunehmen«?

Wenn Sie auch nur eine dieser Fragen mit »ja« beantwortet haben, besteht die Möglichkeit, daß Ihre Persönlichkeit eine »Macke« aufweist. Versuchen Sie, deren Ursache zu ermitteln; bedienen Sie sich hierzu Ihrer kreativen rechtshemisphärischen Intuition. Breiten Sie ein großes Blatt Papier auf ihrem Tisch aus. Entspannen Sie sich. Schreiben Sie alles auf, was Ihnen im Zusammenhang mit der bestimmten Situation einfällt, die Ihre negative Reaktion auslöst. Sie werden wahrscheinlich nicht lange zu bohren brauchen, um Ihre emotionale Wunde zu identifizieren.

Ihr Körperbild kann Ihre Persönlichkeit beeinflussen

Oftmals offenbart sich eine Persönlichkeits-»Macke«, wie in Johannas Fall, im Bild, das wir von unserem Körper haben. Wie Sie sich erinnern werden, gelangte MALTZ durch seine Erfahrungen als Facharzt für plastische Chirurgie zu seinen Theorien über das Selbstbild. Patienten, die er erfolgreich behandelt hatte, fuhren fort, sich für häßlich zu halten, wenn sie ein negatives Bild von sich hatten. Eine 1990 von einem anderen Spezialisten für plastische Chirurgie, Dr. MILTON T. EDGERMAN, veröffentlichte Studie hat Maltz' intuitive Schlußfolgerungen bestätigt. Edgerton publizierte in seinem Bericht die Ergebnisse von Langzeitbeobachtungen, die er an hundert »psychisch gestörten« Patienten durchgeführt hatte. »Wir stellten fest, daß bei vielen solchen Patienten eine Milderung ihres tiefen Gefühls, entstellt zu sein, erzielt werden kann, wenn die plastisch-chirurgische Behandlung mit einer psychologischen Therapie *kombiniert* wird«, berichteten er und seine Kollegen. In einem Fall beklagte sich eine Frau darüber, durch die Rhinomeiose (operative Nasenverkleinerung) sei ihre Nase tatsächlich »noch größer geworden, obwohl Fotografien eindeutig das Gegenteil bewiesen ... Rückblickend scheint es, als habe das [behandelnde] Team es unterlassen, vor dem Eingriff die genaue Motivation der Patientin zu ermitteln. Jetzt erklärt sie, *sie habe erwartet, die Operation würde die ›emotionalen Narben‹ eines frühkindlichen Traumas beseitigen*« (Hervorhebung von mir).

Ebenso wie unser Bewußtsein unsere Meinung über unseren Körper konditioniert, wirkt sich das Bild, das wir von unserem Körper haben, auf unser Bewußtsein aus. Unsere Auffassung von unserem Körper ist aufs engste mit unserer Selbstauffassung verquickt. Unser elementarstes Selbstgefühl ist das Gefühl eines Körpers. Wahrscheinlich haben Sie sich erstmals im Alter von zwei Jahren im Spiegel wiedererkannt. Von dem Augenblick an wurde Ihr Selbstbild in erheblichem Ausmaß durch die bestimmte Meinung geformt und geprägt, die Sie, durch Eltern, andere Autoritätspersonen und so disparate soziale Einflüsse wie Fernsehwerbung und Religion konditioniert, von Ihrem Körper gewonnen haben. Aus verschiedenen Gründen neigen Frauen dazu, stärker auf Körperbilder zu reagieren als Männer, aber wirklich immun ist kaum ein Mann dagegen. Wenn es auch zutrifft, daß Frauen häufiger unter Eßstörungen leiden und sich plastisch-chirurgischen Eingriffen unterziehen, sind es die Männer, bei denen Kleinwüchsigkeit oder ein zurückgehender Haaransatz zu Identitätskrisen führen können. Auf jede Frau, die sich darüber grämt, daß ihr Busen den von *Playboy* gesetzten Maßstäben nicht gerecht wird, kommt ein Mann, der auf der Herrentoilette nach seinem Nachbarn schielt und sich ängstlich fragt, ob sein Penis wohl »groß genug« ist. Mann wie Frau versuchen wir alle, unser Selbstwertgefühl dadurch zu heben, daß wir durch Kleidung, Kosmetik, Schmuck und Fitneßklub unser Körperbild verändern. Beide Geschlechter leiden unter sexueller Leistungsangst. Beide erleben die allmählichen Veränderungen ihres Körperbildes, die mit dem Älterwerden einhergehen. Und wir alle neigen dazu, unser Informationsverarbeitungs- und unser Zielsuchsystem durch unser jeweiliges Körperbild beeinflussen zu lassen.

Johannas Persönlichkeit hatte durch ihr bestimmtes, negatives Körperbild schwere Wunden davongetragen. Ihr niedriges Selbstwertgefühl brachte sie dazu, »Phantomfett« an sich wahrzunehmen. Als sie einmal bei einem kurzen Gespräch über den Gartenzaun eine abfällige Bemerkung über ihr Gewicht machte, erklärte ich wahrheitsgemäß, sie sähe – zumindest jetzt – ganz und gar nicht übergewichtig aus. »Sicher, aber schauen Sie sich doch diese schlaffe Haut und diese Falten an«, sagte sie. »Ich sehe wie meine Mutter aus.« Und tatsächlich hatte ich einmal ihre Mutter gesehen und das Gefühl gehabt, vor einer gealterten Kopie Johannas zu stehen – die gleiche zerfurchte Stirn, die gleichen heruntergezogenen Mundwinkel, die gleiche Bitterkeit in den Augen. Johannas Selbstbild war dasjenige, das ihre Mutter sich ausgesucht hatte, und ihr automatischer Mechanismus strebte danach, dieses Bild so genau wie möglich zu verwirklichen.

Und wie steht es mit Ihnen? Überlegen Sie sich einmal, ob Ihre Persönlichkeit nicht durch das Bild bestimmt sein könnte, das Sie von Ihrem Körper haben. Als ich vor Jahren als psychologische Beraterin an einem Programm für Fettsüchtige mitwirkte, stellte ich jedem Patienten eine Reihe von Fragen, die es ihm ermöglichen sollten, sich »ein Bild von seinem Körperbild« zu machen. Beantworten Sie sie jetzt für sich:

1. Was fällt Ihnen auf, wenn Sie Ihr Gesicht im Spiegel betrachten?
2. Wenn Sie sich in einem großen Spiegel von Kopf bis Fuß mustern, auf welche Stelle Ihres Körpers richten sich Ihre Augen in der Regel?
3. Was ist Ihr allgemeiner Eindruck, wenn Sie ein Foto von sich sehen? Was erscheint Ihnen auf dem Bild besonders auffällig?
4. Worauf achten Sie besonders, wenn Sie beim Anziehen die einzelnen Teile Ihres Körpers bekleiden?
5. Haben Sie sich je in einem Vergnügungspark in einem Zerrspiegel erblickt? Wie war Ihre Reaktion – haben Sie gelacht, die Stirn gerunzelt oder rasch weggesehen? Warum?

Vom Körperbild verursachte »Macken« lassen sich oft schon dadurch beheben, daß man aus der »Vollkommenheitsfalle« herausklettert. Sehen Sie doch einmal, ob sich in Ihren Antworten auf die obigen Fragen nicht eine gewisse »durchgehende Linie« abzeichnet. Um welche bestimmten Aspekte Ihres Körpers zentriert sich Ihr negatives Bild – Ihr Gewicht, Ihre Körpergröße, Ihre Haut, Ihre Nase, Ihre Muskulatur? Fragen Sie sich ernsthaft, ob Sie jemanden kennen, der in dieser Hinsicht »vollkommen« ist – und ich meine kein Hollywood-Ideal, sondern einen *wirklichen Menschen.* Denken Sie jetzt an irgendeinen körperlichen Aspekt dieses Menschen, bei dem *Sie* besser abschneiden als er. Die Sache ist nämlich die, daß jeder Körper einen Kompromiß darstellt. Es gibt bei jedem von uns Teile und Eigenschaften, die schön, und andere, die nicht so schön sind. Werden Sie nicht müde, Ihrem Gaul zu erklären, daß er keine Vollkommenheit erwarten darf.

Emotionale Wunden können zu Angst vor Intimität führen

Gut, Sie haben damit also keine Last. Vielleicht *ist* Ihr Körper vollkommen. Auf alle Fälle vergeuden Sie nicht allzuviel emotionale Energie damit, sich über dessen Aussehen Sorgen zu machen. Trotzdem haben Sie noch immer das Gefühl, Sie seien »von der wirklichen Welt und

von Ihrem wirklichen Selbst abgeschnitten« – genau wie es bei Duke
der Fall war. »Ein Mensch mit emotionalen Narben«, schrieb Maltz,
»hat nicht nur ein negatives Selbstbild – das Bild eines ungewollten,
ungeliebten und unfähigen Menschen –, sondern auch ein entsprechendes Weltbild: Er sieht die Welt als einen feindlichen Ort. Sein Verhältnis
zur Welt ist zuerst und vor allem von Feindseligkeit bestimmt, und
seine Beziehungen zu anderen Menschen beruhen nicht auf Geben
und Nehmen, Kooperation, Zusammenarbeit, Gemeinschaftlichkeit,
sondern gründen sich auf Begriffe wie ›Überwinden‹, ›Bekämpfen‹ und
›Selbstschutz‹. Er kann weder anderen noch sich selbst gegenüber
Barmherzigkeit walten lassen. Frustration, Aggression und Einsamkeit
sind der Preis, den er dafür bezahlt.«
   Und was ist mit Ihnen? Wenn Sie dazu neigen, die Welt als einen
Kampfplatz zu betrachten, besteht die Möglichkeit, daß Sie die Narbe
einer alten emotionalen Wunde mit sich herumtragen – eine Persönlich-
keits-»Macke«, die Sie daran hindert, lohnende Ziele anzustreben, ja
vielleicht sie überhaupt wahrzunehmen.
   Glücklicherweise gibt es Mittel und Wege, Ihre emotionalen Wunden
zu heilen. Wie Sie wahrscheinlich schon erraten haben werden, beseitigen Sie die Fehler aus Ihrem Persönlichkeitsprogramm einfach dadurch, daß Sie Ihren Reiter veranlassen, Ihr Pferd neu abzurichten.

Wie Sie die »Macken«
aus Ihrer Persönlichkeit entfernen

Als ich an dem Tag mit Johanna am Gartenzaun plauderte, meinte sie
verdrießlich, sie »fühle sich so dick«. Ich riet ihr, an einem Fitneßkurs
beim örtlichen Christlichen Verein Junger Frauen teilzunehmen.
»Nach der Arbeit bin ich viel zu müde, um da noch groß rumzuhop-
sen«, entgegnete sie. »Außerdem hat meine Mutter gesagt, daß ich die
ganze überschüssige Haut ohnehin nie wieder loswerde, und sie muß
es ja schließlich wissen.«
   »Johanna«, sagte ich ihr, »Mütter haben nicht immer und in jedem
Fall recht.«
   Sie sah mich an, als sei ich gerade mit einer neuen Offenbarung vom
Berg Sinai herniedergestiegen. Ich konnte beinahe sehen, wie die »Aha-
Glühbirne« in ihrem Gesicht aufleuchtete: *Es mußte überhaupt nicht
so sein.*
   Johanna schrieb sich beim Fitneßkurs ein und fing auch an, andere

Möglichkeiten auszuprobieren, mehr aus sich zu machen. (Eine der Maßnahmen, die sie ergriff, war, *Psycho-Cybernetics* und ein paar andere Bücher von Maxwell Maltz zu lesen.) Im Rahmen eines Kurses in Persönlichkeitsentwicklung wurde sie eines Tages aufgefordert, sich auf eine Papierbahn zu legen, während eine der anderen Kursteilnehmerinnen die Umrisse ihres Körpers nachzeichnen sollte. Anschließend wurde die Silhouette an die Wand geheftet. Als Johanna zum erstenmal imstande war, anstelle des verzerrten Körperbildes, das sie mit sich herumtrug, ihre wirkliche Gestalt zu sehen, brach sie in Tränen aus. »Ich hatte keine Ahnung, daß mein Körper so schlank und hübsch ist«, sagte sie.

Für Johanna war dieses Erlebnis eine echte Offenbarung. Nun machte sie sich daran, ihr Selbstbild gezielt zu verändern, indem sie die emotionale Wunde heilte, die sie seit ihrer Pubertät entstellt hatte. Schauen wir uns einmal an, welche Schritte sie unternahm und inwieweit Sie sie Ihren eigenen Bedürfnissen anpassen können:

1. Sie erkannte, daß das Bild, das ihre Mutter von ihr entworfen hatte, nicht dasjenige war, mit dem sie leben wollte. (Sie können sich dafür entscheiden, *nicht* mit Ihrer emotionalen Wunde zu leben.)
2. Sie ergriff sofort geeignete Maßnahmen, um das Bild, das ihre Wunde verursacht hatte, zu widerlegen, indem sie sich beim Fitneßkurs einschrieb. (Sie können *aktiv* auf die Heilung Ihrer Wunde hinarbeiten, anstatt lediglich auf sie zu *reagieren*.)
3. Nachdem sie ihre wirkliche Gestalt »schwarz auf weiß« gesehen hatte, sagte sie sich bewußt, daß das Bild, das ihre Wunde verursacht hatte, ganz offensichtlich nicht stimmte. (Sie können anfangen, alte Bänder zu entkräften, indem Sie sie LÖSCHEN und mit neuen Daten überschreiben.)
4. Weiter ging es mit einem selbstentworfenen Fitneßprogramm: tägliche Spaziergänge, dreimal die Woche Training im Christlichen Verein Junger Frauen und Teilnahme an einem Model-Kurs. Sie rechnete nicht damit, jemals als Model arbeiten zu können, aber sie wollte lernen, sich auf eine Weise zu bewegen, die ihrem neuen Körperbild gerecht wurde. (Sie können Ihr Bewußtsein dazu trainieren, das mit Ihrer emotionalen Wunde assoziierte Selbstbild zu beseitigen, indem Sie bewußt und konsequent Ihr neues Bild »wählen«.)
5. Sie stellte einen Spiegel neben ihrem Telefoncomputer auf. Sie achtete darauf, daß sie jedesmal, wenn sie einen Anruf entgegennahm, hineinschaute und *lächelte*, bis es ihr zur Gewohnheit geworden war. (»Durch Schein zum Sein.«)

6. Jedesmal, wenn sie sich dabei ertappte, daß sie voller Groll an ihre Mutter dachte, *verzieh* sie ihr. (Sie können sich dafür entscheiden, keinen Groll zu hegen.)

Gestehen Sie sich Ihre »Macken« ein

Duke machte in bezug auf seine emotionalen Narben einen ähnlichen Prozeß durch. Für ihn kam die »Offenbarung«, als er sich gerade von den Nachwirkungen einer fünftägigen »Kokain-Kur« erholte. Bis dahin war das Koksen für ihn eine reine Feierabendbeschäftigung gewesen. Da es ihn bei der Ausübung seines Berufes nicht beeinträchtigt hatte, war es ihm gelungen, sich einzureden, er habe überhaupt kein »Drogenproblem«. Aber die letzten paar Tage sah er sich außerstande, in die Kanzlei zu fahren. Wie lange konnte er seinen Mitarbeitern noch erzählen, er habe die Grippe? »Das ist Irrsinn«, sagte er sich. »Das ist langsamer Selbstmord. Wenn ich mir keine vernünftigere Lebensweise ausdenke, bin ich in fünf Jahren tot.«

Dukes Ausgangspunkt lag mehrere Schritte hinter dem Johannas. Er hatte seine emotionale Wunde und erst recht deren Ursprung noch nicht identifiziert, und er mußte ein ernstes Suchtmittelproblem überwinden. Aber der erste Schritt war bei beiden der gleiche: die Erkenntnis, daß etwas nicht stimmte, und der Entschluß, einen Weg der Selbstheilung zu finden. »Ich bin ein intelligenter, erfolgreicher Bursche«, sagte sich Duke. »Ich weiß nicht, ob ich einsam bin, weil ich mich so elend fühle, oder mich so elend fühle, weil ich einsam bin. Das einzige, was ich weiß, ist, daß ich irgendwann angefangen habe, mich als jemanden zu betrachten, der außerstande ist, normale Beziehungen zu Menschen zu unterhalten.«

Duke beschloß, »auf Totalentzug zu gehen«, also seinen Kokainkonsum von einem Tag auf den anderen auf Null zu bringen. Dazu benötigte er Hilfe. Er »glaubte nicht an Psychotherapie«, und aus Scham über seinen Lebensstil hatte er den Kontakt zu allen Freunden abgebrochen. Allerdings erinnerte er sich, einen Artikel über einen ehemals kokainabhängigen Schauspieler gelesen zu haben, der den Anonymen Alkoholikern »zum Dank für seine Lebensrettung« eine große Summe Geldes gespendet hatte. Duke wußte nicht viel über die A. A., und er »wußte«, daß er kein Alkoholiker war – er hatte in seinem ganzen Leben kaum einen Drink angerührt und konnte den Geschmack von Schnaps einfach nicht ausstehen. Seine *Eltern* waren Alkoholiker, und mit *denen* hatte er ganz gewiß nicht die geringste Ähnlichkeit! Aber wenn die A. A. schon einem anderen Kokser geholfen hatten, dann waren sie vielleicht auch für ihn die richtige Adresse. Es würde den Rahmen dieses Buches sprengen, auch nur halbwegs gründlich auf die »Genesungsbewegung« und das berühmte »Zwölf-Schritte-Programm« der Anonymen Alkoholiker einzugehen. Mit Sicherheit ist dieses Programm kein Allheilmittel für emotionale Wunden. Duke aber fand bei A. A. und einer ihr angeschlossenen Gruppe, den »Erwachsenen Kindern von Alkoholikern« (EKA) ein soziales Umfeld, in dem er seinen Heilungs- und Genesungsprozeß einleiten konnte. Schauen wir uns an, welche Schritte er unternahm (gemeint sind nicht die zwölf Schritte der A. A.) und wie Sie diese Ihren eigenen Bedürfnissen anpassen könnten:

1. Indem er sich dem Programm anschloß, leitete er aktiv eine Veränderung ein.

2. Indem er an den Treffen der EKA teilnahm, erfuhr er etwas über die innere Dynamik von Alkoholikerfamilien und gelangte zu einer klaren Vorstellung seiner Eltern, der Wunde, die deren emotionale Verschlossenheit ihm zugefügt hatte, sowie der Weise, wie die Drogen ihm geholfen hatten, sich von seiner gefühlsmäßigen Beziehung zu sich selbst zu lösen.

3. Indem er seine Angst vor Intimität und seine dadurch verursachte Verzweiflung und Einsamkeit offen eingestand, *erkannte* er, in welchem Ausmaß seine emotionale Wunde sein Selbstbild beeinträchtigt hatte und welche Maßnahmen er würde ergreifen müssen, um sich zu heilen.

4. Um *mit der Gewohnheit* der Einsamkeit *zu brechen*, ließ er einen Untermieter bei sich einziehen.

5. Um *mit der Gewohnheit zu brechen*, sich von seinen Gefühlen abzuschneiden und vor Intimität zuzückzuscheuen, nahm er den Kontakt zu zwei guten Freunden wieder auf und bat sie um Erlaubnis, den Veränderungsprozeß, den er gerade durchmachte, mit ihnen offen zu diskutieren.

6. Um *mit der Gewohnheit zu brechen*, Frauen zu verachten und »normale« Beziehungen mit Geringschätzung zu betrachten, begann er, die fünf Schritte des CRAFT-Prozesses, darunter namentlich die tägliche entspannte Visualisation, zu üben, und verabredete sich schließlich – zum erstenmal nach fünfzehn Jahren – wieder mit einer Frau.

7. Um seine emotionale Narbe zu entfernen, machte er es sich zur Gewohnheit, seinen Eltern den Schmerz, den sie ihm zugefügt hatten, zu *verzeihen*.

Die Macht der Vergebung – und wie man sie freisetzt

Das Gefühl, das die meisten Menschen jenen entgegenbringen, die sie
für ihre emotionalen Wunden verantwortlich machen, ist Rachsucht.
Natürlich ziehen wir nicht einfach los und verprügeln unsere Eltern,
unsere Vorgesetzten, unsere Ex-Frauen und -Männer (obwohl ich ver-
mute, daß einige von uns das sehr wohl *täten*, wenn sie keine negativen
Folgen befürchten müßten). Statt dessen nehmen wir in unserem Herzen Rache. Wir *grollen*.

Es ist ganz natürlich, dem Menschen zu grollen, der uns verletzt
hat. Das Problem ist, daß es dem Heilungsprozeß zuwiderläuft, ja
die Heilung praktisch unmöglich macht. Rache mag süß sein, aber
wie ein altes chinesisches Sprichwort sagt: »Ehe du dich auf den Weg
der Rache begibst, hebe zwei Gräber aus.« Wenn Ihr Ziel ist, die
»Macken« aus Ihrer Persönlichkeit zu entfernen, dann werden Sie es
mit Groll nie erreichen. Um so eher aber mit Versöhnlichkeit, mit
Vergeben.

Im letzten Kapitel sprachen wir bereits kurz über die Vergebung
als das Gegengift gegen den Groll. Maltz verglich diese Eigenschaft
oder Gewohnheit mit einem Skalpell, mit dem »wir uns selbst das
Gesicht liften können«. Es ist von entscheidender Wichtigkeit, diesen
Schritt zu tun und die Schuld zu tilgen. Andernfalls wird die Vergebung
selbst zu einer Form von Rache. Anstatt den Menschen, der uns
Unrecht getan hat, mit einem Stock zu vermöbeln, zahlen wir es ihm
heim, indem wir ihn unsere moralische Überlegenheit fühlen lassen –
und unsere Persönlichkeits-»Macke« bleibt völlig unangetastet. Jedesmal, wenn Sie wieder merken, daß Sie Ihrem gewalttätigen Vater, Ihrem
untreuen Ehemann, Ihrem betrügerischen Geschäftspartner grollen,
vergeben Sie – *vergeben* Sie bewußt dem Menschen, der Ihnen die
Wunde geschlagen hat.

Vergessen Sie nicht: Wenn Sie grollen, gewöhnt sich Ihr Pferd an,
sich für ein hilfloses Opfer zu halten. Jedesmal, wenn es die Nase aus
dem Stall herausstreckt, erlebt es den Schmerz des Peitschenhiebes
aufs neue. Bald fühlt es sich nicht wohl, außer es kann damit *rechnen*,
ausgepeitscht zu werden. Es wird nie einen Weg zum Erfolg finden,
solange es jemanden hat, dem es die Schuld an seinem Mißerfolg geben
kann – und mag diese Schuldzuweisung objektiv auch noch so gerechtfertigt sein. Jeder bewußte Akt des Vergebens ist eine Botschaft, die
dem Pferd mitteilt, daß es gefahrlos den Stall verlassen kann. Indem
Sie sich das Vergeben zu einer Gewohnheit machen, trainieren Sie
Ihrem Pferd die Angst vor neuen Wegen ab.

Sie können es entweder dem Leben heimzahlen, oder Sie können mit dem Leben zurechtkommen. Beides gleichzeitig ist nicht möglich.

Vergeben Sie auch sich selbst

»Emotionale Wunden empfangen wir nicht nur von anderen«, schrieb MALTZ. »Die meisten fügen wir uns selbst zu. Wir prügeln mit Selbstverurteilung, Reue und Bedauern auf uns ein. Wir knüppeln uns mit Selbstzweifeln nieder. Wir zerfleischen uns mit übertriebenen Schuldgefühlen.«

Wir konditionieren uns dazu, uns an unsere Fehler zu erinnern und unsere Erfolge zu vergessen. Es ist wieder eine Frage alter Bänder. In unserer Kultur heißt es traditionell, man dürfe Kinder nicht »verziehen«. Bis vor gar nicht langer Zeit hätten viele wohlmeinende Eltern nicht im Traum daran gedacht, ihre Kinder je zu loben – sie könnten ja schließlich eingebildet werden! Das ist auch der Grund, warum Lob viele von uns in Verlegenheit bringt. Wir haben eine fast abergläubische Angst davor, uns auf unsere Erfolge zu besinnen – es ist so, als befürchteten wir, dadurch den Neid der Götter herauszufordern. Mit Fehlern und Mißerfolgen ist es natürlich eine ganz andere Sache – die vergessen wir nicht! Es besteht durchaus die Möglichkeit, daß wir uns heute noch wegen etwas schämen, was wir als Kind getan oder unterlassen haben – und wieviel mehr, wenn es sich um etwas handelt, das uns letzte Woche passiert ist!

»Wir machen Fehler – die Fehler ›machen‹ nicht uns«, betonte Maltz. *An Ihren vergangenen Fehlern können Sie überhaupt nichts ändern.* Verzeihen Sie sie sich – es ist die einzige Möglichkeit zu vermeiden, daß sie sich negativ auf Ihre Gegenwart und Zukunft auswirken. Konzentrieren Sie sich statt dessen auf Ihre Erfolge. Wenn Sie sich das nächste Mal dabei erwischen, daß Sie sich wegen eines vergangenen Ereignisses mit Selbstvorwürfen überhäufen, sagen Sie: »Löschen!« Überspielen Sie die negative Erinnerung dann augenblicklich, indem Sie sich auf ein vergangenes Erfolgserlebnis konzentrieren. Und wenn Sie sich in Zukunft dabei ertappen, daß Sie ein Kompliment »bescheiden« von sich weisen wollen, sagen Sie sich: »Moment mal – wenn XY so nett ist, mir zu sagen, was für eine gute Arbeit ich gemacht habe, sollte ich da nicht wenigstens so höflich sein, seine Freundlichkeit durch ein ehrliches Danke zu vergelten?« Wenn Sie offen zeigen, daß Sie sich über ein Lob freuen, bereiten Sie dem Lobenden eine Freude – und machen Sie sich Ihren Erfolg erst richtig bewußt. Ein solches Verhalten ist also für alle Beteiligten von Vorteil!

Lernen Sie aus fremden – und aus eigenen – Fehlern

Ein Nachtrag zu Johannas Geschichte: Einige Monate nach unserem
Gespräch am Gartenzaun zog ich in eine andere Gegend, und es sollten
elf Jahre vergehen, ehe ich sie wiedersah. Eines Tages liefen wir uns
in einem Einkaufszentrum über den Weg. Sie war verheiratet, hatte
eine entzückende sechsjährige Tochter, und von ihrer einstigen Wunde
war nichts mehr festzustellen. Sie hatte es geschafft, diese »Macke«
aus ihrem Programm zu entfernen, erklärte sie mir, indem sie unbeirrt
weiter an ihrem Körper gearbeitet hatte, sich *täglich* versichert hatte,
daß es ihr gutes Recht war, glücklich zu sein, die Gesellschaft von
positiven Menschen aufgesucht und die von Schwarzmalern gemieden
hatte.

In die letzte Kategorie fiel ihre Mutter. »Ich sagte ihr, wie nachhaltig
sie mich durch ihren Spott verletzt hatte«, erzählte Johanna. »Ich sagte
ihr, daß ich sie liebe und ihr aufrichtig verzeihe, aber ich erklärte ihr,
daß ich ihr nie wieder erlauben würde, mich zu verletzen. Danach hat
sie sieben Monate lang nicht mehr mit mir gesprochen, und ich sehe
sie nicht mehr sehr oft. Aber ich werde Ihnen sagen, was das Beste
war, was ich getan habe: Am Tag, als meine Tochter geboren wurde
und zum erstenmal an meiner Brust lag, habe ich zu ihr hinunter-
geschaut und gesagt: ›Ich werde die Fehler meiner Mutter nicht wiederholen. Ich werde dir ein besseres Vorbild sein, als sie es mir jemals
gewesen ist. Ich werde dich *nie* verspotten oder sonst etwas tun, was
dein Selbstwertgefühl verletzen könnte.‹«

Johanna hatte absolut recht: Die Entscheidung, den Fehler ihrer
Mutter nicht zu wiederholen, war der wichtigste Schritt, den sie überhaupt tun konnte. Natürlich war es kein Zufall, daß sowohl Johanna
als auch Duke in Einstellung und Verhalten so sehr ihren jeweiligen
Eltern ähnelten – kein Zufall und auch nicht weiter verwunderlich.
Die Eltern waren die »Erwachsenenbilder«, die sie als Kinder beobach-
tet hatten. Unser Bewußtsein wählt sich solche Bilder als Verhaltens-
modelle aus, und unser Unterbewußtsein bewegt sich auf ihre Verwirklichung zu – und mögen wir uns noch so überzeugt sagen: »*Ich* und
meiner *Mutter* ähneln? Ich ähnele nicht *im mindesten* meiner Mutter!«
Hinzu kommt noch folgendes: Wenn wir lange Zeit mit einer emotionalen Wunde gelebt haben, kann sich in uns die Neigung bemerkbar
machen, die Wunde »weiterzugeben«. Wenn wir es dem Menschen,
der uns verletzt hat, nicht heimzahlen können, versuchen wir den
Schmerz der Wunde dadurch zu betäuben, daß wir einem anderen das
gleiche antun. Es ist so, als sagten wir uns: »*Ich* wurde von *meinem*

Vater verprügelt. Warum sollte mein Kind es besser haben?« – »Als ich mit diesem Geschäft anfing, hat *mir* niemand eine Chance gegeben. Warum sollte ich jetzt *ihr* unter die Arme greifen?«

Natürlich können wir, sobald wir bewußt erkannt haben, wie destruktiv eine solche Einstellung ist – und wie sehr sie unsere »Makken« untermauert –, uns dazu entschließen, fremde Fehler *nicht* zu wiederholen. Und sobald wir bewußt eine solche Entscheidung gefällt haben, wird sie zu einem *Ziel.* Unser Unterbewußtsein wird sich unweigerlich mit diesem Ziel einverstanden erklären und sich schließlich darauf zubewegen. Als ich an dem Tag das Einkaufszentrum verließ, war ich so gut wie sicher, daß Johannas Tochter eine weit glücklichere Kindheit verleben würde als einst ihre Mutter.

Sein Schlüsselerlebnis hatte Duke, als er während eines A.-A.-Treffens zum erstenmal bewußt erkannte, daß er durch die Fehler seiner Vergangenheit nicht gebunden war. Er begriff, daß er aus seinen Fehlern lernen konnte, anstatt sich in ihnen zu suhlen. Er hatte bereits angefangen zu lernen: Anstatt sich dafür zu geißeln, daß er »sein Leben verpfuscht hatte«, würdigte er seine beruflichen Erfolge – und ebenso seine bewußte Entscheidung, sich um Hilfe zu bemühen. Ja, er hatte in der Vergangenheit Fehler gemacht. Aber er hatte sich bewußt dafür entschieden, sie jetzt und künftig zu vermeiden.

Lassen Sie nicht zu, daß Ihre Fehler Sie kontrollieren. In der Vergangenheit mögen sie Ihnen Schmerzen bereitet haben, aber Sie können den Entschluß fassen, künftig nicht mehr unter ihnen zu leiden. Halten Sie nach jenem Moment kreativer Intuition Ausschau – dem »Augenblick der Offenbarung«, in dem Sie anerkennen, daß es in Ihrer Macht liegt, sich zu entscheiden, aus Ihren Fehlern zu lernen.

Fünf Techniken, um Ihre Persönlichkeit »mackenfrei« zu halten

Als Sie noch ein Kind waren, gab es nicht viel, was Sie tun konnten, um sich vor emotionalen Verletzungen zu schützen. Sie konnten die Wunden mit Narbengewebe verschließen – und das war's auch schon. Jetzt als Erwachsener haben Sie jedoch vielfältige Möglichkeiten, sich zu immunisieren. Zusätzlich dazu, daß Sie sich von einstigen Wunden befreien und die von ihnen verursachten »Persönlichkeitsmacken« beseitigen können, liegt es jetzt auch in Ihrer Macht, sich durch geeignete Maßnahmen vor *künftigen* emotionalen Anschlägen zu schützen.

Maltz empfahl, die folgenden drei Regeln zu beherzigen, um die Gefahr einer emotionalen Verletzung auf ein Mindestmaß zu reduzieren:

1. Seien Sie zu groß, um sich bedroht zu fühlen. Ein starkes Selbstbild kann einen wahrhaft magischen Schutzschild gegen reale oder eingebildete Anschläge auf Ihr emotionales Wohlbefinden darstellen. Je weiter Sie sich durch das Psychokybernetik-Programm durcharbeiten, desto mehr werden Sie wahrscheinlich feststellen, daß Bemerkungen und Sticheleien, die Sie früher verletzt oder in Rage gebracht hätten, jetzt einfach von Ihnen abprallen. Ein positives, realistisches Bewußtsein vom eigenen Wert und der eigenen Bedeutung zu haben, ist die effektivste Weise, mit eingebildeten emotionalen Gefahren fertig zu werden und sich zugleich vor realen zu schützen.

2. Bemühen Sie sich um innere Unabhängigkeit. Denken Sie einmal darüber nach – ist es wirklich unerläßlich, daß *jeder* Sie »toll« findet? Ist es nicht unrealistisch, das von der Welt zu verlangen? Es ist eine unerfüllbare Forderung – und indem Sie sie stellen, legen Sie Ihr Selbstwertgefühl in die Hände anderer Menschen. Und wenn deren Beifall oder Liebesbekundungen dann ausbleiben, stehen Sie völlig ungeschützt da. Mit einer solchen Haltung sind Wunden unvermeidlich. Seien Sie statt dessen jemand, der Beifall *spendet*. Übernehmen Sie die Verantwortung für Ihre emotionalen Bedürfnisse, und helfen Sie anderen – durch Liebe, Akzeptanz und Verständnis –, *ihre* Bedürfnisse zu befriedigen. Was man verschenkt, kehrt vervielfacht zu einem zurück.

3. Bekämpfen Sie emotionale Verletzungen durch Entspannung. Haben Sie jemals darauf geachtet, unter welchen Bedingungen Sie »verletzt« werden? Passiert es jemals, wenn Sie gerade ausspannen, sich amüsieren, mit Freunden lachen? Ein Beispiel: Jemand macht einen geschmacklosen Witz oder läßt eine taktlose Bemerkung fallen; Sie zahlen es ihm mit gleicher Münze heim – »Mensch, Fritz, ich danke dir, *den* Witz hatte ich seit meiner Kindergartenzeit nicht mehr gehört!« –, lachen und vergessen die ganze Sache. Wenn's hoch kommt, entsteht ein kurzes betretenes Schweigen, aber macht es Ihnen etwas aus? Wahrscheinlich sagen Sie sich einfach: »Was für ein Blödmann!«, und amüsieren sich weiter. Aber was passiert, wenn Sie angespannt, besorgt, frustriert, wütend, deprimiert oder verunsichert sind und *dann* eine solche Bemerkung hören? Dann lachen Sie nicht. Dann sind Sie verletzt.

Was beweist das? Nun, es beweist das, wovon wir bereits ausführlich gesprochen haben: daß wir nicht auf Ereignisse reagieren, sondern auf die Gefühle, die die Ereignisse in uns auslösen. Unsere emotionalen Wunden rühren nicht so sehr von den Taten oder Äußerungen unserer Mitmenschen her als von unseren Reaktionen auf diese. Indem Sie die in diesem Buch vorgestellten Relaxationsmethoden gewissenhaft üben und lernen, in einem konstanten Zustand der Entspannung zu *leben*, machen Sie sich praktisch immun gegen emotionale Wunden.

Der Maltzschen Liste möchte ich nun noch zwei eigene Vorschläge hinzufügen:

4. Empfinden Sie sich als ein spirituelles Wesen. Wenn Sie im Bewußtsein Ihrer spirituellen Natur ruhen, sind Sie praktisch emotional unverwundbar. Sowohl Ihr Bewußtsein als auch Ihr Unterbewußtsein akzeptieren Ihren inhärenten Wert. Ihr Pferd tänzelt munter im Wissen darum, daß Sie einen *Anspruch* darauf haben, vor selbst- und fremdverursachten emotionalen Wunden bewahrt zu werden.

Ich wiederhole: Es ist wichtig, Spiritualität nicht mit Religiosität zu verwechseln. Dr. Maltz erinnerte seine Leser häufig daran, daß sie »Kinder Gottes« waren, und wenn die Religion eine wichtige Rolle für Sie spielt, können Sie Ihr spirituelles Leben problemlos in Ihr religiöses Leben integrieren. Andernfalls können Sie Ihre Spiritualität durch Kreativität, Meditation, bewußte Naturbetrachtung, ja durch jede Aktivität entwickeln, die das Bewußtsein Ihrer selbst in Ihrer Beziehung zum Universum vertieft. Legen Sie einen Garten an; musizieren Sie; suchen Sie sich einen besonderen Ort, wohin Sie sich möglichst häufig von den Sorgen und der Hektik des Alltags zurückziehen können; engagieren Sie sich für ein beliebiges Projekt zur Rettung unseres Planeten.

Wofür Sie sich auch entscheiden – es ist wichtig, daß Sie sich als ein *sich ausdrückendes Wesen* verstehen. Es liegt in der Natur alles Lebendigen, sich auszudrücken: Blumen blühen, Vögel singen, Menschen schaffen. Ihre spirituelle Seite sehnt sich danach zu erschaffen, das Leben weiterzubringen. Und wenn Ihr Geist schöpferisch tätig ist, ist er praktisch unverwundbar. Es gibt einen Ausspruch, dessen Wahrheit ich schon vor so langer Zeit erkannt habe, daß ich gar nicht mehr weiß, von wem ich ihn zum erstenmal hörte: »Es liegt in der Natur des Geistigen zu geben; es liegt in der Natur des Ichs zu nehmen.« Wenn Sie mit dem aktiven Ausdruck Ihrer Spiritualität befaßt sind, erscheint alles potentiell Verletzende, das jemand sagt oder tut, so eindeutig als Produkt von dessen Ich, daß es Sie kaum berührt. »Da versucht er schon wieder sein Selbstbewußtsein aufzubauen, indem er meines untergräbt«, erklärt Ihr Reiter Ihrem Pferd. »*Ich* fühle mich doch einwandfrei.«

5. Geben Sie anderen von sich ab. Viele Menschen haben festgestellt, daß eine ausgezeichnete Methode, sich gegen emotionale Verletzungen zu immunisieren, darin besteht, auf eine sinnvolle Weise etwas von sich abzugeben. Dies kann allerdings nicht lediglich bedeuten, einmal im Monat einer karitativen Organisation Ihrer Wahl einen Scheck auszustellen. Sie müssen etwas tun, das den Brennpunkt Ihrer Aufmerksamkeit von Ihrer Person weg verlagert. Indem Sie sich für einen guten Zweck engagieren, gewinnen Sie neue Einsichten in Ihr eigenes Leben, während Sie gleichzeitig etwas für die Verbesserung der Lebensbedingungen anderer Menschen tun. Wenn Sie erst einmal einen realistischen Eindruck von der Vielfalt und Schwere möglicher menschlicher Leiden gewonnen haben, werden Ihnen Sticheleien und sonstige verletzende Äußerungen weit weniger etwas anhaben können.

Selbst nur einen Tag im Monat einem freiwilligen Dienst am Nächsten zu widmen kann eine hervorragende Möglichkeit sein, sich vor emotionalem Schmerz zu schützen. Suchen Sie ein Altenheim auf, und finden Sie heraus, wie Sie sich nützlich machen können. Setzen Sie sich mit karitativen Organisationen in Verbindung, und stellen Sie sich als ehrenamtlicher Mitarbeiter zur Verfügung. Verbringen Sie regelmäßig etwas Zeit mit krebskranken Kindern. Für welche Tätigkeit Sie sich auch entscheiden – betrachten Sie sie nicht als »gute Tat« oder »selbstlosen Dienst am Nächsten«; betrachten Sie sie einfach als eine spirituelle Impfung zu Ihrem eigenen Wohl. Daß Sie damit zusätzlich auch noch anderen Menschen helfen, ist lediglich eine erfreuliche Begleiterscheinung.

Wie Sie Ihre Persönlichkeit von Hemmungen befreien

Emotionale Narben sind nicht die einzigen möglichen Ursachen von Persönlichkeits-»Macken«. Solche Programmfehler können auch auf viel harmlosere, unscheinbarere Weise zustande kommen: nämlich bedingt durch die spezifische Weise, wie wir mit negativem Feedback umgehen.

Wie Sie mittlerweile hinlänglich wissen, ist unser inneres Steuerungssystem ein Feedback-aktivierter Mechanismus. Negatives Feedback ist das Signal, das uns warnt, wenn wir den vorprogrammierten Kurs verlassen haben. Reagieren wir darauf mit einer Kurskorrektur, behalten wir unser Ziel im Fadenkreuz. Wenn wir mit einer Überkorrektur reagieren, entfernen wir uns immer mehr von unserem Ziel. Und wenn wir es zulassen, daß das negative Feedback uns *kontrolliert*, bleiben wir ganz einfach stehen. Wir nennen diesen Zustand »Hemmung« oder »Gehemmtheit«.

»Eine ›schwache Persönlichkeit‹ und eine ›gehemmte Persönlichkeit‹ sind ein und dasselbe«, schrieb Maltz. »Der Mensch mit einer ›schwachen Persönlichkeit‹ bringt sein kreatives inneres Selbst nicht zum Ausdruck. Er hat es unterdrückt, gefesselt, er hat es eingesperrt und den Schlüssel weggeworfen ... Aus dem einen oder anderen Grund hat er Angst davor, sich auszudrücken, hat Angst davor, er selbst zu sein, und hat sich in einem inneren Verlies eingesperrt.

Die Symptome der Hemmung sind zahlreich und mannigfaltig: Schüchternheit, Furchtsamkeit, Befangenheit, Feindseligkeit, übertriebene Schuldgefühle, Schlaflosigkeit, Nervosität, Reizbarkeit, Unfähigkeit, mit anderen auszukommen. Frustration ist ein typisches Merkmal der gehemmten Persönlichkeit. Ihre wirkliche und grundlegende Frustration rührt von ihrer Unfähigkeit her, ›sie selbst‹ zu sein, und ihrer Unfähigkeit, sich angemessen auszudrücken. Aber diese Grund-Frustration hat meist die Tendenz, auf alle Aktivitäten des Menschen abzufärben und überzugreifen.«

Reagieren Sie positiv auf negatives Feedback

Wie Sie auf Feedback – oder nennen wir es »Kritik« – von Ihnen selbst und anderen reagieren, entscheidet darüber, ob Ihre Persönlichkeit gedeiht oder verkümmert. Wenn Ihr Chef Ihnen wegen eines kostspieligen Fehlers die Leviten liest, stehen Ihnen mehrere Möglichkeiten offen. Sie können sich merken, worin genau Ihr Fehler bestand, und sich vornehmen, ihn nicht zu wiederholen. Sie können an einem Kurs oder Seminar teilnehmen und auf diese Weise versuchen, das Problem zu beheben. Sie können sich des reflexiven Umlernens – des »mentalen Übens« – bedienen, um Ihre Chancen zu erhöhen, Ihre Aufgabe das nächste Mal korrekt zu erledigen. All das sind positive Reaktionen auf negatives Feedback. Aber wenn Sie es zulassen, daß die Kritik Ihres Chefs zu chronischer Besorgtheit und Selbstvorwürfen führt, dann kann Ihre Angst davor, Fehler zu machen, so intensiv werden, daß Sie überhaupt nicht mehr imstande sind, Ihre Arbeit effektiv zu erledigen. Sie konzentrieren sich so sehr auf mögliche Fehler, daß Sie in totaler Hemmung erstarren.

Kritik braucht gar nicht explizit oder direkt zu sein, um eine gehemmte Reaktion zu verursachen. Sie kann ebensogut implizit oder sogar nur eingebildet sein. Nehmen wir einmal an, Sie sind auf einer Party. Sie reden mit einer Gruppe von Leuten, und keiner scheint Ihnen zuzuhören. Oder Sie unterhalten sich mit einem einzelnen Gast, der zerstreut wirkt und sich schließlich mit der Erklärung entschuldigt, er wolle zum kalten Buffet und seinen Teller wiederauffüllen. Sie können damit reagieren, daß Sie sich sagen: »Okay, das war für ein Gespräch mit *diesen* Leuten offensichtlich das falsche Thema«, oder: »Na schön, mit *dem* hat's also nicht geklappt – wer sieht hier sonst noch interessant aus?« Aber angenommen, Sie ziehen statt dessen den Schluß: »Die finden mich langweilig«, oder: »Dem muß ich ja *entsetzlich* auf die Nerven gegangen sein«? Dann stehen die Chancen schlecht für Sie. Wenn dann nämlich jemand versucht, mit Ihnen ins Gespräch zu kommen, sind Sie wahrscheinlich entweder so verunsichert, daß Sie kaum ein vernünftiges Wort herausbringen, oder aber Sie plappern möglicherweise nervös drauflos, bis der Jemand auch in Richtung Buffet flüchtet. Nach einer Weile hat das negative Feedback, das Sie empfangen (oder zu empfangen meinen), Sie so sehr gehemmt, daß Sie sich den Rest des Abends mit der stummen Betrachtung des Gummibaums in der Ecke vertreiben.

Das gleiche gilt für die Selbstkritik. Selbstkritik kann sogar *noch* hemmender wirken, weil sie oft auf einer unterbewußten Ebene stattfindet. Ihr Pferd wird hierhin und dorthin getrieben und gezerrt, bis es überhaupt nicht mehr weiß, welchen Weg es nehmen soll – und ebensowenig Ihr Reiter. Nehmen wir an, Sie werden auf eine weitere Party eingeladen. Sie überlegen die ganze Woche hin und her, ob Sie hingehen werden oder nicht, und beschließen in allerletzter Minute, zu Hause zu bleiben und sich »einen gemütlichen Abend« vor dem Fernseher zu machen. Ihrem Reiter ist nur ein gewisses Bedauern und eine leichte Niedergeschlagenheit bewußt, aber Ihr Pferd empfängt eine vollkommen klare Botschaft: Anstatt sich auf Ihre sonstigen Erfolge im Umgang mit Menschen zu besinnen, reagiert es ausschließlich darauf, wie Sie sich auf der letzten Party gefühlt haben: *Ich bin ein furchtbarer Langweiler. Alle ignorieren mich. Am besten komme ich noch mit Topfpflanzen zurecht.*

Was glauben Sie, wovor sich zahllosen Meinungsumfragen zufolge die Mehrheit der Amerikaner *bewußt* am meisten fürchtet? Nicht davor, überfallen zu werden, ihr ganzes Geld zu verlieren oder erfahren zu müssen, daß ihr Kind entführt worden ist. Das, wovor die meisten die *mit Abstand* größte Angst haben, ist, *vor Publikum zu sprechen.* Und woran liegt das? Reagieren all diese Menschen auf vergangene Erfahrungen – sind sie etwa sämtlich schon einmal ausgepfiffen oder ausgelacht worden? Oder rührt ihre übertriebene Befangenheit nicht vielmehr von übertriebener Selbstkritik her?

Glücklicherweise haben Sie die Wahl, ob Sie auf negatives Feedback mit Gehemmtheit oder mit einer Kurskorrektur reagieren wollen. Hier ist eine Tabelle, die Ihnen helfen kann, statt befangen »psychokybernetisch« zu reagieren:

SITUATION	FEEDBACK	GEHEMMTE REAKTION	PSYCHOKYBERNE-TISCHE REAKTION
Sie verlieren einen Kunden	Ihr Chef schnauzt Sie an	»Ich vermassle immer alles!«	»Ich kann aus dieser Erfahrung lernen.«
Sie unterhalten sich auf einer Party mit jemandem	Er/Sie läßt Sie stehen	»Ich bin langweilig!«	»Habe ich etwas Taktloses gesagt? Wenn nicht, dann brauche ich mir auch keine Gedanken zu machen.«
Eheprobleme	Ihr Ehepartner verläßt Sie	»Ich tauge nichts!«	»Wir müssen uns beide ändern. Wie kann *ich* eine Veränderung herbeiführen?«
Finanzielle Sorgen	Sie verlieren Geld an der Börse	»Mein Vater hatte recht. In Gelddingen bin ich eine Null!«	»Ich werde den Gürtel enger schnallen und mir bessere Anlagetips geben lassen.«
Probleme am Arbeitsplatz	Sie werden entlassen	»Ich bin ein Versager!«	»Ich wußte ja, daß die Firma Absatzschwierigkeiten hatte. Jetzt hat es eben mich getroffen.«
Sie haben einen Termin beim Zahnarzt und verspäten sich	Der Zahnarzt ist angeln gegangen	»Ich habe einfach *kein* Zeitgefühl! Ich war schon als Kind so!«	»Ich nehme mir vor, von nun an pünktlich zu sein.«

SITUATION	FEEDBACK	GEHEMMTE REAKTION	PSYCHOKYBERNE-TISCHE REAKTION
Sie haben ein paar Wochen lang zuviel gegessen	Sie haben zehn Pfund zuge-nommen	»Ich habe über-haupt keine Selbstdisziplin!«	»Ich mache eine Abmagerungskur.«

Wie Sie Ihre Persönlichkeit von Hemmungen befreien

Für welche korrektive Maßnahmen Sie sich als Reaktion auf negatives Feedback entscheiden, wird von Ihnen und von Ihrer bestimmten Situation abhängen. Es geht schlicht darum, mit der Gewohnheit des Gehemmtseins zu brechen – und mittlerweile verfügen Sie über eine reiche Auswahl an »Gewohnheitsbrech-Werkzeugen«. Bevor Sie aller-dings mit Ihrer Entwöhnung beginnen, sollten Sie sich etwas fragen: und zwar, ob Sie durch Ihre gehemmten Reaktionen nicht möglicher-weise *gewisse Vorteile* haben. Lautet die Antwort »ja«, müssen Sie das Für und Wider gegeneinander abwägen und eine Entscheidung treffen.

Jetzt werden Sie sich fragen: »Was für *Vorteile* könnten mir Hem-mungen wohl einbringen?« – Hören Sie sich folgenden Fall an. Die sechsundzwanzigjährige Maureen arbeitete bei einer Speditionsfirma in der Kundenbetreuung. Ihre Freunde wußten um ihre Schüchternheit und ermunterten sie immer wieder, in Gesellschaft »mehr aus sich herauszugehen«. Ihre einzige Reaktion bestand darin, verlegen und *noch* gehemmter zu werden, so daß jeder Anwesende ihre Befangenheit bemerkte. Ein ernsteres Problem stellte ihre Schüchternheit am Arbeitsplatz dar, wenn Kunden sich mit Beschwerden an sie wandten und sie errötete und nur noch hilflos herumstottern konnte. »Sie müs-sen bestimmter auftreten«, sagte der Chef zu ihr. »Nur so bringt man die Kunden dazu, bei uns zu bleiben. Die Zähne zeigen! Nicht unter-kriegen lassen!«

Nach einem besonders katastrophalen Arbeitstag setzte sich Mau-reen schließlich in einer ruhigen, entspannenden Umgebung hin und begann sich ernsthaft zu fragen, warum sie sich wohl angewöhnt hatte, sich in Privatleben und Beruf durch Hemmungen selbst Steine in den Weg zu legen. Wie hatte sie *gelernt*, auf negatives Feedback in dieser Weise zu reagieren? Sie sah sich gezwungen, den Schluß zu ziehen, daß ihre »Schüchternheit« ihr gewisse Vorteile brachte: Sie verschaffte ihr die erhöhte Aufmerksamkeit ihrer Freunde und das Wohlwollen erzürnter Kunden, die sich zu ihrer Überraschung plötzlich einem »hilflosen kleinen Mädchen« gegenübersahen. Das war eine Rolle, die sie oft vor ihrem Vater gespielt hatte. Er betrachtete sie als »zerbrechlich«, da sie als Kind unter rheumatischen Herzbeschwerden gelitten hatte. Jetzt erkannte sie den Zusammenhang zwischen dieser Erfahrung und der Aufmerksamkeit, um die sie bei ihren Freunden und ihrem Chef auf solche Weise warb.

Maureen begriff, daß dies eine ziemlich unreife Methode war, Resultate zu erzielen. Sie wußte, daß es ihrem Selbstwertgefühl nur guttun würde, wenn sie es lernte, auf Kritik wie ein erwachsener Mensch statt wie ein Kind zu reagieren. Sie verglich ihre habituellen Reaktionen mit ihren entsprechenden Wunschvorstellungen:

SITUATION	FEEDBACK	GEHEMMTE REAKTION	PSYCHOKYBERNETISCHE REAKTION
Unter Menschen	Freunde reden mir zu, »relaxter zu sein«	Ich stottere, erröte, ziehe mich zurück	Tief durchatmen, durch Schein zum Sein. »Was *macht's* schon, wenn ich nicht mit jedermann warm werde?«
Im Gespräch mit Kunden	Kunde wird wütend	Gebe klein bei, »tue hilflos«	Übe, anderen in die Augen zu sehen, dich zu entspannen, selbstsicher zu reagieren

Maureen übte sich täglich im reflexiven Umlernen. Sie sah sich im Geiste ganz konkret aus ihrer kindlichen Rolle *heraustreten* und in die einer erwachsenen Frau *einsteigen*, die auf negatives Feedback positiv, das heißt mit korrektiven Maßnahmen, zu reagieren imstande war. Dieses mentale Bild – sie als schüchternes, zerbrechliches Mädchen, das in ihre eigene erwachsene Gestalt hineinsteigt – übertrug sie mit Wachsmalkreide auf Papier und hängte es sich über den Schreibtisch, um sich auf diese Weise symbolisch daran zu erinnern, nie wieder zuzulassen, daß übertriebene – fremde oder eigene – Kritik die freie Entfaltung ihrer Persönlichkeit hemmte.

Sorgen Sie dafür, daß Sie hemmungsfrei bleiben

Verhindern Sie, daß übertriebene Hemmungen eine »Macke« in Ihrer Persönlichkeit verursachen, indem Sie lernen, auf Kritik positiv und *aktiv* zu reagieren. Hierzu ein paar Tips:

1. Kämpfen Sie gegen das »Was-werden-die-anderen-nur-denken«-Syndrom an. Vergessen Sie nicht: Sie sind nicht auf der Welt, um es immer allen recht zu machen.
2. Üben Sie sich in CRAFT, um sich von gehemmten Reaktionsweisen zu befreien. LÖSCHEN Sie alle unangebrachte Selbstkritik. Betrachten Sie die äußeren Anzeichen von Befangenheit – angespannte Gesichtsmuskulatur, ausweichender Blick, stockendes Reden, übertriebene Bereitschaft zum Erröten – als *Gewohnheiten*, mit denen Sie brechen können. »Tun Sie so, als ob« Sie frei von Hemmungen wären, und mit der Zeit werden Sie es auch tatsächlich sein.
3. Lernen Sie aus Ihrem Bedauern, anstatt sich darin zu suhlen. Setzen Sie den SAETS-Prozeß in Gang, wenn Sie merken, daß Sie auf negatives Feedback – mag es nun von außen oder von Ihnen selbst gekommen sein – überreagiert haben. Überprüfen Sie täglich Ihren »Empfindlichkeits-Index«. Haben Sie heute überreagiert? Falls ja, verwenden Sie Ihre tägliche Entspannungszeit, um eine angemessenere Reaktion zu visualisieren. Haben Sie genau das gesagt, was Ihnen auf dem Herzen lag, ohne jemanden zu verletzen? Falls ja – worüber machen Sie sich dann Sorgen?

Setzen Sie Ihre wahre Persönlichkeit frei

»In jedem von uns ist eine Persönlichkeit eingeschlossen«, schrieb MALTZ. »Wenn wir von jemandem sagen, er ›sei‹ eine Persönlichkeit, so meinen wir damit in Wirklichkeit, daß er das kreative Potential in seinem Inneren freigesetzt hat und imstande ist, sein wahres Selbst zum Ausdruck zu bringen.«

Denken Sie einen Augenblick lang darüber nach. Indem Sie die »Macken« aus Ihrer Persönlichkeit entfernen, befreien Sie *Ihr Selbst*. Sie befreien denjenigen Aspekt von Ihnen, der einzigartig und kreativ ist. Und haben Sie erst einmal Ihr wahres Selbst ans Licht gebracht, werden all die negativen, unattraktiven Bilder *ihrer selbst*, die Sie mit sich herumgetragen hatten, einfach verschwinden. »Das wahre Selbst, das sich in jedem Menschen verbirgt, *ist* attraktiv«, schrieb Maltz. »Es

ist magnetisch. Es übt eine starke Anziehung auf andere Menschen aus. Wir spüren, daß wir mit etwas Wirklichem – und Grundlegendem – in Berührung getreten sind und daß es etwas für uns tut.«
Erlauben Sie Ihrem Selbst, etwas für Sie zu tun!

Gedanklich zum Ziel

o »Macken« können an Ihrer Persönlichkeit infolge emotionaler Wunden oder exzessiven negativen Feedbacks entstehen.

o Die Bereitschaft und Fähigkeit zu vergeben ist die Klinge, mit der Sie sich von dem emotionalen Narbengewebe befreien können, das sich auf alten emotionalen Wunden gebildet hat.

o Sie können vorbeugende Maßnahmen ergreifen, um sich vor emotionalen Wunden zu schützen.

o Sie können Ihre Persönlichkeit von Hemmungen befreien, indem Sie lernen, auf Kritik mit Kurskorrekturen zu reagieren.

Setzen Sie sich Ihre eigenen Ziele

Dreizehntes Kapitel

HOLEN SIE AUS DER PSYCHOKYBERNETIK ALLES HERAUS: *LEBEN* STATT BLOSS AM LEBEN SEIN

Was jeder wirklich will, ist mehr Leben – mehr Er-Leben. Wie Ihre private Definition von Glück auch lauten mag – *erleben* werden Sie das Glück nur, wenn Sie mehr Leben erleben. Mehr zu erleben bedeutet unter anderem mehr Leistung, mehr Erfolge, lohnendere Ziele zu erreichen, mehr Liebe zu empfangen und zu geben, mehr Gesundheit und Freude, mehr Glück für Sie und andere ... Lassen Sie uns unsere Bereitschaft, das Leben anzunehmen, nicht durch Minderwertigkeitsgefühle beeinträchtigen!

MAXWELL MALTZ: *Psycho-Cybernetics* (1960)

Die aufregendsten Fortschritte des einundzwanzigsten Jahrhunderts werden nicht der Technik zu verdanken sein, sondern unserem sich erweiternden Begriff dessen, was es bedeutet, Mensch zu sein.

JOHN NAISBITT und PATRICIA ABURDENE: *Megatrends 2000* (1990)

Als ich dieses letzte Kapitel begann, waren in Barcelona die Olympischen Sommerspiele in vollem Gange. Ich bin zwar nicht gerade das, was man einen Sportfan nennt, aber wie Hunderte von Millionen anderer Menschen überall auf der Welt war auch ich durch Fernsehen und Presse in dieses gewaltige Schauspiel hineingezogen worden. Und während ich mir die Wettkämpfe anschaute und mir die Interviews anhörte, staunte ich immer wieder über die unbeabsichtigte Bestätigung, die die Prinzipien der Psychokybernetik durch so viele Athleten, Trainer und Kommentatoren erfuhren.

Im Alter von zehn Jahren schrieb SCOTT DONIE in einem Schulaufsatz, er beabsichtige, eine Medaille bei den Olympischen Spielen zu gewinnen. Soviel ist sicher: Spätestens seit Barcelona braucht man Donie, den Silbermedaillengewinner im Turmspringen, nicht von der Wirksamkeit des Zielsetzens zu überzeugen!

Der rumänische Gewichtheber DRAGOMIR CIROSLAV zog sich zwei Monate vor den Spielen von Los Angeles 1984 eine schwere Verletzung zu, als er sich eine schwere Hantel auf den Nacken fallen ließ. Während des einmonatigen Krankenhausaufenthalts absolvierte er acht Stunden am Tag ein mentales Training. Ciroslav brachte vom Wettbewerb in Los Angeles eine Bronzemedaille mit nach Hause. Mittlerweile Betreuer der Gewichtheber-Mannschaft seines Heimatlandes, schreibt er deren internationale Erfolge den »mentalen Methoden« zu.

Die amerikanische Turnerin SHANNON MILLER galt nicht gerade als die Hoffnung der US-Mannschaft; die größten Chancen, sich gegen die osteuropäischen Damen durchzusetzen, räumte man KIM ZMESKAL ein. Aber am Ende war es Miller, die die Medaillen einheimste, während Zmeskal unter »ferner liefen« rangierte. Der Grund für Shannons Leistung wurde von einem Kommentator kurz und treffend ausgesprochen, als sie vor dem Schwebebalken stand und darauf wartete, daß sie an die Reihe käme. »Schauen Sie sie sich an«, sagte der Fernsehsprecher. »Sie ist vollkommen entspannt.«

Der amerikanische Tischtenniscrack SEAN O'NEILL »übte« im United States Olympic Training Center in Colorado Springs, indem er in einem besonderen Sessel saß und sich Videoaufzeichnungen seiner besten Spiele ansah, während er gleichzeitig die Stimme eines Sportpsychologen hörte. Einem Artikel von PAUL SHEPHERD zufolge war O'Neill anschließend »imstande, die entspannende Umgebung des ... Sessels nachzuerleben und eine makellose Leistung zu visualisieren. Während des Jahres, das O'Neill mit seiner Vorbereitung auf die Olympischen Qualifikationskämpfe verbrachte, schrieb er jeden Morgen unmittelbar nach dem Aufwachen sein Ziel auf: ›Ich gehöre dem Olympiateam von 1992 an.‹ Immer und immer wieder schrieb er diese Worte auf, bis er an sie glaubte – und sich für Barcelona qualifizierte. ›Was die meisten Tischtennis-Interessierten verwundern dürfte, ist, wieviel Zeit ich in meine Vorbereitung investiere. Allein mein tägliches Mentaltraining – Visualisation, Entspannung, Zielsetzen und Tonbänder anhören – dauert eine bis anderthalb Stunden.‹«

Auch Sie haben jetzt das Potential eines Topathleten. Mit Ihrem psychokybernetischen Rüstzeug können Sie Ihren »Wettkampf« bestimmen und nach der Goldmedaille greifen. Und es gibt nichts, was Sie dazu zwingen würde, sich auf eine einzige »Disziplin« zu beschränken. Sie können in Ihrem Beruf, in Ihrem Liebesleben, in Ihren familiären Beziehungen, in Ihren kreativen Aktivitäten und in Ihrer spirituellen Entwicklung ein Champion sein. Alles was dazu nötig ist, um ein »Siegergefühl« zu bekommen und zu bewahren, ist das gesunde und realistische Selbstbild, das den Erfolg möglich macht.

»Haben Sie erst einmal ein bestimmtes Ziel vor Augen«, schrieb MALTZ, »können Sie darauf vertrauen, daß Ihr automatischer Mechanismus Sie auch dorthin bringen wird ... Doch um das zu erreichen, müssen Sie sich das Endresultat als *etwas jetzt Mögliches* vorstellen ... Wenn wir unser positives Ziel fest im Bewußtsein behalten und es uns so realistisch ausmalen, daß es ›real‹ *wird,* und daran als an eine vollendete Tatsache denken, dann fühlen wir uns voller Selbstvertrauen, Mut und Zuversicht, daß das Resultat unseren Wünschen entsprechen wird. Wir können nicht bewußt in unseren automatischen Mechanismus hineinsehen ... Aber wir können dessen gegenwärtige ›Voreinstellung‹ anhand unserer Gefühle erkennen. Wenn er ›auf Erfolg eingestellt‹ ist, fühlen wir uns als Sieger.«

Mittlerweile beherrschen Sie die Kunst, die Gefühle in sich wachzurufen, die zum Erfolg führen. Das letzte Kapitel handelt davon, wie wir diese Gefühle für den Rest unseres Lebens beibehalten können – wie wir *das Leben selbst* zu unserem wichtigsten, übergeordneten Ziel machen können. Dieses Kapitel ist eine Zusammenstellung von Informationen, Beobachtungen, Übungen und allem möglichen »Krimskrams« – eine Zusammenfassung und Zusammenführung verschiedener Gedanken darüber, wie Sie dieses Buch als Sprungbrett zu mehr Energie, mehr Kreativität, mehr Lebensfreude, ja buchstäblich *mehr Leben* verwenden können. Sie werden im einzelnen erfahren,

o daß ein gesundes Selbstbild Ihnen tatsächlich ein längeres Leben bescheren kann;
o wie Sie die Energien erschließen können, die Ihnen ermöglichen, Ihr Leben selbst in die Hand zu nehmen;
o wie Sie Gefühle in sich wachrufen und lebendig halten können, die Ihr Selbstwertgefühl fördern;
o wie Sie negative Erfahrungen hinter sich lassen und sich Glücklichsein zu einer Gewohnheit machen können.

Wie ein gesundes Selbstbild
Ihr Leben verlängern kann

In diesem Buch haben Sie schon anhand zahlreicher Fallgeschichten gesehen, was ein Mensch erreichen kann, der ein gesundes Selbstwertgefühl hat. Sie haben erfahren, daß ein positives Selbstbild

o uns ermöglicht, uns einen hohen Erfolgs-Sollwert zu setzen und diesen zielstrebig anzusteuern:

○ uns von Problemwälzern in Problemlöser verwandelt;
○ Streß so weit in Grenzen hält, daß er uns nicht über den Kopf
   wachsen kann;
○ uns ermöglicht »überzuglauben« – wie Maltz die Fähigkeit nannte,
   uns selbst dann Ziele zu setzen, wenn die »Umstände«, so wie wir
   sie sehen, gegen deren Erreichbarkeit zu sprechen scheinen;
○ es uns erleichtert, die für unser Wohlergehen unerläßliche Entspannung zu erreichen;
○ uns hilft, unseren Geist und unsere Lebensfreude freizusetzen;
○ uns befähigt, unter schwierigen Bedingungen weiterzumachen;
○ uns hilft, Krisen als Chancen statt als Niederlagen zu betrachten;
○ uns zeigt, wie wir stets einen positiven Kurs halten können.

Jetzt möchte ich noch auf etwas hinweisen, was die vielleicht wichtigste
Einzelfunktion unseres Selbstbilds ist: *Es kann uns tatsächlich zu einem
längeren Leben verhelfen.*

»Wenn wir den Menschen als ›zielstrebendes Geschöpf‹ verstehen«,
schrieb Maltz, »dann können wir die Lebenskraft als den Treibstoff
oder die treibende Energie betrachten, die ihn auf sein jeweiliges Ziel
zubewegt ... Ich glaube, daß wir dann Lebenskraft ›anlegen‹, wenn
wir erwartungsvoll und freudig in die Zukunft blicken, wenn wir uns
auf das Morgen freuen und vor allen Dingen, wenn wir etwas [für
uns] Wichtiges zu tun haben und ein Ziel sehen, auf das wir uns
zubewegen können ...

Ich glaube, daß das Leben anpassungsfähig ist; daß das Leben kein
Selbstzweck ist, sondern ein Mittel zum Zweck ... Ist es unvernünftig
anzunehmen, daß, wenn wir uns in eine Ziel-Situation begeben, die
mehr Leben erfordert, wir auch mehr Leben erhalten werden?«

»Lebenskraft« ist einer dieser Begriffe, die sich nur schwer definieren
lassen, unter denen sich gleichwohl jeder etwas vorstellen kann. Wir alle
kennen Menschen, die nur im biologischen Sinne am Leben sind. Sie
atmen, aber sie *leben* nicht. Sie nehmen nicht mehr Anteil am Leben,
noch wachsen sie spirituell. Was immer es sei, das sie »getötet« hat, ein
einzelner emotionaler Schlag oder eine Serie von Enttäuschungen – ihre
Lebenskraft ist erschöpft. Sie haben das grundlegende Ziel aller Lebewesen verloren – das Leben zu behalten und zu mehren. Und wenn solche
Menschen auch noch mehrere Jahre lang ihr physisches Dasein fristen
können, hat jemand, der im Alter von fünfundvierzig Jahren spirituell
und emotional tot ist, weit geringere Aussichten, ein hohes Alter zu
erreichen, als derjenige, der fortfährt, neue Ziele, neue Erfahrungen,
neue Bereiche des Wachstums zu entdecken und anzustreben.

Ein positives Selbstbild bedeutet soviel wie Langlebigkeit

»Die Verlangsamung des psychischen Alterungsprozesses könnte in vielerlei Hinsicht von einer positiven und wachsamen Reaktion auf die Herausforderungen abhängen, mit denen unsere Umwelt uns konfrontiert«, schrieb KATHY KEETON in Ihrem Buch *Longevity.* »Das gleiche scheint auch hinsichtlich unserer Einstellung gegenüber uns selbst und anderen zu gelten.«

Zu Maltz' Zeiten war der Zusammenhang zwischen »Lebenskraft« und Langlebigkeit praktisch nur Gegenstand des Volksglaubens. In den letzten Jahren haben zahlreiche Studien bestätigt, daß tatsächlich eine direkte Beziehung zwischen einem positiven Selbstbild und einem längeren und gesünderen Leben besteht. Zum Beispiel scheint das Gefühl von Eigenmacht, das man verspürt, wenn man weiß, daß man sein Leben selbst in die Hand nimmt, zu einer realen Erhöhung der Lebenserwartung zu führen. Eine von der Psychologin JUDITH RODIN in einem Altersheim in Connecticut durchgeführte Studie verglich Gesundheitszustand, Einstellung und Lebenserwartung zweier Gruppen von Senioren. Die eine Gruppe besaß in bezug auf ihre Aktivitäten ein gewisses Maß an Entscheidungsfreiheit; bei der anderen wurde der gesamte Tagesablauf vom Pflegepersonal bestimmt. Die bei der »selbstverantwortlichen« Gruppe zu verzeichnenden Unterschiede – erhöhte beobachtbare Aktivität und geistige Klarheit, verminderter Bedarf an Medikamenten und niedrigere Sterberate – zeigte, daß das Gefühl, »die Zügel in der Hand zu haben«, ein Ziel zu haben, »einen entscheidenden positiven Einfluß auf psychische und physische Gesundheit und vielleicht sogar auch auf die Lebenserwartung ausübt«.

Wir haben bereits von übertriebener Schüchternheit als einem Symptom für ein niedriges Selbstwertgefühl gesprochen. Jetzt zeigen die Ergebnisse einer Studie des Psychologen JEROME KAGAN, daß »Schüchternheit« regelrecht gesundheitsschädlich sein kann. Sie wird allgemein mit physischen Warnsignalen wie erhöhte Herzfrequenz, Muskelanspannung und einem gesteigerten Ausstoß von Streßhormonen in Verbindung gebracht.

Eine von GEORGE E. VAILLIANT an der Darmouth Medical School durchgeführte Langzeituntersuchung ergab, daß überdurchschnittlich viele Menschen, die in ihrer Jugend eine pessimistische Lebensanschauung gehabt hatten, bereits in ihren vierziger oder fünfziger Jahren starben oder zumindest schwer erkrankten.

Erinnern Sie sich an unsere Erörterung der Barmherzigkeit als eines Elements der Erfolgspersönlichkeit? Eine Studie des Psychologen

LARRY SCHERWITZ belegt, daß Menschen desto anfälliger für Herzleiden aller Art und namentlich für Herzinfarkte sind, je mehr sie dazu neigen, von sich zu reden. (Als Kriterium für seine Beurteilung zählte er, wie oft seine Versuchspersonen in aufgezeichneten Gesprächen die Wörter »ich«, »mein«, »mir« und »mich« verwendeten.) Welche Schlußfolgerung zog Scherwitz aus seinen Ergebnissen? »Hören Sie aufmerksam zu, wenn andere reden. Stellen Sie anderen einen Teil Ihrer Zeit und Energie zur Verfügung; lassen Sie andere Ihren Willen haben; lassen Sie sich bei Ihren Aktivitäten auch von anderen Gesichtspunkten als der Beförderung Ihrer eigenen Interessen motivieren. Bemühen Sie sich um eine liebevolle Grundeinstellung, denn die Liebe hebt die imaginären Grenzen zwischen dem Ich, den anderen und der Welt auf.«

Ein längeres Leben durch die Psychokybernetik

Bevor Sie anfangen, Ihr Testament aufzusetzen – entspannen Sie sich. Nichts von dem bisher Gesagten verfolgt den Zweck, Sie zu ängstigen; es soll Sie lediglich veranlassen, sich ein paar Gedanken über Ihre Lebensweise zu machen – und darüber, wie Sie vielleicht statt dessen leben *könnten*. Ein schlechtes Selbstbild und die Symptome, die damit einhergehen – ein Leben nach fremden Vorstellungen und Zielsetzungen, die Tendenz, sich von seinen Mitmenschen zurückzuziehen, übermäßiger Streß, eine pessimistische Grundeinstellung, Selbstbezogenheit –, sind nichts als *Gewohnheiten*, und als solche lassen sie sich ausnahmslos in ihr Gegenteil verkehren. Sie sind emotionale Gewohnheiten, die das Leben verkürzen können, wie das ebenso von körperlichen Angewohnheiten wie Rauchen, einer ungesunden Ernährung und einem Mangel an Bewegung gesagt werden kann.

Denken Sie darüber nach. Indem Sie Lebensfreude und »Lebensenthusiasmus« in sich entwickeln, erzeugen Sie ein Bedürfnis nach mehr Leben. Indem Sie eine »Sehnsucht nach der Zukunft« kultivieren, vermögen Sie Ihre Zukunft ganz konkret zu erweitern und zu vertiefen. Sie können Ihre Lebenskraft regenerieren und Ihr Leben möglicherweise um Jahre verlängern – *gleichgültig, wie alt Sie gegenwärtig sind*. Sie sind es dadurch zu erreichen imstande, daß Sie

o sich weigern, sich Grenzen zu setzen;
o durch Setzen von Zielen ein *Bedürfnis* nach mehr Leben erzeugen;
o das Gefühl von Vergeblichkeit, das zu Streß führen kann, über Bord werfen;

o den falschen Stolz und die Selbstbefaßtheit, die aus einem niedrigen Selbstwertgefühl hervorgehen, durch die echte Wertschätzung Ihrer selbst ersetzen, die eine positive persönliche Einstellung schenkt;
o sich dafür entscheiden, sich selbst den Respekt und die Hochachtung entgegenzubringen, die Sie verdienen.

Werden Sie zum Meisterplaner Ihres Lebens

Als Arthur sich beim »Lebensplanungsseminar« einschrieb, hoffte er lediglich, einige Tips für langfristige Anlagemöglichkeiten zu erhalten. Was er bekam, war ein von Grund auf neues Leben. Arthur war sechsunddreißig Jahre alt und lebte in Florida, wo er bei einem metallverarbeitenden Unternehmen arbeitete. Er hatte dort direkt nach dem College angefangen und sich zu einer leitenden Position emporgearbeitet. Er war seit elf Jahren verheiratet und hatte zwei Kinder. Seine Frau Clare hatte einen Halbtagsjob, der zwar nur wenig einbrachte, den sie aber zu Hause ausüben konnte, weswegen Arthur sie oft um die Zeit beneidete, die sie mit den Kindern verbringen konnte, während er mit wichtigen Kunden essen gehen mußte.

Für Arthur kam der entscheidende Augenblick des Seminars, als er aufgefordert wurde, ein Blatt Papier zu nehmen, es der Länge nach zu falten und auf den zwei Seiten jeweils die Vor- und Nachteile seines Jobs aufzuschreiben. Zu seinem Erstaunen sah er, daß er dreimal so viele Nachteile wie Vorteile gefunden hatte. Das, was ihm an seinem Job gefiel, waren einzig das hohe Einkommen, die verantwortliche Position und die gelegentlichen Vergünstigungen – zwei bezahlte Flüge nach Hawaii in fünfzehn Jahren. An Nachteilen hatte er sich unter anderem notiert: zuwenig Zeit für seine Familie, zuwenig Zeit für Erholung und Spaß, zuviel Streß, zu viele Arbeitsessen (die auf die Linie schlugen), die Tatsache, daß die Metallverarbeitung ihn nicht im mindesten interessierte, häufige Langeweile und Depression – die Liste reichte fast bis ans Ende der Seite.

Auf dem Heimweg begann Arthur, sich ernsthafte Gedanken über einen Berufswechsel zu machen. Aber wie das konkret vonstatten gehen sollte, war ihm einstweilen schleierhaft. Also vergegenwärtigte er sich für den Anfang seine am längsten – durchweg seit seiner Kindheit – bestehenden Interessen: Baseball, Briefmarkensammeln und Sporttauchen. Tauchen war seine mit Abstand größte Leidenschaft, aber seit der Geburt seines zweiten Sohnes vor sechs Jahren war er überhaupt nicht mehr dazu gekommen.

Wenn es jedoch darum geht, unseren Idealberuf zu finden, ist unsere
größte Leidenschaft immer der beste Ausgangspunkt. Also überlegte
sich Arthur erst einmal, welche »übertragbaren« Fertigkeiten er besaß.
Nun, seine Erfahrung in der Menschenführung würde bei so ziemlich
jedem Beruf von Nutzen sein. Er hatte gelernt, seine Zeit sinnvoll zu
nutzen und systematisch zu arbeiten, und auch diese zwei Eigenschaften würden ihm auf jedem Gebiet gut zustatten kommen.

Nächster Schritt: Wie verdiente man Geld mit Sporttauchen? Arthur
zog die Möglichkeit in Betracht, Tauchlehrer zu werden, in einem
großen Geschäft für Taucherbedarf einen Posten als Manager anzunehmen oder ein kleineres eigenes Geschäft zu eröffnen. Er unterhielt
sich mit mehreren Tauchlehrern und Geschäftsinhabern, um ein »Gefühl« für diese zwei Berufe zu bekommen. Mittlerweile hatte sein
Enthusiasmus auch auf seine Frau übergegriffen. Um sich klarere Vorstellungen von den wirtschaftlichen Möglichkeiten des Sporttauchens
zu verschaffen, traten sie wieder dem Tauchklub bei, dem sie in der
Anfangszeit ihrer Ehe angehört hatten. Sie fanden heraus, daß in
Kanada, vor allem in Neuschottland und New Brunswick, ein steigen-
der Bedarf an Geschäften für Taucherausrüstung bestand. Arthur hatte
die ersten neun Jahre seines Lebens in Toronto verbracht und besaß
folglich eine doppelte Staatsbürgerschaft; also hätten von daher keine
Schwierigkeiten bestanden. Der Umzug würde einschneidende Veränderungen hinsichtlich des Einkommens und des Lebensstils nach sich
ziehen, aber jetzt merkte Arthur, daß er ein Hochgefühl in sich verspürte wie schon seit Jahren nicht mehr. Je gründlicher er und Clare
sich mit der Idee auseinandersetzten, desto aufregender fanden sie sie.
Er konnte das Geschäft führen, Sommerurlaubern Stunden geben und
während der Wintermonate Anfängerkurse im städtischen Schwimm-
bad durchführen. Clare würde für die Buchhaltung und die telefoni-
schen Kundenkontakte verantwortlich sein. Sie konnte auch dadurch
noch zum Familieneinkommen beitragen, daß sie zu Hause Klavierstunden gab. Tatsächlich würde es dafür in New Brunswick eine weit
größere Nachfrage geben als in Florida, wo weniger junge Familien
und mehr Rentner lebten.

Um es kurz zu machen: Vier Jahre nachdem Arthur an dem Seminar
teilgenommen hatte, besaßen er und Clare zwei gutgehende Geschäfte
für Taucherbedarf und waren mit ihrem neuen Leben in jeder Hinsicht
vollauf zufrieden. Die Umstellung auf den neuen Beruf, das kältere
Klima und die fremde kulturelle Umgebung war erfolgreich verlaufen.
Der Schlüssel zu Arthurs Erfolg war seine Begeisterung gewesen, seine
Freude an dem, was er tat. Anstatt den »Gruppenplan für den sozialen

Aufstieg« zu befolgen – finde einen Job, arbeite dich hoch, halte dich an die Spielregeln, steck alles ein, was du kriegen kannst –, war er seinen eigenen Weg zum Erfolg gegangen.

Finden Sie Ihr »bestes Ich«

Wenn Sie beschließen, der Meisterplaner Ihres Lebens zu werden, erschaffen Sie das, was der Psychologe CHARLES GARFIELD *vertikale Langlebigkeit* nennt: »die Kunst, in jedem Augenblick des chronologischen Lebens so intensiv wie möglich zu leben«. Dafür ist es wichtig, daß Sie herausfinden, was Ihnen am meisten bedeutet: Ihren idealen Beruf zu schaffen, in einem kreativen Projekt aufzugehen, eine emotional befriedigende Weise zu finden, Ihre Finanzen aufzubessern, eine spirituell erfüllende Daseinsform zu verwirklichen – die Zügel in die Hand zu nehmen, zu wachsen, *auszudrücken*. Vielleicht denken Sie jetzt, daß Sie ja auch nicht Arthurs Möglichkeiten haben, aber die brauchen Sie überhaupt nicht. Es waren nicht seine »Möglichkeiten«, die ihn zum Erfolg führten, es war seine Leidenschaft – seine Fähigkeit, sich für eine bestimmte Sache zu begeistern. Machen Sie sich *Ihre* spezifischen Möglichkeiten bewußt. Finden Sie heraus, wofür Sie sich begeistern können. Führen Sie ein Brainstorming durch, identifizieren Sie Ihre »übertragbaren« Fertigkeiten, knüpfen Sie Kontakte, suchen Sie nach Möglichkeiten, Ihr Leben selbst in die Hand zu nehmen. Machen Sie mit den folgenden Fragen und Übungen den Anfang:

1. Was ist das *Aufregendste*, was ich in meinem Leben getan habe?
2. Welche Erlebnisse der letzten fünf Jahre haben mich emotional besonders stimuliert?
3. Was waren die gemeinsamen Elemente dieser Erlebnisse (zum Beispiel: Veränderung, körperliche Herausforderung, kreatives Denken, die Möglichkeit, mit Menschen zu arbeiten)?
4. Geben Sie möglichst genau an, warum jedes dieser Ereignisse für Sie aufregend war (zum Beispiel: gab Ihnen größere Freiheit, schenkte Ihnen spirituelle Befriedigung, bot Ihnen die Gelegenheit zu reisen). Erstellen Sie eine Liste Ihrer Gründe.
5. Verwenden Sie Ihre Liste als Ausgangsbasis für ein Brainstorming mit ausgewählten Freunden, Kollegen und Angehörigen. Suchen Sie dabei nach Möglichkeiten, ähnliche Erfahrungen auf einem anderen Gebiet zu machen.
6. Führen Sie zur selben Frage ein zweites Brainstorming mit sich selbst durch. Lassen Sie Ihre rechte Hirnhemisphäre gleichberech-

tigt mitreden. Nehmen Sie ein möglichst großes Blatt Papier und
schreiben Sie alles auf, was Ihnen einfällt – und mag es noch so
abwegig oder undurchführbar erscheinen.

7. Lassen Sie sich jeden Abend den vergangenen Tag noch einmal
durch den Kopf gehen und fragen Sie sich dabei: »Was war der
beste Teil meines Tages? Wodurch war er das?« Schreiben Sie diese
kleinen Höhepunkte auf.

8. Nach sieben Tagen erstellen Sie eine Liste aller bis dahin notierten
positiven Ereignisse. Wählen Sie dasjenige aus, das Ihrer Ansicht
nach den besten Teil der ganzen Woche ausgemacht hat. Achten
Sie auf wiederkehrende Motive. Diese überarbeitete Liste wird
Ihnen als »Schatzkarte« dienen, mit deren Hilfe Sie mehr und mehr
von dem herausfinden können, was Sie wirklich gern tun.

9. Haben Sie erst einmal die Interessenschwerpunkte ausgemacht, von
denen aus Sie am ehesten Ihr Leben in die Hand nehmen können,
formulieren Sie sie zu Zielen um. Lesen Sie den SMARTen Plan im
siebten Kapitel noch einmal durch und machen Sie sich daran, Ihr
»bestes Ich« als neuen Sollwert zu etablieren.

Wie Sie Ihren Servomechanismus
hundertprozentig instand halten

Veränderungen können zu jedem Zeitpunkt Ihres Lebens ein ziemli-
ches Problem darstellen. Sie können auf einer hohen Woge der Selbstachtung dahingleiten, und plötzlich setzt irgendein Ereignis die alten
»Ich-kann's-nicht«-Bänder wieder in Gang. Neue Situationen tauchen
auf, neue Bekanntschaften verändern die Richtung Ihres Lebens, Sie
haben eine unerwartete Begegnung mit einem »Problemmenschen«
aus Ihrer Vergangenheit. Unvermittelt verschwindet Ihr Ziel hinter
einer Wolke von Selbstzweifeln. Negative Gedanken treiben Sie hierhin
und dorthin. Es fällt Ihnen schwer, sich zu entspannen; Sie reagieren
auf Kritik wie auf einen tätlichen Angriff; der Prozeß, der Ihnen bis
dahin eine solche Befriedigung verschafft hatte, erscheint Ihnen mit
einem Mal undurchführbar oder sinnlos.

Geben Sie sich bitte keinen falschen Hoffnungen hin: *Das wird
passieren.* Da ein automatischer Steuerungsmechanismus seine Aufgabe
nur dadurch erfüllen kann, daß er fortwährend seinen Kurs korrigiert,
werden Sie immer wieder zum Teil erhebliche Kurs*abweichungen* feststellen. Worauf es in einem solchen Falle ankommt, ist, keine hoff-

nungslose Stimmung, keinen Pessimismus aufkommen zu lassen. Anstatt aufzugeben, achten Sie auf die Warnsignale, die Ihnen Ihr inneres Steuersystem sendet, und ergreifen Sie geeignete Maßnahmen, damit es weiterhin reibungslos funktionieren kann.

Elsbeth, neunundzwanzig Jahre alt, von Beruf Tänzerin, glaubte, sie habe ihre Selbstwertprobleme mittlerweile vollkommen im Griff. Im Laufe ihres beruflichen Aufstiegs hatte sie ziemlich viele Ängste und Hemmungen überwinden müssen, die sie von alten Bändern aus ihrer Kindheit mitbekommen hatte: ein Vater, der sie der »Faulheit« bezichtigt hatte, weil sie sich auf die darstellenden Künste verlegen wollte, statt einen »ordentlichen« Beruf zu erlernen, und eine Lehrerin in ihrem Internat, die ihr häufig vorgeworfen hatte, sie halte »mit der Gruppe nicht mit«. Jetzt aber hatte sie es geschafft: Sie war in New York, gehörte zum Ensemble eines äußerst renommierten Theaters – und stand kurz davor, die Flinte ins Korn zu werfen und in die Provinz zurückzukehren. Während der Proben war sie angespannt und reizbar, und in ruhigen, nachdenklichen Augenblicken fühlte sie sich mutlos und einsam. Der Choreograph unterstellte ihr, sie höre »nicht zu« und übe »nicht genug«. Sie war nicht nur wütend, sie schämte sich auch vor dem Rest der Truppe.

Elsbeth hatte an einem meiner Seminare teilgenommen und erinnerte sich an die »SAETS-rückwärts-Methode«. Vielleicht *wählte* sie ja auf die eine oder andere Weise ein negatives Resultat und konnte ihre Wahl möglicherweise ohne größere Schwierigkeiten rückgängig machen.

Mit ihrer *Selbstachtung* war es in den zwei Monaten seit ihrer Übersiedelung nach New York eindeutig bergab gegangen. Alle ihre alten Selbstzweifel waren wieder hereinmarschiert wie das Mäuseheer im *Nußknacker*. Was *machte* sie falsch? Nichts: Sie hörte dem Choreographen zu, und sie übte gewissenhaft. *Das* war nicht ihr Problem. Die Bewegungsabläufe waren gar nicht so schwierig, trotzdem schien sie sie irgendwie noch nicht hundertprozentig zu beherrschen. Welche *Emotionen* konnte sie deutlich in sich erkennen? Verlegenheit, Verwirrung, Ratlosigkeit, Zorn, Groll und Frustration? Resultierten jene Gefühle aus realen Bedingungen oder vielmehr aus der Weise, wie sie diese Bedingungen *analysierte* und bewertete?

Wie lautete eigentlich ihre Analyse ihrer Situation? Elsbeth setzte sich mit Stift und Notizblock hin und listete die Gedanken auf, die ihr gegenwärtig zu schaffen machten:

o War es richtig, nach New York zu kommen?
o Der Choreograph sitzt mir im Genick.

○ Die Produzentin wird zu dem Schluß kommen, daß es falsch war, mich zu engagieren.

○ Der Rest der Truppe beherrscht die Bewegungsabläufe im Schlaf. *Den* Vorsprung kann ich nie im Leben wiederaufholen.

Allmählich begann Elsbeth zu begreifen: Die *Situation* war die, daß sie nach New York gezogen war und zu einem neuen Tanzensemble gehörte – Punkt. Ihre negativen Emotionen rührten von der Art und Weise her, wie sie sich *entschlossen* hatte, ihre Entscheidung zu bewerten – nicht von der Entscheidung selbst, ganz gewiß nicht vom Choreographen und ebensowenig von einer objektiven Einschätzung ihres Talents als Tänzerin.

Jetzt, wo Elsbeth verstand, warum sie ihre Selbstsicherheit so plötzlich verloren hatte, war sie imstande, etwas dagegen zu unternehmen. Sie achtete darauf, daß sie jedesmal »Löschen!« sagte, wenn sie sich bei Selbstzweifeln und pessimistischen Gedanken ertappte. Sie widmete täglich eine Viertelstunde der entspannten Visualisation, wobei sie sich mit dem Rest der Truppe tanzen sah und das emotionale Wohlbefinden verspürte, das ihr die Zufriedenheit und das Lob des Choreographen verschaffte.

Natürlich sprach ihr Unterbewußtsein auf diese vorgestellten Proben ebenso an, als seien sie reale Erlebnisse. Wieder auf der Bühne, merkte Elsbeth, daß sie sich entspannt in den Rhythmus der Tänze fallen ließ. Binnen zwei Wochen hatte sie die Truppe nicht nur eingeholt, sondern sich auch als vollwertiges Mitglied des Ensembles akzeptiert. Sie war froh und stolz, die verborgene Ursache ihrer Frustration aufgedeckt zu haben, und noch glücklicher und zufriedener, weil sie es geschafft hatte, deren negative Auswirkungen rückgängig zu machen.

Üben Sie, sich als Erfolgsmenschen zu sehen

Wenden Sie die »SAETS-rückwärts«-Methode an, wann immer Sie merken, daß Sie Ihre Fähigkeiten in Zweifel ziehen, wann immer Ihre spirituelle Energie ihren Tiefpunkt erreicht, wann immer Sie das Gefühl haben, daß Ihr Selbstbild eine Aufbesserung vertragen könnte:

1. Selbstachtung: Setzen Sie sich hin und schreiben Sie auf, wie Sie wären, wenn Sie ein adäquates, gesundes Maß an Selbstachtung besäßen. Nehmen Sie sich die Zeit, sich zu entspannen und sich Ihr »ideales Ich« auszumalen. Schreiben Sie genau auf, wie Sie aussehen, wie Sie sich fühlen und was Sie tun würden, wenn Sie ein vollkommen positives Selbstbild hätten. Überlegen Sie sich, wie Sie eine geeignete »Durch-Schein-zum-Sein«-Haltung einüben könnten:

o Lächeln Sie häufiger.
o Bemühen Sie sich um eine gute Körperhaltung: Kopf hoch und die Schultern gestrafft.
o Gehen Sie davon aus, daß die anderen Sie mögen.
o Tun Sie so, als ob es Ihnen prächtig ginge. Achten Sie darauf, daß Sie nur positive Dinge sagen. Wenn jemand Sie fragt, wie es Ihnen geht, antworten Sie grundsätzlich: »Ganz ausgezeichnet, danke!«

2. Tun: Wenn Sie Probleme damit haben, sich Ihre Selbstachtung zu bewahren, stellen Sie fest, was Sie konkret tun können, um »sich wiederaufzubauen«. Wenn Sie Kritik (auch *Selbstkritik*) empfangen, stellen Sie mit Hilfe des rationalen Denkens fest, ob sie berechtigt ist. Wenn ja, ergreifen Sie korrigierende Maßnahmen. Wenn nicht, denken Sie nicht mehr daran. Gehen Sie einfach weiter auf Ihr Ziel zu.

o Wenn jemand oder etwas auf Ihre »Knöpfe« drückt, verzögern Sie die Reaktion. Fragen Sie sich, wieviel emotionales Kapital die aktuelle Situation wirklich wert ist.
o Wenn ein Hindernis Ihnen den Weg zu Ihrem Ziel verstellt, fragen Sie sich, was Sie zu dessen Beseitigung oder Umgehung tun könnten. Dann *tun* Sie es!
o Wenn jemand an Ihnen zweifelt, rufen Sie sich ins Gedächtnis zurück, daß seine Zweifel *sein* Problem sind, nicht Ihres.
o Wenn Sie sich mutlos fühlen, entspannen Sie sich. Bedienen Sie sich Ihrer rechten Hirnhemisphäre, um eine kreative Lösung zu finden.
o Wenn Sie sich deprimiert fühlen, sagen Sie sich: »Auch das geht vorbei.« Begeben Sie sich ins Theater Ihrer Imagination und vergegenwärtigen Sie sich frühere schöne Erlebnisse und die positiven Gefühle, die sie Ihnen geschenkt haben.

3. Emotionen: Denken Sie daran, daß jede Emotion von ihrer wörtlichen (lateinischen) Bedeutung her eine »Hinausbewegung« ist, ein Sichhinausbewegen von Energie. Schreiben Sie auf, auf welche unterschiedlichen Weisen Sie *Ihre* Energie ausstoßen. Bewegen Sie sich dadurch auf Ihr Ziel *zu* oder von ihm *weg*? Wenn Ihre Emotionen Sie daran hindern, positive Maßnahmen zu ergreifen, halten Sie inne, entspannen Sie sich und verändern Sie Ihre Blickrichtung:

o Wenn Sie zornig sind, konzentrieren Sie sich darauf, Ihrem Körper zu gestatten, sich zu entspannen. Ihre Psyche kann nicht im Streß sein, wenn Ihr Körper es nicht ist.

o Wenn Sie sich mutlos fühlen, überdenken Sie noch einmal Ihre Ziele, aber vergessen Sie dabei nicht, sich auf die Erfolge zu konzentrieren, die Sie bereits errungen haben.

o Wenn Sie sich frustriert fühlen, rücken Sie vorübergehend von der gegenwärtigen Situation ab und richten Sie Ihre Aufmerksamkeit auf andere Alternativen. Nehmen Sie sich einen Augenblick Zeit, um Ihr Gefühl möglichst genau zu definieren. Dann fragen Sie sich, welche Alternativen Ihnen sonst noch offenstehen. Bisweilen ist eine mentale Checkliste der vorhandenen Möglichkeiten eine große Hilfe.

o Wenn Sie Groll in sich verspüren, rufen Sie sich ins Gedächtnis zurück, daß Groll nur schlecht gewordener Zorn ist. Tun Sie sofort etwas dagegen: Vergeben ist das einzige Gegenmittel.

o Wenn Sie sich einsam fühlen, fragen Sie sich, womit Sie jemand anderem helfen könnten.

4. Analyse: Sind Ihre negativen Gefühle das Resultat eines bestimmten Ereignisses oder lediglich der Weise, wie Sie es sehen? Rücken Sie von der Situation ab und konzentrieren Sie sich statt dessen darauf, wie Sie auf sie reagieren. Stellen Sie sich die folgenden Fragen:

o Habe ich meine stillschweigenden Voraussetzungen gründlich überprüft? Ist das die einzige Interpretation, die die Situation zuläßt?

o Woher *habe* ich diese Interpretation? Klingen darin irgendwelche erkennbaren alten Bänder an?

o *Warum* denke ich so über die Sache? Was könnte es sein, was ich »zwischen den Zeilen lese«?

o Nehme ich das Feedback wirklich zur *Kenntnis*, oder *reagiere* ich lediglich darauf?

5. Situation: Wie wir alle wissen, ist das Leben kein sortiertes Kartenspiel. Jeder von uns bekommt sein Blatt zugeteilt, und dessen Zusammensetzung ist ausschließlich vom Zufall bestimmt. Lernen Sie es, jede Situation als ein zufälliges Zusammentreffen von Umständen anzusehen – selbst wenn Sie das Gefühl haben, daß Sie grundsätzlich mehr Luschen als Trümpfe bekommen. Selbst wenn die Situation ungerecht oder grausam erscheint, denken Sie bitte stets daran, daß »das Leben« Sie *nicht* betrügt:

o Rufen Sie sich ins Gedächtnis zurück, daß jeder in diese Situation hätte geraten können.

o Rufen Sie sich ins Gedächtnis zurück, daß *Sie* bestimmen, ob jemand oder etwas Ihre »Knöpfe« drücken kann oder nicht.

o Rufen Sie sich ins Gedächtnis zurück, daß Sie auf die Situation *reagieren*. Fragen Sie sich sofort, was Sie tun könnten, um statt dessen *aktiv* auf sie einzuwirken. Gehen Sie unverzüglich dazu über, die Situation auf eine problemlösende, kurskorrigierende Weise zu behandeln.

Lassen Sie es nicht zu, daß negative Gedanken Ihre Selbstachtung angreifen

Gleichgültig, wie gewissenhaft Sie sich bemühen, auf jedes Feedback positiv zu reagieren: Von Zeit zu Zeit werden sich negative Gedanken einstellen. Sie können sich in Ihr Bewußtsein schleichen, während Sie Ihrer Arbeit oder Ihren täglichen Verrichtungen nachgehen, oder sie können Ihnen plötzlich einfallen, wenn Sie mitten in der Nacht aufwachen: »Was bin ich doch für ein Dummkopf! Wem mache ich mit diesem Selbstbildquatsch eigentlich etwas vor? Doch nur mir, dem guten alten Obertrottel. Alle anderen sehen, was für eine Null ich in Wirklichkeit bin!«

Der Trick besteht darin, solche Gedanken abzutun, bevor sie Gelegenheit haben, Ihr Selbstwertgefühl zu untergraben. Halten Sie sich nicht so lange bei ihnen auf, daß Ihr Pferd anfängt, sie als Handlungsanweisungen zu interpretieren. Wie MALTZ es formulierte: »Wenn es so etwas wie ein ›Geheimnis‹ gibt – eine einfache Methode, Ihren unbewußten kreativen Mechanismus in Gang zu setzen, dann ist es dies: Verschaffen Sie sich, wecken Sie in sich, verspüren Sie das *Gefühl von Erfolg*. Wenn Sie sich erfolgreich und zuversichtlich fühlen, dann werden Sie auch erfolgreich handeln. Wenn das Gefühl stark genug ist, können Sie buchstäblich nichts falsch machen. Das Gefühl *bringt* Sie nicht dazu, erfolgreich zu handeln ... Es ist eher ein Anzeichen, ein Symptom dafür, daß Sie auf Erfolgskurs sind.«

Wenn Ihr automatischer Mechanismus ins Trudeln gerät, bringen Sie ihn wieder auf Kurs, indem Sie sich Ihre negativen Gefühle bewußtmachen. Dann wählen Sie bewußt positive Gefühle, durch die Sie die negativen ersetzen können:

1. Nehmen Sie sich vor, Ihrem inneren Dialog *zuzuhören*. Blenden Sie alle Ablenkungen aus und stellen Sie sich auf sich selbst ein.

Achten Sie bewußt auf das, was Sie sich sagen. Denken Sie darüber nach, wie Sie reagieren würden, wenn jemand anderes so mit Ihnen spräche. Kompensieren Sie etwaige Stimmungsschwankungen, indem Sie sich zu drei verschiedenen Tageszeiten zuhören – beispielsweise während Ihrer Morgentoilette, direkt nach dem Mittagessen und unmittelbar vor dem Zubettgehen.

2. Führen Sie ein, zwei Wochen lang ein Tagebuch oder Protokoll. Halten Sie Ihre inneren Monologe schriftlich fest – sowohl den genauen Wortlaut als auch die *Stimmung* dessen, was Sie sich sagen. Achten Sie darauf, in welche Richtung Sie Ihr Pferd lenken.

3. Jetzt wissen Sie, worauf Sie achten sollten. Wenn sich die alten Bänder wieder einschalten, sagen Sie: »Löschen!« Ersetzen Sie sie augenblicklich durch positive Botschaften.

4. Mittlerweile wissen Sie, wie die Sache läuft: Nehmen Sie ein paar Zettel und schreiben Sie darauf eine Aussage, die Ihren automatischen Mechanismus an Ihr jeweiliges Vorhaben erinnern soll. Befestigen Sie diese Affirmationskarten über Ihrem Schreibtisch, am Badezimmerspiegel und an anderen strategisch günstigen Stellen.

5. Entspannen Sie sich und konzentrieren Sie sich auf die Fortschritte, die Sie bereits erzielt haben. Vergegenwärtigen Sie sich, wie weit Sie schon gekommen sind und welche Erfolge Sie auf dem Weg zu Ihrem Ziel errungen haben. Sie haben sich sechs Wochen lang in reflexivem Umlernen geübt. Sie *tun* nicht mehr nur so – Sie haben's *geschafft*! Mit Ihnen ist alles in bester Ordnung. Sie müssen lediglich Ihren Autopiloten ein wenig nachstellen, das Trimmruder etwas regulieren. *Spielen* Sie nicht einmal mit dem Gedanken, die Sache aufzugeben!

Reagieren Sie nicht auf eingebildete Mißerfolge

Dann kommen auch gelegentlich Phasen, in denen Sie sich gedanklich so intensiv mit der Möglichkeit eines Mißerfolgs beschäftigen, daß Sie es schaffen, sich weiszumachen, Sie *hätten* bereits versagt. In solchen Zuständen, sagte Maltz, »erleben wir im voraus die Emotionen – Angst, Minderwertigkeitsgefühle, vielleicht sogar Beschämung –, die angebracht wären, wenn wir schon gescheitert wären. Wir malen uns den Mißerfolg aus, und zwar nicht abstrakt oder nur in groben Zügen, sondern plastisch und in allen Einzelheiten. Wir führen uns die Bilder des Mißerfolgs immer und immer wieder vor Augen. Wir graben in unserem Gedächtnis und fördern Erinnerungen an vergangene Mißerfolge wieder zutage.«

Sie wissen doch – das Unterbewußtsein kann zwischen einem realen und einem nur lebhaft vorgestellten Erlebnis nicht unterscheiden. Wenn Sie merken, daß Sie beim Gedanken an den Mißerfolg verweilen, sich über mögliche Mißerfolge sorgen, ja sich gar für einen Versager halten, stellen Sie sich die folgenden Fragen und ergreifen dann geeignete korrektive Maßnahmen:

1. Geht es mir um das Hier und Jetzt oder um künftige Ängste und Konflikte? Wenn es etwas ist, das irgendwann einmal passieren *könnte*, werde ich mich erst dann damit auseinandersetzen. Es hat nicht den geringsten Sinn, sich jetzt deswegen verrückt zu machen.
2. Spiele ich das »Was-wenn-Spiel«? Falls ja – »Was *macht's* schon, wenn …?«
3. Was habe ich davon, mir Sorgen zu machen? Bringt es mich meinem Ziel näher? Wenn es mich von meinem Ziel entfernt, warum höre ich dann nicht einfach auf, mir Sorgen zu machen?
4. Ist das eine vorgestellte, in die Zukunft projizierte Angst? Wenn ja, LÖSCHEN! Ich werde mich entspannen und mich auf meine Erfolge konzentrieren.

Wie Sie sich Glücklichsein zur Gewohnheit machen

»Don't worry – be happy!« (»Mach dir keine Sorgen, sei glücklich!«) ist mehr als nur die Botschaft eines eingängigen Songs. Es ist ein Rezept für Erfolg und ein längeres Leben. Der Psychologe MARTIN E. P. SELIGMAN hat eine Langzeitstudie über den »Erklärungsstil« von Optimisten und Pessimisten durchgeführt. »Das Kennzeichen des Pessimisten«, schrieb er in seinem Buch *Erlernte Hilflosigkeit*, »ist seine Neigung zu glauben, negative Ereignisse seien von langer Dauer, würden alles vereiteln, was er tut, und seien von ihm selbst verschuldet. Der Optimist, der nicht minder häufig vom Leben herumgeschubst wird, hat genau die entgegengesetzte Auffassung. Er neigt dazu zu glauben, eine Niederlage sei nur ein vorübergehender Rückschlag und ihre Ursachen beschränkten sich ausschließlich auf diesen einen Fall. An seinen Mißerfolgen ist nicht er schuld. Vielmehr: Umstände, ein unglücklicher Zufall, andere Leute. Solch einen Menschen läßt eine Niederlage völlig kalt. Stößt er auf ein Hindernis, betrachtet er es als Herausforderung und verdoppelt seine Anstrengungen …

Buchstäblich Hunderte von Studien belegen, daß Pessimisten schneller aufgeben und häufiger unter Depressionen leiden. Die gleichen Untersuchungen zeigen auch, daß Optimisten in Schule, Beruf und Sport bessere Leistungen erbringen ... Ihre Gesundheit ist überdurchschnittlich gut. Sie altern mit Würde und leiden viel weniger als die meisten von uns an den üblichen Krankheiten des mittleren Alters. Es spricht auch einiges dafür, daß sie sogar länger leben ... Die erfreuliche Nachricht ist nun, daß Pessimisten die Kunst des Optimismus erlernen und ihre Lebensqualität dadurch nachhaltig verbessern können.«

MAXWELL MALTZ war schon mehr als dreißig Jahre vorher zu der gleichen Schlußfolgerung gelangt. »Glücklichsein ist eine mentale Gewohnheit, die kultiviert und weiterentwickelt werden kann«, schrieb er. »Niemand außer einem Heiligen kann in jedem Augenblick seines Lebens hundertprozentig glücklich sein ... Aber es bedarf nur eines einfachen Entschlusses unsererseits, um trotz der unzähligen belanglosen Ereignisse und Umstände des täglichen Lebens, die uns gegenwärtig unglücklich machen, glücklich zu sein und angenehme, positive Gedanken zu haben. Wenn wir auf geringfügige Störungen, Enttäuschungen und ähnliches mehr mürrisch, unzufrieden, frustriert und gereizt reagieren, so geschieht dies zu einem großen Teil aus reiner Gewohnheit. Wir haben so lange *geübt*, so zu reagieren, bis es uns in Fleisch und Blut übergegangen ist.«

Schieben Sie es nicht auf die lange Bank!

Wie erwirbt und vervollkommnet man die Gewohnheit, glücklich zu sein? Im siebten Kapitel haben wir bereits davon gesprochen, daß viele Leute sich durch das »Wann-wird-alles-besser-werden-Spiel« zu ewiger Unzufriedenheit verdammen. Sie bedienen sich des »magischen Denkens«, um sich einzureden, das Leben werde schön werden, sobald sie den nächsten Meilenstein erreicht haben – sobald sie ihren ersten fahrbaren Untersatz besitzen, erwachsen sind, die große Liebe gefunden haben und so weiter. Wenn das Ihr Weg zum Glücklichsein ist, können Sie mit fast hundertprozentiger Sicherheit davon ausgehen, daß Sie nie dahin gelangen werden. Das Glück gehorcht keinem Zeitplan. Wenn Sie auf den »richtigen Augenblick« warten, um glücklich zu sein, besteht durchaus die Möglichkeit, daß Sie für den Rest Ihres Lebens warten.

Machen Sie sich statt dessen klar, daß Sie Ihr Ziel am besten und leichtesten dadurch erreichen, daß Sie sich bewußt für das Glücklichsein *entscheiden*. Schieben Sie es nicht auf die lange Bank. Es gibt nur

einen richtigen Zeitpunkt, um glücklich zu sein: *jetzt*. Sie können sich
Glücklichsein ganz genauso zur Gewohnheit machen wie jede andere
Einstellung und Verhaltensweise auch – nämlich durch bewußte Übung
und Wiederholung. Wenn Sie die folgenden Tips beherzigen, können
Sie erwarten, daß der Optimismus schon bald – trotz gelegentlicher
Schlaglöcher auf Ihrem Lebensweg – Ihre Grundeinstellung sein wird:

1. Wenn sich negative Gedanken und Gefühle einschleichen, gehen
   Sie mit ihnen *psychokybernetisch* um. Lassen Sie es nicht zu, daß
   Ihre Analyse und Bewertung der Situation die objektive Realität
   negativ einfärbt. LÖSCHEN Sie etwaige pessimistische Gedanken
   über Situationen, die sich momentan Ihrer Einflußnahme entziehen.
   Was der heutige Tag auch für »Gemeinheiten« für Sie auf Lager
   haben mag – reagieren Sie so vernünftig und streßfrei wie möglich!
2. Geben Sie dem Glück eine Chance! Seien Sie stets bereit, die aller-
   kleinste Gelegenheit zum Glücklichsein beim Schopf zu ergreifen.
   Konzentrieren Sie sich auf das Gefühl, das es Ihnen verschafft, eine
   köstliche Mahlzeit zu genießen, einen Sonnenuntergang zu bewundern, das fehlende Teilchen eines Puzzles zu finden, ein Langzeit-
   projekt abzuschließen, eine Sternschnuppe zu sehen, ohne besonderen Anlaß ein schönes Geschenk zu bekommen ... Sie wissen schon,
   welche Augenblicke bei Ihnen »wirken«. Bemühen Sie sich, das
   Gefühl, das sie Ihnen schenken, so lange wie möglich im Bewußtsein
   zu behalten.
3. Üben Sie, glücklich zu *sein*. Das ist eine »So-tun-als-ob«-Übung.
   Sagen Sie sich und den anderen, daß Sie im allgemeinen ein glücklicher Mensch sind. Arbeiten Sie an Ihrem Lächeln. Üben Sie, sich
   täglich, stündlich für die Dutzende kleiner »Glücke« zu bedanken,
   die Ihnen widerfahren – zum Beispiel für das Glück, heute morgen
   aufgewacht zu sein.
4. Bringen Sie täglich kleine »Opfer«, um andere Menschen etwas
   glücklicher zu machen. Wenn Sie eine alte Dame sehen, die sich
   offenbar nicht traut, die Straße zu überqueren, bieten Sie ihr Ihre
   Hilfe an. Wenn Sie jemanden sehen, der ratlos auf einen Stadtplan
   starrt, fragen Sie ihn, ob Sie ihm den Weg zeigen können. Erkennen
   Sie offen an, wenn jemand anderes etwas tut, was *Sie* ein bißchen
   glücklicher macht. Nicht nur Lachen, auch Glücklichsein steckt an!
5. Denken Sie an einen Menschen, der eine wirklich wichtige, positive
   Rolle in Ihrem Leben gespielt hat – Sie spirituell stimuliert, Ihr
   Selbstgefühl erhöht und Ihre Lebenskraft gestärkt hat. Nehmen Sie
   sich etwas Zeit, um sich auf diesen Menschen – wer es auch sei –

zu konzentrieren und dessen Beitrag zu Ihrem Glück bewußt anzuerkennen.

6. Üben Sie, die Irrtümer, Schnitzer und Fehler anderer Leute weniger
   streng zu beurteilen. Interpretieren Sie anderer Leute Handlungen
   stets auf die »freundlichstmögliche« Weise, und Sie werden die
   Gefühle vermeiden, die das Glücklichsein negieren.

7. Denken Sie an die Ein-Prozent-Regel: Statt eine hundertprozentige
   Glücksteigerungsrate anzustreben, sorgen Sie dafür, daß Sie auf
   hunderterlei Weisen um jeweils ein Prozent glücklicher werden.

8. Und zum Abschluß noch einmal: »Durch Schein zum Sein!« Verhalten Sie sich so, als ob Ihr Selbstbild genau so wäre, wie Sie es gern
   hätten – als ob der ersehnte Erfolg bereits erreicht wäre.

*Erwarten Sie aber nicht, **dauernd** glücklich zu sein!*

Viele Menschen sind chronisch unglücklich, weil sie unrealistische
Erwartungen haben. Der Optimist begreift, daß Glück eine relative
Größe ist, die Aufwärtsschwingung einer Welle, ein »Mal-ja-mal-nein-
Zustand«. Bilden Sie sich nicht ein, Sie könnten Ihr Leben hundertpro-
zentig leidfrei gestalten. Beständiges, wandelloses Glück ist auf Erden
nicht zu verwirklichen.

Nun könnten Ihre alten Bänder wieder loslegen: »Wer hat dir
schließlich erzählt, das Leben sei gerecht?« Das, worauf es aber
ankommt, ist, zu begreifen, daß das Leben auch nicht ungerecht ist.
Das Leben ist *unberechenbar*. Jedem von uns stellt es von Zeit zu Zeit
ein Bein. Die Hauptsache ist, zu lernen, solche gelegentlichen Wid-
rigkeiten und Mißgeschicke zu akzeptieren, ohne gleich zu denken,
sie seien unser unabänderliches Schicksal, ohne uns einzureden, wir
würden an ihnen zerbrechen, ohne uns ihretwegen Vorwürfe zu
machen oder anderen zu grollen. Wenn Sie *das* gelernt haben, haben
Sie sich angewöhnt, glücklich zu sein.

Das Flow-Erlebnis: So werden Sie
zum Champion

»Glück ist nichts, was einem widerfährt«, erklärt der Psychologe
MIHALY CSIKSZENTMIHALYI. »Es ist nicht von äußeren Ereignissen
abhängig, sondern davon, wie wir sie interpretieren. Glück ist tatsächlich ein Zustand, den jeder persönlich anstreben, hegen, pflegen und

verteidigen muß. Wer es lernt, sein inneres Erleben zu kontrollieren, wird auch imstande sein, über seine Lebensqualität zu entscheiden, und das ist die größtmögliche Annäherung an das Glück, die ein Mensch erreichen kann ...

Wir alle haben schon Situationen erlebt, in denen wir, anstatt wie gewohnt von anonymen Kräften herumgestoßen zu werden, merken, daß wir über unsere Handlungen bestimmen, daß wir Herren unseres Schicksals sind. Zu den seltenen Gelegenheiten, da dies passiert, verspüren wir ein Hochgefühl, ein tiefes Gefühl der Freude, das lange in uns fortwirkt und zu einem ›Erinnerungsdenkmal‹ dessen wird, wie das Leben eigentlich sein sollte.«

Csikszentmihalyi verwendet das Wort *flow* (»fließen«, »Fluß«), um diese »optimale Erfahrung« zu bezeichnen. Er interviewte Hunderte von Menschen aus der ganzen Welt – Künstler und Fließbandarbeiter, Hausfrauen und Hochleistungssportler, Schachgroßmeister und Motorradenthusiasten – und versuchte auf diese Weise herauszufinden, was einen Menschen dazu bringt, dieses »Flow« zu erleben. Die meisten Befragten sprachen von einem transzendenten Augenblick, in dem »der Körper oder der Geist in der willentlichen Bemühung, etwas Lohnendes zu leisten, bis an seine äußersten Grenzen gedehnt wird ... Wenn die Bewältigung einer bestimmten Situation den Einsatz aller relevanten Fähigkeiten und Vermögen der betreffenden Person verlangt, dann wird deren gesamte Aufmerksamkeit von der Tätigkeit beansprucht ... Daraus resultiert eines der universalsten und charakteristischsten Merkmale der optimalen Erfahrung: Der Mensch geht so vollkommen in seinem Tun auf, daß die Tätigkeit fast spontan, fast automatisch wird. Er verliert das Bewußtsein seiner selbst als eines von seiner jeweiligen Aktivität verschiedenen und getrennten Subjektes vollkommen.« Oder wie es der Olympionike Sean O'Neill beschreibt: »Ich scheine soviel Zeit zu haben, wie ich brauche, um absolut jede Möglichkeit zu durchdenken – so, als ob mein Bewußtsein ein Laserstrahl wäre, der die ganze CD nach dem richtigen Lied abtastet.«

Der Mensch, der auch nur eine einzige solche Gipfelerfahrung gehabt hat, verfügt über ein wertvolles Meßinstrument zur Bestimmung seiner Lebensqualität. Indem wir uns solche Augenblicke absolut mühelosen Handelns, absoluter Meisterschaft wieder vergegenwärtigen, setzen wir uns eine Norm, einen Maßstab – ein »Erinnerungs-Denkmal dessen, wie das Leben eigentlich sein sollte«. Unser Pferd erträgt es leichter, durch tiefen Schlamm stapfen oder sich einen neuen Weg einprägen zu müssen, wenn unser Reiter es daran erinnern kann, daß es einmal den Grand Prix von Baden-Baden gewonnen hat.

Nur erwarten Sie nicht, das Flow-Erlebnis durch »Willenskraft« oder einen anderen linkshemisphärischen Prozeß auslösen zu können. Flow ereignet sich natürlich und spontan aus einem Zustand entspannter Konzentration heraus, wenn Sie mit all Ihrer Kraft und Begeisterungsfähigkeit auf ein Ziel zustreben und Ihre Freude am Streben und Erreichen so übermächtig wird, daß Sie die jeweilige Handlung fast wie ein Spiel angehen. Allerdings können Sie versuchen, die *Umstände* zu identifizieren, unter denen Ihnen dies widerfährt. Denken Sie einmal darüber nach, welche Bedingungen dieses Gefühl müheloser Leistung, vollkommener Meisterschaft in Ihnen wachrufen könnten.

Wann haben Sie einmal das Gefühl gehabt, die Zeit sei stehengeblieben?

Wann haben Sie blitzartig erkannt, daß sie ein schwieriges Problem gelöst haben?

Welche Aktivitäten nehmen Sie so in Anspruch, daß Sie alles um sich herum vergessen?

Welche Projekte haben Sie in der Vergangenheit so sehr beschäftigt, daß Sie stundenlang an ihnen arbeiten konnten, ohne zu merken, wie die Zeit verging?

Wann haben Sie das Gefühl gehabt, daß Ihnen bei dem, was Sie gerade in dem Augenblick taten, niemand das Wasser reichen konnte – daß Sie »der Weltmeister« waren?

Nehmen Sie sich etwas Zeit, um über diese Fragen nachzudenken. Nichts vermag es, Ihr Selbstbild so hoch und so dauerhaft emporzuziehen wie das Flow-Erlebnis. Nichts befähigt Sie dazu, Ihr Ziel, »mehr Leben zu erleben«, mit solchem Enthusiasmus anzustreben wie ein – selbst nur einmaliges – Erlebnis von Flow.

Enthusiasmus. Das Wort bedeutet ursprünglich »Gott-Erfülltsein«. Klingt das nicht wie ein Gefühl, für das es sich zu arbeiten lohnt?

Wenn man bedenkt, was für erstaunliche Instrumente heutzutage erfunden und weiterentwickelt werden, mit denen sich Tiefenstruktur und Funktionsweise des menschlichen Gehirns erforschen lassen – Techniken wie Positronenemissions-Tomographie und Kernspinresonanz-Spektroskopie –, ist es vielleicht nur eine Frage der Zeit, bis die Wissenschaftler herausfinden, wie das Flow-Erlebnis ausgelöst wird. Bis es soweit ist, sorgen Sie dafür, daß Ihre rechte Hemisphäre fit und geschmeidig bleibt. Sorgen Sie dafür, daß Ihre Ziele durch Visualisation immer plastischer in Ihr Bewußtsein eingeprägt werden. Fahren Sie fort, Ihre Fähigkeit zur willentlichen Relaxation zu üben und zu vervollkommnen. Erhalten Sie sich Ihren Enthusiasmus. Ihr Glück, Ihr Erfolg, ja selbst Ihre Lebenskraft werden davon unendlich profitieren.

»Was kann ich als berufstätige Mutter tun ...«

Während meiner Seminare werde ich oft von Frauen gefragt: »*Sie waren* eine berufstätige Mutter – wie schaffen Sie es nur, den ganzen Tag zu arbeiten und dann nach Hause zu kommen und die perfekte Mama zu sein? Wo nehmen Sie nur die Zeit und die Energie her?«

Antwort: aus der Lebenskraft. Je aktiver wir sind, desto stärker ist sie in der Regel auch – und das ist ganz besonders bei *Frauen* der Fall. Soziologen der Cornell University beobachteten im Rahmen einer Langzeitstudie von 1956 bis zum Ende der achtziger Jahre eine Gruppe von Frauen und verglichen die Lebensdauer derjenigen, die in ihrer Jugend Mutterpflichten, Beruf und Gemeindeaktivitäten unter einen Hut zu bringen gewußt hatten, mit solchen, die ausschließlich Hausfrau und Mutter gewesen waren. Die Ergebnisse zeigten, daß die berufstätigen Mütter im Durchschnitt ein viel höheres Alter erreichten als die Nur-Mütter.

Ich glaube, daß sich Flow auch durch »begeistertes Elternsein« erzielen läßt und daß, wenn es eintritt, es die befriedigendste Weise überhaupt sein kann, es zu erleben. Das Geheimnis liegt vielleicht einfach darin, Zeit nicht so sehr quantitativ als *qualitativ* zu messen: Es ist unmöglich, sich rund um die Uhr mit ganzer Aufmerksamkeit seinen Kindern zu widmen; also ist es wichtig, »besondere«, »hochwertige« Zeiten des Beisammenseins zu schaffen. Hierzu einige Vorschläge:

1. Verbringen Sie täglich wenigstens zehn Minuten allein mit jedem Ihrer Kinder. Schenken Sie ihm während dieser Zeit Ihre ungeteilte Aufmerksamkeit. Sparen Sie sich Ihre Fragen nach Schule und Hausaufgaben für eine andere Gelegenheit auf; lassen Sie es einfach erzählen, was es möchte. *Ihre* Aufgabe ist zuzuhören.
2. Erfinden Sie kleine Projekte auf der Basis von Tätigkeiten, an denen sowohl Sie als auch Ihr(e) Kind(er) Spaß haben. Nehmen Sie sich vor, wenigstens einmal im Monat etwas Zeit *allein* mit jedem Kind zu verbringen und dabei das zu tun, was es am meisten liebt – sei es Plätzchen backen, auf dem Spielplatz schaukeln, Puzzle legen oder einfach gemütlich sitzen und lesen. Wenn es sich bei dieser Lieblingsbeschäftigung um etwas handelt, was Sie mit anderen Eltern und Kindern gemeinsam tun können, um so besser.
3. Zeigen Sie Ihrem Kind oder Ihren Kindern Ihr *wahres* Ich – weder eine künstlich übersprudelnde Kopie noch eine deprimierte und ausgelaugte Hülle. Vermeiden Sie ein Zuviel an Bemutterung wie ein Zuviel an Distanz. Es ist durchaus in Ordnung und richtig zu

sagen: »Ja, ich hatte heute einen schweren Tag. Das kommt bei
jedem von Zeit zu Zeit vor.«

4. Führen Sie durch Ihr ganzes Verhalten vor, wie man sich Glücklichsein zur Gewohnheit macht. Geben Sie nie jemand anderem für
Ihre Frustrationen und schlechten Launen die Schuld. Lassen Sie
bei Ihren Kindern niemals den Eindruck aufkommen, jemandes
Mißerfolg – Ihrer, deren oder wessen auch immer – sei ein Anzeichen
von Minderwertigkeit oder ein Dauerzustand. Erklären Sie ihnen,
daß das Leben lediglich die Karten austeilt. Manchmal bekommen
wir ein gutes, manchmal ein schlechtes Blatt; wesentlich ist, wie
wir es ausspielen.

5. Es ist für Kinder nie zu früh zu lernen, links- und rechtshemisphärische Problemlösungsstrategien zu koordinieren. Bringen Sie ihnen
auf spielerische Weise bei, wie sie sich der Entspannung und der
gesteuerten Visualisation bedienen können. Setzen Sie sich mit ihnen
zusammen und helfen Sie ihnen, Aktionspläne für die Verwirklichung eigener Ziele zu entwickeln.

»... oder als Hälfte eines berufstätigen Ehepaars ...«

Ob mit oder ohne Kinder – die »Hälfte« eines berufstätigen Paars zu
sein stellt für jeden, dem die eigene Lebenskraft und die Beziehung
gleichermaßen am Herzen liegt, eine ziemliche Herausforderung dar.
Die unvermeidlichen Konflikte und unbefriedigenden Kompromisse
können zu Entmutigung und Frustration führen, persönliches und spirituelles Wachstum hemmen und die Dynamik der Beziehung erheblich
beeinträchtigen. Die jeweiligen individuellen und gemeinsamen Ziele
scheinen einander häufig auszuschließen. Jedesmal, wenn ein solcher
Fall eintritt, verbessern Sie Ihre Chancen, das Flow-Erlebnis in der
Partnerschaft zu erzielen, indem Sie folgende Ratschläge beherzigen:

1. Sagen Sie sich gegenseitig offen und ehrlich, welche Aufgaben im
Haushalt Sie jeweils am liebsten übernehmen würden. Treffen Sie
vernünftige und gerechte Vereinbarungen: »Ich gehe einkaufen,
wenn du den Küchenschrank anstreichst; du kannst es nicht ausstehen, die Betten frisch zu beziehen, deswegen werde ich das übernehmen, und du machst den Meerschweinchenkäfig sauber.«

2. Gestehen Sie Ihrer Partnerin oder Ihrem Partner die Zeit zu, die
sie/er für sich allein haben möchte. Wir alle brauchen solche »Privat-
zeiten«, und zuviel Zusammensein kann auf die Dauer ebenso zum
Problem werden wie zuwenig davon.

3. Planen Sie alle zwei Wochen einen besonderen Abend ein, der nur Ihnen beiden gehören soll. Sie brauchen dabei nichts Extravagantes oder ausgesprochen »Romantisches« zu tun. Solange es ein angenehmer Grund dafür ist, zusammenzusein, hilft es Ihrem jeweiligen Servomechanismus, auf das Auskosten der gemeinsamen Zeit ausgerichtet zu bleiben. Auswärts essen gehen gilt. Sich zusammensetzen und eine gemeinsame Reise planen gilt auch. Belege für das Finanzamt sortieren und abheften gilt *nicht*.

4. Planen Sie Familientreffen mit Bedacht. Achten Sie darauf, daß die Zeit, die Ihren jeweiligen Familien gewidmet wird, sich in etwa die Waage hält. Bestehen Sie nicht darauf, Weihnachten immer bei *Ihrer* Mutter zu verbringen, nur weil »sie es sich furchtbar zu Herzen nähme, wenn wir es nicht täten«. Wenn die Schwester Ihrer Frau und Ihre Cousine Paola sich nicht ausstehen können, widerstehen Sie der Versuchung, all Ihre familiären Verpflichtungen in einem Aufwasch zu erledigen, indem Sie beide zum selben Fest einladen. Es könnte für Ihre Beziehung besser sein, die zwei Damen getrennt zu halten.

5. Sind Sie hellseherisch begabt? Na also; es hätte mich, ehrlich gesagt, auch gewundert. Dann gehen Sie aber bitte auch nicht davon aus, Sie *wüßten*, was im Kopf Ihres Partners vor sich geht. Fragen Sie lieber und hören Sie zu.

»... oder als Alleinerziehende(r) ...«

Diese Situation ist bei Frauen zwar weit häufiger anzutreffen als bei Männern, aber sie kann sich bei beiden Geschlechtern gleichermaßen negativ auf die Lebenskraft auswirken. Man hat so viel zu tun und so wenig Zeit, es zu tun, daß man leicht Gefahr läuft, den Mut zu verlieren und in Selbstmitleid zu versinken. Die häufige Folge ist dann das schuldbewußte Gefühl, »nur an sich selbst zu denken« und »seine Kinder im Stich zu lassen«.

Passen Sie nur auf, daß Sie sich nicht selbst im Stich lassen! Wenn Sie alleinerziehend sind, dann gelten alle Richtlinien für die berufstätige Mutter auch für Sie. Darüber hinaus können Sie etwas für Ihren Optimismus tun, indem Sie die folgenden sieben Zusatzregeln beherzigen:

1. Trauen Sie sich, Ansprüche zu stellen. Bestehen Sie auf gelegentlichen »zeitlichen Freiräumen«, in denen Sie sich ungestört mit sich selbst beschäftigen können, und sorgen Sie dafür, daß Sie sie auch bekommen.

2. Planen Sie regelmäßige Zeiten ein, in denen Sie mit jeweils einem Ihrer Kinder etwas gemeinsam unternehmen.
3. Delegieren Sie kleinere Aufgaben an Ihre Kinder.
4. Führen Sie sorgfältig darüber Buch, wie gewissenhaft jedes Kind die ihm aufgetragenen Hausarbeiten erledigt, und legen Sie zur besseren Motivation ein geeignetes Belohnungssystem fest. *Beispielsweise:* Eine Woche lang jeden Morgen bis spätestens Viertel vor acht die Betten machen ist ein Pizza-Essen am Samstag wert.
5. Ihre Verabredungen dürfen nicht sabotiert werden. Sei es nun ein richtiges Rendezvous oder einfach nur ein Abend mit einem Freund oder einer Freundin – machen Sie Ihren Kindern klar, daß die betreffende Person ein Teil Ihres Lebens ist, der Ihnen genausoviel bedeutet wie ihnen *ihre* Freunde.
6. Entschlossenheit ist namentlich für alleinerziehende Mütter von absolut wesentlicher Bedeutung. Das beliebte »Frag Papa, wenn er heute abend nach Hause kommt!« läßt sich einfach nicht mehr anwenden, wenn Papa mit seiner neuen Frau in Buxtehude wohnt. Fällen Sie Ihre Entscheidungen so rasch wie möglich, und setzen Sie sie gleich in die Tat um. Sie können sich ja gegebenenfalls später immer noch *um*entscheiden.
7. Lassen Sie Ihre Kinder wissen, was Ihre Ziele sind. Machen Sie ihnen klar, in welche Richtung Sie sich bewegen und inwieweit dies auch *deren* Lebensweg beeinflussen wird. Informieren Sie sich auch über *ihre* Ziele. Verschaffen Sie sich einen Eindruck vom »Orientierungssinn« Ihrer Kinder. Unterhalten Sie sich mit ihnen regelmäßig über Ihre und deren Ziele und sorgen Sie für eine gerechte Aufteilung der Redezeit.

»... oder als alternder Mensch?«

Es ist nie zu spät, um etwas für die Fitneß seiner Lebenskraft zu tun.

»Das Älterwerden«, bemerkt KATHY KEETON, »spielt sich – möglicherweise in stärkerem Ausmaße, als wir je gedacht hatten – im Kopf ab oder, genauer gesagt, in diesem lebenswichtigsten aller Organe, dem Gehirn.« Seit den sechziger Jahren untersuchen Psychologen die Fähigkeit des Geistes, Gesundheitszustand und Lebenserwartung von älteren Menschen zu beeinflussen. Immer wieder haben die Forschungsergebnisse gezeigt, daß Ziele, eine positive Einstellung und vor allen Dingen der Wunsch nach Gesundheit und einem langen Leben zu größerer Spannkraft, weniger Erkrankungen und ... einem höheren Alter führen.

Deshalb möchte ich den bekannten diätetischen und sonstigen Ratschlägen für Senioren noch folgende Empfehlungen hinzufügen:

1. Machen Sie mit – bei was auch immer! Engagieren Sie sich, beteiligen Sie sich, *tun* Sie etwas mit anderen zusammen. Und Sie werden sehen: Arthritische Gelenke schmerzen mehr, wenn man auf dem Sofa sitzt – als wenn man an etwas anderes denkt!
2. Halten Sie Ihren Geist fit, verschaffen Sie ihm Bewegung. Lösen Sie Kreuzworträtsel, gehen Sie ins Völkerkundemuseum, nehmen Sie an einer archäologischen Exkursion für Senioren teil – kurz: Tun Sie, was Sie können, damit die Kontakte zwischen Ihren Gehirnzellen geschmeidig und leistungsfähig bleiben.
3. Sie haben Ihr Leben lang hart gearbeitet, und jetzt gehört Ihre Zeit zur Abwechslung einmal weitgehend *Ihnen*. Sorgen Sie dafür, daß es so bleibt. Spielen Sie den Babysitter für Ihre Enkel nur dann, wenn Ihnen danach ist. Lassen Sie es nicht zu, daß die Wünsche Ihrer Kinder zu einer Last für Sie werden. Sie haben Ihren Teil schon geleistet.
4. Schaffen Sie sich einen neuen »Beruf« und machen Sie sich an die Arbeit! Treten Sie Gruppen, Vereinen oder sonstigen Organisationen bei, die etwas mit Ihrem jeweiligen Interessengebiet zu tun haben und Ihnen dadurch Gelegenheit geben, Ideen zu sammeln, sachbezogene Gespräche zu führen und nützliche Kontakte zu knüpfen. Jetzt ist der Moment gekommen, sich in all die kreativen Projekte zu vertiefen, für die Sie in jüngeren Jahren nie die Zeit zu haben schienen. Der römische Staatsmann Cato lernte Griechisch im Alter von achtzig Jahren. Die berühmte volkstümliche Künstlerin Anna Mary Robertson (»Grandma«) Moses fing mit sechsundsiebzig an zu malen. Norman Maclean, ehemals Professor für englische Literatur, veröffentlichte sein erstes belletristisches Werk, den preisgekrönten Roman *Aus der Mitte entspringt ein Fluß*, als Fünfundsiebzigjähriger.
5. Lassen Sie Ihr Liebesleben nicht verkümmern. Ich spreche nicht von Ihrem Sexualleben (obwohl auch das, wenn mit Ihrem Gesundheitszustand vereinbar, wichtig ist), sondern eher von den sanfteren, fürsorglichen und »asexuell zärtlichen« Formen von Liebe. Umgeben Sie sich mit Menschen, die Ihnen etwas bedeuten. Stellen Sie sich der Kinderstation eines nahe gelegenen Krankenhauses als Märchenonkel oder -tante zur Verfügung. Lassen Sie es nicht zu, daß die Liebe aus Ihrem Leben verschwindet – wie alt Sie auch sein mögen. Helfen Sie sich selbst, indem Sie anderen helfen.

Das Zauberwort ist *infundibulum*

»Ich glaube, daß es EIN LEBEN gibt, einen letzten Ursprung, der viele Kanäle des Ausdrucks hat und sich in vielen Formen manifestiert«, schrieb Maxwell Maltz. »Wenn wir ›mehr Leben aus dem Leben herausholen‹ wollen, dürfen wir die Kanäle nicht beschränken, durch die das Leben zu uns kommen könnte. Wir müssen es akzeptieren, komme es nun in Form von Naturwissenschaft, Religion, Psychologie oder was auch immer sonst.«

Als ich anfing, über diese miteinander zusammenhängenden Kanäle zu reflektieren, durch die wir Selbstverwirklichung empfangen, wandten sich meine Gedanken bald dem weisesten Menschen zu, den ich kenne, Erzbischof Warren Watters von der Freien Kirche von Antiochia. Er war hundertundein Jahre alt, als ich ihn das letzte Mal in seinem Haus in Santa Barbara, Kalifornien, sah. Er war noch immer geistig »voll da«, spielte noch immer Klavier und sang dazu mit seiner kräftigen Baritonstimme. Er hatte Maxwell Maltz persönlich gekannt und mit ihm zusammengearbeitet, und als ich ihm erzählte, daß ich an diesem Buch arbeitete, bekundete er großes Interesse. Er sagte mir, er würde mir gern – falls es mir nützen sollte – jede Frage bezüglich seines eigenen Rezepts zum Glücklichsein beantworten und dadurch vielleicht den Menschen helfen, ihr jeweiliges »bestes Selbst« zu entdecken. Der Erzbischof hatte sein ganzes Leben der Aufgabe gewidmet, die Menschen dabei zu unterstützen, ihren spirituellen Weg zu finden, und so war ich über sein Angebot zutiefst erfreut. »Ich weiß, daß das jetzt sehr naiv und übermäßig vereinfachend klingt«, sagte ich, »aber was meinen Sie, wie ich meinen Lesern am besten beibringen kann, sich das Glücklichsein zur Gewohnheit zu machen?«

Er lächelte und ergriff meine Hände.

»Meine liebe, schöne Frau«, sagte er. »Erlauben Sie mir, Ihnen ein Wort zu schenken. Worte sind kostbare Gaben. Das Wort ist *infundibulum*.«

Ich fragte: »Was?«

»*Infundibulum*«, wiederholte er im Brustton der Überzeugung.

»Okay, eins zu null für Sie«, gestand ich. »Was bedeutet das?«

Der Erzbischof bestand darauf, daß ich eines seiner vielen Lexika aus seiner Bibliothek holte, ein lateinisches Wörterbuch, und ihm die Definition vorlas – *infundibulum*: Trichter.

»Trichter?« sagte ich und starrte ihn entgeistert an. »*Trichter* ist das Geheimnis des Glücklichseins?«

»Ja, das ist es«, sagte er lächelnd. Spätestens jetzt war mir klar, daß es ihm ein diebisches Vergnügen bereitete, mit mir zu spielen – offensichtlich war *er* glücklich.

Ich fragte ihn, ob er das näher ausführen könnte. »Jeden Tag meditiere ich über das Glück«, sagte er. »Ich sehe, wie das große Universum durch den Trichter meines Scheitels hereinströmt und mein ganzes Wesen durchfließt. Hier, in meinem mental-emotional-spirituellen *infundibulum*, lasse ich alles durch mich hindurchfließen, und ich akzeptiere alles und jeden als richtig und an seinem ihm zustehenden Ort befindlich. Mein *infundibulum* erlaubt mir, das Spirituelle in das Materielle zu kanalisieren, bis sie, miteinander vermischt, nur noch eins sind. Wenn es in Betrieb ist, bin ich imstande, *mit meinem Herzen zu denken* und *mit meinem Kopf zu hören.*«

Mit diesem letzten Wort überlasse ich Sie der Aufgabe, Ihr Leben neu zu formulieren – Ihre eigene wesenhafte Unschätzbarkeit und Größe zu entdecken, Ihren richtigen und Ihnen zustehenden Ort im großen Universum zu finden.

Gedanklich zum Ziel

○ Ihre gefühlsmäßige Einstellung gegenüber Ihnen selbst kann einen Einfluß auf Ihre Lebenserwartung ausüben.

○ Stärken Sie Ihre Lebenskraft, indem Sie Ihr Leben selbst in die Hand nehmen.

○ Halten Sie Ihren inneren Steuerungsmechanismus in gutem Zustand und Ihre Lebenskraft fit, indem Sie geeignete Maßnahmen ergreifen, um sich das Glücklichsein zur Gewohnheit zu machen.

Setzen Sie sich Ihre eigenen Ziele

Literaturhinweise

BENSON, HERBERT, und MIRIAM Z. KLIPPER: *The Relaxation Response.* William Morrow and Company, New York 1975.

BLANCHARD, KEN, und SPENCER JOHNSON: *Der Minuten-Manager.* Rowohlt, Reinbek 1993.

BORYSENKO, JOAN: *Gesundheit ist lernbar. Hilfe zur Selbsthilfe.* Aus dem Amerikanischen übertragen von Marion B. Kroh. Knaur, München 1991.

BRANDEN, NATHANIEL: *Ich liebe mich auch. Selbstvertrauen lernen.* Rowohlt, Reinbek 1989.

COUSINS, NORMAN: *Der Arzt in uns selbst. Die Geschichte einer erstaunlichen Heilung – gegen alle düsteren Prognosen.* Rowohlt, Reinbek 1984.

COVEY, STEPHEN: *Die sieben Wege zur Effektivität. Ein Konzept zur Meisterung Ihres beruflichen und privaten Lebens.* Übersetzt von Angela Roethe. Campus, Frankfurt/Main 1993.

CSIKSZENTMIHALYI, MIHALY: *Die außergewöhnliche Erfahrung im Alltag. Die Psychologie des Flow-Erlebnisses.* Aus dem Amerikanischen von Ulrike Stopfel. Klett-Kotta, Stuttgart 1991.

DYER, WAYNE: *Sie sollten nach den Sternen greifen. Mit Mut zu neuen Zielen.* mvg, München 1990.

HANDY, CHARLES: *Im Bauch der Organisation. Zwanzig Einsichten zum Verhalten für Manager und alle anderen, die etwas bewegen wollen.* Campus, Frankfurt/Main 1993.

HASTINGS, JULIA: *Sie können haben, was Sie wollen. Das Beste ist gerade gut genug.* Aus dem Englischen übersetzt von Frank Auerbach. Ariston Verlag, Genf/München 1994.

JOHNSON, WILLIAM B.: *Workforce 2000.* Hudson Institute, Indianapolis 1987.

KEETON, KATHY: *Longevity.* Penguin USA, New York 1991.

MALTZ, MAXWELL: *Psycho-Cybernetics.* Prentice-Hall, Englewood Cliffs, NJ, 1960.

–: *So können Sie werden, wie Sie sein möchten. Methoden der Selbstbildpsychologie.* Aus dem Amerikanischen übertragen von Ingrid Lebe. Ariston, Genf/München 1985.

–: *Erfolg kommt nicht von ungefähr. Durch Psychokybernetik erfolgreich denken und handeln.* Aus dem Amerikanischen von Günter Neumeyer. Econ, Düsseldorf 1990.

MENDELSOHN, PAM: *Happier By Degrees.* Ten Speed Press, Berkeley 1986.

MILLER, ALICE: *For your own good.* Farrar, Straus and Giroux, New York 1983.

MILLER, TOM: *The Unfair Advantage.* The Unfair Advantage Corporation, Manlius, NY, 1986.

MURPHY, JOSEPH: *Die Macht Ihres Unterbewußtseins. Das große Buch innerer und äußerer Entfaltung.* Ariston Verlag, Genf/München 1994 (54. Auflage).

NAISBITT, JOHN, und PATRICIA ABURDENE: *Megatrends 2000.* Aus dem Amerikanischen von Tillmann Gärtner. Econ, Düsseldorf 1992.

OSTRANDER, SHEILA, LYNN SCHROEDER und NANCY OSTRANDER: *Leichter lernen ohne Streß – Superlearning.* Scherz, München 1981.

PAULSON, TERRY L., PH. D.: *They Shoot Managers, Don't They?* Lee Canter and Associates, Santa Monica, CA, 1988.

PELLETIER, KENNETH R.: *Mind As Healer, Mind As Slayer.* Dell Books, New York 1977.

ROSSI, ERNEST L., und DAVID NIMMONS: *Die zwanzig Minuten Pause. Wie Sie seelischen und körperlichen Zusammenbruch verhindern können.* Übersetzt von Bringfried Schröder. Junfermann, Paderborn 1993.

SATIR, VIRGINIA: *Mein Weg zu dir. Kontakt finden und Vertrauen gewinnen.* Kösel, München 1994.

SELIGMAN, MARTIN E. P., PH. D.: *Erlernte Hilflosigkeit.* Psychologie Verlags Union, Weinheim 1992.

SIEGEL, BERNIE: *Mit der Seele heilen. Gesundheit durch Inneren Dialog.* Aus dem Amerikanischen von Charlotte Franke. Econ, Düsseldorf 1993.

SIMONTON, O. CARL, und STEPHANIE MATTHEWS-SIMONTON: *Wieder gesund werden. Eine Anleitung zur Aktivierung der Selbstheilungskräfte für Krebspatienten und ihre Angehörigen.* Rowohlt, Reinbek 1992.

SPRINGER, SALLY P., und GEORG DEUTSCH: *Linkes Gehirn/Rechtes Gehirn. Funktionelle Asymmetrien.* Aus dem Amerikanischen von Bruno Preslowski. Spektrum Akademischer Verlag, Heidelberg 1990.

STEINEM, GLORIA: *Was heißt schon emanzipiert. Meine Suche nach einem neuen Feminismus.* Hoffmann und Campe, Hamburg 1993.

TANNEN, DEBORAH: *Du kannst mich einfach nicht verstehen. Warum Männer und Frauen aneinander vorbeireden.* Goldmann, München 1993.

WONDER, JACQUELYN, und PRISCILLA DONOVAN: *Whole-Brain Thinking.* William Morrow and Company, New York 1984.

WURMAN, RICHARD: *Information Anxiety.* Doubleday, New York 1989.

ZDENEK, MARILEE: *Die Entdeckung des rechten Gehirns. Der kreative Prozeß. Das persönliche Programm zur Besserung der schöpferischen Kräfte.* Aus dem Amerikanischen von Wolfgang Rössing und Matthias Dehne. Gabal, Speyer 1992.

ZIGLAR, ZIG: *Gemeinsam an die Spitze. So führen Sie Ihr Team zum Erfolg.* Aus dem Amerikanischen von Dieter W. Portmann. mvg, München 1991.

FÜR FREIHEIT UND LEBENSQUALITÄT

ICH HABE IMMER ZEIT! ZEITÖKOLOGIE: ZEIT NUTZEN, ZEIT SPAREN, ZEIT HABEN
Von Claus Gaedemann

Die raffiniertesten Errungenschaften unserer Zeit wie Arbeitsrationalisierung oder Management-Timer können Ihnen eins nicht verschaffen: mehr vom »Rohstoff« Zeit. Von einer pragmatischen Zeitökonomie zu einer sinnvollen Zeitökologie führt dieses zweckmäßige, lebenskluge Buch. Sie können mit Ihrer Lebenszeit durch Festlegung der richtigen Prioritäten und geschicktes Zeitmanagement verantwortungsbewußter umgehen und durch Verzicht auf Überflüssiges mehr Zeit finden, Ihr Leben zu genießen. Dieses Buch stiftet Sie an zu einer persönlichen Zeit-Umstellung, die zur Entdeckung neuer Lebensräume führt. 240 Seiten, geb., ISBN 3-7205-1733-0.

DIE KUNST, DEN TIGER ZU REITEN DER GEBÄNDIGTE STRESS
Von Dr. Branko Bokun

Streß – unsere insgeheim geliebte Droge, unter der wir alle stöhnen – macht uns körperlich und psychisch krank. Und doch kommen wir davon nicht los, steigern uns statt dessen noch weiter hinein. Warum? Dr. Bokun hat aufgrund seiner Forschungen herausgefunden: Streß ist eine Sucht. Man muß mit Streß wie mit einer Droge umgehen: die Wirkung nutzen, aber nicht abhängig werden. Die Hinweise des Psychologen zur Streßvermeidung und -bewältigung helfen Ihnen, den schädigenden Daueralarm zu bändigen, aber vom Streß als kurzfristig stimulierender Spannung zu profitieren. 240 Seiten, geb., ISBN 3-7205-1635-0.

DENKEN SIE SICH FREI! LEBEN OHNE ANGST UND ZWÄNGE
Von Helmut-Maria Glogger

Sich von den Ängsten und Zwängen, den Verboten und Pflichten, die uns unfrei machen und bedrücken, »freizudenken« bedarf nicht nur der Arbeit mit den mentalen Techniken und Übungen, die dieses Buch uns als Werkzeug an die Hand gibt, sondern auch einiger Zivilcourage. Das zu tun, wovor man so lange Angst gehabt hat, bedeutet stets ein gewisses Risiko. H.-M. Gloggers Buch schenkt den Mut dazu und gibt viele Hilfen für den Sprung über den eigenen Schatten in eine beglückende Freiheit – die auch die Freiheit anderer achtet. »Handle so, daß deine Freiheit jederzeit zugleich als Prinzip der allgemeinen Freiheit gelten könnte«, so wandelt der Autor Kants kategorischen Imperativ ab. 240 Seiten, geb., ISBN 3-7205-1735-7.

DIESE FASZINIERENDEN BÜCHER ERHALTEN SIE IM BUCHHANDEL

Ein umfangreiches, farbiges Bücher-Magazin mit sämtlichen Titeln unseres auf Medizin, angewandte Psychologie und Esoterik spezialisierten Verlagsprogramms können Sie gratis anfordern bei

ARISTON VERLAG · GENF/MÜNCHEN

CH-1211 GENF 6 · POSTFACH 6030 · TEL. 022/786 18 10 · FAX 022/786 18 95
D-81379 MÜNCHEN · BOSCHETSRIEDER STRASSE 12 · TEL. 089/724 10 34

SACHBÜCHER ANGEWANDTER PSYCHOLOGIE

DENKEN SIE GROSS!
ERFOLG DURCH GROSSZÜGIGES DENKEN
Von Dr. David J. Schwartz

Kleindimensioniertes Denken zwingt uns unweigerlich zu kleinen Schritten: Wie das Denken, so das Handeln! In großen Maßstäben zu denken kann man lernen. Das ist Voraussetzung für jeden Erfolg. In diesem Buch legt der US-Psychologe und Fachmann für Erfolgsstrategien ein konkretes, planmäßig aufgebautes Programm vor, mit dessen Hilfe Sie Ihre Persönlichkeit, Ihren Lebensinhalt und Ihre Arbeitsqualität auf Größe einstellen können – dank wirksamer Techniken und origineller Methoden, deren Effizienz an Fallbeispielen in diesem Motivationsbuch überzeugend demonstriert wird. 288 Seiten, geb., ISBN 3-7205-1262-2.

SCHNELLER SCHALTEN ALS ANDERE
VOM SPIELERISCHEN DENKEN ZUR GEISTIGEN ÜBERLEGENHEIT
Von Dr. Tom Wujec

Dr. Wujec, Psychologe, Naturwissenschaftler und »Berufsdenker«, hat mit diesem Buch für Sie ein mentales Fitneßprogramm in zwölf Stationen aufgebaut, an denen Sie sich lockern, flexibler machen und auf Spitzenleistung trimmen können. Das geschieht vergnüglich. Trickreiche Graphiken, heikle Problemstellungen und amüsante Fragespiele erwarten Sie. Mit reaktionsschnellem Denken und Kombinieren sind Sie, wenn es um die guten Plätze im Leben geht, den anderen mehrere Nasenlängen voraus. Dies aber ist nicht nur für Spitzenleistungen und Toppositionen unentbehrlich, sondern auch privat von großem Nutzen. 260 Seiten, geb., ISBN 3-7205-1657-1.

IN 10 TAGEN ZUM VOLLKOMMENEN GEDÄCHTNIS
BEWÄHRTE METHODEN WIRKSAMEN GEDÄCHTNISTRAININGS
Von Dr. Joyce Brothers

In diesem Buch verrät die Psychologin und Gewinnerin der 64 000-Dollar-Frage des amerikanischen TV-Quiz ihr »Rezept«, ein normales Gedächtnis in kürzester Zeit auf Superform zu trainieren. Ihre Methoden kann jedermann anwenden. Sie ermöglichen Ihnen, alles sofort »griffbereit« zu haben und nichts zu vergessen, was Ihnen wichtig ist: Gesichter, Namen und Zahlen. So machen Sie aus Ihrem Gedächtnis ein perfektes »Auskunftsbüro«! 240 Seiten, 69 Abb., geb., ISBN 3-7205-1031-X.

Zu diesem Buch gibt es auch ein Praxis-Kassettenprogramm, das Ihnen erleichtert, die Kernlehren dieses Buches nachhaltig Ihrem Gedächtnis einzuprägen. Praxis-Programm: Zwei Audio-Suggestionskassetten in Box, Spieldauer 1½ Std., ISBN 3-7205-1679-2.

DIESE BÜCHER UND KASSETTEN ERHALTEN SIE IM BUCHHANDEL

Ein umfangreiches, farbiges Bücher-Magazin mit sämtlichen Titeln unseres auf Medizin, angewandte Psychologie und Esoterik spezialisierten Verlagsprogramms können Sie gratis anfordern bei

ARISTON VERLAG · GENF/MÜNCHEN

CH-1211 GENF 6 · POSTFACH 6030 · TEL. 022/786 18 10 · FAX 022/786 18 95
D-81379 MÜNCHEN · BOSCHETSRIEDER STRASSE 12 · TEL. 089/724 10 34

SACHBÜCHER ANGEWANDTER PSYCHOLOGIE

DENKE NACH UND WERDE REICH
DIE ERFOLGSGESETZE UND IHRE NUTZANWENDUNG
Von Napoleon Hill

Andrew Carnegie, der Stahlmagnat und damals wohl der reichts Mann der Welt, beauftragte Napoleon Hill, die Erfolgsmethoden von fünfhundert Millionären zu erforschen und eine Erfolgsphilosophie ihres Know-hows zu erarbeiten und in einem Buch zu veröffentlichen. Nach jahrelanger Arbeit und zahllosen Interviews veröffentlichte der Autor dieses Werk, das allein in den USA eine Auflage von mehr als zwanzig Millionen erreichte und in alle Weltsprachen übersetzt wurde. Der Autor, der für dieses Werk mit dem Ehrendoktor ausgezeichnet wurde, ist mit den von ihm beschriebenen Methoden sehr reich geworden. Diese werden heute von der Napoleon Hill Foundation weiterverbreitet. Sein phänomenales Buch läßt Sie die Erfolgsgesetze entdecken. Es motiviert den Chef, den Mitarbeiter, Großunternehmen wissen, warum sie es zu Hunderten, zu Tausenden kauften. Wenn Sie es lesen, wissen Sie es auch. Sie werden erkennen, warum Reichtum kein Zufall ist und wie man's schafft. 250 Seiten, gebunden, ISBN 3-7205-1017-4.

Zu diesem Buch gibt es auch ein von Interviews mit dem Autor im Originalton durchsetztes Kassettenwerk, das Ihnen erleichtert, die Kernlehren der Lebensphilosophie dieses Buches nachhaltig Ihrem Gedächtnis einzuprägen. Zwei Audiokassetten in Box, Spieldauer 2 Std., ISBN 3-7205-1737-3.

ERFOLG DURCH POSITIVES DENKEN
EIN SCHLÜSSELBUCH RICHTIGER EINSTELLUNG UND MOTIVATION
Von Napoleon Hill und W. Clement Stone

»Was wir geistig erfassen können und zu glauben vermögen, das können wir auch verwirklichen.« Auf dieser fundamentalen Erkenntnis beruhen die einfachen Erfolgsmethoden, mit denen Dr. Napoleon Hill und W. Clement Stone, der Versicherungskönig Amerikas, Ihnen den unfehlbaren Weg zur Verwirklichung Ihrer Wünsche aufzeigen. Hill ist einer der Pioniere der Lehre vom positiven Denken, und dieses ist denn auch der Angelpunkt aller hier geschilderten Erfolgsmethoden. Stone hat sein Wissen als erfolgreicher Unternehmer beigesteuert. Aufgrund dieses Buches werden Sie Ihre Gesamteinstellung neu orientieren, und Ihr Denken, Glauben und Fühlen werden die Weichen für das Erfolgsgeleise stellen. Sie werden eine Fülle von Ideenschätzen entdecken, die Ihnen Ihr Unterbewußtsein bereithält, Ihre Probleme auf neue Art anpacken und Ihre Wunschziele durch positives Denken und entsprechendes Handeln verwirklichen können. Dieses Buch kann Ihr Privat- und Ihr Berufsleben grundlegend ändern. 301 Seiten, gebunden, ISBN 3-7205-1025-5.

Zu diesem Buch gibt es auch ein Praxis-Kassettenprogramm, das Ihnen als eine neue Dimension der Selbsthilfe erleichtert, die Kernsätze der Lebensphilosophie dieses Buches nachhaltig Ihrem Gedächtnis einzuprägen. Praxis-Programm: vier Audio-Suggestionskassetten in Box,, Spieldauer $3^1/_2$ Std., ISBN 3-7205-1677-6.

DIESE BÜCHER UND KASSETTEN ERHALTEN SIE IM BUCHHANDEL

Ein umfangreiches, farbiges Bücher-Magazin mit sämtlichen Titeln unseres auf Medizin, angewandte Psychologie und Esoterik spezialisierten Verlagsprogramms können Sie gratis anfordern bei

ARISTON VERLAG · GENF/MÜNCHEN

CH-1211 GENF 6 · POSTFACH 6030 · TEL. 022/786 18 10 · FAX 022/786 18 95
D-81379 MÜNCHEN · BOSCHETSRIEDER STRASSE 12 · TEL. 089/724 10 34

FÜR GESUNDHEIT UND VITALITÄT

GEHEN IST BESSER ALS FASTEN – WALKING
AUF EIGENEN FÜSSEN ZU SCHLANKHEIT UND FITNESS
Von Les Snowdon und Maggie Humphreys

Fit und schlank mit dem neuen Walking-Programm: Als unsere natürlichste Bewegungsart kann Gehen mühelos zu einer Lebensgewohnheit werden, die Fett und Streß abbaut und Körper, Stoffwechsel, Herz und Kreislauf fit erhält. Walking, das heißt flottes, zügiges Gehen, wie es dieses 30-Tage-Programm – verbunden mit gesunden Ernährungstips – nahebringt, erfordert weder besonderen Zeitaufwand noch eine besondere Ausrüstung. Auf dem Weg zur Arbeit, zum Einkauf, nach Hause, um den Block – immer ist Gelegenheit für die »Walking-Gesundheitsdiät«, die uns nicht nur gesund erhält, sondern auch schlank macht. 220 Seiten, 20 Abbildungen, geb., ISBN 3-7205-1755-1.

HEILEN MIT LICHT UND FARBEN
WIE SIE DIESE ENERGIE FÜR SICH ENTDECKEN UND NÜTZEN
Von Roman Brantschen

Was uns gesund erhält und was uns gesund macht, läßt sich dank der neuartigen Einsichten dieses Buches im ganzheitlichen Zusammenhang universaler Lebensenergie wahrnehmen und nutzen. Im Rahmen der licht- und farbenergetischen Zuordnung von Heil- und Nahrungsmitteln einerseits und einzelnen Organen andererseits gelingt dem Autor erstmalig der Nachweis des körpereigenen Heil- und Energiesystems, das jedem Menschen innewohnt und dessen gezielte Nutzbarmachung uns dieses Buch lehrt. Im Zentrum der neuen »Energiemedizin« steht das Licht als die Kraft, die alles Leben entstehen, sich entwickeln und heil werden läßt. Der Autor erklärt auch, warum eine Krankheit mit unterschiedlichen Behandlungsmethoden geheilt werden kann, weshalb homöopathische Heilmittel in noch so hohen Potenzierungen wirksam sind und wie »Geistheilung« funktioniert. 260 Seiten, 24 Abbildungen, ISBN 3-7205-1779-9.

DAS TAO DER SEXUALITÄT
VON DER TIEFEREN WEISHEIT DES LIEBENS
Von Dr. med Stephen T. Chang

Das Tao als Weg zur Lebensganzheit ist eine unerschöpfliche Quelle der Freude, Gesundheit und Ausgeglichenheit. Ein erfülltes Geschlechtsleben bildet die Grundlagen für Glück, Gesundheit und Langlebigkeit, und der Akt des Liebens wirkt sich heilend aus. In diesem leichtverständlichen Buch zeigt Ihnen der vierfache Doktor (der Medizin und Philosophie in China und in den USA studiert hat) auf, wie Sie Ihr sexuelles Erleben zu optimieren und zu beglückendem Liebesleben auszuweiten vermögen. Ergänzende Kapitel geben Auskunft über Anschlußthemen wie Entspannungsübungen, Geschlechtskrankheiten, Geburtenkontrolle und sexuelle Integrität. 252 Seiten, 88 Abb., ISBN 3-7205-1701-2.

DIESE FASZINIERENDEN BÜCHER ERHALTEN SIE IM BUCHHANDEL
Ein umfangreiches, farbiges Bücher-Magazin mit sämtlichen Titeln unseres auf Medizin, angewandte Psychologie und Esoterik spezialisierten Verlagsprogramms können Sie gratis anfordern bei

ARISTON VERLAG · GENF/MÜNCHEN

CH-1211 GENF 6 · POSTFACH 6030 · TEL. 022/786 18 10 · FAX 022/786 18 95
D-81379 MÜNCHEN · BOSCHETSRIEDER STRASSE 12 · TEL. 089/724 10 34